清と
中央アジア草原

遊牧民の世界から帝国の辺境へ

小沼孝博

東京大学出版会

The Qing and the Central Asian Steppe:
From the Nomads Arena to the Imperial Frontier

Takahiro ONUMA

University of Tokyo Press, 2014
ISBN 978-4-13-026149-4

目　次

　　凡例　v
　　地図　vi

序　論 ……………………………………………………… 1
　1. 問題の所在　2
　2. 本書の視点と史料　6
　3. 本書の構成　10

第 1 部　清のジューンガル征服再考

　導　論　14

第 1 章　遊牧国家ジューンガルの形成と支配体制 ………… 21
　1. ジューンガルの発展　23
　　1.1. ジューンガル部の台頭　23
　　1.2. ジューンガル部の南下　25
　　1.3. 遊牧国家ジューンガルの形成　27
　2. ジューンガルの支配体制　31
　　2.1. 集団構成　31
　　2.2. 政権中枢　40
　3. ジューンガルの衰退と支配体制の動揺　45

第 2 章　清のジューンガル征服と支配構想 ………………… 49
　1. 清のジューンガル征服と「平定準噶爾善後事宜」　50
　2. 「四汗部構想」の実態　57
　　2.1. 諸タイジに対する封爵（四汗分封）　58
　　2.2. 盟旗制の導入　60
　　2.3. 遊牧地の指定　63
　　2.4. 「四汗部構想」の修正　65

3．オトグの発見と「オイラト八旗」編成構想　68
　　3.1．「オイラト八旗」編成構想　68
　　3.2．オトグの統轄者　73

第3章　オイラト支配の展開 …………………………77

　1．オトグ支配の始動　78
　2．オトグ支配の展開　84
　　2.1．支配拠点の形成　84
　　2.2．ザイサンの任命　86
　　2.3．オイラトの軍役負担　89
　3．支配の正当性　93
　　3.1．「エジェン－アルバト関係」　93
　　3.2．外藩と内属の位置づけの相違　98

第4章　オイラト支配の破綻 …………………………101

　1．オイラトにとっての清朝支配　102
　2．「オイラトの蜂起」の背景　106
　　2.1．ガルザンドルジの行動　106
　　2.2．マンリクの「反乱」　109
　3．第三次遠征の実施と支配構想の放棄　113

第5章　イリ軍営の形成 ………………………………117

　1．ジューンガル時代のイリ　119
　　1.1．都市の建設　119
　　1.2．農業　121
　　1.3．交易　122
　2．拠点形成への新たな動き──オイラト＝ニルの設置　124
　3．イリへの兵丁移住とニル編成　128
　4．イリ駐防八旗の成立　132
　　4.1．イリ駐防八旗の特徴　132
　　4.2．イリ地域社会の変容　137

補論　清朝皇帝を指す満洲語　140

第1部　小　結　146

第2部　清の中央アジア政策と西北領域

導　論　152

第6章　清とカザフ遊牧勢力の接触　157

1. 清のジューンガル征服とカザフの動向　159
    1.1. ジューンガルの拡大と中央アジア　159
    1.2. 清の進出とアブライの動向　162
2. アブライの「帰順」　164
    2.1. アブライの「帰降表文」　164
    2.2. 「帰降表文」にみられる関係　167
3. 清による「帰順」の受諾　171
4. ヌサン使節の派遣　175
    4.1. 派遣の目的　175
    4.2. 清の基本方針　176
    4.3. カザフの集団構成と頭目　180
    4.4. 爵位　182
    4.5. 使節の帰還　184

第7章　清の中央アジア政策の基層　185

1. 中央アジアに対する「エジェン-アルバト関係」の敷衍　187
    1.1. カザフの大・小ジュズ　187
    1.2. クルグズ（ブルト）　188
    1.3. コーカンド＝ハン国　190
    1.4. パミール諸勢力　191
2. 清の西北領域と卡倫線　192
    2.1. 清の「辺界」の範囲　192
    2.2. カザフの越界と卡倫の設置　196
    2.3. カザフ内附政策　200

3. 中央アジア勢力間の紛争と清の対応　203
　　　3.1. 清の進出と中央アジアの反応　203
　　　3.2. バダフシャンとボロルの紛争（1763）　204
　　　3.3. カザフとコーカンドの紛争（1765-67）　206

第8章　清-カザフ関係の変容──1770年代の西北情勢 ············ 213

　　1. カザフの入覲停止　214
　　2. 1770年代のカザフ草原南辺の情勢と清の対応　220
　　　2.1. カザフとクルグズとの抗争　220
　　　2.2. トルキスタン献納問題　224
　　　2.3. 不干渉の原則の確定　226
　　3. カザフ内附政策の停止とその背景　228
　　　3.1. カザフの越卡事件と卡倫管理体制の改革　228
　　　3.2. カザフ内附政策の停止　233
　　4. 18世紀末の清-カザフ関係　239

第9章　19世紀前半における西北辺境の再編 ······················ 245

　　1. 巡辺制度の成立　246
　　2. 危機の予兆──イリからカシュガルへの換防兵派遣の再開　253
　　3. 西北の危機　258
　　　3.1. 高まる外圧　258
　　　3.2. 巡辺制度の混乱　260
　　4.「卡外界内地域」からの撤退　264

　　第2部　小　結　270

結　論 ··· 275

　　史料・文献一覧表　283
　　初出一覧　298
　　あとがき　299
　　索　引　303

凡　例

　本書における年月（暦）は，原則として西暦（グレゴリウス暦）で示す．清朝史料の典拠などにおいて，清の元号を用いた陰暦（旧暦）を示す場合，「乾隆20年9月12日［1755/10/17］」のように，［　］内に西暦を付記する．干支紀日法が用いられているものは，「乾隆20年9月癸未（12日）［1755/10/17］」のように，（　）内に陰暦の日付を示す．

　言語の転写表記については，満洲語はメルレンドルフ Mollendorf 式にしたがったが，本文中で人名・地名などの固有名詞を示す場合は語頭を大文字とした．ロシア語，テュルク語（チャガタイ語），ペルシア語は，原則として小松ほか（2005: 592-593）の「翻字表」にしたがった．テュルク語の転写において前舌母音 i と後舌母音 ï の書き分けはせず，すべて i とした．言語の略記号として，Ch（漢語），Ma（満洲語），Mo（モンゴル語），Oy（オイラト語），Pe（ペルシア語），Ru（ロシア語），Tu（テュルク語）を用いる．

　満洲語やテュルク語などの特殊な言語で記された史料で，かつ未公刊である場合は，和訳・引用に際して可能な限り転写テキストを示した．テキストの塗抹箇所は二重取り消し線（A̶b̶c̶），中略・省略箇所はピリオドを連ねた点線（...）で示す．また引用文中における〔　〕は筆者が補ったもの，（　）は筆者の註記，……は中略，二重取り消し線は塗抹箇所，下線は強調を意味する．（　）内の文言が原註である場合はそのつど明記する．

清朝元号／西暦対照表
　　天命　（1616-1626）
　　天聡　（1627-1636）
　　崇徳　（1636-1643）
　　順治　（1644-1661）
　　康熙　（1662-1722）
　　雍正　（1723-1735）
　　乾隆　（1736-1795）
　　嘉慶　（1796-1820）
　　道光　（1821-1850）
　　咸豊　（1851-1861）
　　同治　（1862-1874）
　　光緒　（1875-1908）
　　宣統　（1909-1912）

vi 地図

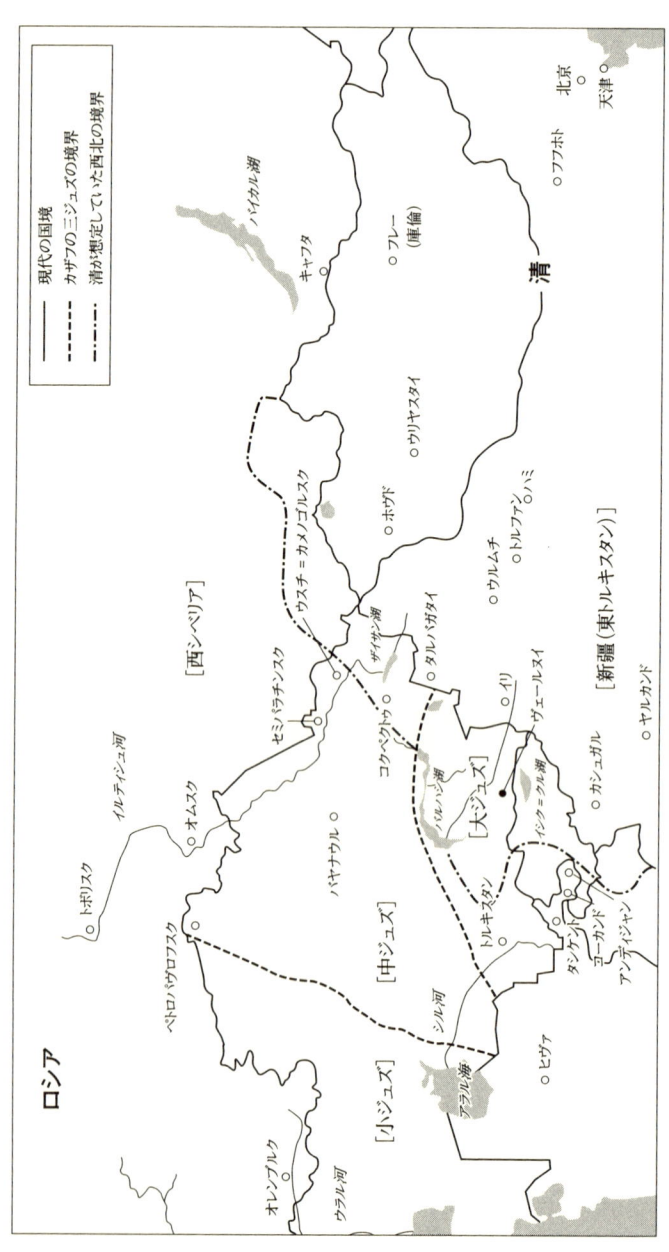

地図1 清と中央アジア草原

地　図　vii

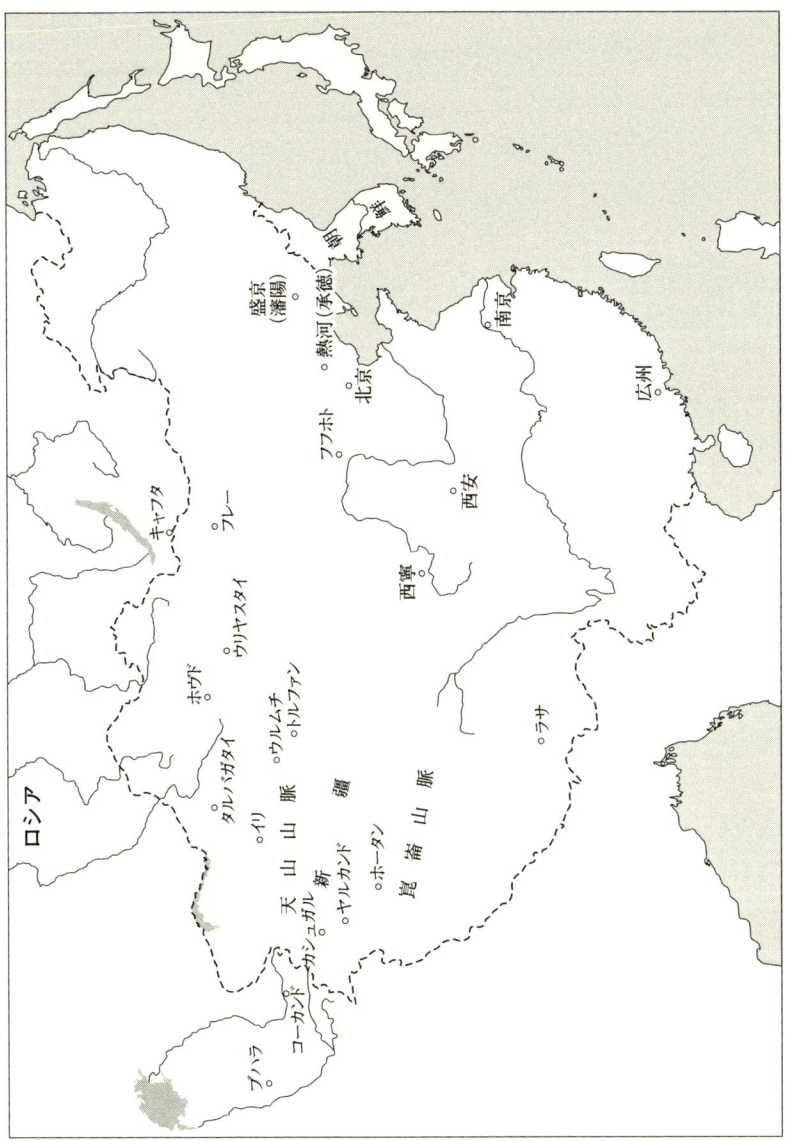

地図 2　清の最大版図 (18 世紀後半)

典拠：譚 [1987: 3-4] をもとに作成。ただし、清の時代にネルチンスク条約・キャフタ条約でロシアと境界を定めた北辺地域の一部を除き、明確な境界が存在したわけではない。正確にいえば、この地図は現代の中華人民共和国が想定する清時代の最大版図の範囲を示している。

序　論

　ユーラシア大陸の中央部を東西に走る天山山脈．その北側に広がる草原地帯（ジュンガル盆地〜カザフ草原東部）は，モンゴル高原と並ぶ遊牧民の活動の拠点であり，古来，様々な遊牧集団の盛衰が繰り返されてきた．本書では，この地理的空間を「中央アジア草原[1]」と呼ぶことにしたい．18 世紀中葉，遊牧民の揺籃の地であった中央アジア草原は大きな転機を迎えることになった．それまでその地で強勢を誇っていた遊牧国家ジューンガルが，東方に君臨していた清の攻撃を受けて崩壊したのである．この結果，清は西方に大きく支配領域を押し広げ，中央アジア[2]世界と深く関わることになった．本書は，中央アジア草原における清の政策展開，その関わりのもとで生じた地域秩序の変容を克明に描くことにより，18 世紀中葉から 19 世紀前半にかけての清朝国家の動態を明らかにするものである．

---

[1]　本書の対象地域である「中央アジア草原」とは，いわゆる「天山＝シル河線」［松田 2006 (1971): 119-121］以北に広がる，ジュンガル盆地からカザフ草原東部にかけての乾燥・半乾燥地域を指す．現在では，中華人民共和国新疆ウイグル自治区北部，カザフスタン南東部，クルグズ北部にまたがっており，土地利用の面では農地化が進んでいるが，歴史的にこの一帯は遊牧民の活動拠点であり，ジューンガル滅亡後（＝清の支配開始後）も 19 世紀半ばまでは，ヒトやモノの移動を通じて，一定の地域一体性を保持していた［野田 2011: 33-43］．
[2]　本書でいう「中央アジア」は，明確な境界を持つものではないが，主に旧ソ連領五共和国（カザフスタン，ウズベキスタン，クルグズ，タジキスタン，トルクメニスタン）に中国新疆，アフガニスタン北部，パキスタン北部を加えた範囲を指す．本書では「中央ユーラシア」という用語も用いるが，これは南北モンゴル，チベット，中央アジアなどを内包する，ユーラシア大陸の内陸部に横たわる広大な地域を意味する．より具体的な定義は小松［2000: 4］にしたがう．

1. 問題の所在

　17世紀から20世紀初頭までユーラシア東部に君臨した清 (1636-1912, 正式名称は「大清国／Daicing Gurun」) の国家形成とその意義をいかにとらえるべきかという問題が，国際的なレベルで高い関心を喚起している．なかでも注目を集めているのが，満洲人王朝としての特異性と，そのもとで実現された広大な版図の獲得，およびそこに居住した多様な人間集団との諸関係である．遼東の地より興起したヌルハチ Nurhaci (努爾哈斉, 1559-1626) を始祖とする満洲人政権[3]に由来する清は，18世紀中葉までにマンチュリア (中国東北部)，中国本土 (漢地，旧明領)，モンゴル，チベット，新疆 (中央アジア東部，中国領トルキスタン，東トルキスタン) を順次支配下に組み込み，それら各社会に既存のシステムや理念を取り込んだ多元的な「帝国」へと成長していく．この不断なる支配拡大と表裏一体になった清朝前半の国家形成の歩みを考えるにあたり，重要な鍵となってくるのが，遊牧国家ジューンガルの存在である．

　遊牧民が歴史を彩ってきた中央アジア草原において，16世紀以降にその地の主人公となったのがオイラト Oyirad と呼ばれる人々である．現在の民族範疇においてオイラトは「モンゴル」の中に包摂されているが，歴史的には「四十 (万) モンゴル」(Mo. döčin (tümen) Mongγul) と自称したチンギス統モンゴル (Chinggisid Mongols) から「四 (万) オイラト」(Mo. dörben (tümen) Oyirad) と呼ばれ，両者は対立関係にあった[4]．17世紀に入るとオイラト諸部の中からジューンガル部が台頭し，同世紀後半には周辺諸勢力を従属下に置いて強力な政権を打ち立てた．ジューンガル部を中核とするこの遊牧国家[5]は，17世紀後半から

---

[3] ヌルハチは，1616年にアイシン国 Aisin Gurun (金国) を樹立し，1620年には全ジュシェン Jušen (女真，女直) 人の統一を達成した．ジュシェンからマンジュ Manju (満洲) への族称変更は1635年であるが，本書では「満洲」に統一する．

[4] ただし，モンゴルとオイラトをあわせて「四十四 (万) モンゴル」(Mo. döčin dörben (tümen) Mongγul) とし，より広い枠組みのモンゴル集団を示すこともあった．またオイラトは，中央アジアではカルマク (Tu. Qalmaq)，ロシアではカルムイク (Ru. Kalmyk)，清ではオーロト (Ma. Ūlet, 厄魯特 < Mo. Ögeled) と呼ばれた．本書では，史料中の文言を除き，原則として「オイラト」と記す．

18世紀前半にかけてイリ盆地を拠点として中央アジア一帯に勢を張り，露清両帝国の狭間で一時代を築く．

　清とジューンガルの対立は，1688年から始まるジューンガル部長ガルダン (r. 1671-97) の外モンゴル遠征を引き金とする．ガルダン軍によって蹂躙された北（外）モンゴルのハルハ部諸首長は，すでに清の支配下にあった南（内）モンゴルに逃避した．1690年，彼らを追って南下してきたガルダン軍を，清軍はウラーンブトン（現在の中国内モンゴル自治区赤峰付近）の地で迎え撃った．雌雄を決するには到らなかったものの，翌1691年にハルハ部は康熙帝 (r. 1662-1722) に臣従を誓い，これにより「四十モンゴル」がすべて清の属下に入った．モンゴルとオイラトの歴史的な対立は清とオイラトの対立へと転換し，ここに両者の抗争の歴史が幕を開けた．

　中国本土に基盤を据えた歴代諸王朝において，西北方面の遊牧民に対抗するための努力は，その内的革新を推し進める要因の一つであった．清も草創期からモンゴル遊牧民に対する経略を重視しており，南北モンゴル諸部の帰順後は，康熙・雍正・乾隆の三帝の治世にわたってジューンガル問題の解決が最大の懸案として意識されるようになる．パデュー P. Perdue が論じるように，ジューンガルとの戦争に勝ち抜くため，清は行政・軍事組織の革新，資源（ヒトとモノ）動員のための経済政策[6]を様々なレベルで実施した［Perdue 2005: 303-406］．アムール河流域で争っていたロシアとすみやかに講和し，1689年にネルチンスク条約を締結して東北境界を画定したのも，ガルダンとの戦いに備えてのことであり［吉田金一 1984: 236-240］[7]，1690-1730年代に進められたマンチュリアにおける駐防八旗の拡充と配備は，ジューンガル対策を前提とするものだった［柳澤 2001: 6；杉山清彦 2008a: 251-252］．このような措置は北辺に対してだけではない．1715年に清が南洋海禁令を発した背景には，ジューンガルへの派兵に備え，

---

5) 本書では，この遊牧国家を「ジューンガル」と呼び，その政権を担当した中核集団を「ジューンガル部」とする．

6) 乾隆朝のジューンガル征服戦における，清朝政権の経済的な動員や物資運搬ルートの問題については，香坂［2004］を参照．

7) パデューによれば，清がネルチンスク条約締結で得た最大の利益は，ジューンガルからロシアという潜在的同盟者を引き離したことであった［Perdue 2005: 172］．

国内全体の秩序維持を念頭に置いた予防措置という側面があったといわれている［柳澤 1999］．近年注目を集める清と「チベット仏教世界[8]」との密接な関係も，チベットやモンゴルをめぐるジューンガルとの覇権争いが背景となっていたことは言を俟たない．ジューンガル問題は，内政面ばかりでなく，対外関係や国境問題に至るまで多大な影響を及ぼし，清朝前半期の国家形成のあり方を決定づけたのである．

　両者は約 70 年間にわたり和戦を繰り返したが，18 世紀中葉にこの争いに終止符が打たれた．乾隆帝（r. 1736-1795）の治世 20 年目にあたる 1755 年，清はジューンガルの内紛の機会をとらえて遠征軍を派遣し，ついに宿敵ジューンガルの打倒を成し遂げたのである．さらに清は，ジューンガルの属領であり，テュルク系ムスリム（現在のウイグル族）が居住する天山山脈以南のオアシス地帯（カシュガリア）を 1759 年に征服した．18 世紀中葉の一連の軍事行動によって清が獲得した西北領域は，のちに「新しい領域」（Ma. ice jecen）を意味する「新疆[9]」と呼ばれるようになる．

　西征の完遂後に乾隆帝は，それを祖父康熙帝と父雍正帝（r. 1723-1735）が成し得ず，かつ中央アジアに安泰をもたらす偉業として誇った[10]．さらに朝廷主導の「国家プロジェクト」として，西征を記念する戦記や地誌の編纂，寺院や記念碑の建立，地図・詩文・絵画・版画等の作製が相次ぎ，乾隆の「盛世」を象徴する事件として，征服と支配の正当性が声高に主張された［Perdue 2005: 409-494；Waley-Cohen 2006: 23-47］．これまで研究の基本史料とされていた『平定準噶爾方略』『西域図志』『西域同文志』『五体清文鑑』をはじめ，東西文化

---

8)　「チベット仏教世界」は，チベット，モンゴル，満洲三民族の王侯が同じチベット王権思想を共有することによって形成される対話の場と定義される［石濱 2001: 364］．

9)　本来「新疆」とは，清が新たに獲得した地域を指す一般名詞であり，雲南や貴州の土司支配地域には，雍正朝（1723-35）の「改土帰流」実施後に「新疆」と称された地域があった［肖 1979］．天山南北一帯の獲得は，結果として清の版図拡大の最終段階となったため，「新疆」が当該地域の名称として定着し，1884 年の「新疆省」設置に及んで正式採用された．なお中華人民共和国では，かつては歴史的・文化的な文脈で新疆を「中亜」（中央アジア）に含める見解［谷 1991（1980）: 157］が存在したが，現在では「中亜」は旧ソ連中央アジア五共和国の範囲を指す用語であり，新疆は「中亜」と密接な関係を保ってきた「（歴史的な）中国の一地域」と定義される［Millward 2009: 56-60］．

10)　『準略』正編巻 81: 13a-14a, 乾隆 24 年 10 月庚子（23 日）［1759/12/12］条．

交流の面でも注目される著名な「平定準噶爾回部得勝図」(銅版画, 計16枚, パリ作成, 以下「得勝図」) など, その数は枚挙にいとまがない. また乾隆帝は, 晩年の1792年に自らの治世における十度の外征の成果を「十全武功」と称して誇り, 自ら「十全老人」と号したが, 新疆征服に関する三つの戦役——ジューンガル (準部) の平定と再定, 東トルキスタン (回部) の平定——は, その重要な部分を占めている[11]. ジューンガルに対する勝利は, 拡大路線をひた走った清朝前半の国家形成の過程における一つの到達点であり, 18世紀後半には清朝国内でその意義の確定, 過去の清算がなされたのである[12].

　しかし, 宿敵ジューンガルの打倒は, 清にとって到達点であると同時に, 次なるステージへの第一歩であったはずである. ジューンガル滅亡以前から, 内紛による政権の弱体化により, 本来その属下にあったオイラト諸部や周辺のテュルク系諸集団が独自の動きを開始しており, 中央アジア一円に混乱が広がっていた. 初めて踏み込んだ未知なる世界において, 清は混乱の収束をはかりつつ, 新たな支配秩序の確立に取り組まねばならなかった. 遊牧民の揺籃の地たる中央アジア草原から立ち現れてくる様々な課題に対して, 清はいかなる手段・理念をもって向き合ったのだろうか. あるいはそのような課題に取り組み, 解決策を模索していく中で, 清の政策展開にはいかなる変化が現れたのであろうか. このような問題は, 所詮ジューンガルとの熾烈な争いのエピローグでしかなく, 清朝全体の巨大な構造の中においては, その一隅でみられた些細な事象であるやもしれない. しかし, 宿敵ジューンガルの故地であり, 当時において最も「新しい領域」に対する取り組みであればこそ, 清の政策展開には政権の独自性が如実に反映されたであろうし, そこに清による「国作り」の具体的なあり様を見出すことができるのではないだろうか.

---

11) そのほかの七つの戦役は, 二度の金川, 台湾, ビルマ, ヴェトナム, そして二度のグルカ (ネパール) である. ただし, これらの戦役にはかなりの苦戦や実質上の敗戦も含まれており, プロパガンダの側面が強い.

12) ワリー＝コーヘン J. Waley-Cohen は, 清の為政者たちが展開した, 自らの軍事的成果を称揚し, 文武の統合を図るための「文化の鋳直し」事業 (絵画, 建築, 書物, 宗教, 儀礼への軍事的・帝国的テーマの注入) を, 「文化の軍事主義化」(militarization of culture) という概念で説明する. そして, この王朝主導のプロジェクトが最高潮を迎えた時期が新疆獲得後の18世紀後半 (乾隆中後期) であった [Waley-Cohen 2006].

以上のような問題関心から，本書では，18世紀中葉から19世紀前半にかけて中央アジア草原で生じた政治的・社会的変動，およびそれに対する清の関与・対応のあり方を考察し，清の政策展開と当該地域の秩序再編の相関を明らかにしていく．そして，中央アジア草原と関わる中で，清朝国家の歩みにいかなる変化が及んだのかを考えてみたい．いわば本書は，ユーラシア最奥部の視点から，「拡大の時代」を終えた清の国家形成のあり方をとらえなおす試みである．

2. 本書の視点と史料

　本書の主眼は，18世紀中葉から19世紀前半における中央アジア草原の様相の変化，およびそれと清の政策対応の関連性を明らかにすることに注がれる．このような目的を持つ本書の視点を以下に述べておこう．

　第一は，中央ユーラシア史の文脈を十分に踏まえた清朝史研究という視点である．本書では，中央アジア草原に対する清朝権力の関与を考察していくが，歴史的にその空間は遊牧民の活動の場であり，清もオイラト，カザフ，クルグズなどの遊牧民と向き合うことになった．このため本書では，清側の一方的な見地からではなく，遊牧国家ジューンガルが作り上げた支配体制や対外関係の枠組み，ジューンガル消滅後に中央アジア草原で生まれた新たな政治・社会情勢を可能なかぎり把握し，それらとの相関において清の政策展開を分析していく．また清朝史研究が高まりをみせる中，中央ユーラシアとの関連から清の国家形成や支配体制を再考することが，重要な課題の一つとして認識されている[13]．すでに多元的な統治方法や君主像の構造的把握[14]が目指され，「チベ

---

13) この認識は，日本や中国ばかりでなく，アメリカにおける New Qing History（新清史）の学問潮流においても共有されていた．欧米のアジア研究では，かつて「後期中華帝国」（Late Imperial China）の枠組みで清をとらえてきたが，2000年前後から，他の王朝と異なる清の政治体制や統治方法に注意を払い，清代の政治・社会・文化の諸相を把握しなおそうとする動きが強まり，従来の成果も組み込んで New Qing History と称されるようになった．非常に幅広い裾野を持ち，「エスニシティ，多文化主義，ジェンダー，帝国とその植民地主義経営，戦争と軍事文化，宗教と儀礼，公と私の領域，物質文化」など多様なテーマを含むが，その中の重要な課題の一つが，支配者層を形成した満洲人の位置づけと内陸アジアとの関係の再考であった［Waley-Cohen 2004: 194-195］．なお，現在のアメリカの学界では，New Qing History が提

ット仏教世界」［石濱 2001；Ishihama 2005；石濱 2011］や中央アジアのテュルク＝イスラーム世界［濱田 1993］からの問いかけも発せられている．以上のような論点をすべて盛り込んで議論することは到底叶わぬが，本書では，中央アジア草原との関わりの中で変わりゆく清朝国家の様相をとらえ，現今の議論に新たな知見や視点を提供することを目指したい．さらに中央アジア諸勢力との交渉を扱う点では，研究蓄積において圧倒的な東高西低の状況にある清の対外関係の研究の欠を補うことにもなるであろう．

　第二は，清朝史の文脈を十分に踏まえた中央ユーラシア史研究という視点である．中央ユーラシアの歴史において，18-19 世紀は大きな転換期にあたる．潜在的に優れた軍事力と機動力を持つ遊牧民は，時として有能な支配者のもとに統合されると，勢力範囲を外縁に押し広げ，広域にわたる遊牧国家の主体となってきた[15]．13 世紀に出現したモンゴル帝国がその最たる例であるように，中央ユーラシアの遊牧民の活動は，前近代において世界史を展開させる大きな原動力の一つであった．ところが 18-19 世紀に至り，領土拡張を進める露清両国によって中央ユーラシアの諸地域は漸次征服・分断され，独自の地位を失い，両国の「周縁」「辺境」と化していく．18 世紀中葉における遊牧国家ジューンガルの滅亡，その地の清朝領域への編入は，まさに「中央ユーラシアの周縁化」を象徴する事件であった．そしてこのことは，「中央ユーラシアの周縁化」が清の国家形成と表裏一体をなす現象であり，統合的に検討されるべき課題であることを意味している．本書では，中央アジア草原を事例に，「周縁化」のプロセスにおいて清がどのような位置にあったのかを実証的に描き出していく[16]．

　　　起した視点や問題の重要性は意識されつつも，学問潮流としてはすでに過去のものになったと理解され始めている．
14）　モンゴル史の見地から岡洋樹［1994；2002；2003；Oka 1998］が，八旗制の見地から杉山清彦［2007a；2007b；2008a；2008b］が，従来の議論を整理・批判しながら，清の支配構造の把握を試みている．ただし，日本における議論の問題点として，静態的な構造論・王権論に収斂してしまう傾向がある．本書ではこの点も考慮して考察を進める．
15）　遊牧国家の明確な定義は難しいが，本書では便宜上，草原地帯に根拠を置く遊牧民が政権を担当し，遊牧民のみならず周辺の定住民など多様な人間集団を統合した，広域支配を展開する政治体と定義しておく．
16）　「周縁化」が中央ユーラシア・中央アジア社会に与えた影響に関する本格的な検討は学界全体での課題であり，19 世紀における中央アジア西部におけるロシア統治の実態，露清国境の画定，諸集団の自己認識のあり方なども視野に入れ，地域・集団ごとの比較検討が必要であろ

第三は,「拡大の時代」を終えた清の国家形成という視点である. かつて「最後の中華帝国」と称された清であったが, 勃興以来の国家形成の過程や支配構造の再検討が進むにつれ, その実態は,「中華帝国」(Chinese empire) の性質をも内包する, 多元的性格を持った「ユーラシア帝国」(Eurasian empire) ともいうべき存在であったという理解が定着しつつある[17]. また最近では中国近代史の分野においても, このような理解に対し, 清末の「近代化」の道程における政治・社会の変容 (=近代「中国」の創成) を考える上での歴史的前提として関心が払われるようになった [吉澤 2003: 9-12]. ここで両分野をつなぐ鍵となるのは, 清のフレキシブルで多元的な性格がいかにして後退していったのかという点になろうが, この問いに対する実証的かつ説得力ある回答は未だ提示されていない. その原因の一つとして指摘できるのは, 清の国家形成を扱う大部分の研究者の関心が, せいぜい乾隆朝前半 (18 世紀中葉) までの「拡大の時代」で止まってしまい, 国力に陰りがみえてくる乾隆朝後半から嘉慶・道光朝 (18 世紀後半〜19 世紀前半) までを見通す視点を欠いていることであろう. ここには, 18 世紀中葉の西征終了時の領域が, 結果として清の最大版図 (巻頭地図 2) となったため, それをもって清朝国家の完成とみなす嫌いがあるように思われる. 何をもって「完成」とするかはさておき, ジューンガルとの長期対立により後回しにされてきた問題への取り組みが開始され, 支配体制の整備が進むのは, むしろ「拡大の時代」終了後だったはずである. そして, ジューンガルとの対峙が清朝前半期の国家形成のあり方を決定づけたのであれば,「拡大の時代」終了後の清という「帝国」の歩みを「ポスト=ジューンガル」という空間との

　　う. その意味で, 19 世紀前半のカザフ草原東部に対するロシアの政策展開と現地地域像の変容を精緻に描き出した野田 [2011] の研究は先駆的である.
17) この点に関してしばしば引き合いに出されるのが, 清朝皇帝の多元的属性である. それは多くの場合, 入関前より現れる満洲人に対する族長, モンゴル人に対する大ハン (チンギス=カンに由来する王権の継承者), 漢人に対する中華皇帝の三つを基本とし, これに入関後にチベット仏教界における大施主, さらには文殊菩薩の化身, 転輪聖王という属性が加わると説明される. ただし, このような解釈自体は決して新しいものではなく, すでに 1930 年代にヴラディミルツォフ B. Vladimirtsov により大枠が示されている [Vladimirtsov 1934: 193-196 ; ウラヂミルツォフ 1936: 457-462]. またアトウッド C. Atwood は, 清朝皇帝の持つ様々な顔を認めつつも, 清朝皇帝が臣民に対する権力と権威は, 言語は異なるが, 同一文脈で説明していた事例がみられることから, 必ずしも常に顔を使い分けていたわけではないと指摘している [Atwood 2000].

関連から考えることは，上述の問いに一定の見通しを立てるために最も有効な作業であると考える．

　以上のような視点を持つ本書は，個別具体的な事象の解明だけではなく，全体として既存の分野の枠組みを超えた，統合的な歴史研究の枠組みを作り上げる目的を持つ．そして，その目的を達成するための鍵となるのが，本書で利用する史料ということになろう．

　本書は，全章を通じて清朝政権が残した公文書(アーカイブズ)を活用するモノグラフという性格を持つが，なかでも満洲語で記された公文書を多用する．従来，満洲語史料は17世紀の清朝初期の歴史研究に活用され，威力を発してきた．近年では北京，台北，ウラーンバートルなどの清朝公文書を所有する各研究機関の利用の便が向上し，18世紀の非漢地の歴史研究における満洲語文書の活用は常識となりつつあり，18-19世紀のカザフとロシアの対清関係を扱った野田仁の近著［野田 2011］でも，その有効性は遺憾なく発揮されている．一方，実録，方略，地方志などの清朝官撰の編纂史料は，全章を通じて文書史料をフル活用する本書では，あくまで補助史料として用いられる[18]．ただし，非公開・非伝来の文書史料の内容や，公文書とは異なる情報源からの記録を留めている場合が多々あり，なお重要である．また，清朝政権の公定ジューンガル戦記ともいうべき『平定準噶爾方略』(以下『準略』)には，満洲版と漢文版が存在する．引用に際しては，原典が漢文文書である部分以外は，満文版から訳出した．ただし，満洲語と漢語，あるいは文書史料と編纂史料の差はあれ，それらはみな清朝当局が作成したものであり，同方向からのバイアスが加わっていることには違いがない．そこで本書では，中央アジア側のアラビア文字テュルク語(チャガタイ語)やトド文字モンゴル語(オイラト語)，さらにはロシア語で記された各種史料を適宜参照し，史料批判の材料にする[19]．

　本書で利用する満洲語文書について付言するならば，その大半は中国第一歴史檔案館が所蔵する「軍機処全宗」に属する史料群である．1729年頃に設置

---

[18] これを可能にした前提として，編纂史料をほぼ網羅している佐口の功績［1963；1986；1994］は大きい．
[19] 引用史料が非刊行の場合は，可能な限りローマ字転写テキストを提示する．

された軍機処は，当初辺境の軍務を掌る臨時機関であったが，その後皇帝の諮問府として国政を審議する最高機関となり[20]，また清朝中央の文書行政の中枢として，上諭（皇帝の命令文）や奏摺（地方高官の上奏文）などの公文書を複写・保管した．この軍機処に蓄積された公文書が「軍機処全宗」に分類された史料群である．なかでも「軍機処満文録副奏摺」（以下「満文録副」）と総称される文書群[21] は，いわゆる硃批奏摺[22] の副本として作成されたものであり，全体で約 18 万件に及ぶ規模を持つ．このうち，「辺疆」（マンチュリア，南北モンゴル，チベット，新疆など）関連の文書約 12 万件は目録［一史館ほか 1999］が出版されており，さらに新疆関係の文書の多くは 2012 年に『清代新疆満文檔案匯編』（以下『新疆匯編』）として影印出版された[23]．本書で利用した満洲語，オイラト語，テュルク語文書のほとんどは，中国第一歴史檔案館に赴いて収集したものだが，『新疆匯編』にも収録されている文書については，対応関係を付記する[24]．

3. 本書の構成

本書は 2 部 9 章から構成される．その概要を示すとすれば，以下のようにな

---

20) しばしば「理藩院が藩部（モンゴル，チベット，新疆）を管轄した」という説明を目にするが，これは正確さを欠く．軍機処設置後，理藩院の職掌は外藩王公の爵位承襲や年班入観など定例の事務手続きが大部を占め，審議が必要な政務案件の処理は主に軍機処が担った．なお，清初以来の皇帝の諮問組織であった議政王大臣会議も，軍機処設立後は次第に性格を変え，18 世紀中葉に議政大臣は名誉職となり，1791 年に廃止された［杜 2008: 346-347］．
21) 実際には奏摺だけでなく，皇帝の勅文，軍機処の議覆（皇帝の諮問への答申），官僚間・機構間の咨文，裁判等の供述書など多様な文書が含まれており，漢文文書も少なくない．また重要な点として，中央アジアの支配者が清朝に宛てたオイラト語，テュルク語，ペルシア語の書簡原本も残されており，本書でも利用した．なお，カザフから送付された書簡については，野田と共同で史料集［Noda & Onuma 2010］を刊行している．
22) 硃批奏摺とは，臣下である上奏者からの奏摺に皇帝が朱筆で指示や叱責の文言（硃批）を加え，上奏者に返送したものである．ただし乾隆朝以降は，皇帝が奏摺本体に具体的な内容をもった硃批を書き込むことは稀であり，上諭を別に起草して発送した．
23) "匯編"という書名から明らかなように，出版に際して文書の取捨選択がなされており，テュルク語，ペルシア語，オイラト語などの文書は未収録である．
24) 「満文録副」の典拠の提示において，例えば「1621.20, 43: 3563-3567」とあれば，「1621.20」は案巻番号の「1621」と文書番号の「20」からなる当該文書の檔案番号であり，その文書において依拠した箇所がマイクロフィルムの 43 リールにおける 3563 コマから 3567 コマに収録されていることを意味している．

る．

　第1部「清のジューンガル征服再考」では，中央アジア草原における政治権力の大交代劇である清のジューンガル征服を再検討する．第1章では，遊牧国家ジューンガルの盛衰を，支配体制の変遷に注目して論じる．第2章では，1755年にジューンガルを打倒した清が，征服戦を実施する背後で練り上げていたオイラトに対する支配構想の存在を指摘し，その全体像を提示する．第3章では，1756年後半に清がオイラトの遊牧地で展開した諸政策の内容を分析し，清がオイラトとの関係をどのように規定しようとしたかを明らかにする．1757年以降，清は一転してオイラトの掃滅をはかるが，第4章では，その直前に発生していたオイラトの蜂起の性格を探り，清の政策転換の根本要因を明らかにする．第5章では，イリという空間に焦点を据え，駐防八旗の形成過程と特徴を問いなおしながら，中央アジア草原に活動した遊牧民の拠点が，清の辺境防衛・新疆統治の拠点に変貌していく過程を追う．なお第1部末には，清朝皇帝を指す満洲語の用語の変化を追った補論を加えている．

　第2部「清の中央アジア政策と西北領域」では，「ポスト＝ジューンガル」という時代・空間における清の政策展開を追う．第6章では，清とカザフの対立から関係構築までの経緯を論じ，清が東部カザフ遊牧集団の有力者であるアブライとの関係をいかなる文脈でとらえていたのかを検討する．第7章では，最初期における清−カザフ間の政治交渉を取り上げ，清の中央アジア政策対応の中に並存した属人主義と属地主義の二つの側面を指摘する．第8章では，1770年代に発生した清−カザフ関係の混乱により，その二つの側面の相克が顕著となり，清の中央アジア政策が変化していく様を跡づける．第9章では，19世紀前半に西北辺境に及んだ外圧に対する新疆駐防官の対策を検討し，境界線の実体化が生じるに至る過程を論じる．

第1部　清のジューンガル征服再考

導　論

　第 1 部では，18 世紀中葉になされた清のジューンガル征服を再考し，その全貌を明らかにすることを目的とする．まず，以下に清のジューンガル征服に関する先行研究の見解を整理し，問題点を把握する．
　17 世紀末のガルダンのハルハ部遠征は失敗に終わったが，その後のツェワンラブタン（r. 1697-1727）とガルダンツェリン（r. 1727-45）の時代にジューンガルは最盛期を迎えた．しかしガルダンツェリンの死後，継承争いに端を発する内紛が発生し，ジューンガルは一転して衰退の道を歩み始める．1753 年にダワチ（r. 1753-55）が部長位を簒奪すると離脱者が続出し，同年にドルベト部長ツェリン，翌年にはホイト部長アムルサナら有力タイジ[1]が属民を率いて清に保護を求めた．1755 年 2 月に進撃を開始した清の遠征軍は，大きな抵抗を受けることなくジュンガリアを進み，6 月にイリを制圧し，7 月には天山南方に逃亡したダワチを捕縛し，念願のジューンガル征服を成し遂げた．
　ジューンガルの最後はまことにあっけないものであったが，清の遠征軍に副将軍として参加していたアムルサナが，イリ制圧の前後から不穏な動きをみせ始めた．アムルサナは，ダワチの打倒後，ジュンガリアのオイラトにおける唯一のハンになることを望んでいた．しかし乾隆帝はそれを認めず，「四オイラト」の名にちなんでオイラトを四分割し，その一つであるホイト部の汗(ハン)[2]にアムルサナを指名しようとした．その叛心を察知した乾隆帝はアムルサナを召喚しようとするが，アムルサナは機をみて逃走し，清に反旗を翻した．いわゆる「アムルサナの乱」の発生である．オイラトの同調者を率いてカザフ草原へ移動したアムルサナは，カザフ中ジュズの有力者アブライと連合して対抗するも，

---

[1] タイジ（Mo. tayiji）とは，モンゴル系遊牧民の王族層を指す呼称である．チンギス統モンゴル諸部では，チンギス＝カンの男系子孫を指すが，オイラトでは王族一般を指した．
[2] 本書では，中央ユーラシアのモンゴル系・テュルク系諸勢力の支配者（特にチンギス裔）が自称したハン（Mo. qaɣan, Tu. khān）号を「ハン」と記し，清朝皇帝が臣下の外藩モンゴル王公やそれに準ずる存在（カザフ首長層など）に授与した爵位としてのそれを「汗」（Ma. han）と記し，両者を区別する．

戦況が清に傾くと，1757年9月にロシアへ亡命し，その途上で病死した[3]．

　一向に定まらない西北情勢に業を煮やした乾隆帝は，不安要素の徹底的な排除を命じ，清軍によるオイラト人の掃討作戦が展開された．同時に蔓延した天然痘の影響もあり，最盛期に60万人[4]に達したとされるオイラトの人口は激減し，ジュンガリアの遊牧社会は壊滅的な打撃を被った．ジューンガルの滅亡以降，強大な遊牧国家が新たに出現することはなく，長期にわたる遊牧民と定住民の歴史的対立が幕を閉じ，遊牧社会が独自の地位を失ったため，世界史上における大きな転機とみなされる［Barfield 1989: 294］．ジューンガルが「最後の遊牧帝国[5]」と呼ばれる由縁である．

　以上が先行研究で述べられる清によるジューンガル征服の顛末であるが，ここで留意しておきたいのは，ジューンガル史の立場，清朝史の立場による筆致の違いはあるものの，その叙述には共通した傾向がみられることである．すなわち，ジューンガル政権の崩壊後，先行研究の関心はアムルサナの活動に集中している．カザフとロシアに波及し，国際問題化した重要事件であるが，注意すべきは，当初からアムルサナと行動をともにした集団は旧ジューンガル属下のオイラトの一部であり，オイラトの大多数がジュンガリアに残ったままだったことである．ところが，後者の人々については，1757年に清軍の掃討作戦が実施されるに至るまで，研究上ほとんど触れられることがない．上述のように，1755年の清の遠征に際してジュンガリアのオイラトはほとんど抵抗を示さなかった．つまりこれは，ダワチ擒獲によりジューンガル政権が崩壊したとはいえ，遊牧国家を構成していたオイラトの大半を，清がそのまま抱え込む結

---

3) アムルサナの事蹟については，森川［1979b；1983］を参照．
4) この60万人という数字は，魏源『聖武記』巻4の記載を根拠にしていると思われる．
5) ジューンガルに冠せられる「最後の遊牧帝国」という異称は，バルトリドが『セミレチエ史』の末尾で，清によるジューンガル征服を「中央アジアの最後の遊牧帝国」の消滅［Bartol'd 1963 (1898): 101］と評したことに由来すると思われる．日本においてこの名称が広まった契機は，宮脇淳子『最後の遊牧帝国――ジューンガル部の興亡』［宮脇 1995］の出版にある．しかし，アフガニスタンのドゥッラーニー朝（1747-1842）を「最後」とみなすべきという見解［杉山正明 2006: 51］が提示されており，また分裂に陥った18-19世紀の「カザフ＝ハン国」をいかに評価するかという問題も残っている［小沼 2012b: 53］．本書ではこの問題に立ち入らないが，一言に「遊牧」といっても地域ごとにその形態や経済活動のあり方は相当に異なり［松井 2001: 19-25］，「国家」としての構造や集団編成の比較なしに，どれが「最後」であったかを主張するのは生産的でない．

果になったことを意味している．掃討作戦の実施までの約1年半の間，清はオイラトにいかなる方策を講じていたのだろうか．

　実は1757年以降の清の掃討作戦は，1756年末からオイラトがジュンガリア各地で清軍を襲撃した事件への対抗措置であった．この事件を本書では「オイラトの蜂起」と呼ぶ．これまでこの「蜂起」の存在を指摘する研究はあったが，その発生原因については，十分な検証をせぬまま，アムルサナへの呼応と断じている［荘 1982 (1973): 51-52；李秀梅 2007: 186］．しかし，清軍にアムルサナが追い込まれていく状況の中，1年半の時間を空けての呼応はいささか唐突であり，不自然の感がある．オイラト人の掃討というショッキングな結末が注意を引いてきたが，今日に至るまで，それを招いた原因は明らかにされていない．

　かかる叙述傾向が生じたのはなぜだろうか．第一に指摘すべきは，史料の記述内容に関する問題である．従来，清のジューンガル征服に関する研究は，清朝史料とロシア史料の対照のもとになされてきた[6]．前者において，最も基本的な史料として利用されてきたのが『準略』（1772刊）である．しかしそれを通観してみると，アムルサナ関連の記録を多く収録しているのに対して，ジュンガリアのオイラトの動静に詳しくないことに気づく．一方のロシア史料は，第三者の立場にある性格上，自らの利害に直接関わる問題，すなわちアムルサナやカザフの動向に関心が向いており，やはりジュンガリア情勢には詳しくない．

　第二に，征服のプロセスを説明する際の枠組みである．従来の研究では，ほぼ例外なく，清のジューンガル征服を1755年と1757年の二度の「平定」に分け，前者をダワチの捕縛によるジューンガル政権の打倒（「初定」），後者をアムルサナの乱鎮圧（「再定」または「重定」）とする．ところが，この区別は『準略』には明確に現れていない．おそらくこの区分は，乾隆帝が自撰の『十全武功紀』（1792刊）において，ジューンガルの平定を二度に分けたことに由来していると思われる．後代編纂の勅撰・官撰史料はこれと同様の枠組みを踏襲しており[7]，それらに先行研究が依拠してきたことを考えれば，乾隆帝欽定の区分が今日までの歴史叙述のあり方を規定し続けているといっても過言ではない．

---

[6]　現存するオイラト語史料を利用し，敗者たるオイラトの立場から清のジューンガル征服過程を再構成することは，事実上不可能である［森川 1979b: 880］．

以上の点を念頭に置いた場合，重要な指摘として想起されるのが，パデューの清朝編纂の史書に対する史料批判の眼差しである．清朝編纂の各種「方略」は清朝公式の「戦記」という性格を持ち，収録記事の大半は皇帝の上諭が占めている．その編纂意図は，強大な敵に勝利した清朝皇帝の事蹟を称揚し，それを後世に伝えるところにあった．そこから清朝政権が誇示せんとした「帝国ヴィジョン」を読み取ることは可能であるが，編纂時に政権側に都合の悪い事実が覆い隠されてしまっている可能性がある[8]．パデューいわく，清朝政権が力を傾注した史書編纂事業とは「歴史の書き換え」であり，清朝皇帝による「神話」創生の作業であった［Perdue 2005: 476-481］．つまり『準略』の編纂は，清による中央ユーラシア征服の最終的な解釈・評価，および支配の正当性の確定を企図した事業であったのである．

　またパデューは，ガルダンに対する康熙帝の勝利を描く『御製親征平定朔漠方略』（1708刊，以下『朔略』）には，その勝利は「天意」によって支えられた当然の結果であった，という論理が裏打ちされていると指摘する［Perdue 2005: 463-470］．興味深いことに，それと同一の論理を『準略』においても認めることができる．例えば，清軍がオイラトの掃討を進める最中，乾隆帝は次のように述べている．

　　準噶爾（ジューンガル）の初めて帰する時，亦た分けて四衛拉特（オイラト）に為さんと欲するに過ぎずして，自ら理を為すを命ず．而れども伊等（かれら）屢ば不靖を作し，是れ以て奉りて天罰を行う[9]．

乾隆帝はオイラトの掃討を天意にもとづく「天罰」の代行と弁明しているのだが，オイラトの騒乱の原因には沈黙している．また，果たしてジューンガル征服後に清はオイラトに自主運営をまかせており，四分割構想は具体的内容をともなっていなかったのだろうか，という疑問もわいてくる．以上のような作為は，『準略』だけではなく，『十全武功紀』など，ジューンガルに対する勝利を記念するために清が作成したあらゆる編纂物，モニュメントにも注入されてい

---

7)　例えば，1821年刊『新疆識略』巻首では，「初定」（1755）と「再平」（1757）としている．
8)　康熙年間のガルダン戦に関わる『御製親征平定朔漠方略』に，編集者による情報操作がなされた可能性はすでに指摘されている［Okada 1979；岡田 2013: 344-354；Perdue 2005: 285］．
9)　『準略』正編巻41: 26b, 乾隆22年7月丁未（17日）［1757/8/31］条．

るであろう.乾隆帝によって仕掛けられたトリックによって,後世の人々は視野を限定され,約2世紀半もの間,視点をすり替えられてきた可能性がある.

では,そのトリックに陥らないために我々はどうすればよいだろうか.まず,パデューが指摘する如く,「なにが方略から省略されているのか,どのようにして原史料の取捨選択がなされたのかを正確に判定するため公文書(アーカイブズ)の広範な調査が必要」である［Perdue 2005: 480-481］.本書では,『準略』の原史料であり,主に満洲語で記された清朝公文書をフル活用して,清によるジューンガルの征服過程を再構成する.これにより,パデューが投げかけた「なにが方略から省略されているのか」という問題には,自ずと回答が示されるであろう.また,本書でジューンガル征服のプロセスを述べる際,「初定」(対ダワチ戦の勝利),「再定」(対アムルサナ戦の勝利)という区分を採用せず,代わりに遠征軍の編成・派遣回数で区分する.以下に示すように,カシュガリアの征服まで含めると,1755-59年の清の西征は年ごとに異なる指揮系統と軍団編成を持つ4次の遠征からなっていた.

第一次遠征(1755)……合計5万,ジューンガル政権打倒,ダワチ捕縛
　　北路(3万):定北将軍バンディ,副将軍アムルサナ
　　西路(2万):定西将軍ヨンチャン,副将軍サラル

第二次遠征(1756)……アムルサナ追撃,アムルサナ・アブライ連合軍と衝突
　　定西将軍ツェレン ｛ 定辺左副将軍ハダハ
　　　　　　　　　　　　定辺右副将軍ジャラフンガ
　　(6月にツェレンとジャラフンガは革職,指揮系統を以下のように改変)
　　定西将軍ダルダンガ ｛ 定辺左副将軍ハダハ
　　　　　　　　　　　　 定辺右副将軍ジョーフイ

第三次遠征(1757)…合計6万,オイラトの掃討作戦,アブライの「帰順」
　　定辺将軍ツェングンジャブ ｛ 定辺左副将軍ツェブデンジャブ
　　　　　　　　　　　　　　　定辺右副将軍ジョーフイ

第四次遠征(1758-59)
　　定辺将軍ジョーフイ……オイラトの残党の掃討→カシュガリアの制圧
　　靖逆将軍ヤルハシャン……カシュガリアの制圧

本書の目的は，戦史的観点から各遠征の展開を解明することではないが，各遠征の目的を的確に把握し，清のオイラトに対する認識や政策の変化を明らかにするための基準として，上記の区分を採用する．

オイラト勢力の消滅後，辺境防衛の必要上，清は征服地の要衝に兵士とその家族を移住させ，支配拠点となる軍営の建設を進めた．ジューンガルの拠点であったイリには，天山南北両路を統轄するイリ将軍（総統伊犂等処将軍）の職が設けられ[10]，その管下に駐防八旗[11]が設置された．イリ駐防八旗は，正規の八旗兵[12]と，ソロン，シベ，チャハル，オイラトの部族兵からなり，それらが別個の「営」（Ma. kūwaran）を組成していた点が特徴である．将軍や大臣など駐防官の衙門の在所として城塞都市が建設され，それを中心に屯田に従事する漢人部隊の緑営（緑旗）兵とその家族，天山以南のカシュガリアから移住させたテュルク系ムスリム農民（タランチ[13]），さらには内地民人[14]が移住し，定住コロニーが拡大していった．

天山北麓における清の殖民実辺策に関する研究は，中国人研究者の業績を中心に分厚い蓄積がある．近年では，清朝公文書を駆使し，移民社会の実相や環境の変化に迫る精緻な研究も登場している［華 2003；2009；2012；張莉 2011；賈 2012］．ただし，これら「移住」という視点からの研究は，無人の地への新たな人的ファクターの移入を追究したものであり，ジューンガル時代の旧ファクターは，すでに消滅したとみなされているためか，十分に考慮されていない．他方，ジューンガル史研究では，遊牧国家崩壊後のオイラトへの関心は低く，せいぜい 1771 年のトルグート部の帰還[15]が触れられる程度である．

確かに，ジューンガル政権下で形作られた旧ファクターは，清の征服とオイ

---

10) 歴代イリ将軍の在職期間や事蹟は，阿拉騰奥其爾［1995］を参照．
11) 入関後の八旗は，在京の禁旅八旗と，軍事・政治上の各要地に駐屯する駐防八旗に大別される．その中で清代に最も遅く設置されたのがイリ駐防八旗である．清代の駐防八旗については，北山［1950］，定［2003］を参照．
12) イリ駐防八旗の満人は八旗満洲と八旗蒙古から構成され，八旗漢軍は含まれていない．
13) タランチについては，第 5 章註 9 を参照．
14) 清代の民人（Ma. irgen）とは，旗人（Ma. gūsa i niyalma＝満洲旗人，蒙古旗人，漢軍旗人）のカテゴリーに属さない民籍を持つ人々であり，およそ中国内地の一般漢人に相当する概念である．ただし，新疆移住の民人には陝甘地方の出身者が多く，ゆえにその中には同地方に多い中国系ムスリム，いわゆる回民（現在の回族）が含まれていた［佐口 1986: 292-306］．

ラト人の激減によって多くが消滅し，その残滓さえも移民社会の拡大と成熟とともに顧みられなくなっていく．しかし，清朝権力を象徴する存在であり，イリの移民社会の先駆であった駐防八旗に，オイラト人からなるオイラト営が含まれている点は見逃してはなるまい．1757年以降，清から討伐対象とされてきたオイラトは，なぜ清朝統治の根幹たる駐防八旗に組み込まれることになったのだろうか．この疑問に明確な回答を示さぬ限り，清のジューンガル征服の全貌を明らかにしたことにはならないであろう．本書では，清のオイラト政策という視点を保ちながら，イリにおける軍営建設を再考したい．

---

15) トルグート部を中心とする一群（以下，煩瑣を避けるため「トルグート部」と記す）は，オイラトの内乱の難を逃れて1630年にヴォルガ河下流域に移住した．移住後のロシアとの関係については，ホダルコフスキー M. Khodarkovsky の研究に詳しい［Khodarkovsky 1992］．18世紀後半，ロシアの圧力が強まる中，ジューンガル滅亡を耳にしたトルグート部は，一部を残して父祖の土地へ帰還すべく東遷を開始した．帰還の途上で過半が落命・脱落したが，清は1771年に到来した約7万の部衆の「帰順」を受入れ，六分割してジュンガリアからホヴドにかけての地に安置した［宮脇 1991b: 96-99；馬・馬 1991: 168-204；Millward 2004］．

第1章　遊牧国家ジューンガルの形成と支配体制

　13世紀にモンゴル帝国の支配が及んで以降，中央アジアではチンギス=カンの第二子チャガタイの後裔たちが支配的な立場を占めるようになった．特に天山以北に拠点を置き，遊牧民の伝統を保持した人々は，モグール Moghūl（「モンゴル」のペルシア語転化）と称された．しかし，モグール人たちは内部の反目により統一状態を維持できず，15世紀中頃から16世紀前半にウズベク，カザフ，オイラトなどの新興の遊牧集団により草原を奪われ，次第に天山山脈以南のオアシス地帯に逼塞し，定住生活への転換を余儀なくされていく．このモグール人に代わって天山以北の新たな主人公となったのがオイラトである．17世紀に入ると，その中からジューンガル部が頭角を現し，同世紀後半には周辺諸勢力をも従属下に置いて強力な政権を打ち立てた．ジューンガル部を中核とするこの遊牧国家は，1755年に清軍の攻撃を受けて滅亡するまで，露清両国の狭間で一時代を築くことになる．

　パラス［Pallas 1980 (1776/81)[1]］，ハワース［Howorth 1876, 1: 497-680］，バッデレー［Baddeley 1964 (1919)］による古典的な研究のあとを受け，ジューンガル史が独立した分野として確立し，研究が本格化する契機となったのは，ズラートキン『ジュンガル=ハン国史』［Zlatkin 1964］の出版である．以後日本では，ズラートキンの研究に批判的検証を加えつつ，東方諸言語（漢語，満洲語，モンゴル語，チベット語など）史料を活用することにより研究が進展した[2]．当初はオイラト首長層の系譜，首長間・部族間の権力闘争，遊牧国家の成立時期などが

---

[1]　パラスの著作第1冊［Pallas 1980 (1776), 1］の漢語訳に帕拉斯［2002］があり，本書でも参照した．
[2]　本書末の参考文献一覧に掲載する若松寛，岡田英弘，森川哲雄，宮脇淳子，屋敷健一の諸研究を参照されたい．

主な課題であり，時として激しい論争が交わされた．その中で宮脇［1995］は高度なオイラト民族の通史であり，日本におけるジューンガル史研究の一つの到達点といえよう3)．近年の研究状況は決して盛んとはいえないが，「チンギス統原理」との関係をふまえた王権論［Miyawaki 1999a］，遊牧地の変遷に関する歴史地理研究［Miyawaki 2003；オヨーンビリグ 2009；烏雲畢力克 2010a, b］，周辺諸国・諸集団との対外関係4)，オアシス定住民との関係を視野に入れた経済政策［Onuma 2011；小沼 2012a］に議論が及んでいる．これらの研究によって多くの事実が解明された結果，ジューンガル史の全体像の把握は格段に容易となった．

他方，遊牧国家としてのジューンガルが築き上げた支配体制やオイラト諸部の社会組織については，なお不明瞭な部分が残されている．この問題に関して，征服後に清が編纂した漢文典籍に依拠する研究［田山 1953；杜・白 2008（1986）：245-285；馮 1990］があるが5)，記載内容の十分な検証がなされているとはいい難い．ジューンガルはいかなる構造を持ち，属下の人間集団をどのように支配していたのだろうか．また勢力の拡大あるいは衰退にともない，それらはどのように変化していったのだろうか．これらの疑問に対して一定の見通しを付けることは，本書の主題である清のジューンガル征服とその後の支配の展開を解明する上でも必要な作業である．

そこで本章では，集団構成や政権中枢のあり方に注目して，ジューンガルの支配体制とその変遷を検討する．論証においては，従来ジューンガル史研究では十分に活用されてこなかったテュルク語史料や満洲語史料の活用を試みる．

---

3) 中国においても，1980 年代後半から 90 年代前半にかけて，ジューンガル史研究あるいはオイラト民族史研究の成果が出された［準史組 1985；杜・白 2008（1986）；馬・馬 1991；衛史組 1992］．その後はオイラト各部ごとの通史がいくつか刊行されており［張体先 1999；納ほか 2004］，オイラト語の歴史文献に関する研究も進展している［烏蘭 2012］．ジューンガル部による遊牧国家形成以前のオイラト諸部の歴史については，チンゲル［2011］が要を得ている．
4) 清やロシアの立場からジューンガルとの交渉を考察するものが大半である．特に澁谷は，ロシアとの関係も視野に入れた 18 世紀前半の清とジューンガルの外交交渉に関する研究を精力的に進めている［澁谷 1997；澁谷 2007；澁谷 2008；澁谷 2011］．ブロフィー D. Brophy は，ムスリム史料に依拠して 1680 年のガルダンによるカシュガリア遠征を再考している［Brophy 2008］．ジューンガルとカザフの関係については，Moiseev［1991］がある．
5) これに対して森川［1978］は，オイラト語史料を用いてオイラトの集団構成を検討している点で注目される．

1. ジューンガルの発展

1.1. ジューンガル部の台頭

 13世紀初め,『元朝秘史』に「森の民」として登場するオイラトは,現在のトヴァ地方に分布する遊牧・狩猟民の緩やかな連合体であったとされる.モンゴル帝国初期,オイラト出身のクドカ＝ベキ家はチンギス＝カン家と連続的な通婚関係を築き,モンケ＝カアンの時代には最有力の姻族へと成長した[宇野1993].しかし,クビライとアリクブハとの帝位継承争い(1260-64)において,オイラトはアリクブハ側に立ち,クビライに粉砕された.かろうじて命脈を保ったオイラトは静かに復讐の時を待つ.14世紀末,明軍によりモンゴル高原に逐われていた大元ハン(元朝皇帝)を,オイラトはアリクブハの子孫イエスデルを支援して殺し,クビライ王家を断絶させた.この時,13世紀の旧オイラトに,ナイマン,バルグト,ケレイトの三部族が反クビライ連合として合流し,これが「四オイラト」という名称の起源になったという[岡田 2010: 398].さらに15世紀中葉のトゴン・エセン父子の時代には,モンゴルを完全に圧倒した.オイラトはチンギス＝カン一族(ボルジギン氏族)の血統を受け継がない異姓氏族が支配する集団[6]であり,東方の「四十(万)モンゴル」(チンギス統モンゴル諸部)とは一貫して対立関係にあった.

 15世紀末,ダヤン＝ハン(r. 1480-1517[7])が登場すると再び形勢は逆転し,さらにその孫であるトメト部のアルタン＝ハン(r. 1542-83)が実施したオイラト征伐により,モンゴルの勢力範囲は天山山脈の北麓まで伸張し,オイラトはモンゴルに屈服した[岡田 1968: 9].なかでも現在のモンゴル国領に牧地を広げ,オイラトと境を接することになったハルハ部は,オイラトを属民として貢納の

---

[6] 15世紀中葉にオイラトに加わったとみられるホショト部の王統は,オイラト諸部の中で唯一チンギス＝カンの弟ジョチ＝ハサル(ホルチン部)に連なるとされるが,ボルジギン姓を持っておらず,ホルチン部王族との間に実際に関係があったかは確定的でない[岡田 2010: 393-395].

[7] ダヤン＝ハンの生没年・即位年については諸説があるが,本書では最も受け入れられている説[森川 2007: 240]にしたがった.

写真 1　新疆ウイグル自治区ホボクサルにあるジューンガル故城遺跡
バートル=ホンタイジが築いた「石の町」の跡とされている（2011 年 9 月，小沼撮影）.

義務を課した［若松 1964: 10-11］.

　17 世紀に入ると，トゴン・エセンの血を引き，チョロス姓を持つジューンガル部の祖ハラフラ（?-1635?）らがハルハ部に戦いを挑むようになった．宮脇によれば，本来「左翼」（Mo. jegün γar）を意味するジューンガルの起源は，同じチョロス姓を持つドルベト部の左翼，あるいはオイラトの東方担当の意味であるという［宮脇 2002: 191］．1623 年，オイラトはハルハ部に勝利し，その従属下から抜け出すことに成功した．さらにハラフラの長子バートル=ホンタイジ（r. 1635-53）がジューンガル部長を継ぐと，オイラトは完全に勢いを盛り返した．バートル=ホンタイジの登場以降，ジューンガル部とホショト（ホシュート）部がオイラトの二大勢力として台頭をみることになった［宮脇 1983: 177-178, 182；烏雲畢力克 2010a: 37］．

　バートル=ホンタイジの事業の一つとして知られているのが，自らの所領（Mo. ulus）内における城塞都市の建設である．彼の所領はイルティシュ河上流域からホボクサルにかけての地域にあったとされる．元来オイラトの遊牧地に都

市はなかったが［RMO 1: 52；Baddeley 1964, 2: 38］．1637-38 年にバートル＝ホンタイジはホボクサルの地で，ロシア史料に「石の町」（Ru. kamennyi gorad）と記される城塞都市の建設を開始し，1644 年までにその数は四つに増加した［Zlatkin 1964: 179-183；Slesarchuk 1973；若松 1983: 100-102；チョローン 2012: 141-145］．遊牧社会では移動性の乏しい定住都市は格好の略奪対象でしかなく，都市が成立するには突出した有力者の存在と社会の安定が不可欠の条件となる．バートル＝ホンタイジによる都市建設は，オイラト諸侯間における彼の卓越した地位を反映しているとともに，ジューンガル部による遊牧国家の建設に向けた第一歩として評価できる［若松 1983: 102；Perdue 2005: 106, 108-109, 303-304］．

同時期，ダライラマを教主とするゲルク派チベット仏教（黄教）がオイラト社会に急速に広がった．これはオイラト出身のチベット仏教僧ナムケーギャツオ，すなわちザヤ＝パンディタの布教活動によるところが大きい．彼の教導のもと，1640 年頃にはイフ＝フレーという移動式寺院が形成され，ホショト部の支援を受けて発展した．イフ＝フレーの移動範囲（夏営地，冬営地）は，タルバガタイからバルハシ湖の間，イルティシュ河中流域にかけての空間にあり，これはホショト部[8]の遊牧範囲[9]と重なる［オヨーンビリグ 2009］．また固定式の家屋寺院も建設され，上述のバートル＝ホンタイジの「石の町」や，ホショト部長オチルト＝タイジ（のちにハン）[10]の弟アバライがベシカ河畔に建設した城塞都市「アバライ＝キッド」（1657 年完成[11]）も，チベット仏教寺院を中核としていた．

1.2. ジューンガル部の南下

1653 年末にバートル＝ホンタイジは死去し，息子のセンゲ（r. 1654-70）が部長位を継いだが，たちまち異母兄たちとの間に後継者争いが発生した．1660

---

8) 以下にいうホショト部とは，1636 年にグーシ＝ハンに率いられて青海に移住した集団（青海ホショト，大ホショト）ではなく，ジュンガリアに留まったグーシ＝ハンの兄弟およびその子孫が率いた集団（小ホショト）を指す．
9) 具体的なホショト部の遊牧地の範囲については，烏雲畢力克［2010a］を参照．
10) グーシ＝ハンの兄であるバイバガスの長子．1666 年にダライラマ 5 世から「チェチェン＝ハン」の称号を授与された．
11) 「キッド」（Oy. kiyid；Mo. keyid）は「寺院」を意味する．「アバライ＝キッド」の落慶法要は，ザヤ＝パンディタが 1,000 人のラマを動員して執り行った［Baddeley 1964, 2: 152, n. 1］．

年頃，センゲはこの争いに勝利し，ようやく権力を確立した．

バートル＝ホンタイジの死後，ホボクサルの都市に関する情報はほとんど確認できなくなる．この理由をバッデレーは，バートル＝ホンタイジの継承者たちがイリ河流域の地を好んだためと述べている［Baddeley 1964, 2: 125］．確かに『ザヤ＝パンディタ伝』によれば，1662年夏，センゲの帳幕（Oy. örgü）はオソク（Oy. Ösök）とサーマル（Oy. Sāmal）の地にあった［Ratnabhadra: 31；Miyawaki 2003: 308］．この地名は，Renat Map 1（ウプサラ大学所蔵）でもÖsök（No.138），Sāmul（No.137）として確認でき，グルジャ（現伊寧市）の西方，イリ河北岸に位置する[12]．このセンゲの時代におけるジューンガル部の南下，イリ河流域への展開はいかなる要因によるものであろうか．

まず注目すべき点は，センゲの天山南部カシュガリアへの進出との関連性である．マフムード＝チュラースの『年代記』によれば，1640年代以降，オイラトによるカシュガリアのオアシス地帯への侵入がにわかに頻繁となり，1660年代[13]にはセンゲ自ら進出を開始し，ヤルカンド＝ハン国において発生したアブドゥッラー＝ハン（r. 1638-67, d. 1675）と息子ヨルバルスとの対立に介入した［Kh/A: 84-85］．センゲのカシュガリア侵入が，ジューンガル部内においてライバルを打倒し，権力を掌握した1660年以降に開始された点に注意したい．豊かで安定した経済力を持つ定住農耕社会への接近は，草原地帯で力を蓄えた集団がさらなる発展を遂げる時，往々にしてみられる事象である．ジューンガル部の南下は，その戦略的な目標が新たな段階に入ったことを意味する．

もう一つの重要な点は，当時のオイラト諸部の盟主であったホショト部長オチルトとの関係である．センゲはオチルトの孫娘アヌダラを妻としており，オチルトは最大の協力者であった．1661年冬から1662年夏にかけて，オチルトは帳幕を，センゲの帳幕の西に位置するタルガル（Oy. Talγar）の地[14]に置き［Ratnabhadra: 20, 31］，アブドゥッラー＝ハンとヨルバルスの対立では，センゲと

12）　現在，これらの地域はカザフスタン領内にある．
13）　ブローフィーはセンゲのカシュガリア侵入の時期を1654-55年とみるが［Brophy 2008: 15］，これには賛同できない．ジューンガル部内での権力闘争が展開されていた1660年以前の段階で，センゲが外征を敢行できたとは考えられない．
14）　現在のアルマトイの東を流れるタルガル河流域と思われる．

ともにヨルバルスを支援した．さらに1667年頃には，自らオアシス地帯に遠征している［若松 1986: 7］．ジューンガル部のイリ進出は，センゲの自力によるというよりも，オチルトとの同盟関係による共同歩調とみるべきであろう．1667年にジュンガリアに到ったクルヴィンスキーが，センゲの本拠地がなおイルティシュ河から2日を要しない地にあったと伝えていることからも［RMO 3: 157；Baddeley 1964, 2: 189-190］，この時代におけるジューンガル部の南下を本格的な本拠の移動とみることはできない．

1668年，センゲは再び南進の構えをみせた．この時すでにヨルバルスは父親を追放し，ヤルカンドでハンの座に就いていた．しかし，彼の即位に反対した叔父のイスマーイールが，ユルドゥスに拠るホイト部のスルタン＝タイシ（イルデン＝タイシ）の支援を得て，アクスでハンを称した．ヨルバルスはセンゲと連合してイスマーイールを破ったが，同時にセンゲに恐怖を覚え，保身のために国（Pe. mamlakat）をセンゲに引き渡したという［KH/A: 94-95］．これは多分に象徴的な行為であろうが，ヤルカンド＝ハン国内におけるセンゲの影響力が増大したことは間違いない［Brophy 2008: 20］．ところが，1669年末にヨルバルスは暗殺され，後継者の息子アブドゥラティーフもイスマーイールに殺害され，1670年にイスマーイールがヤルカンドでハンに即位した．さらに同年，センゲも異母兄に殺害されたため，ジューンガル部の天山以南における影響力は短期間で消滅した．

1.3. 遊牧国家ジューンガルの形成

1670年のセンゲ暗殺後，後継者となったのが，彼の同母弟ガルダン（r. 1671-97）である．ガルダンは幼少よりチベットでダライラマ5世に師事していたが，センゲの死を知ると還俗してジュンガリアに帰還し，兄の仇を討ってジューンガル部長の座に就き，1671年にダライラマからホンタイジの称号を授かった．さらに1677年には，センゲとは同盟関係にあったオチルト＝ハンを破り，捕囚とした[15]．それまでオイラト諸部の盟主の座はホショト部長のも

---

15) ガルダンは，センゲの寡婦となったアヌダラを妻（レヴィレート婚）としている［Miyawaki 1997: 67］．

のだったが，実力で勝ったガルダンに対し，翌1678年にダライラマから「ボショクト（受命）=ハン」の称号が授けられた．宮脇によれば，ダライラマの認可したホンタイジ号はジューンガル部長としての称号だったが，ハン号は四オイラトを率いる盟主という意味の称号であったという［宮脇 1995: 202］[16]．また，この期を境にホショト部の保護下にあったイフ=フレーが衰退したことは，両部の権力関係の逆転を象徴する［オヨーンビリグ 2009: 80］．

　ホショト部の打倒とその部衆の吸収により，ガルダンは名実ともにオイラト内で最強・最大の勢力を誇るようになった．1722-24年にジューンガルの地に滞在したウンコフスキー[17]は，次のように述べている．

> カルマク人自身は，ボシトゥ=ハン（ボショクト=ハン）の統治まで統一の政権下になく，多くの独立したタイシャ（タイジ）がそれぞれの部衆を統治していた．ボシトゥ=ハンはその大半を統治下に置いたのである
> ［Veselovskii 1887: 195］．

ガルダン自身も，1682年に到来した清の使者に対し，ドルベト，トルグート，ホショトの各部が彼の属下にあることを主張している[18]．このように，ジューンガル部はその登場から約半世紀で，他のオイラト諸部を圧倒するに至った．ここにジューンガル部（長）が政権を担当する，遊牧国家が形成されたのである．

　ホショト部を打倒すると，イリ地方の豊かな遊牧地はジューンガル部が占めるようになった．イリ地方は，南北を天山山脈とその支脈にはさまれた広大な盆地であり，その中央をイリ河が東西に貫流し，河岸から南北に延びる斜面には良質な牧地が広がっていた（現在はすでに農地化）．東・南・北の三方を山に囲まれた天然の要塞であり，またこの地をおさえることによって，南方・西方

---

16)　さらに石濱裕美子は，1678年にガルダンがオチルト=ハンを滅ぼすと同年にダライラマからハン号を授与され，ガルダンが1697年に没すると同年にトルグート部のアユキがハン号を授かったことから，ダライラマからオイラトの王侯に授与されるハン号に「四オイラト全体のハン」という意味があった可能性を指摘している［石濱 2000: 120］．

17)　1716年以降，ジューンガルとロシアは，ヤムシ湖付近におけるロシアの金鉱探索とそのための要塞建設をめぐって対立した．しかし，1720年にチベットで清軍に敗北すると，ジューンガルは一転して友好的な姿勢を示し，ピョートル大帝に遺使して清を攻撃するための援軍を要請した．そこで派遣されたのがウンコフスキー使節団であった［澁谷 2007］．

18)　『朔略』巻2: 28b-29a，康熙22年7月戊戌（29日）［1683/9/19］条．

に位置する中央アジアのオアシス都市への遠征が容易となるため，古来，多くの遊牧勢力がここに本拠を置いた．ガルダンの時代以降，イリ河北岸のグルジャや南岸のハイヌクなどに城塞都市が成立し，ジューンガル政治，経済，文化の中心として大きく発展することになる［第5章第1節参照］．

　オイラト諸部を支配下に置き，イリを押さえたガルダンは，積極的な外征を開始した．1679年に天山東部のハミ・トルファン地方，1680年にカシュガリア諸都市を征服した．これによりイスマーイール＝ハンはイリに連行され，ヤルカンド＝ハン国は解体に向かった．1681年以降は西方遠征を実施してカザフとクルグズを攻撃し，1684年にカザフの支配下にあったタシケントとサイラムを占領し，1685年にはフェルガナ盆地のアンディジャンに遠征した．東方においては，ハルハ部の内紛に介入し，1688年に3万余兵を率いてハルハ領内に侵入した．このハルハ部侵入が引き金となり，清との約70年間にわたる対立が幕を開けることになる[19]．

　ところが，ガルダンのハルハ遠征中，センゲの長子ツェワンラブタン（r. 1694-1727）がクーデターを起こした．ジュンガリアを制圧したツェワンラブタンは，ガルダン生存中の1694年にダライラマ政権（ダライラマ5世は当時すでに死亡）からホンタイジ号と印璽を送られ，ジューンガル部長の地位を認められた．孤立したガルダンは，1696年にジョーンモドで清軍に破れた後，1697年にアルタイ山中で病死した．

　ツェワンラブタンは，1697年のガルダンの死去から1717年のチベット侵攻までの間，清と比較的良好な関係を維持し，ハルハ遠征による混乱によって失われた中央アジア方面に対する統制力の回復を目指した．1680年にガルダンに征服されたとはいえ，当初カシュガリアに対するジューンガルの支配は緩やかであり，現地のムスリム住民に課せられた貢賦はわずかであった［Veselovskii 1887: 186］．この状況下において，17世紀末以降はナクシュバンディー教団の指導者一族，いわゆるカシュガル＝ホージャ家が，ヤルカンド＝ハン家に代わ

---

19) ガルダンのハルハ部侵入（1688）から死亡（1697）までのモンゴル草原を舞台とする動乱については，すでに詳しい研究［岡田 2013 (1979)；Perdue 2005: 133-207］があるので，本書では論及しない．

って支配的立場を占めるようになっていた．これに対してツェワンラブタンは，1700年頃にカシュガリアに派兵し，主要オアシス都市のハーキム（行政長官）を任命して支配の強化を図った［TK/A: 90］．1713年頃に再びカシュガルとヤルカンドを攻撃し，カシュガル＝ホージャ家の主要二派であったイスハーク統（黒山党）とアーファーク統（白山党）のホージャたちをイリに連行し［TKh/Or. 5338: 22a-b］，このうちイスハーク統のダーニヤール＝ホージャを1720年頃にヤルカンドへ帰還させ，貢賦徴収の責を負わせた[20]．

ウンコフスキーによれば，ツェワンラブタンの軍隊は弓，槍，火縄銃で武装した約6万人[21]の騎兵部隊（必要であれば10万人の動員が可能）からなり［Veselovskii 1887: 194］，その動員によりジューンガルは支配領域の拡大を図った．1717年のチベット侵攻は清の介入により失敗するも，毎年のようにカザフとクルグズの遊牧地，タシケントなどの西トルキスタン諸都市を攻撃し，多くの捕虜を得てジュンガリアに強制移住させた．盛んなる遠征の結果，オイラト人以外に，キルギス人[22]，ウリヤンハイ人，テレウト（テレングト）人，ヤルカンドの「ブハーラ人[23]」，イシク＝クル湖付近のブルト（クルグズ）人，バラビン（バラバ＝タタール）人などを支配下に置いたという［Veselovskii 1887: 193］．ツェワンラブタンの時代，ジューンガルが周辺地域に勢力を拡大し，多様な集団を支配下に置く国家へと成長したことがわかる．

1727年にツェワンラブタンが没すると，子のガルダンツェリン（r. 1727-45）が部長位を継いだ．ガルダンツェリンは西方遠征を続行する一方，東方において清と対立を深め，1731-33年にホヴドや天山東部で一進一退の攻防を繰り広げた．両者ともに決定的な勝利を得ることができなかったため，1734年から講和交渉が開始され，1740年にハルハ－オイラト間の遊牧地の境界を定めて講和が成立した[24]．1734年以降の20年間は清とジューンガルの和平期であり，

20）ツェワンラブタンによるカシュガリア統治の強化については，劉［1994］，劉・魏［1998: 226-231］も参照されたい．
21）パラスはツェワンラブタンの兵力を4万から6万と見積もっている［Pallas 1980 (1776), 1: 42］．
22）この「キルギス」とはイェニセイ河上流に分布したクルグズ人を指し，オイラトや清が「ブルト」と呼んだ．現在のクルグズスタン領を中心に分布するクルグズ人とは異なる．
23）中央アジアのムスリム定住民を指す［第5章第1節参照］．
24）講和交渉の過程の詳細については，澁谷［2011］を参照．

両者の間では盛んな交易[25]が展開された［Perdue 2005: 256-270；蔡 2006: 73-89］．

　清との関係の安定により，ガルダンツェリンは西方遠征に専念することができた．連年の遠征でカザフに大打撃を与え，フェルガナ盆地やバダフシャンにまで軍隊を派遣し，各地で戦果を挙げた．国内においても，次節で論じるように，支配体制の拡充を図り，ジューンガルは最盛期を迎えることになるのである．

2. ジューンガルの支配体制

2.1. 集団構成

　「四オイラト」の名で知られるように，オイラトは四つの大きな基本集団から構成されているとみなされていた．ただし，その構成部族に言及するモンゴルの各年代記の記述は，それぞれ大きく異なっている．森川によれば，ここには伝聞の不正確さだけでなく，オイラトの複雑な歴史と主導権をめぐる諸勢力の消長の激しさが反映されている．ただし，17世紀以降になると，「四オイラト」は，清朝史料が伝えるように，チョロス，ドルベト，ホショト，トルグートとなり，その後ヴォルガ河流域に移動したトルグートに代わってホイトが一角を占めるようになった．また，各部は同一の出自を示す血縁集団として yasun（骨）と呼ばれ，その下位集団として omuq（oboq）が存在した．この yasun-omuq 集団は，18世紀中葉に至るまで，オイラトの集団構成の一つの柱であった［森川 1978: 39-40, 51-52］．ただし，清朝史料に「四オイラトはみなバラバラに居住しており，もとより同族の者が一ヵ所にいたことはない[26]」とあるように，血縁的な yasun-omuq 集団は一ヵ所においてまとまりをなしていたわけではない．

　18世紀前半のオイラト社会には，上記の血縁集団とは別に，非血縁的な軍事的・行政的集団が併存していた．すでに多くの研究［田山 1953；1955: 37-72；森川 1978: 43-46；杜・白 2008（1986）: 245-262；馮 1990］が言及するように，18世

---

25) 取引された物品とその数量・価格については蔡［1982］に詳しい．
26) 「満文議覆檔」838（1），乾隆20年正月7日［1755/2/17］条．

紀後半に清が編纂した「御製準噶爾全部紀略[27]」(以下「紀略」)と「準噶爾部旧官制[28]」(以下「旧官制」)は，オトグ（鄂拓克, Mo. otoγ），アンギ（昂吉, Mo. anggi），ジシャー（集賽, Mo. jisiy-a）という，ジューンガルを構成した三大集団の枠組みを伝えている。「旧官制」では，ガルダンツェリンの治世（1727-45）のこととして，それぞれの性格の違いを以下のように説明している。

> 按ずるに，鄂拓克(オトグ)は汗(ハン)の属たり。昂吉(アンギ)は各台吉(タイジ)の戸属たり。鄂拓克の游牧の地は伊犂(イリ)を環り，昂吉の游牧の地も又た諸鄂拓克の外を環る。準部の一切の供賦及び重大な差務は，則ち鄂拓克が承輸す。零星なる供給の若きは，合わせて二十四鄂拓克・二十一昂吉が均しく焉を輸す。鄂拓克は八旗都統に視(なぞら)え，昂吉は外省督撫に視る。昂吉は準語の部分たり。集賽(ジシャー)は専ら喇嘛(ラマ)の事務を理(つかさど)り，初め五集賽たるも，後に其の四を増し，九集賽を成す。亦た各々領するは宰桑(ザイサン)を以てし，略ぼ鄂拓克の制の如し。

若干の補足を加えて説明すると，オトグはジューンガル部長（ハン，ホンタイジ[29]）の直轄集団で，「新十二オトグ[30]」と「旧十二オトグ」が存在し，あわせて「二十四オトグ」と呼ばれた（表1）。つまり「二十四オトグ」は，国家の中核をなすジューンガル部本体と換言できる。各オトグは1-5人のザイサンが世襲的に統治しており，9つの寺領ジシャー（表2）も制度的にオトグに近く，ザイサンがラマとその所有民(シャビナール)を統領していた。また，オトグの中にキルギスやテレングトのような異族（被征服民），フドチナル（帳房，経理）やアルダチン（仏像・仏具製造）のような職能集団を起源に持つ名称があることは，まさに「準部の一切の供賦及び重大な差務は，則ち鄂拓克が承輸す」という性格を物語る［田山1967:54］。「二十四オトグ」の戸数は88,300戸に上り，次に述べる「二十一アンギ」全体に匹敵する規模であった［若松1971:98］。

---

27) 『高宗実録』巻695: 14b-24a, 乾隆28年9月壬午［28日］［1763/11/3］条.
28) 『西域図志』巻29: 22b-31a.
29) ジューンガル部の歴代部長は，ボショクト＝ハンを名乗ったガルダン以外，代々ホンタイジ号を用いたが，清朝史料では彼らの地位を「汗」(Ma. han)や「総台吉」(Ma. uheri taiji)などと呼んでいる。
30) 「新十二オトグ」は，史料上では「後十二鄂拓克」と記される。この「後」とは「旧十二オトグ」に対して時代的に「新しい」という意味である。本書では，誤解を避けるため「新十二オトグ」と記す。表2の「新四ジシャー」（史料上は「後四集賽」）も同様である。

表1 「二十四オトグ」

①旧十二オトグ

名称	ザイサン数	戸数	オトグ数
ウルト	4	5,000	1
カラチン	1	5,000	1
エルケテン	1	5,000	1
ケリヤト（ケレト）	2	6,000	1
ジョトルク	1	3,000	1
ブクス	1	3,000	1
アバガス	1	4,000	1
ハダン	1		
オビト	1	3,000	1
オルダイ	2	3,000	1
ドゴロト	1	4,000	1
ホルボス	1	3,000	1
チョホル	1	3,000	1
合計	18	47,000	12

典拠）「紀略」,「旧官制」

②新十二オトグ

名称	ザイサン数	戸数	オトグ数
バルダムト	3	4,000	1
クトゥチナル	5	4,000	1
ガルザト	3	4,000	1
シャラス	2	3,000	1
マフス	1	5,000	1
ブクヌト	1	2,000	1
トゥクス	1	500	
ウラト	1	3,000	1
アルタチン	1	500	1
ザハチン	3	2,000	1
プーチン	3	1,000	1
キルギス	4	4,000	1
テレングト	4	4,000	
オルチュク	1	500	1
ウルガンジラン	1	800	
ミンガト	2	3,000	1
合計	36	41,300	12

表2 「九ジシャー」

①旧五ジシャー

名称	ザイサン数	戸数
アクバ	2	4,000
ライマリム	2	1,000
ドルバ	1	1,000
トスルン	1	1,000
イフ＝フラル	1	1,000
合計	7	8,000

典拠）「紀略」,「旧官制」

②新四ジシャー

名称	ザイサン数	戸数
ウンドスン	1	1,000
シャムビリン	1	1,000
サントイ	1	300
ピンチン	1	300
合計	4	2,600

　一方のアンギは，元来「部分，部隊」を意味するモンゴル語であるが，「紀略」と「旧官制」におけるそれは，ジューンガル部以外のオイラト各部の有力タイジ（王族，王侯）21人の所領を指す術語である（表3）．アンギを率いるタイジはノヤン（Mo. noyan）とも称され，君主に対して半独立的な立場を保持していたが，出征時には君主の命令に対する服従が義務付けられていた．「紀略」と「旧官制」には記されていないが，各タイジのもとにも数人のザイサンが属していた．例えば，ジューンガル征服後の1756年，死亡したホショト部タイジのノルブ＝ドンドブが有した貝勒爵(ベイレ)を甥のボルホルジンに承襲させるため，ボルホルジンの母バリケイは，幼少のボルホルジンと所属のザイサン数人を連

表3 「二十一アンギ」

部名	タイジ名	アンギ数
チョロス部	ダワチ	6
	ダシダワ	
	ドルジ＝ダンバ	
	ガルザンドルジ	
	ネメク＝ジルガル	
	オチル＝ウバシ	
ドルベト部	ツェリン	3
	ダシ	
	バシ＝アガシ	
ホショト部	シャクドゥル＝マンジ	1
ホイト部	タルバガチン＝サインベレク	9
	ホトン＝エムゲン	
	ドロト＝シェレン	
	ドンドゥク	
	イェケミンガン＝バヤル	
	ツェリン＝バンジュル	
	バートル＝エムゲン	
	ツァガントゥク＝アムルサナ	
	ボルゴトタイジ＝ノハイチチク	
トルグート部	バートル＝ウバシ	2
	トゥントゥプ	

典拠）「紀略」,「旧官制」

れて，バルクルの軍営に到来している[31]．また，ヴォルガ＝トルグートの地に通訳として長期駐在したバクーニンは，「どのウルスもそれぞれ独自の名称とノヤンを持ち，どのノヤンもそれぞれ数名のザイサンを持ち，また彼らも自らのアイマグを持っている」[Zlatkin 1964: 409]と述べており，タイジ属下のザイサンもそれぞれ所領を有していたことがわかる．各部タイジの所領「アンギ」は，規模の差はあれ，ジューンガル部長の所領「二十四オトグ」(=ジューンガル部本体)と共通した組織編成を有していたといえよう．

以上のように清朝史料からは，イリを中心として，ジューンガル部長の属領でザイサンが統率する「二十四オトグ」が分布し，それを「四オイラト」各部の有力タイジの所領である「二十一アンギ」が取り囲む，という支配構造のモデルを想定できる．ただし，この整然とした構造は，あくまでジューンガル平

---

31) 「満文録副」1621.20, 43: 3563-3567, 乾隆21年10月7日［1756/11/28］，参賛大臣ヤルハシャン Yarhašan（雅爾哈善）の奏摺：『新疆匯編』21: 161-163.

定後に編纂された清朝史料に描かれているものであり，かつそれはガルダンツェリンの治世の，ある特定の時期の状況を反映したものに過ぎない．また，オイラト側の記録中に「二十四オトグ」と「二十一アンギ」の存在を見出すことはできず，その成り立ちや変遷の過程を検証する作業はなされていない．そこで注目したいのが，ジューンガルから清に帰順したオイラト人の供述である．ジューンガルの内情を知る彼らの証言は，一級の史料的価値を持つとともに，現段階では最も信頼を置くことができる．以下においては，それら供述中にみられる情報をもとにジューンガルの支配体制の変遷を追い，「紀略」と「旧官制」の記述を検証してみたい．

「二十四オトグ」

　杜栄坤・白翠琴の指摘によれば，ツェワンラブタンの初期においては，ジューンガルにはまだ12のオトグしかなかったが，その後の経済発展や軍事力の増強，人口増加により新たに12オトグが増設され，合計「二十四オトグ」となった［杜・白 2008 (1986): 252］．その間の経緯に関して，最初に注目したいのが，1715年のツェワンラブタンのハミ襲撃時に清軍に捕らえられたヴォルガ＝トルグート出身のマンジ（当時22歳）の供述[32]である．マンジによれば，トルグート部長アユキ＝ハンと不仲になった息子のサンジャブは，1701-02年に部民1万人[33]を率いてツェワンラブタンのもとにやってきた．ところが，ツェワンラブタンは，サンジャブを捕らえてアユキ＝ハンのもとに送還し，残った部民1万人をツェワンラブタンに「所属する部」(Ma. harangga aiman) のザイサンたちに分与してしまった．これによってマンジは，家族とともにトブチ＝ザイサンの「部」(Ma. aiman) に隷属することとなった[34]．この部衆分与によりツ

---

[32]　「康熙満奏」機構包 16, 題本・上諭等，8: 541-573, 康熙 54 年 5 月 19 日［1715/6/20］（『康熙満奏全訳』1012-1015）．このマンジの供述は澁谷［1997］がすでに詳しく紹介している．またこの供述の一部が『準略』に収録されている（『準略』前編巻 2: 2b-4b, 康熙 54 年 5 月壬子［19 日］条）．

[33]　史料中では，「1万戸の人々」(Ma. tumen boigon i niyalma) と「1万におよぶトルグート人」(Ma. emu tumen isire torgut i niyalma) というように，サンジャブの属下1万を戸数と人数で示すという矛盾がみられるが，ここでは人数で理解した．『準略』の記載では人数となっている．

[34]　「康熙満奏」8: 555-556.

ェワンラブタンはザイサン衆から忠誠を獲得し，権力確立に成功したという
［若松 1965: 74］.

　以上の供述からは，ツェワンラブタンの所領が，満洲語でアイマン aiman と
表現される複数の集団から構成され，それらは彼に従うザイサンによって率い
られていたことがわかる．満洲語の aiman はモンゴル語のアイマグ ayimaγ と
同義であり，漢語で「部，部落，游牧」と訳されるように，一定の規模を持つ
遊牧集団を指した．したがって，この aiman は「紀略」と「旧官制」でいうと
ころのオトグを指していると考えられる[35]．なお，マンジの供述をもとにした
『藩部要略』では，トルグートの部衆を各 aiman へ分与したことを「準噶爾の
鄂拓克(オトグ)に分隷」させたと明記している[36]．

　さらにマンジはジューンガルの内情について次のように述べている．

　　私の部（トブチ＝ザイサンの部）の人々は 1,500 戸です．このうち，最も富
　　裕な人たちは 200-300 の羊を持ち，牛馬が 100 あれば抜きんでた富者とい
　　えます．田地に頼って暮らしています．賦役の徴収には時節・規則がなく，
　　毎年兵士や哨探〔の任務負担〕も私たち属民より均しく取りたてます．靴
　　にあてがうウラ草，衣服，皮張，馬羊などの物品で，取りたてないものは
　　ありません．さらに私たちの部の中からは，1 年〔ごと〕に男丁 40 人より
　　強制的に 4 人ずつ引き立てていきます．この男丁 4 人には，家畜と住居を
　　〔部衆より〕均しく取り立てて，〔それらを〕与えるのです．このため属下の
　　人々は非常に苦しんでいます．ホショト，トルグート，ホイト，ドルベト
　　のタイジたちの属民のほか，ツェワンラブタン属下の十四部の人々の賦役
　　も同様に重いので，誰もがみな恨みを抱いています[37]．

---

35) オイラト社会におけるオトグとアイマグの関係は明確でない．両者に厳格な定義や使い分
　けの基準は見出し難く，明らかに同一対象を指している場合があるなど，史料ごとに用法はま
　ちまちである．
36) 『藩部要略』巻 2，康熙 38 年条．『藩部要略』は，事件の発生を康熙 38 年（1699）として
　いるが，康熙 40-41 年（1701-02）が正しい［若松 1965: 71］．
37) 「康熙満奏」8: 555-556. Mini emu aiman i niyalma emu minggan sunja tanggū boigon bi. Erei
　turgunde ujui bayan niyalma, juwe ilan tanggū honin bisire, ihan, morin emu tanggū bici lakcaha bayan
　sembi. Usin de akdafi banjimbi. Alban gairengge erin kemun akū. Aniyadari cooha karun de gemu
　meni fejergi urse de šufame gaimbi. Gūlha de sindara foyo, etuku adu, sukū, morin honin hacingga jaka
　gairakūngge akū. Tuttu bime meni aiman i dorgici dehi haha ci emu aniya de ergeletei duin fusen

オトグに属する人々に課された貢納や兵役の義務は,「旧官制」の「準部の一切の供賦及び重大な差務は,則ち鄂拓克が承輸す」という記述と一致し,トブチ＝ザイサン所属の戸数1,500も1オトグの戸数として首肯できる数字である.またホシオト,トルグート,ホイト,ドルベトの諸タイジの所領と区別されている「ツェワンラブタン属下の十四部」の存在は注目に値する.これは,当時のツェワンラブタンの所領(ジューンガル部)が14のオトグから構成されていたことを示唆している.

清朝史料によれば,「二十四オトグ」を領有していたのは,ツェワンラブタンを継いだガルダンツェリンである.管見の限り,ジューンガル征服前に記された史料から「二十四オトグ」の存在は見出せないが,1755年の定北将軍バンディ Bandi (班第) の奏摺に次のようにある.

> 元来存在した十六大オトグとは,現在のウルト,ケレト,カラチン,チョホル,ドゴロト,ホルボス,ジュトゥルク,オロダイ,ガルザト,バルダムト,アバガス,ハダン,エルケテン,クトゥチナル,ブクヌト,ブクスです.のちに次々とさらに幾つかのオトグが増設されました.オトグという語は,我々の旗と同じです.オトグごとにそれぞれザイサン1人を置いています.あるオトグを幾つかの集団に分けて,集団ごとにそれぞれザイサン1人を置いたものもあります.調べさせたところ,ウルト＝オトグにはザイサン5人,ガルザト＝オトグにはザイサン3人を置いており,同様のオトグが〔ほかにも幾つか〕あります[38].

かつてジューンガルには「十六大オトグ」が存在し,その後さらにオトグが増設されていった.「十六大オトグ」の存在時期は不明だが,ガルザト,バルダムト,クトゥチナル,ブクヌト以外の12のオトグは「旧十二オトグ」に属している[39].「旧十二オトグ」は古くから存在していたもの,「新十二オトグ」

---

gaimbi. Ere fuseke duin haha de, ulga tere boo be gemu šufame bumbi. Ede fejergi urse ambula jocihabi. Damu hošot, torgut, hoit, durbet i taijisai harangga niyalma ci tulgiyen tsewang rabtan i harangga juwan duin aiman i biyalmai alban gemu adali ujen ofi, niyalma tome gasandumbi.

38)「満文録副」1444.4, 37: 208–209, 乾隆20年7月12日 [1755/8/19],バンディ等の奏摺;『新疆匯編』12: 105.

39) ただし,「紀略」と「旧官制」では,アバガスとハダンが二つで1オトグを形成していたとする(表1).またケレトは「ケリヤト」を指すとみられる [森川 1978: 48].

は新たに増設されたものであるから，「十六大オトグ」はその途中の形態といえるであろう．しかも，「十六大オトグ」に含まれず，「新十二オトグ」には含まれるオトグとして，オイラト諸部から人員を抽出させて組織したザハチン[40]，「ブハーラ人」やブルト（クルグズ）から組織したプーチン，周辺異族に由来するキルギスやテレングト（トヴァ人）の名がみえる．これらは拡大を続けるジューンガル部が支配下に置いた集団を再編し，オトグを増設していった証左にほかならない．

以上の考察から，「旧十二オトグ」→ ツェワンラブタンの「十四部」→「十六大オトグ」→ ガルダンツェリンの「二十四オトグ」という，オトグ増設の過程を想定できる．そしてこれは，ジューンガル部本体の拡充，すなわち征服したオイラト諸部，および周辺の異族集団を属下へ編入していった過程とみなすことができよう．

「二十一アンギ」

次に，オイラト諸部の有力タイジの所領「二十一アンギ」であるが，やはりジューンガル征服前の史料に「二十一アンギ」の名を見出すことはできない．マンジは供述の中で，ツェワンラブタンの「十四部」と，ホシュート，トルグート，ホイト，ドルベトのタイジらの所領を区別しているが，後者をアンギとは呼んでいない．そもそもアンギとは，ザイサンが率いるアイマグを構成する下位組織の氏族集団を指す場合がある一方で，いくつかのアイマグからなる大集団として見出される場合もあり［Khodarkovsky 1992: 9-10］，その意味は一定していない．

現在のところ，「二十一アンギ」に関する最初の情報は，1755年末の乾隆帝と定辺右副将軍ジョーフイ Jaohūi（兆恵）とのやりとりの中に現れる．それによれば，以前に乾隆帝は「二十一メイェンの人がどのオトグにいて，いま何人

---

40) ザハチンの起源については，「辺守」の役割を担って辺境地帯に配された人々が，独立したオトグを形成したとの見解［田山 1955: 55］が一般的である．その時期は明確でなく，1670年頃にガルダンが諸タイジから人員を供出させ，ハルハとの境界線上に駐留させた部隊を起源とするとする説［Hashimoto & Pürevjav 1998: 151］や，1697年のツェワンラブタンの即位以降とする説［烏蘭 1992: 65-66］がある．

いるのかを，ジョーフイが〔イリに〕到着した後，明白に調べて上奏させよ[41]」
と命じていた．meyen は「部隊」を意味する満洲語であり，モンゴル語の anggi
に対応するから，この「二十一メイエン」は「二十一アンギ」を指す．乾隆帝
の命を受けたジョーフイは，イリ到着後にオトグの首長層から「二十一アン
ギ」に関する情報の提供を求め，それらを照合した上で次のように返答した．

> タイジたちは元々の分け前であるドチン[42]の人々を率い，牧地に住み，
> 属衆はそれぞれのタイジの賦役を負担していました．また，左翼8オトグ，
> 右翼8オトグ，左翼3アンギ，右翼2アンギを編成し，総じて二十一アン
> ギと呼んでいました．オトグとアンギごとにザイサン，デムチ[43]，シュ
> レンゲ[44]を任じ，ドチンの戸口を管理するため，本来のオトグにいて，
> 均等に〔課された〕賦役を輪番〔で負担〕していました．イリで各種の貢物
> と家畜を管理するため，ザイサン，デムチ，シュレンゲを任じて分隊を編
> 成し，ジューンガルの首領の賦役を負担し，寺廟を建てて仏を祀り，読経
> するなどの事項がありました[45]．

時代は不明であるが，「二十一アンギ」は左翼の8オトグと3アンギ，右翼の
8オトグと2アンギからなると説明されている．また，やや意味が取りにくい
が，この「二十一アンギ」を管理するザイサン，デムチ，シュレンゲは，それ
ぞれの遊牧地で属下の牧民の管理や貢賦の徴収を担っていたが，その一方でオ
トグとアンギから人員を供出して「分隊」を組織し，その「分隊」はイリでジ
ューンガル部長の御用に供していたようである．

　しかし，この左右翼に分かれた16オトグと5アンギからなる「二十一アン

---

[41] 「満文録副」1623.16, 44: 250-251, 乾隆21年10月11日［1756/12/2］，定辺右副将軍ジョーフイ等の奏摺に引用された乾隆21年閏9月15日［1756/11/7］の上諭：『新疆匯編』21: 180-181.

[42] 本来モンゴル語の döčin は「40」を意味するが，オイラト社会ではオトグの下位組織を指した［田山 1955: 189］．

[43] デムチ（Mo. demči, 得木斉）は，オトグ内において100戸から200戸を管理し，命令の下達，租税の徴収，民生の保護など広く監督の責を有した［田山 1953: 110；杜・白 2008 (1986): 272］．

[44] シュレンゲ（Mo. šülengge, 収楞額）は，オトグ内で主に徴税の責を持ちながら，デムチを補佐した［田山 1953: 110；杜・白 2008 (1986): 273］．

[45] 註41，同史料，「満文録副」44: 252-253，ジョーフイ等の奏摺；『新疆匯編』21: 182.

ギ」と,「紀略」や「旧官制」が伝える有力タイジ21人の所領である「二十一アンギ」は齟齬する．両者の関係に整合的な説明を与えることは難しいが，ただ前者のオトグ数が，上述の「十六大オトグ」と一致している点は注目されよう．1755年に乾隆帝が詠んだ詩文「西師」には，「二十一アンギ」は,「二十四オトグ」と同様にガルダンツェリンの時代に設けられたとある[46]．であるとすれば，ガルダンツェリンが，自己の所領であるオトグを16から24に増設するだけでなく，各部の有力タイジに対する統制を強め，左右両翼あわせて5つ[47]であったアンギを21にまで拡大し，それを新たに「二十一アンギ」と呼ぶようになったという推測が成り立つのではないだろうか．

2.2. 政権中枢

遊牧国家とは，分権性を内包した緩やかな部族連合体を指し，ロシアや清など農耕社会を基盤に成立する「国家」とは異なり，体系的に組織された統治システム（中央官庁や地方行政組織など）を有していない．しかし，遊牧国家成立の条件として，君主をとりまくブレインや官僚集団などの権力構造の存在が確認されねばならない．

1683年初頭,康熙帝の使臣キタトKitat（祁他特）がガルダンのもとに到来した．その復命報告によれば，キタトが会見の日時を調整するにあたり，ガルダンは，ジューンガルに清の部院のような統治機構は存在しないが，それに代わるものとしてザイサンがいると述べている．実際にガルダンは，セレン＝ザイサンとチェチェン＝ザイサンをキタトの迎接役として派遣し，またチェチェン＝ザイサンのウルジャンジャブなる人物がキタトとガルダンの取次役を務めた[48]．このウルジャンジャブは，ガルダンのハルハ部遠征に参加し，その後の放浪生活において最後までガルダンと行動をともにした人物である[49]．以上から，ザ

---

46)『西域図志』巻首2: 32a.
47) この5つのアンギが,「二十一アンギ」を構成するチョロス，ドルベト，ホシオト，ホイト，トルグートの五部に対応する可能性があるかもしれない．
48)『朔略』巻2: 22b-32b, 康熙22年7月戊戌（29日）［1683/9/19］条．
49)『朔略』巻39: 46a-47a, 康熙36年3月庚辰（29日）［1697/4/20］条．ガルダンの死後，ウルジャンジャブはツェワンラブタンに投降した．『朔略』巻43: 41b-42b, 康熙36年4月丁卯（18日）［1697/6/18］条．

イサンの称号を持つ人々が，ガルダンの側近・補佐役として，出使・伝達などの任務を帯びていたことがわかる．

ところで，このようなジューンガル部長の身辺にあって政務を補佐するザイサンらの存在には留意する必要がある．なぜなら「旧官制」では，ジューンガルにおけるザイサンを，

> 宰桑(ザイサン)は一鄂拓克(オトグ)の事務を管理す．或いは一宰桑が一鄂拓克を，或いは三・四の宰桑が一鄂拓克を管理す．

というように，オトグを率いる遊牧領主として説明しているからである．この点に関して田山は，ジューンガルのザイサンの中には，オトグを世襲的に統治する「封建領侯」だけではなく，ジューンガル部長の旁らで国事に参与する「官僚的性格」を有するザイサンがいたことに注意を促している［田山 1955: 58］．そこで以下では，ジューンガル政権の中枢にあったザイサンについて検討してみたい．

ウンコフスキーの遣使録には，ザイサンの称号を持つ人物が多数登場する．彼らはツェワンラブタンの本営に詰めており，ウンコフスキーの世話やツェワンラブタンとの取り次ぎ役を務めた．また 1755 年 7 月のバンディの上奏には，ジューンガルの国家全体を統轄するために設けられ，有力ザイサンが充てられた役職に関する説明がある．

> ツェワンラブタンとガルダンツェリンの時代より，旧き世族の大ザイサンたちからトゥシメル 4 名を置いて，筆頭タイジ（ジューンガル部長）のもとですべての事務を総理させていました．またザルグチ 8 名を置き，〔トゥシメルに〕次いで〔事務を〕処理させていました．……アルバチとは，あらゆる賦役を徴収し，納税の事務を処理する者です．オトグごとに 1 名を置いて，ザイサンに次いで賦役を供出させる役務を処理します．諸オトグの賦役を総理するため左右〔翼の別〕を考慮して左右に大アルバチ 2 名を置き，副アルバチ 4 名を置いて事務を輔佐させていました[50]．

ジューンガルには，まず君主の輔佐役として「旧き世族の大ザイサン」(Ma. fe fujuri amba jaisang) から選任される 4 名のトゥシメル (Mo. tüsimel[51]) と，8 名の

---

50) 註 38，同史料，「満文録副」37: 208-209，バンディ等の奏摺；『新疆匯編』12: 105-106.

ザルグチ（Mo. jaryuči[52]）という役職が存在していた．「旧官制」によれば，トゥシメル（図什墨爾）はジューンガル部長の下で国内の一切の政務に与る最高の官職であり，ザルグチ（扎爾固斉，ただし「旧官制」では定員6名）はトゥシメルを輔佐しつつ司法の責を司っていた［田山 1953: 107-108; 1955: 52-54; 杜・白 2008（1986）: 270］．また国家の賦役（Mo. alba）管理を掌る2名の大アルバチ（Mo. albači）と4名の副アルバチの役職があり，各オトグにもオトグ内の賦役徴収を掌るアルバチ職が置かれていた[53]．

　これら役職の実態は，史料の不足のため，現状では詳らかにし得ない．以下では，記録が比較的残されているトゥシメルについてみていくことにする．『西域図志』では，トゥシメルの職掌を次のように説明している．

　　凡そ政事は図什墨爾(トゥシメル)を以て之を主る．宰桑(ザイサン)が経理せるの後，図什墨爾に告するを以て定議し，仍お台吉(タイジ)に上告して施行せしむ[54]．

ここでの「台吉」はジューンガル部長を指す．つまり，ジューンガル部長の下で政務を審理するザイサン衆が存在し，それを統括するのがトゥシメルであった．この点に関して，ウンコフスキーも次のように述べている．

　　コンタイシャは，大きな問題をザイサンたちの協議なしで処理せず，ある問題においては，名門のカルマク人から有力者を会議に招集する．10人あるいはそれより多いザイサンが法廷（彼らはそれをザルガと呼ぶ—原註）で協議する．審判は文書ではなく，口頭で決定する［Veselovskii 1887: 194］．

ザルガ（Oy. žarγa）は「法廷，諮問会議」を意味する［Krueger 1984, 3: 664］．すなわち，ジューンガルの君主のもとには10人ほどの有力なザイサンが招集され，重要な問題に関する決定を下していた．ウンコフスキーの遣使録には，トゥシメルやザルグチの名称は現れないが，上記のザルガを組織する10人ほどの有

---

51) tüsimel は，モンゴル語の普通名詞としては「官員，官僚」を意味する．
52) jaryuči は，「裁定，審判」を意味するモンゴル語 jaryu に「～する人」を意味する -či が結合した語．
53) 四日市は，モンゴル帝国における「ジャルグチ」職の発生理由を，ウルスの巨大化・多層化，およびそれにともなう権益・獲得物の把握と分配の複雑化によって様々なトラブルが多発するようになり，それを正しく裁定する役職が必要になったためと説明する［四日市 2005: 8］．ジューンガルにおけるトゥシメル，ザルグチ，大アルバチ等の役職発生も，時期は特定できないが，同様の要求にもとづくものであろう．
54) 『西域図志』巻 39: 6b-7a.

力ザイサンの数は，トゥシメル（定員4名）とザルグチ（定員6名あるいは8名）を足した数と一致する．バクーニンによれば，ヴォルガ＝トルグートにおけるザルガは，ハンの本営の近辺に常設されているテントで開催され，ハンが最も信頼をよせる8人のザイサン[55]によって構成される諮問会議であった［Zlatkin 1964: 420-421］．またパラスは，ハンはザルガの決議に対して文書に署名・捺印して同意を示すが，その印章(タムガ)は最も忠実なザイサンが掌管していたと述べている［Pallas 1980（1776），1: 189; 帕拉斯 2002: 185-186］．おそらくザルガの構成員は，トゥシメル・ザルグチ在任のザイサンが占めていたと考えられる．なお，テュルク語史料『ホージャガーン伝』には，ツェワンラブタンが招集した会議について興味深い描写がみられる．

　　王（ツェワンラブタン）は，「明日，ムスリムどもはみな自らの慣習にしたがった衣服を着て来い．カルマクの有力者たちも集合せよ．」と命令した．翌朝，ティムール＝ハン[56]を始めとして，ダーニヤール＝ホージャムはすべてのムスリムとともにターバンを巻いて来た．カルマクの武将たちもみな来て，ホンタイジ（ツェワンラブタン）の御前で会議（surün）を開き座していた[57]．

上掲史料中のsurünは，「王族会議，宮廷会議」の意味を持つ［Shaw 1880: 124］．ツェワンラブタンの命令によって招集されたオイラトの有力者が，その面前で開いていることから，上記の描写はザルガ開催の場面とみてよかろう．

　では「旧き世族の大ザイサン」，なかでもトゥシメル等の役職にあったザイサンは，具体的にどのような人物であったのだろうか．ウンコフスキーによれ

---

55) ズラートキンは，ザルガの構成員8人は「トゥサラグチとザルグチという名であった」とする［Zlatkin 1964: 421］．普通名詞としてのトゥサラグチ（Mo. tusiyalɣuči）は，トゥシメルと同様に「官員，官僚」を意味するので，両者を混同しているのかもしれない．

56) イリに拘留されていたヤルカンド＝ハン家の子孫と思われるが，詳細は不明．なお，この引用で利用している大英図書館所蔵の写本［TKh/Or. 5338］では，ティムール＝ハンの名を二重線で塗抹した形跡がみられる．ベルリン国立図書館東洋部所蔵の写本［TKh/Ms. Orient. 4° 1313］では，ホージャ＝ダーニヤールの名がティムール＝ハンの前にあり，ティムール＝ハンの後ろにエルケ＝ハンなる人物の名が加えられている．

57) TKh/Or. 5338: 24b. Törä yarligh qildi, ki tangla hamma Musulmānlar öz ṭarīqasichä libās kip kelgäy. Qalmaqlarning ulughlari jam' bolsun. 'Alā 'ṣṣabāḥ T̶i̶m̶ū̶r̶ ̶K̶h̶ā̶n̶ bashliqin Dāniyāl Khwājam hamma Muslmānlar birlä dastār kip keldilär. Qalmaqlarning sardārlari ham kelip Khūngtājīning aldida surün tuzup olturdilar.

ば，ガルダンツェリンの時代，彼の従兄弟であるツェレンドンドクが「筆頭ザイサン」を務めていた [Veselovskii 1887: 32]．また，詳細は次節にゆずるが，パラスによれば，ガルダンツェリンの後継者ツェワンドルジ＝ナムジャル（r. 1746-50）が1750年に謀反により打倒された原因の一つは，「ザルガの老臣」を軽視したことであった [Pallas 1980 (1776), 1: 44；帕拉斯 2002: 45]．同年に清に帰順したドンドクの証言によれば，謀反の首謀者であるホイト部タイジのサインベレクは事前に，オルジェイ，グンブ，オルジェイ＝オロシフ＝バハ＝マンジ，ナムジャ＝ドルジ，ボホルダイという5人の「首たるザイサン」（Ma. dalaha jaisang, 為首宰桑）と，ツェワンドルジ＝ナムジャルを捕らえる計画を密議していた[58]．この5人の「首たるザイサン」が「ザルガの老臣」に相当することは確実であろう．しかも，1755年の清朝征服時における「四トゥシメル」はオルジェイ，ヨスト，アバガス，グンブであり（グンブはすでに死亡）[59]，「首たるザイサン」であったオルジェイとグンブが含まれている．オルジェイはカラチン＝オトグのザイサン，ヨストはチョホル＝オトグのザイサン，アバガスはアバガス＝オトグのザイサンであり[60]（グンブの統率するオトグは不明），いずれも「旧十二オトグ」に属している．要するに，各史料中に現れる「旧き世族の大ザイサン」，「ザルガの老臣」，「首たるザイサン」は相似する概念であり，それらは主にトゥシメル在職者を含む「旧十二オトグ」出身の有力ザイサン衆を指している．

興味深いことに，著者不明のオイラト語史料『四オイラト史記』（*Dörbön oyiradiyin tüükei tuuji*[61]）では，1753年にダワチ（r. 1753-55）が政権を簒奪してハン位に就いた後，盟友アムルサナ（1722-57）が「当代のトゥシメド」（Oy. čaqgin tüsimed）になったと伝えている [DOTT/L: 343, 372]．森川は，これを「時の役人」と解釈した上で，具体的な職掌は不明としたが [森川 1979b: 875-876]，tüsimed は tüsimel の複数形である．アムルサナはザイサンではなく，ホイト部タイジであったので，彼のトゥシメル任命には矛盾がある．しかし，ダワチがジュー

---

58) 『準略』前編巻52: 満文版49b-50b／漢文版28a-b, 乾隆15年9月辛酉（22日）[1750/10/21]条．
59) 註38，同史料，「満文録副」37: 209；『新疆匯編』12: 106．
60) 「満文録副」3534.20, 161: 3049-3050, 乾隆22年［第2章表5］．
61) 本史料については，森川 [1977；1978；1979b]，烏蘭 [2012: 248-265] を参照．

ンガルの君主継承者としては傍系にあたり，トゥシメルを筆頭とする有力ザイサン衆との関係も薄弱であったろうことを勘案すれば，ダワチが脆弱な政権基盤を強化するため，自らの政権奪取の立て役者であった盟友アムルサナを，異例の措置としてトゥシメルに加えたことは納得できる．

　以上のように，オトグを統率するザイサンの中にはジューンガルの君主の本営に出仕する者が存在し，さらにその中からトゥシメルやザルグチなどの役職者が選任されていた．彼らは，ジューンガル部の中でも「旧十二オトグ」を統率する有力者であり，君主の近親者や盟友なども含まれる場合があった．そして彼らは，君主の下でザルガと呼ばれる諮問会議を組織して国事に参与し，ジューンガルの政権中枢を構成していたのである．

3. ジューンガルの衰退と支配体制の動揺

　以上のような支配体制を整え，周辺諸勢力の多くを支配下に置いていたジューンガルであったが，1745年にガルダンツェリンが没すると，継承争いを発端とする内紛が発生し，一転して衰退の一途をたどることになる．

　ガルダンツェリンには，長子（ただし庶子）のラマダルジャ，次子のツェワンドルジ＝ナムジャル，末子のツェワンダシ，およびツェワンドルジ＝ナムジャルの同母姉のオラーンバヤルの三男一女がいた．そして，ガルダンツェリンの遺言により，ツェワンドルジ＝ナムジャルが部長位を継ぐことになった．

　ところが，ツェワンドルジ＝ナムジャルはまだ若く，長老を軽んじ，国事を顧みず，若い取り巻き連中と放蕩に耽るのみであった．清朝史料によれば，同母姉のオラーンバヤルは彼を常に諫めていたが，効果はなく，逆に疑いをかけられて拘禁された[62]．1750年に起きたこの事件を『ホージャガーン伝』は次のように伝えている．

　　グラームビアー（オラーンバヤル）という一人の姉がいた．かのネメク＝ジルガル[63]という一人のカルマクと互いに手を組むことを望み，アジャン

---

62) 『準略』前編巻52: 27b-28a, 乾隆15年9月辛酉（22日）[1750/10/21] 条．
63) ネメク＝ジルガルについて，ショーは Tamgu Jarghal (تمكو جر غال) と解したが [Shaw &

（ツェワンドルジ゠ナムジャル）を捕らえてネメク゠ジルガルを君主にしようとした時，内部よりアジャンに情報が漏れ，グラームビアーとネメク゠ジルガルをアジャンが捕らえ，それらの目に針を刺して投獄した[64]。
このように，オラーンバヤルは，チョロス部タイジのネメク゠ジルガルと共謀して政権奪取を狙い，露顕して投獄されたのである。

この企みは失敗に終わったが，オラーンバヤルの追放後，彼女の夫サインベレクが中心となり，ラマダルジャの擁立運動が開始された。この計画もまた，チョロス部タイジのダシダワの密告によって発覚したが，サインベレク一派は巻き返してツェワンドルジ゠ナムジャルを打倒し，ラマダルジャ（r. 1750-52）を部長位に就けた。ツェワンドルジ゠ナムジャルは目に針を刺され，ダシダワともども投獄・殺害された[65]。当時イリに居住していた，ウシュ出身のムハンマド゠アブド゠アルアーリムを作者とする『イスラーム゠ナーマ』[66]も，同様の顛末を伝えている［IN/B311: 57b］。

ところが，ラマダルジャの擁立後，今度はツェワンラブタンの外孫にあたるホイト部長アムルサナと，バートル゠ホンタイジの直系の玄孫であるチョロス部タイジのダワチが協力し，ガルダンツェリンの末子ツェワンダシの擁立を画策した。この陰謀は，ラマダルジャの知るところとなり，ツェワンダシは殺され，アムルサナとダワチはカザフ中ジュズのアブライ゠スルタンのもとへ逃れた。1752年，ラマダルジャは，アムルサナとダワチを捕らえるため，サインベレクとネメク゠ジルガルをカザフ草原に派遣した。しかし，密かにジュンガリアに戻ったアムルサナとダワチから反撃を受け，ラマダルジャは「アムルサ

Elias 1897: 48-49, note 38］，ショーが利用した写本［TKh/Or. 5338］を確認してみると，原綴は نمكو جرغال であり，語頭の文字はNと転写されるべきである。

64) TKh/Or. 5338: 41b. Ghulām Bī'ā dep bir igächisi bar erdi. Ol Nemäk Jirghāl dep bir qalmaq bilä tafiship tägmäkchi bolup, Ajanni tutup Nemäk Jirghālni törä qilmaqchi bolghanda öz ichidin Ajangä khabar berip Ghulām Bī'āni Nemäk Jirghālni tutup, közlärigä mīl tartip, zindāngha saldurdi.

65) 註62，同史料，『準略』前編巻52: 28a-28b。

66) 本史料は，カシュガル゠ホージャ家のホージャ゠アフマドの事蹟を中心に記したテュルク語叙事詩であり，1756年中頃に成立したといわれる（未完の可能性が高い）。抽象的な表現ながら，ジューンガルの内紛から清の征服に到る時期にイリ周辺で発生した諸事件が描写されており，カザフに関連する部分についてはロシア語訳がある［Ibragimov 1969］。なお，本史料のテュルク語にはモンゴル語とオイラト語の要素を反映した部分があり，18世紀中葉の当該地域における言語状況を知る上で重要な価値を持つ［Brophy 2011］。

ナに突き刺されて」[IN/B311: 58a]，殺害された．最終的にダワチがジューンガル部長の座を奪ってハンを称した．

　これら一連の抗争によって，ガルダンツェリンの時代に整備されたジューンガルの支配体制は大きく動揺した．例えば，「二十一アンギ」の一つを統括していたとされるダシダワは，上述したように，ラマダルジャの擁立時に殺害された．この時に「彼の属民は解散させられて，衆人に分与[67]」されたというから，彼の「アンギ」は解体されたことになる．

　ダワチが政権を握った後，ジューンガルの混乱は，さらにその度合いを増した．『四オイラト史記』によれば，ダワチのハン即位後，ホショト部とトルグート部の属衆の多くが俘虜となり，「大ドルベト[68]」はロシア方面に逃亡したという[DOTT/L: 343, 372]．また清による征服後，大オロダイ＝オトグのデムチであったアシュブルら4人は次のように供述している．

> ガルダンツェリンの始祖ドクシン＝ノヤンの時代以来，私たちの始祖バートルタブル＝トゥシメルとメルゲンタブル＝ザイサンがオロダイ＝オトグの長であり，子孫が代々ザイサンとなっていました．ガルダンツェリンの時代にはバルダンジャムスが，ラマダルジャの時代にはダシツェリンがザイサンを継ぎました．ダワチの即位後，ザイサンのダシツェリンが死ぬと，関係のない人間であるラスルンが任じられ，我々のオトグの6人を殺し，8人の足をへし折りました．15戸の家産・家畜を奪い，5人のデムチを辞めさせ，家畜を略奪しました．ラスルンの悪行に私たちオトグの民は非常に苦しみました[69]．

ダワチはザイサン世襲の慣例を無視し，ラスルンをオロダイ＝オトグのザイサンとした．ラスルンの人物像は不明であるが，ジューンガル部長の継承者としてダワチは傍系に属し，各オトグのザイサンとの関係は希薄であったはずであ

---

67)「満文録副」1448.1, 37: 651, 乾隆20年6月17日[1755/7/25]，バンディ等の奏摺；『新疆匯編』11: 339．『イスラーム＝ナーマ』には，人々がダシダワの「財産を強奪した」(Tu. Pulmalini oljalap aldilar) とある[IN/B311: 51b]．

68)『四オイラト史記』では「大ドルベト」(Oy. yeke Dörböd) を「右翼ドルベト」の構成集団の一つとしている[森川1978: 46-47, 49]．

69)「満文録副」1382.35, 34: 1416-1417, 乾隆20年7月4日[1755/8/11]，バンディ等の奏摺；『新疆匯編』12: 4．

る．ダワチの意向によりラスルンがオロダイ＝オトグのザイサンとなったのであるから，ラスルンはダワチと関係の深い人物であり[70]，それはダワチによるオトグ掌握のための行為だったと判断される．いずれにせよ，ラスルンのザイサン就任により，オロダイ＝オトグの秩序は乱れ，その人衆は苦境に立たされたのである．

　絶え間ない混乱は，オイラト諸部のジューンガル政権からの離脱という結果をまねいた．1753年，ダワチは，かつてオラーンバヤルと共謀して政権奪取を狙ったネメク＝ジルガルと衝突し，一時イリを追われることになった．ロシア史料によれば，この時カザフのアブライは，ネメク＝ジルガル擁立を画策したドルベト部を討つため，5,000兵を派出してダワチを支援した［Zlatkin 1964: 438］．アブライとアムルサナの援助により，ダワチはかろうじて地位を回復することができたが，この時ダワチとネメク＝ジルガルの双方から出兵を要請され，窮地に陥ったドルベト部のツェリン，ツェリンウバシ，ツェリンムンフの3人（通称「三ツェリン」）は，部衆3,000戸を率いて清に帰順した．さらに翌年，上記の事件でダワチとの関係を悪化させたアムルサナが，ドルベト部タイジのネメク（ネメク＝ジルガルとは別人），ホシオト部タイジのバンジュルたちとともに，約2万人の部衆を率いて清に来降した[71]．彼らの帰順は，乾隆帝にジュンガリア遠征を決意させる契機になったのである．

---

70) ラスルンがダワチ政権のザルグチであった可能性がある［第2章第3節参照］．
71) 『ホージャガーン伝』には，アムルサナは「500人のカルマクとともに中国に出て行った」（Tu. besh yüz Qalmaq bilä Khiṭāygha chiqip ketti）［TKh/Or. 5338: 42a］と記されている（「5人」とする写本［TKh/Or. 9662: 53b］もある）．直卒の手勢の数と考えられるが，清朝史料が伝える部衆2万人という数字にはやや誇張があるかもしれない．

第 2 章　清のジューンガル征服と支配構想

　1734 年の和議以降，清とジューンガルは良好な関係を維持し，1745 年にジューンガルで内紛が生じた後も清は静観の姿勢を保っていた．ところが，1753 年初頭にダワチが政権を簒奪すると，同年にドルベト部の「三ツェリン」，1754 年にホイト部のアムルサナなど，有力タイジが多数の属民を率いて清に帰順する事態が発生した．ここにおいて乾隆帝 (r. 1736-95) は軍事遠征を決意する．1755 年にジュンガリアへ進んだ清軍は，大きな抵抗を受けることなく，6 月にイリを制圧し，7 月にはカシュガリアに逃亡したダワチを捕えた（第一次遠征）．強勢を誇ったジューンガルは，まことにあっけなく瓦解したのである．

　ジューンガル打倒後，清は「四オイラト」の名にちなんで 4 人の汗(ハン)を指名し，オイラトを分割統治しようとした．しかし，オイラトの唯一のハンになることを望んでいたアムルサナは，その意が乾隆帝に受け入れられないことを悟ると，ダワチの擒獲後，清に反旗を翻した（アムルサナの乱）．清はアムルサナら反清勢力を討つため再び軍旅を興したが（第二次遠征），アムルサナを捕捉できず，西方への逃走を許してしまった．

　アムルサナの逃走により，事件がカザフ，そしてロシア方面に波及したため，従来はカザフにおけるアムルサナの活動やアムルサナをめぐる露清交渉に主な関心が注がれてきた．清軍はカザフ中ジュズのアブライのもとに逃れたアムルサナを追撃し，アムルサナとアブライの連合軍と戦闘を交えた．1756 年の秋頃からアブライとアムルサナは不和になり，この頃からロシア当局がアムルサナに接近し，彼の保護を試みたが，1757 年にアムルサナはロシアへ向かう途上で天然痘に倒れた．清はアムルサナの遺体引き渡しを求めたが，ロシアはそれを拒否し，両国の関係は悪化した ［Zlatkin 1964: 425-463；川上 1980；森川 1983］．

　一方，この時期に清がジュンガリアで展開した対策は，アムルサナの乱に対

する報復としてなされたというオイラト人の掃滅をもって語られてきた．しかし実際は，アムルサナが反清活動を開始した1755年夏から，清軍が掃滅作戦（第三次遠征）を展開する1757年初頭までに，約1年半の時間差が存在する．この事実は，オイラト人の掃滅の原因をアムルサナの乱と短絡的に結びつける見解に再考の余地があることを意味する．上述の如く，第一次遠征において清軍はオイラトと大きな戦闘を交えることはなかった．遊牧国家ジューンガルは解体したとはいえ，その統制下にあったオイラト諸部は依然勢力を保持しており，清は長年敵対してきたオイラトをそのまま抱え込むことになったのである．清は新附のオイラトをいかにして自らの体制下に位置づけようとしていたのだろうか．

本章では，清のジューンガル第一次遠征を，支配構想がいかにして創出されたのかという観点から論じる．特に前章で指摘したジューンガルの構造が清朝政権にいかに認識され，それが清の支配構想の創出にどのような影響を与えたのかを考察し，清が描いたオイラト支配構想の全体像に迫っていく．

1. 清のジューンガル征服と「平定準噶爾善後事宜」

1754年6月5日，乾隆帝は承徳の避暑山荘でドルベト部長ツェリンら諸タイジと対面し，彼らの帰順を受け入れた（図1）．この時実施された「大蒙古包宴」は，モンゴル帝国では大ハンが執行した儀式であり，清の時代には1636年のホンタイジ Hongtaiji（皇太極，r. 1627-43）の「大清皇帝」即位や1691年のドローン＝ノールの会盟などで実施されていた［岩井1991］．同年12月にも乾隆帝は避暑山荘で同様の賜宴を開き，アムルサナらの帰順を受け入れた［矢沢1973: 245-246］．この時，乾隆帝はアムルサナと親しく騎射を競い，モンゴル語で直接ジューンガルの内情を問うたという[1]．親征こそ実施しなかったが，モンゴルを統べる為政者として，ジューンガル問題に取り組む乾隆帝の姿が窺える．

1754年7月の軍機大臣の奏言によれば，清の遠征軍は北路軍3万と西路軍2万からなる5万の大軍であり，その内訳は八旗兵13,000名，モンゴル・ツ

---

1) 『嘯亭雑録』巻3，西域用兵始末条．

第 2 章　清のジューンガル征服と支配構想　51

図 1　ドルベト部の帰順と「大蒙古包宴」
典拠）故宮博物院所蔵「万樹園賜宴図」[北京故宮 2002, 6: 64]

ングース系の部族兵 26,000 名，漢人部隊の緑営（緑旗）兵 11,000 名であった[2]．その後，従軍を志願した瓜州のジャサク公エミン＝ホージャのムスリム兵 200 名を加え，またアムルサナの部衆約 2 万が清朝に降ると，そこから兵 2,300 名を供出させ，ハルハ兵 6,000 名から 2,500 名を削減した［荘 1982 (1973): 34-35］．1755 年 3 月，以下のような指揮系統のもと，北路軍はウリヤスタイから，西路軍はバルクルから進撃を開始した．
北路軍
　定北将軍　バンディ（班第：蒙古鑲黄旗）
　副将軍　アムルサナ（阿睦爾撒納：旧ホイト部タイジ，親王）
　参賛　セブテンバルジュル（色布騰巴爾珠爾：ホルチン部，親王）
　　　　ツェングンジャブ（成袞扎布：サイン＝ノヤン部，郡王）
　　　　マムート（碼木特：旧ザハチン＝オトグのザイサン，1754 年帰順，内大臣）
西路軍
　定西将軍　ヨンチャン（永常：満洲正白旗）
　副将軍　サラル（薩拉爾：旧ダシダワ麾下のザイサン，1745 年帰順，蒙古正黄旗）

2）『準略』正編巻 2: 31a-b，乾隆 19 年 5 月己亥（21 日）[1754/7/10] 条．

参賛　バンジュル（班珠爾：旧ホショト部のタイジ，郡王）[3]
　　　ジャラフンガ（扎拉豊阿：カラチン部，貝勒）
　　　オヨンゴ（鄂容安：満洲鑲藍旗，内大臣）

両路とも旗人出身の将軍が統率し，副将軍と参賛（＝参謀）には南北モンゴル，および新附のオイラトの王公が充てられた．実際の行軍では，両路の副将軍がそれぞれ前鋒 3,000 名を率いて先を行き，将軍と参賛がこれに続いた[4]．また，ジュンガリアに赴いた戦闘部隊の主力は草原での戦闘に長けるモンゴル・ツングース系の兵丁であり，八旗兵と緑営兵の多くは軍糧の運搬・補給などの後方支援にまわった．

遠征軍が進軍を開始する直前の 1755 年 2 月 17 日，軍機大臣は全 8 条からなる「平定準噶爾善後事宜」の草案を作成し，乾隆帝に提出した．各条の概要は，以下のとおりである．

　第 1 条　ジュンガリアのオイラト支配構想
　第 2 条　東トルキスタン（回部）支配構想
　第 3 条　ウリヤンハイ支配構想
　第 4 条　ザハチン支配構想
　第 5 条　ハミ～イリ間の駅站設置
　第 6 条　ウルムチ，ルクチュンへの駐兵と屯田
　第 7 条　ハルハとオイラトの境界設定とハルハ部域内への駐防八旗設置
　第 8 条　オイラトの賦役

「平定準噶爾善後事宜」は，ジュンガリアのみならず，東トルキスタン，ホヴド・アルタイ地方，さらには北モンゴル（ハルハ部）を対象としており，ジューンガル征服後の清の中央ユーラシア経営の指針を示したものである．ところが，これまでの研究で「平定準噶爾善後事宜」の内容が本格的に検討されたことはない[5]．

この「平定準噶爾善後事宜」は，草案（事宜 I）提出以降，清朝中央（朝廷＝

---

[3]　後述するように，バンジュルは実際の行軍において北路軍に加わっている．
[4]　『皇朝藩部要略』巻 12，厄魯特要略 4，乾隆 20 年 2 月条．
[5]　第 2 条と第 4 条については，別に検討しているので参照されたい［小沼 2003b；小沼 2007；Onuma 2012］．

乾隆帝・軍機大臣等）と現地派遣の将軍（バンディ等）の間で各条の修正と増補がなされ，内容が練り上げられていく．以下に示すように，その過程には四つの段階がある．本書ではそれらを順に事宜Ⅰ〜Ⅳと呼び，「事宜Ⅰの第1条」は事宜Ⅰ-1と記す．なお，事宜Ⅰ〜Ⅳの原テキストは満洲語で起草されており，本章の考察もそれに依拠する[6]．

　　事宜Ⅰ：乾隆20年1月7日［1755/2/17］：軍機大臣から乾隆帝へ提出[7]
　　事宜Ⅱ：乾隆20年6月17日［1755/7/25］：バンディ等から乾隆帝へ提出[8]
　　事宜Ⅲ：乾隆20年7月8日［1755/8/15］：軍機大臣から乾隆帝へ提出[9]
　　事宜Ⅳ：乾隆20年8月3日［1755/9/8］：バンディ等から乾隆帝へ提出[10]

ここでは「平定準噶爾善後事宜」の第1条，ジュンガリアのオイラト支配構想の内容を確認していく．まず，事宜Ⅰ-1の全訳を示そう．

　　ジューンガルの地を平定した後，四オイラトのタイジたちの〔領有する〕家口数を明白に調べ，タイジたちの中で，どのように詰冊（爵位の授与文書）を与えるのか，〔だれを〕ジャサクにするのか，〔だれを〕盟長などに任じるのか，〔どのように属民を〕旗・ニルを編成するのか，〔どのように旗・ニルの〕官員を任じるのか，ということを，いま諭旨によりアムルサナ，バンディ，サラル，オヨンゴ，マムート〔に命じていただき，彼ら〕が事（ジューンガル征服）を完遂した時に提出させます．いまは〔彼らが〕明白に調べて議し，諭旨を奏請してくるのを待ちます．そのほか，四オイラトのタイジたちは，まさに四つの地方を指定して，それぞれの属衆を率いて居住させるべきです．ただし，サラルとマムートに尋ねたところ，彼ら四オイラトはみなバラバラに居住しており，もとより同族の者が一ヵ所にいたことはありません．同族の者を一ヵ所に居住させれば，一見整然としていてよいかもしれ

---

6) 事宜Ⅰと事宜Ⅲのみ，漢訳された要略が『準略』に収録されている．前者（第1-4条のみ）は，『準略』正編巻5: 5a-7b，乾隆20年1月辛巳（7日）［1755/2/17］条に，後者は『準略』正編巻15: 20a-27a，乾隆20年7月庚辰（8日）［1755/8/15］条にある．
7)「満文議覆檔」軍務833 (1)，乾隆20年1月7日［1755/2/17］条．
8)「満文録副」1448.1, 37: 636-662，乾隆20年6月17日［1755/7/25］，バンディ等の奏摺；『新疆匯編』11: 331-346．
9)「満文議覆檔」軍務833 (1)，乾隆20年7月8日［1755/8/15］条．
10)「満文録副」1448.5.1, 37: 677-695，乾隆20年8月3日［1755/9/8］，バンディ等の奏摺；『新疆匯編』12: 262-271．

図 2　清朝官服姿のダワチ
北京送致後，罪を許されて親王爵を授与され，晩年を北京で送った．
典拠）リンデン博物館所蔵［北京故宮 2002, 6: 70］

ませんが，新附の者を以前のように混住させておけば，やはりいろいろと都合がよいでしょう．よって，同族の者を一ヵ所に居住させることをやめ，それぞれ原住地の近くに居住させたく存じます[11]．

　事宜 I-1 は「四オイラト」の諸タイジに対する封爵，盟旗制の導入（旗・ニルの編成，盟長・ジャサク等の各官員の任命），および遊牧地の指定を骨子としている．ただし，それらは具体化された内容を持っておらず，条文中にあるように，遠征軍を率いてジュンガリアに赴く将軍たちに協議を委ねていた．また「四オイラト」にならった四分割への言及はみられるが，四汗の分封を明記していない．これは，軍機大臣が事宜 I を提出した時点では，四汗分封のプランが完全に練り上げられていなかったことを示唆する．

　清軍はオイラトから大きな抵抗を受けることなく，6 月 14 日にイリに達し，翌月にはダワチを捕らえた．イリに進駐したバンディやアムルサナたちは，現地の事情もふまえて善後策を協議し，7 月 25 日に事宜 I を具体化あるいは修正した事宜 II を上奏した．事宜 II-1 の構成は，事宜 I-1 で示された諸タイジ

---

11)　註 7．同史料．Jun gar i babe toktobuha manggi, duin oirat i taijisa boigon anggalai ton be getukeleme baicafi, taijisai dorgi adarame fungnehen bahabure, jasak obure, culgan i da sabe sindara, gūsa niru banjibure, hafan sindara babe te hesei amursana, bandi, saral, oyonggo, mamut be baita icihiyara de tucibuhebi. Ce getukeleme baicafi, gisurefi, hese be baime wesimbureci tulgiyen, duin oirat i taijisa be giyan i duin ba jorifi, meni meni harangga urse be gaifi tebuci acacibe, damu saral, mamut de fonjici, ceni duin oirat gemu son son i tehebi. Daci umai emu harangga urse be emu bade tebuci, tuwara de taksin sain gojime, ice dahabuha urse be kemuni da songkoi hiyanjame tebuci, baita de tusa be dahame, emu halai urse be emu bade tebure be nakafi, kemuni meni meni da tehe ba i hanci šurdeme tebubuki.

に対する封爵（A），盟旗制の導入（B），遊牧地の指定（C）という枠組みを継承しているので，それぞれの内容をみていく．

　［事宜 II-1A］勅諭により四オイラトに四汗を封じるので，盟長をそのまま四汗に兼任させたく存じます．タイジたちが帰順した時に率いていた戸口数は一様ではないので，〔どのように〕彼らに誥冊を授けるのか，〔だれを〕ジャサクのタイジ[12]）にするのかは，尚書ユボーがタイジたちの名前と地位，〔属下の〕戸口数をすべて調べて〔朝廷に〕持っていきましたので，タイジたちがエジェン（清朝皇帝）の英明さを仰ぎみるために避暑山荘に到り，エジェンが恩を及ぼして分封いたしました後，授与すべき勅書，誥冊，印璽をすべて担当の部院（六部や理藩院など）に命じ，旧例に倣って与えたく存じます[13]）．

諸タイジに対する封爵に関する第一の部分であるが，一読して明らかなように，事宜 I-1 にはなかった四汗分封に関する文言が冒頭に登場し，また汗爵授封者を盟長職に任用する案が提示されている．なお，朝廷に提出されたというオイラトの名冊・戸口冊は，現存が確認できない．

　続く第二の部分は，内容に大きな変化がみられる．

　［事宜 II-1B］旗・ニルに編成する時は，①四部の汗，王，台吉の属民の戸口数を各部の汗から聴取してニルを編成します．②公中たる各オトグのザイサンの属衆の戸口数を，ここ（イリ）に収蔵してある記録をみて〔ニルを〕編成します．もしもこの間に〔戸口数が〕増減し，数字が記録と一致しなくなっていたら，該当するザイサンに事情を明らかにさせて報告させた後，〔我々が〕明白に調べて修正し，その時の実数に従ってニルを編成いたします．軍営で軍務を処理させたり，牧地を監視させたりするために留めるタイジ，ザイサン，および未だ帰順していないタイジ，ザイサンが帰順すれば，彼らの名前と地位，〔属下の〕戸口数を明白に調べ，〔どのように〕誥冊を授けるのか，〔だれを〕ジャサクにするのかをあらためて協議し，諭

---

12) ここでいう「ジャサクのタイジ」とは，清が設立した盟旗制の下で，旗(ホショー)（Mo. qosiyu）を統轄するジャサクに任命された王公タイジを指すと思われる．これに対して，ジャサクの職位を持たず，旗を率いていないタイジを閑散王公という．

13)「満文録副」37: 639-640；『新疆匯編』11: 333.

旨を奏請したく存じます[14]．
　下線で示したように，事宜 I-1 から引き継がれた①四汗部における盟旗制導入とは別に，②「公中たる各オトグのザイサン」(Ma. siden de obure geren otok i jaisang) の属衆からニルを編成するという文言が新たに加わっている．この「公中」とは，「公中扎薩克（ジャサク）」や「公中佐領（ニル）」で知られるように，その官缺（ポスト）への補任者を清朝当局が選定し，世襲が禁止されている状態を意味する．さらに，①四汗部のタイジ所属の牧民と，②オトグのザイサン所属の牧民について，前者を harangga albatu（上掲史料中では「属民」と訳出），後者を harangga urse（「属衆」と訳出）と書き分けている[15]．特に albatu とは字義的には「アルバ[16]」の負担者」という意味のモンゴル語であり，エジェン（Mo. ejen＝主（あるじ））に対する属民一般を指す[17]．タイジとザイサンでは，属下の一般牧民との関係がそれぞれ異なる——少なくとも清側は異なるものとして理解している——ことが読み取れる．
　前章で指摘したように，ジューンガルでは，ガルダンツェリンの治世に，ジューンガル部長麾下のザイサンが率いる「二十四オトグ」（ジューンガル部本体）が存在し，その外縁をオイラト諸部の有力タイジの所領「二十一アンギ」が取り囲む，という体制が整えられたとされる．この体制が内紛を経て清朝征服時までそのまま維持されていたとはいい難いが，第三の部分では「四オイラト」の遊牧地の位置を以下のように述べている．

　　［事宜 II-1C］四オイラトの遊牧地はそれぞれ，もともといた場所から移動させません．臣アムルサナらの属衆は以前と同じようにタルバガタイ周辺の地に遊牧させます．ドルベトのツェリンやネメクらの属衆はイルティシュ周辺の地に遊牧させます．チョロスのタイジであるガルザンドルジらの属衆はウルムチ周辺の地に遊牧させます．ホショトのタイジであるシャクドゥル＝マンジや，ドルベトのタイジであるバシ＝アガシらの牧地もす

---

14)　「満文録副」37: 640-642；『新疆匯編』11: 333-334．
15)　本書において harangga albatu に「属民」，harangga urse に「属衆」という訳語をあてたのは，日本語において両者を区別するための便宜的な措置である．
16)　エジェン（主（あるじ））に対して負担する兵役・貢賦などの各種義務を意味する．
17)　ただし，本書でも示すように，場合に応じてアルバトという言葉の含意や位相は異なる．

べて現在いる場所から移動させません．そのほかのタイジや各オトグのザイサンたちもそれぞれ，もともといた場所で混住させておきましょう[18]．このように，「四オイラト」（ホイト，ドルベト，チョロス，ホショトの四部）の有力タイジの遊牧地は，タルバガタイ，イルティシュ，ウルムチといったイリ盆地の外側に位置していた．清の征服直前においても，複数のオトグから構成されるジューンガル部本体がイリ盆地を占め，その周辺に各部タイジの遊牧地が分布する基本的な構造は，なお崩れていなかった．以上をふまえて，事宜II-1Bの内容を見直せば，①の「四部の汗・王・台吉の属民」が「四オイラト」の有力タイジの所領に，②の「公中たる各オトグのザイサンの属衆」がジューンガル部領に相当することは明らかである．つまり事宜II-1では，ジューンガルの支配体制に対応する形で清の支配構想が分化している．

以上の考察から次のような問題点が指摘できよう．第一に，先行研究ではアムルサナの乱の要因とみなされた四汗分封に関心が集中していたが，清のオイラト支配構想は旗制の導入や遊牧地の指定など複合的な内容を持っていた．第二に，その四汗分封ですら，当初から明確に主張されていたわけではなかった．そして第三に，ジューンガル征服前の構想は「四オイラト」のみを対象としたものだったが，征服後はジューンガル部領を構成するオトグの存在が新たにクローズアップされ，それに対する旗制導入が検討されるようになった．以下においては，これら三つの問題点をふまえ，第一次遠征の時期になされた議論をあらためて確認し，清のオイラト支配構想の全体像を明らかにしていく．

2.「四汗部構想」の実態

前節で確認したように，ホイト，ドルベト，チョロス，ホショトの各部に汗を置く施策とは，盟旗制の導入，遊牧地の指定とともに構成される，四部タイジの所領を対象とした支配構想の一部分でしかなかった．以下，この構想を「四汗部構想」と仮称し，諸タイジに対する封爵（四汗分封），盟旗制の導入，遊牧地の指定という骨子の内容と相関を整理し，「四汗部構想」が目指したと

---

[18] 「満文録副」37: 642；『新疆匯編』11: 334.

ころを明らかにする．

2.1. 諸タイジに対する封爵（四汗分封）

　事宜 I-1 では，ジュンガリア征服後におけるオイラトの四分割に言及するが，四汗の分封を明言していない．事宜 II-1 で四汗分封が前面に押し出されるまでに，いかなる経緯があったのだろうか．

　先ず指摘しておくべきは，汗爵の授与そのものが異例に属したことである．1636 年の建国以降，清の外藩爵制[19]における最高位は親王であった．ところが，17 世紀末にハルハ部が清に帰順した際，その中にチェチェン（ツェツェン），トシェート，ジャサクトの三ハン家が存在していたため，新たに汗爵が制定された（補論参照）．この汗は清朝皇帝が臣下に授与する爵位であり，中央ユーラシアの君主層が用いた伝統的なハン号とは性格を異にする[20]．以後，1725 年に新設されたサイン＝ノヤン部を含め，汗爵はハルハ四部にのみに存在する特別な爵位であった．

　オイラトに対しても，もともと「四オイラト」ごとにハンがいたわけではないので，当初清は例外扱いをせず，1754 年にドルベト部長のツェリン，ホイト部長のアムルサナに親王爵を授与し，その他のタイジに郡王以下の爵位を授与した[21]．封爵者は外藩王公の待遇を得て，毎年俸禄[22]を支給されるので，これはオイラトを体制内に取り込んでいくための懐柔策の一つであった[23]．

---

[19]　清初，南モンゴル諸部の首長層に授ける爵位として，和碩親王，多羅郡王，多羅貝勒・固山貝子，鎮国公，輔国公の六等級が制定され，その下に一等〜四等の台吉（チンギス＝カンの男系子孫対象）と塔布嚢（チンギス＝カンの女系子孫対象）が設けられた．彼らは王公タイジと総称された．

[20]　清から汗爵を授与されたモンゴルやカザフの首長層（特に第一世代）が，ただちに汗爵と伝統的なハン号との相違を理解していたかについては議論の余地がある．本書でも論じるように，少なくとも清朝政権はハン号と汗爵の相違を理解させようと努めていた．しかし，清の爵位が持つ意義は各地域社会で再解釈され，所有者の権威を高めるよう作用していた［Elverskog 2006: 63-70；野田 2011: 149-179］．

[21]　『準略』正編巻 5: 29a-30a，乾隆 19 年 5 月庚寅（12 日）［1754/7/11］条；『準略』正編巻 5: 29a-30a，乾隆 19 年 5 月庚寅（12 日）［1759/7/11］条．

[22]　俸禄の年間支給額は以下のとおりである．和碩親王に俸銀 2,000 両，俸緞 25 疋；多羅郡王に俸銀 1,200 両，俸緞 25 疋；多羅貝勒に俸銀 800 両，俸緞 13 疋；固山貝子に俸銀 500 両，俸緞 10 疋；鎮国公に俸銀 300 両，俸緞 9 疋；輔国公に俸銀 200 両，俸緞 7 疋；扎薩克台吉・塔布嚢に俸銀 100 両，俸緞 4 疋［蔡 2006: 120-121］．

また封爵は属民の保有を前提としているので，清からの爵位授与を通じて，封爵者（王公タイジ）は属民（Mo. albatu）に対する主（Mo. ejen）の地位を公認され，かつ清朝皇帝と主従関係を結んだのである［岡 2011: 268］．

オイラトにおける汗の設置が正式に俎上に載ったのは，事宜 I 提出の約 10 日後に北路軍営から清朝中央へ伝えられた，ホショト部の郡王バンジュル[24]と公ナガチャによる，ジューンガル征服後に「アムルサナを汗に封じる」ことを求める奏請を契機とする[25]．これに対して乾隆帝は，次のような反対の意向を示した．

> ジューンガルの地を平定した後，我は四オイラトに四汗を封じ，それぞれの属衆を管理させる．このため，ツェリンをドルベト汗に，アムルサナをホイト汗に，バンジュルをホショト汗に封じようと考えている．我はすでにツェリンとアムルサナの 2 人には〔四汗分封について〕面諭している．ただし，まだバンジュルにはこのことを知らせていない．ただちに諭旨を下すので，これを知らしめよ[26]．

乾隆帝自身は四汗分封の意向をすでに持っていたようだが，ツェリンとアムルサナに口頭で伝えたのみであり，なお周知させていなかった．ホジャーエフが指摘するように，オイラトの四分割は彼らの利益に反するものであったため，遠征の初期段階では内密にされていたのであろう［Khodjaev 1991: 46］．また同日，乾隆帝はバンディとサラルに対して別の上諭を発し，アムルサナ一人にジュンガリアの支配を委ねれば，ダワチのような専横を生むことになる，という懸念を示している．ただし，アムルサナを失望させかねないので，四汗分封の方針をアムルサナら諸首長に説き，彼らの妄念を消し去るよう指示した[27]．

---

23) 清は 1754 年に承徳に到ったオイラトの帰順者に対し，ツェリン（5,000 両）をはじめ，117 名の従者（各 10 両）に到るまで，各人に銀両を賞与している（『高宗実録』巻 464: 16a-b，乾隆 19 年 5 月辛卯（13 日）［1754/7/2］条）．イエズス会士の記録によれば，アムルサナたちにも帰順時に大量の銀が賞与された［矢沢 1973: 236］．

24) バンジュルはアムルサナの異父弟だったとされる．

25) 『準略』正編巻 5: 26a-27a，乾隆 20 年正月辛卯（17 日）［1755/2/27］条．このバンジュルとナガチャの要請が，アムルサナがハンを称することへの許可を意図していた可能性はあるが，清側は汗爵の授与と理解した．

26) 同上，『準略』正編巻 5: 27a-b．

27) 同上，『準略』正編巻 5: 28b-29a．

上掲の上諭の中で，乾隆帝はチョロス汗となるべき4人目の人物を挙げていない．これは，第一次遠征前に帰順したタイジの中から該当者を見出せなかったためであろう．「ジューンガルの大タイジ」と称されるチョロス部のガルザンドルジ[28]が行軍中の清軍に投降してきたのは，このような状況においてであった．一報を受けた乾隆帝は，ガルザンドルジをチョロス汗に分封することを即断し，アムルサナ，ツェリン，バンジュルの3人ともども，熱河（承徳）で授封の儀を実施することを決定した[29]．

このように，オイラトの四分割，および四汗分封とは，一権力者がオイラト諸部を再び糾合することを嫌った乾隆帝の意向を強く反映したものだった．ただし注意すべきは，事宜II-1Aに述べられているように，授与される爵位の種別は従来の地位や属民の数を考慮して決定されたが，その等級差は外藩王公としての序列やそれにともなう待遇条件の違いに反映するものであり，盟旗制下において統治の実務を担う盟長以下の職位の高低，現地の遊牧社会における権力の大小とは原則として区別されていることである．この点を確認した上で，次に盟旗制の導入についてみていこう．

2.2. 盟旗制の導入

清はモンゴル遊牧民を統治するにあたり，爵位を授与した王公タイジ（その大半がボルジギン氏族）の中からジャサク[30]を選任した．このジャサクが統率する旗を「ジャサク旗」と呼ぶ[31]．旗はモンゴル語でホショー（Mo. qošiɣu），ニルはソム（Mo. sumu）と呼ばれ，制度上の規程では，1ソムは牧民男丁から抽出された150人の箭丁（Mo. quyaɣ）から構成された．箭丁は清朝中央が課す

---

28) 満洲語史料では，ガルダンドルジ（Ma. G'aldan Dorji）と綴られる場合と，ガルザンドルジ（Ma. G'aldzang Dorji ~ G'aldzandorji）と綴られる場合がある．本書では，史料中の使用頻度が高い「ガルザンドルジ」に表記を統一する．
29) 『準略』正編巻9: 20b-21a, 乾隆20年3月壬寅（29日）［1755/5/9］条．
30) 岡洋樹の見解によれば，ジャサクは自身が統率する旗の範囲内において清朝の定めた軍律や皇帝の命令の執行に責任を負う存在であり，旗内のその他の王公タイジ（ジャサク旗制の官員に任命されていない閑散王公を含む）の首長だったわけではない［岡 2011：269］．
31) 会典・則例等の清朝法制典籍で「扎薩克旗／jasak gūsa」という表現が用いられることは稀である．管見の限りでは，『理藩院則例』（1817年刻本）巻1の「旗分」という条名が，満文本でjasak gūsaとなっているのが初出である．

第 2 章　清のジューンガル征服と支配構想　61

兵役などの義務（Mo. alba (n)）を負担し，清朝皇帝の属民（Mo. albatu）とみなされた．一方，箭丁とは別に，王公タイジに隷属する随丁（Mo. qamjily-a）という身分が存在し，彼らは王公タイジのアルバトという位置づけであった[32]．旗の上位組織として，複数の旗から組織される盟（Mo. čiɣulɣan）が設置され，盟内の王公タイジから盟長・副盟長が任命されたため，ジャサク旗制は盟旗制とも呼ばれる．

　オイラトへの盟旗制の導入は，第一次遠征の開始以前から部分的に実施されていた．1754 年 6 月にドルベト部の帰順を受け入れるにあたり，乾隆帝は爵位授与よりも先に，部衆を率いて来帰したドルベト部に対して南北モンゴルで施行している盟旗制を適用する方針を固めた．そしてツェリンを盟長に，ツェリンウバシを副盟長に任命し，このドルベト部の盟に「サイン = ジャヤガト」（Mo. Sain jayaɣatu，賽音済雅哈図）という部名を賜与した[33]．続いて帰順したアムルサナ率いるホイト部の盟を「エルデニ = ノヤン」（Mo. Erdeni noyan，額爾徳尼諾顔），バンジュル率いるホショト部の盟を「チン = イジャグルト」（Mo. Čing ijaɣurtu，清伊扎固爾図）と命名した[34]．ただし，ホイト部とホショト部の二盟では盟長以下の官職任命が確認できない．また，1754 年末にアムルサナやバンジュルを封爵した時に，乾隆帝はあらためて諸タイジをジャサクとして，それぞれの属民を管理させるよう部院に指示したが[35]，ドルベト部を含む三盟いずれも旗・ニルの編成作業は実施されていない．結局，アムルサナが反清活動を開始した 1755 年 9 月には，「いまはまだ旗を分ける必要はない」という上諭が発せられ，編成作業は棚上げとなった[36]．

---

32)　1649 年に清が定めた規定によれば，王公が所有できる随丁数は，親王 60 名，郡王 50 名，貝勒 40 名，貝子 35 名，公 30 名，固倫額駙 40 名，和碩額駙 30 名，多羅額駙 20 名であった．ただしジャサク旗制が持つこのような制度的枠組みは，実際のモンゴル遊牧社会（特にハルハ部）において有名無実化しており，また清朝当局もその状況を特に問題視していなかった［二木 1984；中村 2011］．また岡洋樹は，ハルハ部を事例として，清朝服属以前の伝統的な社会組織であるオトグ（ジューンガル部の構成要素としてのオトグとは異なる）や，タイジの血統分枝ごとに形成されたバグと呼ばれる組織が，清朝治下においても維持され，有名無実化したソム組織に対して，旗内の実質的な社会編成の基層として機能していたことを明らかにしている［岡 2007: 109-223］．
33)　『準略』正編巻 2: 22b-23a，乾隆 19 年閏 4 月甲子（15 日）［1754/6/5］条．
34)　『高宗実録』巻 473: 1b，乾隆 19 年 9 月壬辰（16 日）［1754/10/31］条．
35)　『準略』正編巻 4: 19a-20b，乾隆 19 年 11 月戊子（13 日）［1754/12/26］条．

爵位の授与と盟旗制の導入が，清の「四オイラト」に対する基本方針であったのは確かである．ただし，繰り返しになるが，外藩爵制における汗以下の爵位と，盟旗制における盟長以下の行政官の職位は，本質的に異なる点に注意しなければならない．事宜 I-1 と事宜 II-1 に明記されているように，以上の方針は第一次遠征以前に帰順していたタイジばかりでなく，遠征の最中に帰順を求めてきたタイジにも適用された．1755 年 7 月に乾隆帝が下した上諭には，爵位授与と盟旗制導入との関係が，より明確に述べられている．

> その地（ジュンガリア）のタイジらを汗，王，貝勒，貝子，公とし，〔上下の〕差をつけて封じることは，特に彼らの功績，尽力，属民の多寡，血筋を考慮し，区別するためである．汗と王の位はほかの位より高いけれども，〔牧地においては〕ただ各自の旗内の実務を処理するだけである．その部における他のジャサクの事務を掌管することはできないのだ．ハルハと内ジャサク（南モンゴル諸部）は，みなこのようである．我がジューンガルの諸タイジを慈しんでみることは，まさにハルハと内ジャサクと同じであるから，すべてをハルハと内ジャサクと一様にすべきである．よって，〔オイラトの〕四部にもハルハと同様に部ごとに盟長と副将軍[37]を設置して実務を処理させるのがよいであろう[38]．

授与する爵位の選定にあたっては，タイジの血筋や属民の多寡などを勘案し，それによって序列の高低を決定していた．しかし，どのタイジも遊牧社会で権力を行使できる範囲は各自の旗内の属民に限定されており，他のジャサクの旗務に介入することはできなかった．

さて，事宜 II を受け取った乾隆帝は軍機大臣に審議を命じる．軍機大臣は，8 月 14 日にあらためて全 8 条からなる「平定準噶爾善後事宜」（事宜 III）を提出し，翌 15 日に乾隆帝の承認を受けた．第 1 条に限れば，事宜 II-1 と事宜 III-1 の間に大幅な変更点はみられないが，軍機大臣が唯一問題視したのが，

---

36)　『準略』正編巻 16: 39a, 乾隆 20 年 8 月辛酉（20 日）[1755/9/25] 条.
37)　ハルハの副将軍（ウリヤスタイの定辺左副将軍とは異なる）は，ハルハの各盟に設置された軍備管理や兵丁の訓練などの軍務に与る職である [岡 2007: 91–102].
38)　「満文録副」1447.16, 37: 428, 乾隆 20 年 6 月 25 日 [1755/8/2]，バンディ等の奏摺に引用された乾隆 20 年 5 月 29 日の上諭；『新疆匯編』11: 394–395.

事宜 II-1 の冒頭にあった「四オイラト」の四つの盟長職を四汗に兼任させるという提案であった．

  盟長というのは，特に一盟の事務を引き受けて処理し，属衆を管理する職です．汗や王などは世爵であり，決して実務を処理する職ではありません．彼らの中で盟長に任命すべき者が得られれば，よりよいことです．もしも得られなければ，諸オイラトの有力者の中から，人格が聡明で物事に通じており，属衆を管理できる者を選び盟長に任命すれば，まさに諸事に裨益します．よって，盟長をそのまま四オイラトの汗に兼任させる必要はありません．バンディらに命じて，四オイラトの汗や王などの有力者から〔候補者を〕選び，名前と地位を列記させ，〔乾隆帝に〕諭旨で任命いただくのを待ちます[39]．

軍機大臣は，汗による盟長の兼任は禁じていないが，四汗部における汗爵以下の爵位の序列と，盟旗制における官制の序列とを区別するべきであると指摘している．清朝政権にとって，オイラトに対する封爵（＝汗部の設置）と盟旗制の導入は，目的を異にする施策であった．

2.3.　遊牧地の指定

 最後に遊牧地の指定について考えてみたい．あらためて述べるまでもないが，遊牧民は家畜と水・草を追って常時移動することにより，日々の暮らしを営んでいる．遊牧民が自己の勢力拡大をはかる手だては，人間・家畜の奪取とそれにともなう遊牧地の拡張であった．したがって，清がモンゴル系遊牧民の首長層をジャサクに任命することは，彼らの属民に対する支配権の追認・保証ではあったが，同時にタイジの権力を各自の旗内に押さえ込む意図があり，それは遊牧社会の固定化に直結した．清の旗制施行の狙いは，遊牧社会を旗ごとに分

---

39) 註 9．同史料．Culgan i da serengge, cohome emu culgan i baita be alifi icihiyara, fejergi niyalma be jafatame ladalara tušan. Han wang ni jergi oci, sirara hergen, umai baita icihiyara tušan waka. Esei dorgide, culgan i da sindaci acara niyalma bahaci, ele sain. Aika baharakū oci, uthai meni meni oirat i ambakan urse i dorgi, niyalma getuken, baita de ojoro, fejergi urse be kadalame muterengge be tuwame donjofi culgan i da sindaci, teni baita de tusa ojoro be dahame, culgan i da be uthai duin oirat i han de kamcibure baiburakū. Bandi sede afabufi duin oirat i han wang ni jergi ambakan ursei dorgici sonjofi gebu jergi be faidame arafi hesei sindara be aliyakini.

断し，遊牧地を指定して移動を制限して，新たな紛争の種，ひいては新たな対抗勢力の台頭を絶つことにあったといってよい．この政策はオイラトに対しても一貫しており，事宜 I-1, 事宜 II-1, 事宜 III-1 のすべてに遊牧地の指定に関する文言が盛り込まれている．

　ここでいう遊牧地の指定とは，ただちに盟界・旗界を画定するという意味ではなく，清朝当局の許可なく，むやみに遊牧地を移動したり，拡張したりすることを禁止するという意味である．田山は，清が実施した旗界の画定をともなう牧地の画分を，「清朝の対蒙古政策の最も重要な部門を占める封建的秩序の樹立のため勢力分散と社会の固定化とをねらった有効な措置」とみなし，盟旗制の成立条件の一つに数えている［田山 1955: 206］．実際には，ジャサクの任命，旗・ニルの編成と同時に旗界が画定されることはなく，旗界の画定には長い年月を必要とした［岡 1988］．しかし，明確な旗界を持たなくとも，清による牧地の指定が遊牧民の持つ移動性を著しく制限するものだったことに変わりはなく，それをむやみに推し進めれば，首長層の反発は必至であろう．

　ここで注目したいのは，当初の「四汗部構想」の主要な対象が，ジューンガルの内紛を避け，故地を離れて清に帰附していた集団だった点である．乾隆帝が汗に封じようとした4人の顔ぶれだけをみても，ツェリン，アムルサナ，バンジュルの3人は帰附者であり，チョロス部のガルザンドルジだけが第一次遠征の遂行中にジュンガリアで帰順したタイジであった．つまり「四汗部構想」に盛り込まれている牧地の指定とは，清に逃避・帰順していたタイジとその属民を，征服完了後にジュンガリアの原牧地に帰還させ，そこで従来通り生活することを保証する意味合いが強い[40]．そうであれば，事宜 II-1 にみられる，第一次遠征中に帰順した人々の遊牧地も移動させないという文言には，アムルサナをはじめとする帰附者の帰還を混乱なく進めたいという意図が含まれているといえよう．また清に帰附していたタイジ，換言すれば，清朝政権に頼る以外に権力基盤の遊牧地を確保できなくなった首長層を封爵し，あるいは盟長・

---

40) ドルベト部の牧地確定の経緯を考察したオユンジャルガルは，ジューンガルからの投降者を遠征後に原牧地に帰還させることが乾隆帝の基本方針であったと指摘している［オユンジャルガル 2006: 7］．

副盟長に任命し，部分的であれ王朝の体制に組み込んだ上でジュンガリアに帰還させることは清にとって大きな利点があった．清の方針を納得させて彼らを帰還させれば，ジュンガリアで統治体制を根本から構築する必要はなく，より速やかに安定した支配がおよぶ状態へと移行できるからである．

以上のように，「四汗部構想」からは，帰附したタイジを中心に封爵して優遇するも，盟旗制を導入し，牧地を指定することで個々の勢力拡大を防ぎ，かつ彼らを介してオイラト支配を円滑にスタートさせようとする，清の政策意図が看取できる．ところが，このような清側の目論見はただちに外れ，「四汗部構想」は大きな修正を迫られることになった．

2.4. 「四汗部構想」の修正

ジューンガルを滅ぼした後，乾隆帝は四汗に指名したツェリン，アムルサナ，バンジュル，ガルザンドルジをはじめとするオイラトの諸タイジを承徳の避暑山荘に招集し，授封の儀を執行する予定であった．ここで伝えられたのがアムルサナやバンジュルらの離反である．ズラートキンによれば，清の監視の目を盗んで逃走したアムルサナは，1755-56年の冬にボロタラ・イリ地方に滞在し，オイラトとカザフの諸首長の同調者を集め，そこでオイラトのハンに推戴されたという [Zlatkin 1964: 449][41]．

一方の清は，焦りもあったのか，すぐさま別の人物を汗に立て，1755年10月に予定どおり授封の儀を執行した．乾隆帝は，第一次遠征中に新たに帰順した諸タイジを召見し，チョロス部のガルザンドルジ，ホショト部のシャクドゥル＝マンジ，ホイト部のバヤルを各部の汗に封じ，その他のタイジに親王以下の爵位を授けたのである[42]．ドルベト部のツェリンとあわせ，ここにオイラトの四汗が誕生した．

だが，今度はツェリン以外の3人の汗をはじめ，授爵されたタイジの大半は帰附者ではなく，ジュンガリアに遊牧地と属民を所有し，承徳に単身赴いた人

---

41) ただし，ズラートキンが依拠するロシア史料には，アムルサナが「ジューンガルの地でダワチに代わり支配者となった」とあるのみで，ハンに推戴されたとは記されていない．
42) 『準略』正編巻18: 4a-5b, 乾隆20年9月癸未 (12日) [1755/10/17] 条．

66　第1部　清のジューンガル征服再考

表4　授爵タイジ一覧

群		人名	部名	爵位	家系	現状	
A群	1	ガルザンドルジ	チョロス	汗		②	
	2	シャクドゥル=マンジ	ホショト	汗		①	
	3	バヤル	ホイト	汗		④	
	4	ホトン=エムゲン	タルバガチン	公		⑥	
	5	ダワ	ホショト	公		⑥	
	6	セプテン	ホショト	公	ラサン=ハンの孫	③	[Ch]
	7	バサン	大ミンガン	公		③	
	8	プルル	大ミンガン	公		⑥	
	9	バタイ	ホイト	扎薩克		④	
	10	マンジ	ホイト	扎薩克		(?)	
	11	オルチョン	トルグート	扎薩克		(?)	
	12	ダクバ	ブルグト	扎薩克→公		⑥	
	13	サンジト	ホショト	扎薩克		⑧	
	14	ホンゴル	フルマン	扎薩克		⑥	
	15	バヤン=ツァガン	チョロス	虚衛扎薩克		⑧	
	16	テメチ	ホショト	虚衛扎薩克		③	[Ch]
	17	バルジ	ホショト	扎薩克→公		③	[Ch]
	18	ロブザン	ホイト	虚衛扎薩克		⑥	
	19	チョイジャブ	ホイト	虚衛扎薩克		④	
	20	ソノムドルジ	ドロト	虚衛扎薩克		⑦	
	21	ノルブ	トルグート	虚衛扎薩克		②	
	22	オノス	ブルグト	虚衛扎薩克		①	
	23	ブンタシ	ブルグト	虚衛扎薩克		①	
	24	ホトン=オキン	大ミンガン	閑散台吉→扎薩克	67の子	⑦	
	25	ツェリン=ウバシ	フルマン	閑散台吉	45の子	⑦	
	26	ホンチ	ブルグト	閑散台吉→扎薩克	47の弟	③	
	27	グンブ	ホイト	閑散台吉	18の子	⑩	[T]
	28	オチル	ホショト	閑散台吉	36の弟	⑦	
B群	29	ジャナガルブ	チョロス	貝勒		②	
	30	ドンドブ	チョロス	*公		⑪	
	31	ロブザン=ナムジル	チョロス	*公		⑧	
	32	ツェリンバンジュル	大ミンガン	*貝子		⑦	
	33	ドジト	大ミンガン	*貝子		⑩	[R]
	34	イシダンジン	[ホイト]	*公	アムルサナの兄	⑦	
	35	モントク	ホイト	*扎薩克		②	
	36	トゥクジン	ホショト	*公		⑥	
	37	ツェベク	ホショト			⑪	
	38	ノルブ	クブン=ノヤト	公		⑥	
	39	ベイヘ	クブン=ノヤト	扎薩克		⑥	
	40	シャキ	クブン=ノヤト	*扎薩克		⑪	
C群	41	ノルブリンチン	チョロス	郡王	1の子	⑦	
	42	バシ=アガシ	ドルベト	親王		⑦	
	43	カジェビガ	ドルベト	*虚衛扎薩克	42の弟	⑦	
	44	ウバシ	ドルベト	貝子		⑥	
	45	ナマキ	フルマン	*貝子		⑦	
	46	エルブシ	フルマン			⑧	
	47	ノトハイ=キチク	ブルグト	公		⑥	
	48	バト	ブルグト			(?)	
	49	イバン	ブルグト			③	[BK]

第2章　清のジューンガル征服と支配構想　67

	50	サラル	フルマン	扎薩克		④
	51	バヤン	フルマン			⑪
	52	シラ=ホトン	フルマン			⑪
	53	マムト	トルグート			⑧
	54	ダルジャ=ウバシ	トルグート			⑧
	55	バートル=ウバシ	トルグート			⑥
	56	バヤル	トルグート			⑧
	57	サムピルノルブ	チョロス			⑥
	58	アイギダイ	チョロス			②
	59	トゥクジジャブ	チョロス			⑧
	60	ミンガト	ホショト		2の弟	⑧
	61	トゥメン	ホショト	貝勒	2の子	⑥
	62	ナムジャブ	ホショト			⑪
C群	63	ラザン	ホショト		2の叔父	③ [BK]
	64	ノルブドンドク	ホショト	公		⑧
	65	ノルブダンジン	ホイト		ホイトのバトマツェリンの弟	⑧
	66	ツァグン	大ミンガン	*扎薩克		⑧
	67	バートル=エムゲン	大ミンガン	[*貝子]		⑦
	68	アイラチ	大ミンガン			④
	69	セプテン	ドロト			⑧
	70	タング	タルバガチン			②
	71	ゲレク	タルバガチン			⑧
	72	ヤラムピル	タルバガチン			?
	73	グンチュクジャブ	タルバガチン			⑪
	74	ツァンドゥル	タルバガチン			⑪
	75	エリンチン	タルバガチン	*貝勒		⑦
	76	ツェベクジャブ	タルバガチン		75の孫	⑧

典拠：「満文録副」3534.21, 161: 3054-3057, 乾隆20年（『新疆匯編』27: 317-319）をもとに作成．本史料は，1755年に清が授爵したオイラトのタイジのリストに，第三次遠征を経た後の各タイジの状況（1757-58年頃）が書き加えられたものである．

記号：A群＝受封の儀への参加者；B群＝不参加者（参加予定あり）；C群＝現地残留者（参加予定なし）．爵位：アスタリスク（＊）＝当該爵位の授与予定者．現状：①清軍が殺害，②オイラトが殺害，③清朝領内に送致・居留 [BJ＝北京；Ch＝チャハル；BK＝バルクル]，④清が処刑，⑤ムスリムが殺害，⑥天然痘で死亡，⑦病死，⑧死亡（原因不明），⑨アムルサナに同行，⑩逃亡 [A＝アルタイ；T＝トルグート；R＝ロシア]，⑪捜索中・行方不明，（？）判読不能．

物であった（表4）．1756年6月，ホイト汗のバヤルはドルベト部に倣って属民を旗・ニルに編成することを願い出たが，乾隆帝は「旗・ニルを編成することを急いで処理する必要はない」と反対した[43]．アムルサナ勢力の掃討作戦（第二次遠征）の最中であり，清がジュンガリアで旗・ニルの編成という煩瑣な手続きを実施する余裕はなかったであろうが，帰附者を主な対象として練り上げた「四汗部構想」を，ジュンガリアで権力基盤を保持するタイジたちに対し

43）『準略』正編巻28: 34b, 乾隆21年5月己丑（22日）[1756/6/19] 条．

てただちに施行することは，もとより困難だったはずである．当初の「四汗部構想」と現行のそれとの間に存在した矛盾は，のちに清のオイラト支配の破綻をまねく一因となっていく．

3. オトグの発見と「オイラト八旗」編成構想

3.1.「オイラト八旗」編成構想

ジューンガル征服前に軍機大臣が提出した事宜 I-1 は，「四オイラト」の枠組みのみを対象としていたが，征服後に現地から提出された事宜 II-1 では，ジューンガル部領（オトグ）が「四オイラト」とは別個の存在として新たに視野に入っている．本節では，清朝が第一次遠征の過程でどのようにオトグの存在を認知し，それに対する支配構想が立案されていったのかを明らかにする．

1755 年 3 月，清軍はジュンガリアに向けて進撃を開始した．その途上で将軍たちは，「四オイラト」のタイジとは異質な，オトグを率いるザイサンたちと幾度となく接触した．ザイサンらが軍前に到来して帰順を求めると，ひとまずその属民の数に応じて，散秩大臣（Ma. sula amban），副都統（Ma. meiren i janggin），総管（Ma. uheri da），副総管（Ma. ilhi da），侍衛（Ma. hiya）などの職衛を爵位に模して授けていった．この状況に鑑みて，同年 5 月，乾隆帝は進軍中のバンディに次のように命じた．

> 大軍が前進して以降，ジューンガル側の人々の中には，オトグを率いて続々と帰順する者が非常に多い．我は彼らが率いてきた人数に見合うよう恩を及ぼし〔たので〕，散秩大臣がおり，副都統や総管となった者もいる．彼らジューンガルの慣例では，このようなオトグを統率するザイサンらはみな世襲である．決して他の者を任じることはないので，彼らはみな世襲の慣例を理解している．したがって，〔昨年我は〕マムートを散秩大臣となし，ザハチンの人々を統率させているのだ．そこ（イリ）に向かう時，さらに多くの者が帰順するであろう．今まさに〔職位の〕世襲の慣例を，先ず彼らに理解させ，〔我々に対して〕疑念を抱くことを消し去るべきだ[44]．

史料中のマムートとは，1754 年にいち早く帰順したザハチン＝オトグのザイ

サンであり，北路軍に参賛として従軍していた．清はザハチンの人々を旗・ニルに編成し，マムートを総管に任命して統治を委ねていた［小沼 2004b: 80-83］．清はザイサンの地位が世襲であることをふまえ，帰順したザイサンらに職位を世襲可能なものとして授けていった．

　ただし，これはあくまで暫定的な措置であった．乾隆帝はバンディら将軍たちに対し，イリ制圧後に提出すべき善後策（事宜 II）にはオトグおよびザイサンに関する事項を盛り込むよう指示し，さらに別の上諭の中で次のように命じた．

　　アムルサナのところから，エレン＝ハビルガン[45]の〔地の〕ザイサンであるアバガス，ウレムジ，ハダンが帰順したことが上奏されている．アバガスらはみなダワチのザイサンである．これは別の一群とし，マムートと同様に処理すべき者だ．……続々と来帰する者のうち，同様の者はすべてこれに倣って処理せよ[46]．

前章でみたように，オトグとはジューンガル部本体を構成する集団であり，よってオトグを率いるザイサンはダワチ直属の臣下ともいうべき存在であった．オトグを四汗部の範疇には入れず，「別の一群」として別に扱うという方針が定められたのである．

　この上諭を受け取ったバンディたちは，事宜 II の提出から 10 日後の 1755 年 8 月 4 日，より具体的なオイラト支配構想を提出した．先ず事宜 II-1 の内容にもとづき，「四オイラト」には盟旗制を導入し，四汗部を設置し，タイジらに属民を引き続き統率させるので，もはや「四オイラト」に関わる議論は要さないとした．一方のオトグに対しては，次のような方針を提示した．

① ダワチ属下の各オトグの属衆（Ma. harangga urse）を諸タイジに管理させず，清朝中央の「公属」（Ma. siden i harangga）とする．

② オトグを統轄したザイサン，デムチ，シュレンゲ[47]の地位を「公中」の

---

44)　「満文録副」1412.6, 35: 2361-2362, 乾隆 20 年 6 月 27 日［1760/8/4］，バンディ等の奏摺に引用された乾隆 20 年 4 月 5 日［1760/5/15］の上諭；『新疆匯編』11: 404-405．
45)　ユルドゥス草原の北に位置する天山山脈中のエレン＝ハビルガ（ン）山の周辺地域を指す．
46)　註 44，同史料，「満文録副」35: 2363；『新疆匯編』11: 405．
47)　デムチとシュレンゲについては，第 1 章註 43，44 を参照．

官缺とする．

③ザイサン，デムチ，シュレンゲを，その名称を残したまま，総管，副総管，佐領に任命する．事務遂行や属衆統治に有能な人物に限り世襲を認める．

④副総管の定数はオトグの規模により決定する（1,000戸－1員，2,000-3,000戸－2員）．

⑤100戸で1ニルに編成し，各ニルに佐領1員を任じる．

⑥ザイサンに二品～四品の品級を賞賜し，それを世襲とする．

⑦清朝皇帝の属民（Ma. harangga albatu）となったオトグの人々から賦役を徴収する．

⑧ラマ所属のシャビナール＝オトグ（ジシャー）を旧来のまま維持・管理させる[48]．

　注目したい一つ目の点は，ザイサンなどのオトグの首長層の地位を公職化し，その世襲を無条件で認めないなど，ザイサンの権限に一定の掣肘を加えていることである．事宜 II-1B において，オトグの人々をザイサンの harangga albatu ではなく，harangga urse と表記していた理由はここにある．事宜 II-1B で四汗部の範疇にある一般牧民をタイジの harangga albatu と表現しているのは，前節でも述べたように，タイジ－牧民間に清朝服属以前からの私的な統属関係の存続を認めていたことを意味する．一方，清側の認識では，本来オトグの一般牧民はタイジ身分にあるジューンガル部長のアルバトであり，世襲であるもタイジ身分にないザイサンはその日常的な管理を任されている存在に過ぎない，という前提が存在したと思われる．そして部長ダワチが排除されたいま，オトグは清の公属となり，その牧民たちは清朝皇帝の harangga albatu と位置づけなおされたのである．かかる体制において，ザイサンはいわば清朝中央の叙任により皇帝所属のオトグの管理を承る官員にすぎず，皇帝のアルバトたる一般牧民との間に統属関係が存在してはならないため，harangga albatu という表現は回避されたのである．

　二つ目の点は，清の公属と規定された各オトグに対する統治のあり方である．⑤にあるように，清朝はオトグ所属のオイラト人100戸から1ニルを編成する

---

[48] 註44，同史料，「満文録副」35: 2364-2367，バンディ等の奏摺：『新疆匯編』11: 406-408．

計画を立てていた．その全体的な構想は，1754 年 9 月に下された上諭の中に端的に示されている．

> 公中として〔オトグを〕管理させるザイサンたちについては，〔ザイサンたちを〕統轄する者はいないので，これらオトグをチャハルと同様に〔扱い〕，八つの旗色を定めるべきである．これをバンディらに命じ，公中として管理させる二十一アンギの旧名を従来どおり留め，八つの旗を分立することを議定して上奏させよ[49]．

諸タイジの所領をジャサク旗に編成することは前節で詳述したとおりだが，それとは別に清はオトグをチャハル八旗のように八つの旗色を割り当てた，いわゆる内属[50]旗に編成しようとした[51]．内属旗とは，単数あるいは複数の部族集団から組織され，皇帝直属の名分の下，各地の駐防将軍・大臣が管轄したものであり，ニル編成は正規の満洲ニルの規定に準じて実施された．各旗にはジャサクが置かれず，総管などの非世襲の官缺が置かれ，その権限はジャサクよりも制限されていた[52]．また，オトグのザイサンについて「管理する者はい

---

49) 『準略』正編巻 16: 満文版 70b-71a／漢文版 39a-b，乾隆 20 年 8 月辛酉（20 日）[1755/9/25] 条．Siden de obufi kadalabure jaisang sa oci, umai niyalma niyalma akū. Ere jergi otok be cahar i adali jakūn gūsai boco be toktobuci acambi. Erebe bandi sede afabufi, siden de obufi kadalabure orin emu anggi i fe gebu be an i bibufi, jakūn gūsai dendeme ilibure babe toktobume gisurefi wesimbukini.

50) ここでいう「内属」とは，外藩の管下になく，名目上は清朝中央に直属するとみなされた集団あるいは地域を指す．張永江によれば，「内属」に含まれるのは，南モンゴルのチャハル八旗と帰化城トメト四旗，モンゴル東北部～黒龍江地方のブトハ八旗とバルガ八旗，ホブド地方のオイラト，ザハチン，ミンガト各一旗とウリヤンハイ九旗（アルタイ＝ウリヤンハイ七旗とアルタンノール＝ウリヤンハイ二旗），タルバガタイ地方のカザフ＝ニルの 9 つの「内属遊牧部落」，および「内属回部八城」（カシュガリア諸都市）である［張永江 2001: 131］．ただし柳澤明は，モンゴル統治に限定される議論であるが，内属に対する清朝政権の関与のあり方は多様であるため，内属を外藩や八旗と鼎立するカテゴリーとして設定するのではなく，外藩と八旗という二大カテゴリーの中間形態ととらえるべきであると述べる［柳澤 2011: 289-290］．柳澤の論点は妥当であるが，曖昧とはいえ内属という言葉が登場［嘉慶『大清会典』］したからには，前提となる要因があって然るべきであろう．上記の内属の集団・地域をみるに，乾隆朝に新たに支配下に入ったものが多い．おそらく，当初より存在した外藩のカテゴリーに含まれない，非外藩の諸集団・地域が増加したため，それらを言い表すカテゴリーが必要となり，嘉慶『大清会典』で内属という言葉が登場したのではないだろうか．つまり内属という言葉は，そもそも内属の集団・地域の性質を踏まえたものではなく，外藩という既存の概念に対して新作された分類用語なのであり，ゆえに清朝政権の内属に対する関与は一様でないのである．

51) 田山茂は，この上諭を根拠にオトグが八旗編成されたと判断しているが［田山 1955: 185］，この時点ではなお実施以前の計画段階でしかない．

52) 実際に内属旗では，支配開始から年月を経るにつれ，首長層が属民から意のままに私的な

ない」としているのは，本来各オトグを統轄していたダワチが清軍により排除された状態を述べたものである．おそらく，チョロス，ドルベト，ホショト，ホイトの四部は清に自発的に帰順した集団，ジューンガル部は征服された集団と認識され，その違いもオトグ支配の方向性に影響を与えたと思われる．

　以上のように，第一次遠征の過程でオトグの存在を認知した清朝政権は，「四オイラト」の諸タイジの所領とは別個に扱うことを決め，オトグを清朝皇帝に直属する内属旗に編成する支配構想を立てるに至った．以下本書では，このオトグを母体として編成される内属旗を，チャハル八旗の名称に倣って「オイラト八旗」と呼ぶことにする．

　ただし，上掲の 1755 年 9 月の上諭にある「公中として管理させる二十一アンギの旧名を従来どおり留め，八つの旗を分立する」という一文は，いささか問題である．前章で指摘したように，「二十一アンギ」とはオイラト各部の有力タイジ 21 人の所領であり，その 21 人にはダワチ，アムルサナ，バンジュルや，四汗に封じられたガルザンドルジ，ツェリン，シャクドゥル＝マンジ，バヤルも含まれている（第 1 章表 3）．つまり「二十一アンギ」は，清朝治下において四汗部の枠内に含まれ，盟旗制の施行対象でなければならず，「二十一アンギ」を「オイラト八旗」に編成するという文言は矛盾を孕んでいるのである．

　ここで注目すべきは，1763 年に公布した「紀略」において，「二十一アンギ」を領する 21 人のタイジの名前を列記した直後にみられる乾隆帝の次のような言葉である．

　　向に「西師」において詩う．「二十一昂吉と称するは，其れ汗の公属たり」と．著して之を考えしむれども未だ詳らかならず．茲に始めて詳詢するに，縷細は右の如し．

確かに乾隆帝が詠んだ詩文「西師」には，「噶爾丹策凌の時，設けし二十一昂吉は，部落の称たりて，其れ汗の公属たり」とある[53]．すなわち，清は当初「二十一アンギ」をジューンガルの「汗の公属」と解釈していたのだが，「紀略」の公布にあたり，それは各部のタイジが率いる 21 の集団であると解釈

───────────────

収奪を繰り返すという状態は解消される方向にあった［柳澤 1993a: 64-65］．
53) 『西域図志』巻首 2，天章 2．

第 2 章　清のジューンガル征服と支配構想　73

を訂正したのである．であるならば，1755 年当時の清朝史料に現れる「二十一アンギ」は，ジューンガル部領たるオトグとほぼ同義であり，それを「オイラト八旗」に編成するという記述も矛盾なく理解できる．

では，清が当初想定していた「二十一アンギ」とは，いかなる存在だったのだろうか．おそらくそれは，前章第 2 節（39 頁）で引用した 1756 年 12 月のジョーフイの奏摺にみえる，左翼の 8 オトグと 3 アンギ，右翼の 8 オトグと 2 アンギからなる「二十一アンギ」であろう[54]．この「二十一アンギ」はそれぞれの遊牧地で賦役を負担するだけでなく，「分隊」を組織してイリに派遣し，ジューンガル部長の御用に供していたのであり，まさに「汗の公属」としての性格を持っている．これら二つの異なる「二十一アンギ」の関係は明確にしえないが，少なくとも 1763 年の「紀略」公布以前に清朝史料に登場する「二十一アンギ」は，ジューンガル部長の直轄領であるオトグと同義のものとして理解しなければならない．

3.2.　オトグの統轄者

以上のように清は，オトグ所属のオイラト（ジューンガル部民）を，四汗部所属のオイラトと区別して，内属の「オイラト八旗」に編成する構想を打ち出した．では，清はいかなる人物にオトグ全体の統轄を委ねようとしていたのだろうか．四汗部とは異なる体制であるため，オトグに盟旗制の官職（盟における盟長，旗におけるジャサクなど）は設置されない．最初に注目したいのは，「旧官制」にみられる次のような記載である．

　　乾隆二十年，達瓦斉（ダワチ）は執われ京師に帰し，準夷の全部は内属す．皇上は取乱侮亡の義を以て興滅継絶の仁を行う．四衛拉特（オイラト）に各一汗を封じ，官は則ち旧制に仍りて，易えるに新銜を以てし，四図什墨爾に授けて内大臣となし，六扎爾扈斉（ザルグチ）に授けて散秩大臣となし，以て鄂拓克（オトグ）・昂吉（アンギ）の事を管理せしめんとす．

トゥシメルとザルグチは有力ザイサンから選任され，ジューンガルの君主の下で諮問会議を組織して国事に参与する要職であった．清朝はジューンガル政権

---

54)　「満文録副」44: 252-253；『新疆匯編』21: 182.

表5 授職ザイサン一覧

		人名	オトグ，ジシャー名	地位	職銜	家系	現状
A群	1	オルジェイ	カラチン	Z	内大臣→公※1		②
	2	ハサク=シラ	ガルザト	Z	内大臣→公※2		⑪
	3	ドゥガル	ガルザト	Z	散秩大臣		②
	4	ダシツェリン	アクバ	Z	内大臣		④
	5	ツェベク	アクバ	Z	散秩大臣		⑥
	6	オジェト	ウンドスン	Z	散秩大臣		③ [BJ]
	7	ラスルン	オルダイ	Z	散秩大臣		⑧
	8	オルジュイ	クトゥチナル	Z	散秩大臣		①
	9	タイン	クトゥチナル	Z	三品総管		⑥
	10	トゥントゥプ	ブクヌト	Z	内大臣		②
	11	ダンジン	オビト	Z	頭等侍衛		⑦
	12	エンケボロト		MZ	内大臣		②
	13	ニマ		ZZ	内大臣→公※3		④
	14	ボシ	バルダムト	Z	散秩大臣		⑦
	15	ウルム	ホイト	Z	散秩大臣		③ [BJ]
	16	プルプ	ザハチン	Z	散秩大臣		⑦
	17	チメンデク		AZ	四品総管		⑥
	18	アクボロト	バルダムト	Z	三等侍衛		⑨
B群	19	ウクトゥ	イフ=フラル	Z	*四品総管		⑦
	20	ネオデルチ	大フラル	Z	*散秩大臣		⑥
	21	ウルグルジル	ライブリム	Z	散秩大臣		⑪
	22	バサン	ケレト	Z	散秩大臣		⑥
	23	ナヤンダイ	ケレト	Z	*散秩大臣		⑦
	24	バヤン	ブクス	Z	*散秩大臣		⑧
	25	ガドゥル	ジュトゥルク	Z	*散秩大臣		⑦
	26	バサン	ドゴロト	Z	散秩大臣		⑦
	27	バラン	小オロダイ	Z	*散秩大臣		⑪
	28	シクシルゲ	チョルホト	Z	散秩大臣		①
	29	タルバ	アルタチン	Z	散秩大臣		①
	30	ハダン	（アバガス？）		散秩大臣	33の弟	④
	31	ツァガンシ	チョホル	D	散秩大臣		④
C群	32	ヨスト	チョホル	Z	内大臣		②
	33	アバガス	アバガス	Z	内大臣		④
	34	ウレムジ	ハダン	Z	散秩大臣		④
	35	ドンドク	ザハチン	Z	散秩大臣		⑦
	36	オルキムジ	ザハチン	Z	散秩大臣	35の弟	⑦
	37	チバハン	大フラル	Z	*散秩大臣		④
	38	マンガイ	シャムピリン	Z	散秩大臣		⑥
	39	チバハン	ドルバ	Z	散秩大臣		②
	40	テケルデク	ガルザト	Z	散秩大臣		③
	41	ケシム	クトゥチナル	Z	散秩大臣		④
	42	ソーサライ	クトゥチナル	Z	散秩大臣		⑧
	43	バスタイ	クトゥチナル	Z	散秩大臣		⑧
	44	バサン	トスルン	Z	散秩大臣		④
	45	オルジェイ	ウレト	Z	*内大臣		⑥
	46	トゥプシン	ウルト	Z	散秩大臣		②
	47	ホンハシ	バルダムト	Z	*三品総管		④
	48	ザルチム	バルダムト	Z	*散秩大臣		⑧
	49	オロス	エルケテン	Z	散秩大臣		④

第2章 清のジューンガル征服と支配構想　75

	50	エイケト	ミンガト	Z	*散秩大臣	①
	51	グンチュクジャブ	ウルガン	Z	*三品総管	⑩ [A]
	52	ホルホダイ	大ウルト	Z	*三品総管	④
	53	ハンギルト	小ウルト	Z	*四品総管	⑧
	54	トクトボロト	小ウルト	Z	散秩大臣	⑤
	55	ジョトバ	テレングト	Z	散秩大臣	⑧
	56	ツァガン＝グイェン＝ハシハ	テレングト	Z		⑧
	57	ボシ	テレングト	Z		⑧
	58	バヤルラフ	ホルボス	Z		⑧
C群	59	サンドゥク	シャラス	Z	散秩大臣	③ [BJ]
	60	ションホイ	シャラス	Z		⑦
	61	ドルジ	マフス	Z	*三品総管	④
	62	ホクチン	キルギス	Z	*散秩大臣	⑧
	63	ゲンドゥジャブ	キルギス	Z		⑧
	64	ドンドク	オルチュク＝テレングト	Z	*散秩大臣	④
	65	シュレンゲ	ザハチン	Z	*三品総管	⑧
	66	ドンドク	牧群管理	Z	散秩大臣	④
	67	プルプ	ウケルチン	Z	*四品総管	⑤
	68	チョムト	プーチン	Z		⑧
	69	バラン	ケレト	AZ		⑥
	70	ドゥルゲチ＝ハシハ	シャムピリン	D	三品総管	⑧
	71	サインチャク	ジュン＝シボーチ	D	*四品副総管	①

典拠：「満文録副」3534.20, 161: 3049-3052, 乾隆20年（『新疆匯編』27: 314-317）をもとに作成．本史料は，1755年に清が授爵したザイサンオイラトのタイジのリストに，第三次遠征を経た後の各ザイサンの状況（1757-58年頃）を書き加えたもの．

記号：A群＝受封の儀への参加者；B群＝不参加者（参加予定あり）；C群＝現地残留者（参加予定なし）．地位：Z＝ザイサン，MZ＝メデチザイサン，ZZ＝ザルグチザイサン，AZ＝アルバチザイサン，D＝デムチ．職衡：矢印（→）＝昇格，アスタリスク（*）＝当該職衡の授与予定者．現状：表4と同じ．

註記：※1，※2：第二次遠征での軍功により公爵授爵［『準略』正編巻26: 41b］．
　　　※3：第二次遠征での軍功，およびプルグトのタイジ裔という血統により公爵授爵［『準略』正編巻24: 18a］．

を支えたトゥシメルに内大臣の職衡を，ザルグチに散秩大臣の職衡を授け，清朝治下においても継続的にオトグを統轄させようとしたのである．

　1755年10月に避暑山荘で授封の儀には，各部のタイジだけでなく，ザイサンも参加していた（表5）．そこで乾隆帝は，オルジェイとハサク＝シラ[55]に内大臣を授けて「トゥシメルの事務を処理」するよう命じ，またラスルン，ダシツェリン，オジェト，ドゥガル，オルジュイに散秩大臣を授けた[56]．ザルグチの指名は明記されていないが，「旧官制」にザルグチに散秩大臣を授けたとあるので，ラスルンら5名がザルグチに選任された可能性はある．さらに1756年1月の時点ではすでにオルジェイ，ハサク＝シラ，ニマ，ヨストの4名がトゥシメルに指名されており[57]，翌2月にはこの順で「四トゥシメル」の次序を決定した[58]．なかでもダワチ政権の「四トゥシメル」であったオルジ

ェイとヨストを，引き続きトゥシメルに指名し，オトグ統治を委ねたことは注目に値しよう．なお，彼らに外藩王公の爵位ではなく，内大臣・散秩大臣といった職銜が授与されたことにも留意しておきたい．内属扱いのオトグを統轄する彼らは外藩王公の範疇には含まれないのである．

　満洲語文書では，自己の遊牧地に留まり，ただ領主的性格を持つのみのザイサンは otok i jaisang（オトグのザイサン）あるいは sula jaisang（閑散[59]ザイサン）と呼ばれている[60]．これに対して，トゥシメル職にある者は tusimel jaisang，ザルグチ職にある者は jargūci jaisang と記され，これらの地位にあったザイサンを tušan i jaisang（職務のザイサン）と総称している．本書では便宜上，これを「職務ザイサン」と呼ぶことにする．

　以上のように，第一次遠征の過程でジューンガル部領たるオトグの存在を明確に認識した清朝は，オトグのオイラトを内属の「オイラト八旗」に編成し，それをトゥシメルとザルグチに任じたザイサンに統轄させるという支配構想を新たに立案した．本章で呈した疑問に立ち返れば，事宜 I-1 と事宜 II-1 の内容に相違がみられ，清のオイラト支配構想が分化した原因は，まさにここにあったのである．

---

55) ハサク＝シラはチョロス部汗のバヤルの異母兄弟であった．『準略』正編巻 33: 10a-b，乾隆 21 年 10 月戊寅（14 日）［1756/12/5］条．
56) 註 42，同史料，『準略』正編巻 18: 5a-b．ただし，表 5 の典拠となる史料では，ダシツェリンに「内大臣」を授けたとしている．
57) 『準略』正編巻 23: 35a-b，乾隆 20 年 12 月戊午（19 日）［1756/1/20］条．
58) 『高宗実録』巻 505: 5b-6a，乾隆 21 年正月己丑（21 日）［1756/2/20］条．
59) ここでいう「閑散」（Ma. sula）とは，トゥシメルやザルグチ等の役職にない一般の「オトグのザイサン」を指しての謂いであり，権限や職務を持たないという意味ではない．
60) 「満文録副」1609.24.1, 43: 969，乾隆 21 年 8 月 17 日［1756/9/11］，定辺右副将軍ジョーフイ等の奏摺；『新疆匯編』20: 113，および「満文録副」1617.7, 43: 2363-2364，乾隆 21 年 9 月 28 日［1756/10/21］，ジョーフイ等の奏摺；『新疆匯編』20: 413-414．

第3章　オイラト支配の展開

　1755年にダワチ政権を打倒した清は，旗制を軸としたオイラトに対する支配を構想したが，それはイリ地方に分布するジューンガル部領のオトグを内属の「オイラト八旗」に編成し，その外縁に位置するオイラト各部に盟旗制を施行して四汗部を設置するという二つの枠組みを持っていた．本章では，この第一次遠征の過程で練り上げられたプランが，実際にオイラトの遊牧地でどのような形で実行に移されていったのか，そこにはどのような問題が介在していたのかを，主にオトグを事例に考察する．
　考察対象をオトグとするのは次のような理由による．清の「四汗部構想」は，アムルサナの離反により修正を求められたとはいえ，1755年10月の授封の儀までに四汗を含むタイジの封爵や盟旗制の部分的な施行など一定の進展をみせていた．他方，オトグに対する対応は，清の認知が遅れたこともあり，同時点ではなお構想の段階にとどまっていた．ジューンガル部本体の構成要素であったオトグは，四汗部管下に置かれたオイラト各部全体に匹敵する人口規模を持ち，清が真っ先に支配の確立を図らねばならない存在であった．事実，授封の儀以降，清の四汗部に対する施策はみられなくなり，政策の重点はオトグに置かれるようになる．
　そこで本章では，1756年の第二次遠征の背後で展開された，清によるオトグ支配の展開をみていく．考察を進めるにあたっては，以下の視点を意識したい．第一に，清の将軍以下の官員がオイラトの遊牧地においてどのような施策を講じたのかを，その目的も含めて明らかにする．清はオトグを「オイラト八旗」に編成することを構想していたのであるから，同時にそれは清の遊牧民に対する旗制の導入過程の一例を示すことにもなろう．第二に，清朝権力との本格的な接触にさらされたオイラト遊牧社会が，清の統治機構の末端に組み込ま

れていく様相を示す．ジューンガルの支配体制下から清の支配体制下に位置づけなおされていく過程で，ザイサンらオトグの首長層の地位や権限，オトグ全体の存在意義はいかなる変化を求められたのであろうか．そして第三に，オトグの再編を進めていくにあたり，清がかつての仇敵であったオイラトとの関係をどのように定義したかである．この点は清によるオイラト支配の正当性という問題に密接に関連しよう．

以上のような視点を持つ本章の考察により，アムルサナの行動に対する高い関心の裏で等閑に付されてきた，ジューンガル政権崩壊後の清－オイラト関係のもう一つの側面が浮かび上がることになるであろう．

1. オトグ支配の始動

1755年の第一次遠征の最中からアムルサナに不穏な行動がみえ始め，清は警戒を高めた．イリ制圧直後，乾隆帝は受封の儀への参加を口実にアムルサナに入観を命じ，機をみて彼を捕らえるよう指示していた．ところが，8月中旬，アムルサナは入観の途上で逃走し，一部のオイラトを糾合して自立を企てた．乾隆帝はアムルサナの追捕を命じたが，撤兵が進み手薄になっていたイリを突かれ，残留していた定北将軍バンディと参贊オヨンゴは自尽し，小路より抜け出た副将軍サラルも最終的に賊手に落ちた．バルクルにいた定西将軍ヨンチャンは，この状況に出撃を躊躇したため革職され，北京への途上で病死した［荘1982（1973）: 42-48］．乾隆帝は失陥したジュンガリアを回復するため，ツェレン Ts'ereng（策楞）を定西将軍に，ハダハ Hadaha（哈達哈）を定辺左副将軍に，ジャラフンガ Jalafungga（扎拉豊阿）[1] を定辺右副将軍に任命し[2]，再び軍旅（第二次遠征）を興した．

10月に形態を変えて受封の儀を実施したものの，イリに駐留して善後策を講じていたバンディたちが死亡し，第二次遠征が実施されたため，オイラト支

---

1) ヨンチャンの革職後，一時的にジャラフンガが定西将軍を務めた．
2) 『準略』正編巻20: 33a, 乾隆20年10月丙寅（26日）［1755/11/29］条；『準略』正編巻21: 8b, 乾隆20年11月癸酉（4日）［1755/12/6］条．

配の実行は一旦棚上げとなった．受封の儀に参列したザイサン（第2章表5）の一部は，オイラト兵を徴集して遠征軍に合流し，アムルサナ追討の軍務を助けた．

　　鄂勒哲依・哈薩克錫喇・尼瑪・呑図布・恩克博羅特等は，已に倶に西路軍営に前往するを命じ，調遣を聴候せしむ．鄂勒哲依・哈薩克錫喇は著して授けて参賛大臣となし，尼瑪は内大臣となし，図什墨爾を兼ねしむ．呑図布・恩克博羅特は倶に著して領隊大臣の上に在りて行走せしむ[3]．

四トゥシメルのうち，来朝していた3人すべてが従軍を命じられている．ただし，彼らのような存在はごく一部に限られ，多くのザイサンはなお自身の遊牧地に留まっており，なかにはアムルサナに同調する者がいた．反乱の拡大を防ぐため，乾隆帝はツェレンに，アムルサナの討伐作戦と並行して各オトグの協力を取り付けるよう指示した[4]．

　1756年2月，イリに迫りつつあったツェレンは，部下から受け取ったアムルサナ擒獲の報告を，真偽の確認をしないまま上奏した．ところが，のちに誤報であることが判明し，みすみすアムルサナを取り逃がしてしまった．乾隆帝はツェレンとジャラフンガを革職し，6月にダルダンガ Daldangga（達爾党阿）を定西将軍に，ジョーフイ Jaohūi（兆恵，図3）を定辺右将軍に任命し[5]，新たな指揮系統で臨んだ［荘1982（1973）: 49-50］．

　アムルサナがカザフの地へ逃れ，アブライと連合したため，鎮定作戦は長期化の様相を呈した．アムルサナの捕捉は叶わなかったが，ダルダンガとハダハ率いる軍は反清勢力をジュンガリアから駆逐し，カザフの中ジュズの遊牧地まで進んだ．ジョーフイにはイリの回復と，頓挫していたオトグ支配を進展させる任が委ねられていた．ジョーフイ軍がイリに到着する時期を見越して，8月13日に乾隆帝は次のような指示を出した．

　　イリに到着後，ソロン兵を200名，チャハル兵を200名，健鋭営を100名あるいは200名留めて合計500-600名とし，イリに駐留する大臣たちの差

---

[3]　『高宗実録』巻500: 13a-b，乾隆20年11月甲戌（5日）［1755/12/7］条．
[4]　『準略』正編巻23: 1a-2a，乾隆20年12月乙巳（6日）［1756/1/7］条．
[5]　『準略』正編巻28: 6a-b，乾隆21年5月甲戌（7日）［1756/6/4］条．

遣に備えよ．イリ辦事大臣を永くそこに駐守させる必要はない．一切の事務をみなトゥシメル，ザルグチとともに協議して筋道を立てて処理し，彼らが内地の事務処理の規範を理解して，1-2年を経て要領を得たら，そのまま彼らに委ねて輪番で処理させよ．辦事大臣の印は担当の部院に命じ，「オーロトの二十一アンギ[6]を管理する印」〔という印文の官印〕を鋳造して与え，従来トゥシメルが用いていた各々の図記（印章）の使用をやめさせよ．イリに駐留する大臣を撤した後，その印を公署に収蔵して当番のトゥシメルに掌管させるように．これを永く定例とせよ．モンゴル人はみな黄教（ゲルク派チベット仏教）を信奉しており，またグルジャはイリの名高き地である．まさに寺廟を新たに建立して，こちらから大ラマを派遣して経典を念じさせるべきである．この寺廟をそのまま大臣たちが事務を処理する公署とし，然るべくオーロトの中から人を派出させ，〔公署の〕近くに駐守させよ．ジューンガルには，元々ジラト＝ヒヤという者たちがいるので，彼らの中から派出して防守させよ．イリ近辺の地に緑旗兵を送って農耕させるべきか否かも，ジョーフイに命じてあらかじめ考慮斟酌して奏聞させるように[7]．

イリに兵丁500-600名を駐留させ，「オーロトの二十一アンギを管理する印」

---

[6] 第2章第3節で指摘したように，この「二十一アンギ」とはオトグと同義のものとして理解しなければならない．

[7] 『準略』正編巻29: 満文版60a-61b／漢文版36a-37a, 乾隆21年7月甲申（18日）［1756/8/13］条. Ili de isinaha manggi, solon cooha be juwe tanggū, cahar cooha be juwe tanggū, silin dacungga kūwaran i manju cooha be eici emu tanggū ocibe, juwe tanggū ocibe bibufi, uheri sunja ninggun tanggū obufi, ili de tehe ambasai takūrsara de belhekini. Ili i baita be icihiyara amban be, inu goidame tubade seremšeme tebure be baiburakū. Eiten baita be gemu tusimel jargūci i emgi habšefi, giyan fiyan i icihiyame, cembe dorgi ba i baita icihiyara kooli hacin be safi, emu juwe aniya dulefi an baha manggi, uthai cende afabufi idurame halanjame icihiyabukini. Baita icihiyara amban i doron be, te harangga jurgan de hungkerefi bubume, tusimel i an i ucuri meni meni temgetu baitalara babe ilibukini. Ili de tehe ambasa be gocika manggi, ere doron be siden i bade asarabufi, uthai idu goiha tusimel de jafabukini. Erebe enteheme kooli obu. Jai monggoso, gemu suwayan šajin be wesihulembi. Gūlja serengge geli ili i gebungge ba. Giyan i juktehen be icemleme weilefi, ubaci ambakan lama unggifi nomun hūlabuci acambi. Ere jukteken be uthai ambasai baita icihiyara siden i ba obufi, acara be tuwame ūlet i dorgici niyalma tucibufi, hanci tebufi seremšeme tuwakiyabukini. Ceni jun gar de daci jirat hiya sere emu hacin i niyalma bisire be dahame, uthai esei dorgici tucibufi seremšeme tuwakiyabu. Ili i hanci šurdeme bade niowanggiyan turun i cooha unggifi usin taribuci ojoro ojorakū babe, inu jaohūi sede afabufi, doigonde tulbime bodofi donjibume wesimbukini.

を掌る辦事大臣を設置し，トゥシメルやザルグチと共同で各オトグを統治させる．1–2年後に伊犂辦事大臣を撤してトゥシメルたちにオトグ支配の実務を委託する，という構想を打ち出している．イリ辦事大臣の官印の鋳造とトゥシメルの旧印の使用禁止は本格的な支配の開始を，大臣の撤収後に輪番制のトゥシメルに官印を掌管させることは間接統治への移行を意味する．また，ジューンガル時代にグルジャにはグルジャ廟（金頂寺）と通称されるチベット仏教寺院が存在した．ジョーフイによれば，グルジャ廟を構成する三廟のうち，一つは焼失し，あと二つはマハチン[8]に略奪され，みる影もなかっ

図3　ジョーフイ肖像
典拠）　故宮博物院所蔵［北京故宮 2002, 6: 89］

たが[9]，乾隆帝の上諭の中では，オイラト人もチベット仏教を信奉し，グルジャがチベット仏教の中心地であることから，荒廃した寺院の再建とそこへの「大ラマ」の派遣が検討されている．このイリ派遣の「大ラマ」の候補者は，当時雍和宮総ケンポ（総院長）の座にあったジェドゥン7世であった［池尻 2013: 195-196］．さらに乾隆帝は，これらグルジャ駐留の官員やラマに食糧を供給させるため，緑営兵の派遣による屯田設置の是非について協議を命じているが，のちに成立する大規模な駐防八旗の軍営設置は念頭に置かれていない．

　この上諭が発せられたのと前後して，8月10日にジョーフイ軍はイリに進駐した．事前にジョーフイはオトグ残留のザイサンたちと参集を約していたよ

8）　直訳すれば，「肉を食う者」という意味のモンゴル語だが，ここではユルドゥス方面に遊牧地を持つオイラトの一集団を指す．清朝史料では，略奪行為をはたらく匪賊として描かれることが多い．

9）　「満文録副」1609.24.1，43: 967，乾隆21年8月17日［1756/9/11］，ジョーフイ等の奏摺；『新疆匯編』20: 111．

うであるが，彼らは様々な口実を付けて自身の遊牧地を離れず，だれ一人として到来していなかった．9月3日から4日にかけて，やっと旧ザルグチのクトゥチやシクシルゲをはじめとするザイサンたちが姿をみせ，翌5日に参賛大臣ユングイ Yunggui（永貴）がイリに近いジンの地に到着したという報告を得た[10]．史料上は明らかでないが，上掲の8月13日付上諭は，この時点でジョーフイの手元に届いていたであろう[11]．ここでジョーフイは，軍営に集った諸ザイサンに向い自らが清朝皇帝の命を受けて派遣されてきたことを告げ，以後実施していくオトグ支配政策の方針を述べていった．その方針は，以下に示すように，①ザイサンの任命，②イリにおける支配拠点の形成，③法支配のあり方，④オトグ所属者の位置づけ，の四つに分けられる（以下，方針①〜④と記す）．

　方針①：いま汝らが到来したので，不在となったザイサンの缺（ポスト）に，人を推挙して我々に告げよ．我々のところから将軍（ダルダンガ）の軍営に〔通達を〕送って，ハサク＝シラ，ニマ，トゥントゥブに意見を求めて決定し，エジェン（清朝皇帝）に選任いただくよう奏請する．各オトグで出ているデムチとシュレンゲの空缺に人物を選別し，該当のザイサンが連れてこい．不在となった缺に補任して実務を処理させるがよかろう．ずっと空缺にしたままで管轄者がいなければ，属下の人々が賊のホージャ[12]になり，対処すべきことがさらに増えてしまう．

　方針②：また我々は自ら兵を率いてカザフ〔の地に〕に進んだ．進軍する大路を支える重要さを考慮し，しばらくボロタラに近いジンの地に駐留するが，アムルサナを捕らえた後はクンギス，ユルドゥスに，あるいはアンジハイ，テンゲルに駐留するだろう．農耕する人々[13]をイリに移住させ

---

10) 同上，「満文録副」43: 965-966；『新疆匯編』20: 110-111. 四トゥシメルのうち，唯一受封の儀に参加せず，遊牧地に留まっていたオルジェイは病に伏しており，彼の妻子は相次いで病死したという．天然痘流行の予兆を感じさせる．
11) 遠征実施の非常時であるため，朝廷（北京，承徳）〜イリ間の文書通送の時間は半月程度であった（平時は1ヵ月程度）．例えば，註9の乾隆21年8月17日［1756/9/11］のジョーフイ等の奏摺は，乾隆21年9月4日［1756/9/27］に乾隆帝の批閲を受けている．
12) この当時，次第に反清的な態度を強めていったカシュガル＝ホージャ家のアーファク統勢力を指す．
13) ここでは，一般農民というよりも，前掲の8月13日付上諭にある屯田の緑旗兵を指していると思われる．

た後はイリに移駐する．ラマたちを到らせ，念読させるべく寺廟に住まわせる．汝らのザルグチたちがどのような順番で〔イリに〕駐留して事務を処理するのか，メデチやジラトの者を〔どのように〕派出させるのかを，心を尽くして協議し告げよ．

方針③：法規が多いと遵行が困難である．日常的な処罰事件であれば，オトグのザイサンたちが処理せよ．人命に関わる事件であれば，関係者を悉く連行して我々が検分と訊問をなし，エジェンに上奏してすべて処理する．

方針④：汝らが統轄している甚だ微賤なる人々も，みなエジェンのアルバトとなったのだ．大エジェン以外，〔汝らの〕上に各々が属するノヤンはいない．まことに功績ある者であれば，ザイサンやデムチとなるべきである．我々も同じ身の人間である．みだりに悪行をなし，殺すことはできないぞ[14]．

以上の内容からは，遅れていたオトグ支配に本格的に着手しようという意欲が窺える．早速ジョーフイは，参集したザイサンたちに，不在となっているザイサンと輪番制のザルグチに任命すべき候補者の名簿を作成させ，ダルダンガのもとに発送した．またザイサンたちの中から，実務補佐のためにクトゥチ（アバガス＝オトグ）と，ネメク（出身オトグ不明）を軍営に留め，シクシルゲ（ウルト＝オトグ）をカシュガリア方面，トゥブシン（ウルト＝オトグ）をユルドゥス方面に派遣し，また旧ザルグチのバサン（ケレト＝オトグ）の召集を命じた[15]．

時を同じくして，カザフ草原に展開していた北路軍に撤退命令が下った．晩秋にさしかかり気温が低下してきていること，軍馬に疲労の色がみえること，行糧が尽きかけていること，そしてハルハ西部で発生したチングンジャブの反乱[16]に兵を割くことが主な理由であった[17]．撤兵に際して，当初ダルダンガ

---

14) 註9，同史料，「満文録副」43: 967-969；『新疆匯編』20: 112-113．
15) 註9，同史料，「満文録副」43: 969-970；『新疆匯編』20: 113．
16) チングンジャブは，1755-56年に清に対し反乱を起こしたホトゴイト部の王公である．詳しくは森川［1979a］を参照．
17) 『準略』正編巻30: 25a-26a，乾隆21年8月戊申（12日）条［1755/9/6］．この撤兵に際してハダハは定辺左副将軍の任を解かれ，チングンジャブの反乱鎮圧の責任者であったツェングンジャブが定辺左副将軍に任命された．『準略』正編巻30: 19b-20a，乾隆21年8月乙巳（9日）［1756/9/3］条．

は，冬の間にアムルサナがカザフとともに反撃に出てくることを警戒し，兵力の一部とともに残留することを乾隆帝に願い出ていた．ただし，ダルダンガはアムルサナ捕捉の重要性を強調しつつも，「新附のオーロトの保護も同じく重要である」との認識から，前線に投入していたトゥシメルやオイラト兵を，翌年の再徴集を前提として彼らの遊牧地に帰還させることにした[18]．ダルダンガは撤退命令を従軍していたトゥシメルのハサク＝シラたちに伝え，遊牧地に帰還した後はイリ駐留の大臣たち（すなわちジョーフイたち）の指示に従うよう述べた[19]．なお，チングンジャブの反乱鎮圧が先決であるとの考えから，乾隆帝はダルダンガの現地残留の要請を退けた[20]．

　第二次遠征にともなう戦時体制がいったん解かれ，ここに清のオトグ支配が本格的に始動することになった．以下においては，方針①～④にみられるオトグ支配政策を，それに関連する上諭や奏摺と照合しながら個別に検討していく．

2. オトグ支配の展開

2.1. 支配拠点の形成

　先ず方針②の内容に注目し，イリにおける支配拠点の形成について検討する．清は旗制を敷衍してモンゴル系遊牧民を統治したが，同時に彼らを監視・監督する出先の衙門を各地に設置し，その責任者として将軍・大臣・都統などの駐防官ポストを設け，そこに中央から旗人官僚[21]を派遣していた．イリにおいては，1762年に将軍職を設置し，ツングース系・モンゴル系の部族兵を含む八旗兵を家族同伴で移住させて駐防八旗を形成し，さらに緑旗兵を移住させて

---

18) 「満文録副」1618.14.1, 43: 2860-2861, 乾隆21年9月24日 [1756/10/17], ダルダンガ等の奏摺．
19) 「満文録副」1618.14.3, 43: 2862-2863, 乾隆21年9月24日 [1756/10/17], ダルダンガ等の奏摺；『新疆匯編』20: 387-388.
20) 『準略』正編巻30: 25a-26a, 乾隆21年8月戊申（12日）[1756/9/6] 条．
21) 清の支配領域の中で，モンゴル，チベット，青海，新疆の非漢人居住地域の駐防官には満洲旗人・蒙古旗人が任命され，原則として漢軍旗人を含む漢人官僚は派遣されなかった．また乾隆朝中葉以降，新疆南部のムスリム居住地域を除き，上記諸地域の駐防官に蒙古旗人官僚を意識的に任用する傾向がみられる［村上 2003］．

第3章　オイラト支配の展開　85

巨大な軍営を築きあげるに至る［第5章参照］．ところが，1756年の時点で清が想定していた支配拠点の姿は，これと大きく異なっていた．

　清はオトグ所属のオイラトを母体にして，内属の「オイラト八旗」を編成する構想を持っていた．8月13日付上諭の趣旨は，軍事力の供給源たりうる「オイラト八旗」を統轄する機構の組成であり，もとより駐防八旗の設置は念頭にない．グルジャに辦事大臣を置き，衙門を建設してオトグ全体の統治に従事させるが，それはトゥシメルやザルグチなどの職務ザイサンと共同で進めるものであり，かつ1-2年後に辦事大臣を撤し，輪番制の職務ザイサンにオトグ統治の責務を委託する計画であった．

　また方針②では，トゥシメルとザルグチ以外に，グルジャの衙門へのメデチとジラトの派出のあり方を検討すべき問題に挙げている．メデチ（Mo. medeči）は，モンゴル語で「博識の（者）」を意味する[22]．ジューンガルには「メデチ＝ザイサン」が左右両翼に1人ずつ存在し，清朝征服当時の右翼メデチはバラン，左翼メデチはエンケボロトであった[23]．メデチもトゥシメルやザルグチと同様に「職務ザイサン」だったといえる．「旧官制」によれば，「墨徳齊」と音写すべきところを「德墨齊[24]」と誤植しているが［小沼 2004a: 7-8］，それはジューンガルの君主の家政に与る傍ら，国内全般の税務・差遣等を司る役職だった．一方のジラト（Mo. jirad）はモンゴル語で「衛兵，護軍」を意味する．乾隆帝も8月13日付上諭の中で「ジラト＝ヒヤ」（Ma. jirat hiya[25]）の存在に注目し，ジラトに衙門を兼ねたチベット仏教寺院を防守させようとしていた．

　2人のメデチのうち，エンケボロトが死亡していたため，左翼メデチは空缺となっていた．このためジョーフイは，ウンドスン＝ジシャーのザイサンであるオジェトと，大フレル＝ジシャーのザイサンであるチバハを後任の候補者に挙げ，乾隆帝に判断を仰いだ．乾隆帝はオジェトを左翼メデチに任命するとと

22）『五体清文鑑』人部2, 聡智類：田村ほか［1966, 上：310］．
23）「満文録副」1617.7, 43: 2361, 乾隆21年9月28日［1756/10/21］, ジョーフイ等の奏摺；『新疆匯編』20: 412.
24）先行研究では「旧官制」の説明をそのまま採用し，「德墨齊」にdemečiのモンゴル語をあてている［田山 1953: 108；杜・白 2008（1986）: 270］．
25）通常は満洲語のhiyaは宮廷等に仕える「侍衛」に対応する言葉だが，ここでのhiyaは清の「侍衛」ではないので，漢文本『準略』では「轄」の字で音写している．

もに，バランをあらためて右翼メデチに任命し，バランの地位と権限を追認した[26]．

以上のように，1756年後半にオトグ支配を開始した当初は，イリに駐防八旗を設置する計画はなく，辦事大臣を暫定的に設置し，ジューンガル時代より存在したトゥシメル，ザルグチ，メデチ，ジラトの役職を制度化し，ザイサンたちにそれら役職を輪番で担当させ，オトグ全体を統治させようとしていた．

2.2. ザイサンの任命

清はトゥシメルやザルグチなど職務ザイサンを選任し，彼らに内大臣や散秩大臣の職銜を授け，その一部を軍営に留めて軍務を補佐させた．しかし，清がアムルサナの乱に対処していた1755年後半～1756年前半の間は，各オトグの遊牧地に留まったままのザイサンまで支配の手を伸ばすことができなかった．

イリに進駐したジョーフイは各オトグの現状把握に乗り出した．方針①にあるように，先ずはザイサン不在のオトグを調べ上げ，その結果九つの空缺が判明した．そのうちの7缺については，ザルグチに任命したクトゥチ，ネメク，シクシルゲ，トゥプシンに候補者選定を指示し，彼らは各缺に正副2人の候補者を立て，名簿を作成して提出した．名簿の内容は不明だが，それは大筋，左右翼の別を考慮しつつ，小規模オトグのザイサンを大規模オトグのザイサンに転任させるものだったらしい．しかしジョーフイは，彼らが自身の子弟を推挙した可能性があるとし，ダルダンガの軍営に名簿を送り，従軍中のトゥシメルらに候補者の身元や人物評を報告するよう求めた[27]．

さらにジョーフイは，候補者を直接軍営に呼び寄せて自ら審査をおこなった．真っ先に到着したのは，クトゥチナル＝オトグのバシム（死亡）の後任に推挙された左翼メデチのバラン，そしてハダン＝オトグのウレムジ（逃亡）の後任に推挙されたシャムピリン＝ジシャーのザイサンであるマンナイの2人であった．このうちバシムの旧缺とは約200の戸口を率いる小オトグのものであり，実務能力の高い右翼メデチのバランに不相応であるため，一時的にバランに兼

---

26) 註23，同史料，「満文録副」43: 2361-2362；『新疆匯編』20: 412.
27) 註23，同史料，「満文録副」43: 2362-2363；『新疆匯編』20: 412-413.

務させるが，より大きなオトグのザイサンに転任させるべきとされた．一方のマンナイを，ジョーフイは「人格聡明で立派な容姿」を持つと評価している．ただし，マンナイのほかに，アバガス＝オトグのザイサンでザルグチを務めるクトゥチの子であり，自身もすでに職務ザイサン[28]，散秩大臣であるジャラル（当時21歳）の名を挙げ，彼らは2人ともハダン＝オトグのザイサンに適任であるとした[29]．さらにジョーフイは，トゥシメルからの返答を待つまでもなく，その他の空缺についても積極的に関与している．

> 大ウルト〔＝オトグ〕のザイサンであるホルホダイが死去した缺にウルト〔＝オトグ〕のザイサンであるシクシルゲを転任させ，ジュトゥルク＝オトグのザイサンであるガダルが死去した缺にザルグチ＝ザイサンであるトゥブシンを任じ，トゥブシンの缺に別の者を選別して，バルダムト〔＝オトグ〕のザイサンであるカムリオの孫サイン＝ジャンギトに事務を補佐させることができます．〔ただし〕今回はみな職務ザイサンたちをオトグに転任させるので，補佐させる者は必要ないでしょう．もしも〔以上のことを〕おこなっても差し支えなければ，エジェンは英明さをもって聖鑑し，諭旨を下していただきたく存じます．｛硃批：汝らの上奏のとおりに任ぜよ．｝[30]

このように，今回推挙された人物はみなすでに職務ザイサンの地位にあった．また，ジョーフイが候補者の選定を命じたのは，九つの空缺のうちの7缺であったが，残り2缺のうちの一つ，エルケテン＝オトグのザイサンには，ダルダンガの推挙によりトゥシメルのニマが任命された[31]．つまり，最初のザイサン補任の機会においては，すでに清側と接触を持ち，軍営に留まるなど協力的な姿勢をみせていた――少なくとも清側にはそのようにみえた――人物を優先的に任命するよう，操作がなされていた．

前章で述べたように，ジューンガル時代におけるザイサンは，タイジ（王族）身分ではなかったものの，その地位は世襲が慣例であった．これに対して，清

---

28) 史料上，具体的な役職名は明らかでない．
29) 註23，同史料，『満文録副』43: 2363-2364；『新疆匯編』20: 413．
30) 註23，同史料，『満文録副』43: 2364；『新疆匯編』20: 413-414．
31) 「満文録副」1625.19, 44: 766-768, 乾隆21年閏9月8日［1756/10/31］, 定西将軍ダルダンガの奏摺；『新疆匯編』21: 13-14．残りの1缺については不明である．

によるザイサンの任命は，別のオトグのザイサンやその子弟を転任させるものだった．このような各オトグの枠を越えた転任は，ザイサン一族が自身のオトグ内で築いてきた権力基盤（属民，遊牧地）から，彼らを切り離す行為に他ならない．むろん当時はジューンガル征服からアムルサナの乱にかけての混乱期であり，死去・逃亡したザイサンが多数いたという特殊な状況は考慮せねばならないが，上述の如き任官方法は，タイジと属下との統属関係を切断・解体する方向性を持たなかったジャサク旗制施行時の措置［岡 2007: 43-59］とは異なっている．

　このようなオトグに対する対応の違いは，清朝治下におけるオトグの位置づけに由来する．オトグは皇帝直属という名目の内属集団であり，清は旧首長層のザイサン，デムチ，シュレンゲの地位を非世襲の「公中」缺として再定義し，八旗制における総管，副総管，佐領，驍騎校等の官員に読み替えていこうとした．今回のザイサン任命は一部の空缺を対象としたものであり，オトグ全体に及ぶものでないが，ゆくゆくはザイサンだけでなく，デムチとシュレンゲの補任も予定していた（方針①）．しかも，それらの地位を官缺として一義的に規定するからには，たとえ一般牧民であれ，「まことに功績ある者であれば，ザイサンやデムチとなる」（方針④）ことができた．すなわち，ここでなされたザイサン任命は，清が練り上げた支配構想の具体化したものであり，清朝権力によるオイラト社会への介入の第一歩とみなし得る．事実，その後も清はオトグの首長層の官員化を進め，俸餉の支給[32]を決定するなど，制度上の規定を整備していった．その支給額は，トゥシメルに毎月銀 30 両，ザルグチに銀 20 両，ザイサンに銀 10 両，デムチとシュレンゲに銀 5 両であった[33]．清はイリ駐留の職務ザイサンだけでなく，周辺の牧地に分布する中・下級の首長層までを，統治機構に取り込んでいったのである．

　以上のように，1756 年後半にイリに進駐したジョーフイは，「オイラト八旗」

---

32) チャハル八旗など八旗分立の内属旗の官員と壮丁（ニル構成員）には，駐防八旗の半額の俸餉が支給されたが，ジャサク旗の官員と壮丁には支給されなかった［柳澤 1997: 11-12］．ダリジャブは，チャハル八旗に対する清の管理のあり方は，八旗蒙古とジャサク旗の中間にあたると指摘する［達力扎布 2003: 328］．

33) 『準略』正編巻32: 18a-b, 乾隆 21 年閏 9 月己未（24 日）［1756/11/16］条．

の編成を念頭に置いた支配構想にもとづき，オトグに対する支配を開始した．清は支配の手を拠点に定めたグルジャから周辺の遊牧地へと次第に広げていき，オトグの首長層の掌握と八旗制下における官員化を進めた．そのことは各オトグにおける法支配に関しても同様である．方針③にあるように，日常的に発生する軽微な案件は，従来どおり各ザイサンが審理できた．しかし殺人のような重大案件となれば，審理は将軍や大臣の手に移り，最終的な裁決は生殺与奪の権を握る皇帝に仰ぐこととなったのである．

2.3. オイラトの軍役負担

1756 年前半，アムルサナを捕捉するためジュンガリアからカザフ草原東部に展開した清の西路軍 5,000 名には，トゥシメルが参賛大臣として従軍した．しかも，清朝史料には，トゥシメルのオルジェイは各オトクから 4,000 名を徴集して参加したとあるので[34]，この数字が正しければ第二次遠征軍の大半がオイラト兵によって構成されていたことになる．彼らは冬期の撤兵にあたって遊牧地へ帰還することになったが，その際に定西将軍ダルダンガは，オイラトから徴発する兵丁もあわせて翌春に再び兵 5,000 名を派出し，作戦を再開すると述べている[35]．乾隆帝もまた，長年の混乱により疲弊しているオイラトに休養をとらせ，アムルサナを討伐する戦力を蓄えさせるよう指示した[36]．清がオイラト社会の疲弊を憂慮しつつも，ジューンガル征服直後からオイラトを自己の軍事力として認識していたことがわかる．

清がオイラトを軍事行動に動員したもう一つの事例に，カシュガリアにおける対ホージャ戦がある．1755 年に定北将軍バンディは，イリに幽閉されていたカシュガル＝ホージャ家アーファーク統（白山党）の大小ホージャム兄弟を解放し，兄のブルハーン＝アッディーン（大ホージャム）を，侍衛トロンタイ Torontai（托倫泰）率いる部隊とともにカシュガリアへ送り込み，ジューンガルの支配を脱して政権を再興していたイスハーク統（黒山党）勢力にあたらせた．

---

34) 『準略』正編巻 26: 41b, 乾隆 21 年 4 月辛丑（4 日）[1756/5/2] 条．
35) 註 18，同史料，「満文録副」43: 2861．
36) 『準略』正編巻 34: 2a-3a, 乾隆 21 年 11 月己酉（16 日）[1757/1/5] 条．

この時にブルハーン゠アッディーンに随行したのは，清朝史料によればオイラト兵 500 名とイリのムスリム兵 500 名であり［小沼 2002: 49］，ムスリム史料によれば清兵 400 名とオイラト兵 1,000 名であった［Shaw & Elias 1897: 50-51］．数字に開きはあるが，オイラトの動員に関しては共通している．

清の協力を得たブルハーン゠アッディーンは，1755 年末から 1756 年初頭の時期にヤルカンドとカシュガルを制圧し，イスハーク統政権を打倒した．ブルハーン゠アッディーンは，ただちに側近のシャー゠ニヤーズ[37]を北京に派遣し，関係の構築を模索し始めた．ところが，弟のホージャ゠ジャハーン（小ホージャム）が 1756 年 4 月頃に帰還すると，兄から実権を奪い，一転して反清的な対応をとるようになった．アムルサナへの対応に忙殺されていた清は，数回にわたりカシュガリアに使者を派遣し[38]，交渉による解決を図ったが，清の使者はことごとく拘束され，何ら有効な対策を講じることができなかった．

このような状況の中，1756 年 9 月末に副都統衛アミンダオ Amindao（阿敏道）の派遣が決定する．最終的にアミンダオはクチャのアーファーク統勢力によって誘殺され，任務は全うできなかった．アミンダオの殺害は，乾隆帝にカシュガリア遠征を決意させた事件として知られており，チンギス゠カンの中央アジア遠征の誘因となった「オトラル事件[39]」に擬えられることもある［佐口 1966: 174］．

だが，アミンダオ一行の実態は，それまでに派遣された使節団とはまったく異なるものである．先ず指摘しておくべきは，アミンダオの派遣が，清のオトグ支配開始と時を同じくして決定されたことである．1756 年 9 月 5 日にジョ

---

37) *Āthār al-Futūḥ* に登場する Amīr Jalāl al-Dīn Niyāz Kökültash なる人物が，シャー゠ニヤーズに対応すると思われる．そうであれば，シャー゠ニヤーズはブルハーン゠アッディーンの「師傅，教師」（ustād wa muʻallim）の一人であり，カシュガリア制圧後には彼の「大臣，摂政」（wazīr wa nayīb）となった（AF: 123a）．

38) 後述するアミンダオを含め，清が使者を派遣した回数は計 5 回である．使節団の責任者を順番に挙げると次のようになる．第 1 回：侍衛トロンタイ（ブルハーン゠アッディーンに同行），第 2 回：侍衛ティケト，第 3 回：空翎アイシンタイ，第 4 回：委章京タクシン，第 5 回：副都統衛アミンダオ．

39) 1218 年にホラズム王国のオトラル総督が，チンギス゠カンが派遣した使者を殺害した事件．モンゴル軍の中央アジア遠征はこの事件への報復として実施されたといわれてきたが，近年の研究では，ホラズム事件は軍事行動を正当化するための口実に過ぎず，モンゴル側が周到に遠征を準備していたことが指摘されている［杉山正明 2010: 56-57］．

ーフイはザイサンたちを軍営に集めて方針を述べた．これは9月11日付けの奏摺に記されているが，ジョーフイは同日の別の奏摺で，トロンタイを含め，カシュガリアに派遣した使者が戻ってこないことを憂慮し，以下のように上奏した．

> 副都統銜アミンダオを長として満洲，ソロン，チャハルの兵100名を率いさせ，ザルグチ゠ザイサンのシクシルゲを派遣してクングスやユルドゥスの遊牧地のオーロト兵を，騎兵であれ，歩兵であれ，3,000名集めさせ，ザイサンとデムチを足りるように派出いたします．ウシュ城のベクであったガダーイ゠ムハンマド[40]を連れて，時機を考慮し，〔乾隆21年〕9月15日（1756年10月8日）より隊伍を整え，アクス，クチャ，ウシュに行って土地を平定させ，よき頭目を任じて〔アクス，クチャ，ウシュを〕管理させ，ヤルカンドとカシュガルの情報を入手させ，報告に来させます．さらにアミンダオに委ね，アクス，クチャなどの城の回子（ムスリム）が恭順ならば，毎年納入する貢賦について話し合い，トルファンに行きエミン゠ホージャに収めるのか，あるいは伊犁辦事大臣らのもとに送るのかを決定させます．もしもあくまで抵抗するところがあれば，ただちに勦討して懲らしめさせます．ヤルカンドの地の実情を素早く調査して報告させます[41]．

すなわち，アミンダオは単なる使者としてではなく，清兵100名とオイラト兵3,000名を率いる指揮官としてカシュガリアに派遣されたのである．しかも，ムスリム勢力が抵抗した場合には軍事行動も辞さぬよう指示されていた．

アミンダオは，カシュガリアへの途上，各オトグの部衆を吸収しつつ進軍した．アミンダオは1756年9月27日にクングスの地に到り，バルダムトの軍勢を吸収し，29日にはザルグチのシクシルゲの遊牧地に到達した．シクシルゲは，ジョーフイからオイラト兵の徴発の任をまかされ，アミンダオに先んじて遊牧地に戻っていた．シクシルゲによれば，各オトグから徴発するオイラト兵の総数は5,685名であり，アミンダオ到着までにこの地に参集する予定であった．

---

[40] ガダーイ゠ムハンマドは，1755年にイリで清軍に帰順したカシュガリア出身のベグ．
[41] 「満文録副」1609.32, 43: 1013, 乾隆21年8月17日［1756/9/11］，ジョーフイ等の奏摺；『新疆匯編』20: 126-127.

しかし，そのうちのカラチン，ブクス，大・小オロダイ，ホルボス，ジュトゥルク，ドゴロト，オロン，小バルダムト，トゥルヨンの各オトグから徴集される 2,450 名は，各遊牧地までの距離が遠く交通も不便であるため未着であった．アミンダオはシクシルゲと協議の上，カラチンなどの 2,450 名を別働隊とし，ムザルト峠[42]を越えてウシュへ向かわせることにした．また，シクシルゲ自身の兵も出征の準備が未だ整わず，到着していなかった．シクシルゲはアミンダオに 2-3 日の待機を求めたが，アミンダオはそれを待たずに翌 30 日に出発し，チョホルなどほかのオトグから兵丁を督促しながら南下した．10 月 8 日，シクシルゲが 230 名を率いて合流し，チョホルの 400 名も到来した[43]．さらに 10 月 15 日にケレトの 500 名が，17 日にはチョホルの 250 名，シャラスとマフスの 133 名，ザハチンの 100 名，ドルベトの 40 名が続々と合流し，アミンダオが率いる部隊は直卒の八旗兵 100 名を含めて 2,388 名に達した[44]．別働隊 2,450 名と合わせれば，総勢約 5,000 名の規模になる．アミンダオの派遣はオトグ全体からの徴兵による大規模な軍事動員だったのである．

以上のように，清は対アムルサナ戦や対ホージャ戦に，新附のオイラトを積極的に動員していった．清はオイラトに対する旗制の導入を目指していたが，基本単位の旗は，その満洲語である gūsa が本来「軍団」を意味することからも自明なように，極めて軍事的な組織であり，その究極的な存在意義は清朝政権に対する軍事力の提供にあるといっても過言ではない．特に「オイラト八旗」の母体となるべきオトグ所属のオイラトは，清が戦闘に主力として投入するチャハル兵（チャハル八旗）やソロン兵（ブトハ八旗）と同様，当初より有効な軍事力と目されていたのであろう．そして，特定のオトグからではなく，各オトグから広く兵丁を徴発したことには，「オイラト八旗」の編成に向けて，軍務負担の義務を旧ジューンガル部全体に周知させる目的が含まれていたと考

---

42) イリ地方とカシュガリアを結ぶ天山山脈中の峠．
43) 「満文録副」1615.24, 43: 2271-2275，乾隆 21 年 9 月 24 日 [1756/10/17]，ジョーフイ等の奏摺；『新疆匯編』20: 374-376．
44) 「満文録副」1618.1, 43: 2776-2777，乾隆 21 年閏 9 月 7 日 [1756/10/30]，ジョーフイ等の奏摺；『新疆匯編』21: 1．なお，シクシルゲが合流後に発病したため，ケレトのザイサンであり，ザルグチであったバサンをシクシルゲに代えてオイラト兵の統率役とした．

えられる．

　本節でみた清の諸政策には，二つの明確な方向性が看取される．一つは，トゥシメル，ザルグチ，メデチなどのジューンガル政権の旧構成要素を活用した統治体制の組成である．しかも，一部不在となっていたポストに後任を指名しているのであるから，崩壊過程にあった旧体制を清が再構築するという側面すら有していたといえる．しかし，同時に進められた首長層の官員化，その叙任権の掌握，オイラト遊牧民の軍事動員は，オトグ全体を清の統治機構の末端に位置づけんとする別の方向性を持つ．清のオイラト支配は，アムルサナの蠢動に対する警戒もある中，微妙なバランスの上にその一歩を踏み出したのである．

3. 支配の正当性

3.1. 「エジェン‐アルバト関係」

　清は遊牧国家ジューンガルを崩壊させることに成功したが，その支配下にあったオイラト諸部はなお健在であった．清のオイラトに対する対応には様々な配慮・譲歩が窺えるが，それは，アムルサナの行動が示すように，オイラトが清に対する脅威へと転化する危険性を孕んでいたからに他ならない．そのような状況において清は，前節で考察した諸政策を実施していくにあたり，オイラトとの関係をどのように捉えていたのであろうか．

　ここで注目されるのが，方針④にある「汝らが統轄している甚だ微賤なる人々も，みなエジェンのアルバトとなった」という文言である．前章で説明した如く，エジェンとは，本来「主（あるじ）」を意味するモンゴル語であり，モンゴル遊牧社会では，「家の主」から大小様々な規模の遊牧諸集団の長，遊牧国家の君主（ハン）までを指す概念であった．一方のアルバトは，エジェンに対する「アルバ（兵役・貢賦などの義務）の負担者」を原義とし，通常は「属民，平民，奴僕」を意味した．アルバトはエジェンに服従・奉仕（＝アルバの負担）せねばならなかったが，エジェンはアルバトから収奪するだけでなく，その暮らしを保護する反対義務も負っていた．このエジェンとアルバトとの関係は，モンゴル遊牧社会の様々な階層に存在し，特にエジェンたるハンに対しては，一般牧

民はもちろんのこと，牧民を領する小・中規模の首長，さらには皇子や家臣もアルバトと呼ばれた［Vladimirtsov 1934: 158-159, 172］．そして重要な点は，このエジェンとアルバトの二つの語が同一文脈中に現れる場合，往々にして前者に対して後者が従属していることを比喩的に表したことである．モンゴル語年代記の一つ，サガン＝セチェン著『蒙古源流』（*Erdeniyin tobchi*, 1662 年）によれば，オイラトのアブドゥラ＝セチェンは，モンゴルのアガバルジ＝ジノンに帰順の意を示した際，

> 四十〔モンゴル〕と四〔オイラト〕はあなたのアルバトになった．いまこそジノンよ，我らのエジェンたる汝がハンになられよ[45]．

と述べている．また，満洲語史料中の記載ではあるが，青海ホショト部に服属していたカム地方（現四川省西部）のチベット系住民が清朝官員に述べた証言の中には，

> 我々はもともとグーシ＝ハンのアルバトである．いまではフフ＝ノールのノヤン（青海ホショト部のタイジ）たちが我々のエジェンである[46]．

という文言がみられる．どちらの事例でも，エジェンとアルバトの対置をもって統属・主従関係が言い表されている．本書では，モンゴル社会に由来するこの関係を，便宜上「エジェン‐アルバト関係」と呼ぶことにする．

以上を踏まえた場合，方針④にあるジョーフイの発言が，「エジェン‐アルバト関係」を念頭に置いていることは明白である．すなわち，遊牧国家ジューンガルを滅ぼし，ダワチを排除した清は，清朝皇帝（乾隆帝）をジューンガル部長に代わる新たなオイラトのエジェンとし，オイラトを清朝皇帝のアルバトとして位置づけたのである．しかも，モンゴル語と文字体系を同じくする満洲語もエジェン（Ma. ejen）の語彙を共有しており，かつ 18 世紀中葉までに満洲語文語中の ejen は「清朝皇帝」を指す用語として特化されていた（補論参照）．清朝皇帝を指す ejen の語を用いることにより，清朝皇帝にジューンガル部長

---

45) 『エルデニン＝トブチ』は複数のテキストがあるが，ここではいわゆる「ウルガ本」の該当部分のローマ字転写を森川［2008: 404］にしたがって示しておく．Döčin dörben qoyar bida, γaγčiakü činu albatu bolbai. Edüge jinong ejen man-u či qaγan saγu.

46) 『年羹堯奏摺』中：729，雍正元年 9 月 24 日［1723/10/22］，侍郎常寿の年羹堯宛呈文．

47) 満洲語史料中，清朝皇帝が albatu の語と対置されて表れる場合，決まって ejen と記される．

の地位を継承した「オイラト諸部の君主」という位相を持たせ,支配権力の所在を矛盾なく説明できた[47].

　むろん「エジェン－アルバト関係」自体は,もとより多分に観念的な言説である.支配者たる「主人」に対して,それに従属する人物・集団を「奴隷」を意味する語で呼び,後者の前者に対する忠誠心を明らかにし,統属関係を明確にすることは,モンゴルのみならず,ユーラシアに興隆した勢力・国家に広くみられた.例えば,突厥碑文の中には,突厥が唐の太宗に服従したことを,「奴隷(qul)となった」と表現する部分がある［護 1967: 113］.サファヴィー朝（1501-1736）治下のイランでは,「奴隷,下僕」と訳し得るグラーム ghulām[48]の語が王(シャー)との従属関係を強調する文脈で使用され,また王朝への帰順はしばしば「下僕(ghulām)であることを表明した」と表現された［前田 2009: 95-97］.

　ここで「エジェン－アルバト関係」の歴史的淵源や,その原初的な概念を追究することは,さほど意義のある作業ではない.むしろ注目したいのは,清の為政者が,オイラト支配に関わる重要な場面で,「エジェン－アルバト関係」を意識した発言を繰り返していた点である.方針④では,ザイサンに向かって清による統治の開始を宣布する場面で,オイラトが「エジェンのアルバトとなった」ことが述べられている.しかもここからは,清朝中央だけではなく,現地派遣の将軍たちが,オイラトとの間に「エジェン－アルバト関係」が介在するという意識を共有し,統治に臨んでいたことがわかる.

　特に目立つのは,清がオイラトに軍務を負担させる場面である.モンゴル遊牧社会において,軍事的義務は属民が負うべき主要なアルバの一つであった.清朝治下のハルハ部でも,軍台（駅站）や卡倫(カルン)(Ma. Karun,哨所)など,清が設置した軍事施設や統治機構の管理・維持への人員供出は「公的アルバ」と呼ば

　それ以外の皇帝を指す語である han, hūwangdi（「皇帝」の音写）, dergi（「上」に対応）と albatu が対になることはない.また,中国内地（漢地）に居住する人々（ミャオ,チワンなどの非漢人勢力を含む）は irgen（民,民人）と記され,albatu と記されることはなく,ejen と irgen を対置させて統属関係を明確にする表現も存在しない.

48) ghulām とは,本来「少年」を意味するアラビア語であるが,転じて様々な地位の主人に仕える「従者,奴僕」を意味するようになり,アッバース朝（750-1258）では君主の身辺警護などを担当する近習,近衛軍を指す言葉になった［清水 2005: 48-89］.同様の存在は,セルジューク朝（1038-1157/1194）でもみとめられる［安藤 1995: 245］.

れた［中村 2011: 3-4］．ジュンガリアでは，1755 年の第一次遠征によるイリ制圧の時点で清の駅站網はいまだ整備されていなかったが，軍糧運搬や命令伝達の手段を確保するため，オイラトから人馬をウラ（Ma. ula）⁴⁹⁾として供出させようとした．この時バンディは，

> 我々の差遣や各オトグへの文書伝送などのために，〔オイラトから〕ウラを納めさせます．ジューンガルのすべての者は聖なるエジェンに属民（harangga albatu）として従いました．まさにハルハと同様に，公事のため派遣された大臣・官員にはウラを備えさせるべきです⁵⁰⁾．

と述べ，ウラ供出の根拠をオイラトが清朝皇帝に属するアルバトになった点に求めている．ただし，上記引用部分のあとでバンディは，長年の混乱で疲弊し，かつ清の法規に未だ通暁していないオイラトにウラを負担させても周到なる遂行は見込めないので，1-2 年後にあらためて実施したいと付言している⁵¹⁾．翌 1756 年には，バルクルからイリまで西路駅站が敷設され，各站にオイラトが配備されたが，詳細は次章にゆずる．

　1755 年末には，実際にオイラトへ軍事的義務を課さねばならない状況が生じた．それがアムルサナら一部有力者の離反である．この時，乾隆帝が第二次遠征へのオイラトの出征を指示した上諭に以下のようにある．

> 前に已に旨を策楞に降す．「……今噶勒蔵多爾済等の衆台吉，鄂勒哲依等の衆宰桑は，日ならずして即ちに到る．額林哈畢爾噶の衆台吉は，其の鄂拓克の兵を聚め，馬駝を整頓し，一同に進発す．声勢は尤も大きく，且つ厄魯特は倶に朕の臣僕たり．尚お専ら内地の兵力を資けとせずとも，鄂勒哲依・哈薩克錫喇等は，現在倶に参賛大臣・領隊大臣たり．惟だ宜しく力を竭くして兵を聚め，迅速に功を成し，以て渥沢を仰邀するを期すべし」と⁵²⁾．

満洲語原文は確認できていないが，乾隆朝（特にジューンガル征服後）に起草さ

---

49) 満洲語の ula の語源は，もともと「駅馬」を意味するモンゴル・テュルク語の ula(q) であり，転じて輜重の差役を意味した．
50) 「満文録副」1454.11, 57: 1457, 乾隆 20 年 6 月 18 日［1755/7/26］，バンディ等の奏摺；『新疆匯編』20: 362．
51) 同上，「満文録副」57: 1457-1461；『新疆匯編』20: 362-364．
52) 『高宗実録』巻 501: 15a-b, 乾隆 20 年 11 月乙未（26 日）［1755/12/28］条．

れた満洲語の上諭・奏摺の漢訳では，albatu にほぼ例外なく「臣僕」を対訳する[53]．つまり乾隆帝は，オイラトが自身のアルバトであることを，アムルサナ追撃戦に彼らを動員するための論理的根拠に据えているのである．

　以上のように，ジューンガル征服を達成した清は，ジュンガリアのオイラトを清朝皇帝のアルバトに位置づけ，それを政策実施の根拠として事あるごとに強調していた．ただし，この言説パターンが清朝史料中に現れるのは，18世紀中葉のジューンガル征服の局面においてであり，それ以前は確認できない．草創期以来続くモンゴル系遊牧民との長い交渉の歴史の中で，エジェンとアルバトの語で表される関係自体は，清朝政権も十分に了解していたと思われるが，オイラト支配の場面でそれが言説として前面に押し出されてくる理由はどこにあるのだろうか．

　その理由は明確ではないが，やはりジューンガルという政治体が，圧倒的な権力を握る君主（ジューンガル部長）の下，組織的な政権中枢や支配構造を有していたことは留意すべきであろう．しかも1745年以降の内訌により，傘下の諸集団が政権から離脱の傾向を強め，旧来の組織構造は清朝征服前にすでに解体へと向かっていた．この流動的な状況下において実施された1755年の第一次遠征で，清軍はオイラト諸部から大きな抵抗を受けず，ダワチを排除することに成功した．しかし，ジューンガル政権の打倒に成功したとはいえ，アムルサナの離反が示すように，長年敵対関係にあったオイラトの間には清に対する根強い反発も潜在していた．その顕在化を抑えながら支配を容認させていくことには，多くの困難がともなったはずである[54]．かかる状況の中，実際に清が支配を推し進めていくには，その正当性の明確な根拠が必要となってくる．そこで清が取った方針こそが，清朝皇帝をジューンガル部長の支配権の継承者，すなわちオイラトの新たなエジェンとし，オイラトをそのアルバトに位置づけて，かつ皇帝と官僚の共通認識の下，「エジェン-アルバト関係」を政策実践の論理的根拠として逐一明示することだったのではないだろうか．

---

53) この点は『準略』の満文本と漢文本の対比，および「満文録副」中の満漢合璧文書の対比から確認できる．
54) 第一次遠征の実施前から「平定準噶爾善後事宜」を策定し，支配構想を練っていた事実は，この困難さを清朝政権が予見していたことを示している．

3.2. 外藩と内属の位置づけの相違

　以上に加えて注意しておきたいのは，清による「エジェン‐アルバト関係」の設定のあり方が，外藩のオイラト（四汗部，タイジ属下）と内属のオイラト（ジューンガル部領オトグ）とでは異なっていた点である．

　この違いは中間支配者層の位置づけに現れる．清は外藩のモンゴル諸部の統治において，ノヤン（王族）と呼ばれたタイジの中からジャサクを選任し，行政官的な役割を課した．しかし，それは各タイジとその属民との日常的な関係を規制するものではなく，両者間に統属関係が存続することを容認していた［岡 2007: 60-61, 221］．この姿勢はオイラトの四汗部に対しても同様であり，前章で提示した事宜 II-1B において，四汗部所属の人々を諸タイジの「属民」（harangga albatu）と表現している．つまり四汗部では，一般のオイラトは清朝皇帝のアルバトと位置づけられてはいたが，諸タイジの属民に対する伝統的権限の多くは維持されており，清朝政権もそれを否定しなかった．おそらく，各ジャサク旗における箭丁の制度，あるいは「公的アルバ」を負担する属民の供出を条件として，重層的な統属関係が担保されていたのであろう．

　一方，かつてジューンガルの君主の「公属」であったオトグは，清朝治下では清朝皇帝の「公属」とされ，牧民一般は皇帝の harangga albatu と位置づけられた．ゆえに外藩とは異なり，「大エジェン以外，〔汝らの〕上に各々が属するノヤンはいない」（方針④）とされたのである．タイジ身分にないザイサンら中間支配者層はオトグの管理を承る行政官として一義的に定義され，皇帝のアルバトたる一般のオイラトとの間に私的な統属関係は介在してはならないとされた[55]．内属集団は外藩に比べて自立性は低いとされるが[56]，それは裏を返せば，エジェンたる清朝皇帝に対して外藩よりも近い立場にあったためである[57]．

---

　55) のちに乾隆帝は，オトグ同様に内属扱いとなったカシュガリア諸都市のベグ官人と一般ムスリム住民との関係についても，ベグ官人の「官職は大小様々であるが，〔ムスリム住民は〕すべて我のアルバトであり，決して彼らの頭目のアルバトではない」（「満文上諭檔」軍務 26 (1)，乾隆 24 年 7 月 11 日［1759/9/2］条）との見解を示し，また「モンゴルのジャサクのようにノヤンとアルバト〔の関係〕はない」（「満文録副」1810.44, 56: 406, 乾隆 25 年正月 22 日［1760/3/9］，シュヘデ等の奏摺；『新疆匯編』44: 124）と述べている［小沼 2007: 53-55］．
　56) ただし，同じ内属というカテゴリーでも，各集団の置かれた状況は様々であり，一概にはいえない［柳澤 2011: 289-290］．ここでは，八旗分立のチャハル八旗やブトハ八旗を念頭に置いている．

本来モンゴル社会における「エジェン－アルバト関係」は，社会の様々な階層に存在する重層的なものであった．これに対して，清が設定した「エジェン－アルバト関係」では，外藩と内属という統治のあり方の差異に応じて，その度合いが調整されていたのである．
　また本来はタイジ属下の集団が，タイジが不在となったため，皇帝直属のアルバトの範疇に編入された事例が確認できる．1755年9月にバンディは，チョロス部のダシダワ[58]の息子であり，ダワチに殺されたトゥルバトの属民の処遇について次のように述べている．

> ダシダワの子のトゥルバトもダワチに殺されました．彼らのアルバトをエジェンのアルバトとなし，ダシダワらの寡婦（チェチェン＝メルゲン＝ハトン）たちに然るべく数戸のアルバトを与えて養わせ，来年秋にホヴド，ブヤントなどの地に移住させましょう[59]．

バンディは，ダシダワ一族の属民が乾隆帝のアルバトとなったことを強調した上で，チェチェン＝メルゲン＝ハトンへの属民分与という手順をとっている．なお，ダシダワ一族の属民は，ホヴド・ブヤント地方ではなく熱河へ移され，さらに1765年にイリに再移住してイリ駐防八旗の一角を組成することになる［第5章参照］．
　最後にもう一点付言しておきたい．記述の如く，「エジェン－アルバト関係」に係わる言説は，ジューンガル征服の局面において初めて清朝史料中に現れるが，その時点ですでに支配下にあった他のモンゴル諸部との関係をも，清が「エジェン－アルバト関係」の枠組みで再把握した形跡が認められる．ジョーフイがアミンダオに宛てた書簡の中で，オイラトが「みなハルハや諸モンゴルと同様に大エジェンのアルバトとなった[60]」と述べていることは，その一例

---

57) 柳澤［2011: 285］が指摘するように，チャハル八旗に属するモンゴル人は，一介の牧民においても「偉大なるエジェン」（Grand Master＝清朝皇帝）の軍隊であるという意識を持ち，清朝における自らの位置を明確に認識していた［Huc & Gabet 1852: 39-43］．
58) ダシダワはラマ＝ダルジャの擁立時に殺害された［第1章第4節参照］．
59) 「満文録副」1448.5.1, 37: 677-696, 乾隆20年8月3日［1755/9/8］，バンディ等の奏摺；『新疆匯編』12: 268．
60) 「満文録副」1619.21, 43: 3173, 乾隆21年閏9月17日［1756/11/9］，ジョーフイ等の奏摺；『新疆匯編』20: 92．

である[61]．さらに，ジューンガル征服後に接触を持つようになる中央アジア諸勢力に対しても，清は「エジェン-アルバト関係」の言説を敷衍させていくが，これについては第2部にゆずることにする．

---

61) 1771年にヴォルガ河流域から来帰したトルグート部も，支配下に入った後は清朝皇帝のアルバトとみなされた．

第4章　オイラト支配の破綻

　1756年後半に着手された清のオイラト支配は順調に進むかにみえたが，同年末に思わぬ事態が発生する．カザフ草原に遁入していたアムルサナ勢力ではなく，ジュンガリアに残る首長層が各地で清軍を襲撃したのである．本書で「オイラトの蜂起」と呼ぶこの事件の首謀者と目されたのは，チョロス部汗のガルザンドルジ，ホショト部汗のシャクドゥル＝マンジ[1]，ホイト部汗のバヤル，およびオトグを代表するトゥシメルのハサク＝シラ，ニマ，トゥントゥブたちであった．翌1757年4月，乾隆帝はついにオイラトの「剪除（せんじょ）」を視野に入れた第三次遠征の実施を決定する[2]．ジュンガリアに進んだ遠征軍は，前2回の遠征とは異なり，各地でオイラト人の掃討作戦を展開した．同時期に蔓延した天然痘と相俟って，ジュンガリアのオイラト社会は壊滅状態に陥った．

　清によるオイラト人の殺戮は，中央ユーラシアの歴史を飾ってきた遊牧民の凋落，遊牧国家の消滅を象徴する事件であり，世界史上における一大転機とみなされている．しかしこれまでは，そのセンセーショナルな結果のみが注目され，1756年末から1757年初頭に起きた「オイラトの蜂起」への関心は希薄であり，「アムルサナの乱」の一部と理解されているに過ぎない．たとえば荘吉発は，反乱の首謀者であったタイジやトゥシメルはみなアムルサナの腹心であったという前提に立ち，諸ザイサンがボルタラに参集してアムルサナを迎え入れるべく密謀したと述べる［荘 1982 (1973): 51, 53］．確かにこの時期，すでにアブライと袂を分かっていたアムルサナは，タルバガタイ附近で越冬し，チング

---

1) ただし，シャクドゥル＝マンジには叛意はなかったようで，清軍による誤殺の可能性がある［荘 1982 (1973): 52-53］．
2) 『準略』正編巻37: 18a-19b, 乾隆22年2月乙酉［1757/4/23］条.

ンジャブとの同調を試みたとされる［Zlatkin 1963: 454］．しかし，ジュンガリアに残る首長層がアムルサナに呼応したという明確な証拠は，管見の限り史料上から見出せない．後述するように，「オイラトの蜂起」の黒幕とされるガルザンドルジは反アムルサナの代表格であり，またトゥシメルたちもその直前までアムルサナの追撃に従事していた．「オイラトの蜂起」の発生をアムルサナへの呼応として短絡的に理解し，ひいてはオイラト剿殺の要因を一緒くたに「アムルサナの乱」に収斂させてしまうのは，飛躍があるといわざるを得ない．

そこで本章では，「オイラトの蜂起」直前のオイラト首長層の動向を注視し，清の支配政策はなぜ破綻したのかという視点から，問題の根本的な再検討をおこなう．

1. オイラトにとっての清朝支配

あらためて当時のジュンガリアの状況を述べれば，第二次遠征軍の撤退が決定され，清のオイラト支配が本格的に開始されつつあった．この直後に「オイラトの蜂起」が発生している点，そして反乱の首謀者がいずれも清朝から厚遇を約束された人物であった点は，見逃すべきではない．「オイラトの蜂起」の原因を探る出発点として，彼らが清の支配というものをどのように捉えていたかを考えてみる必要がある．

残念ながら，蜂起したオイラト側の記録は現存しておらず，彼らの言葉でその行動原理を把握することは難しい．ただし，清朝史料の中には，18世紀前半～中葉にジュンガリアのオイラト社会に流布していた興味深い風説が収録されている．アムルサナが反清活動を開始した直後の1755年9月，定北将軍バンディは事宜 IV-1 の中で次のように報告し，オイラトに対する旗制の導入をしばらく見合わせるよう求めた．

> 旗とニルへの編成は，現在彼ら（オイラト）の持つオトグとドチン[3]の名称と同じであり，決して〔これまでとは〕別の賦役が附加されたり，余計に苦しんだりすることはないのです．それどころか官職を得ることができ

---

3) ドチンについては，第1章註42を参照．

ます．〔このことを〕彼らがきちんと理解すれば，思うに，畏怖や疑念はなくなるばかりか，こぞって「〔官職を〕得たい」というばかりでしょう．ところが，ツェワン（ツェワンラブタン）の時代以来，〔オイラトの間には〕ハルハが旗・ニルに編成されたことを嘲笑したり，また属下の人々の心を惑わすように語ったりした名残が払拭されていません．さらにアムルサナが間隙を縫って反乱を起こさせようと，衆人を唆し脅して，「いったん旗・ニルに編成されると，家の中に監禁されたのと同じになる．灼熱の地に連れて行かれてしまうぞ」とか，「我々は四オイラトだ．昔から漢人に従うことなく，別々に暮らしてきたではないか」という妄言を各地でふれ回り，人心を惑わし揺さぶっているのを，臣サラルが私に密かに告げに来たことがあります．……もしもこの時期に旗・ニルの編成を厳格に処理すれば，無知蒙昧なる輩がアムルサナの誘言を信じ，ますます畏怖や疑念を抱くようになりましょう[4]．

ツェワンラブタンの時代から，清朝の旗制下に組み込まれたハルハ部を嘲笑する風潮がオイラト社会に存在していたことは注目される．そして，アムルサナの扇動により，旗制による清の支配——ただし史料中には「漢人」（Ma. nikan）への従属とある——への抵抗感はさらに助長されていた．イリにいたバンディは，オイラトがそのような抵抗感を抱いていることを肌で感じていたのであろう．旗制を施行するといっても，旧来のオトグを旗に，下位組織のドチンをニルに呼び代えることに過ぎず，賦役の負担が増加して苦累が及ぶわけではないことを周知させようとした．旗・ニルの編成作業が見送られたこと，また清が展開する支配が既存の社会関係に一定の配慮したものだったことには，オイラト遊牧社会に長年にわたり蓄積されてきた，定住社会を基盤とする清朝権力への反発が背景の一つとして存在していたのである．なお，上記引用部分は『準略』には収録されていない．

　ただし実際は，「エジェン-アルバト関係」の大義名分の下，オイラトはアムルサナ追撃やカシュガリア出兵に動員された．なかでも内属として位置づけ

4）「満文録副」1448.5.1, 37: 681-683, 乾隆20年8月3日［1755/9/8］，定北将軍バンディ等の奏摺：『新疆匯編』12: 263-264.

られたイリ周辺のオトグでは,清朝権力の浸透が現実のものとなり,ザイサンなどの首長層の権限は確実に制限されていった.自身の生活空間の中で着々と存在感を増す清朝権力に対し,オイラト側の不安と反発はさらに増大していったに違いない.

例えば,1755年のウラの供出は見送られたが,1756年にはバルクルからウルムチを経由してイリまで西路駅站の敷設が進み,清はオイラトを駅站に配備した.そこには次のような問題が存在していた.

第一に,人員の徴集と配備の方法である.西路駅站には,最初はその経路にあたるウルムチ附近に遊牧するチョロス部から人員供出がなされたが,チョロス部の経済状況が芳しくないため,もっぱら「二十一アンギ」(=ジューンガル部領の各オトグ)に站務を負担させることになった[5].この決定には,外藩よりも内属の各オトグの方が,軍務を負担させるべき存在であるとの判断が働いていたと考えられる.また当初は各站ともオイラトの男丁を家族同伴で配備したが,駅站への駐留が遊牧という彼ら本来の生活形態にあわず,さらに駅站周辺の草地が悪質で家畜の放牧に適さず,不満が出た[6].このため,オイラトのみの配備はやめ,各站の人員構成をチャハル兵10名(伝送事務),オイラト兵50名(駅馬管理),緑旗兵5名(種地耕作)とし,生活形態をふまえた分業体制に切り替えた[7].

第二に,駅馬(ラクダを含む)の徴集である.ウリヤスタイから延びる北路駅站は,西路より早く整備が進んだが,近辺のオイラトからウラを強制徴収したため,彼らは「大きな怨みをいだいた」という[8].西路ではこれを反省点として考慮したが,現実にはオイラトからの徴集にほとんどを依存せねばならず,1756年11月の時点で各オトクからすでに多数の駅馬を徴集していた.しかも疫病による駅馬死亡のため不足が生じ,タイジやザイサンに督促するも集まら

---

5) 『準略』正編巻32: 6b-7b,乾隆21年閏9月壬子(17日)[1756/11/9]条.
6) 「満文録副」1620.32, 43: 3402,乾隆21年閏9月26日[1756/11/18],ジョーフイ等の奏摺;『新疆匯編』21: 138.
7) 『準略』正編巻32: 28b-29b,乾隆21年10月癸酉(9日)[1756/11/30]条.
8) 註6,同史料,「満文録副」43: 3398,ジョーフイ等の奏摺に引用された乾隆21年閏9月9日[1756/11/1]の上諭;『新疆匯編』21: 135-136.

ず，清朝官員が遊牧地に赴いて徴集する有様だった．ジョーフイは，駅馬の定数を決定し，各オトクから均等徴集することにしたが，なお数百頭が不足していたという[9]．

　第三に，站務負担者に対する報酬の支給である．ジューンガル末期以来の戦乱により，オイラト社会は疲弊をきたしていた．これは清も了解しており，支援の意味もこめ，オイラト兵には毎月2ヵ月分の銭糧支給を決定した[10]．支給額は毎月銀2両に相当するが，銀両を支給しても現地で購入できるものはないので，額面に相当する現物支給だった．しかし内訳は，その站務負担者の所属オトクが毎月1人に対して羊2匹を食糧として提供し，その羊の大きさをみて清側が1.3-1.5両相当の物品を与えていた[11]．ただし，チョロス部貝勒のジャナガルブ（ガルザンドルジの甥）からは，駅站に配備された彼の属民に食糧が支給されていないという訴えがなされている[12]．

　このように，現地ジュンガリアで得られる人的資源としてのオイラトの存在は，清にとって極めて有用であったが，同時に疲弊したオイラト社会への負担増大が危険性を孕むことも認識していた．乾隆帝はオイラトの駅站配備について，

> ジューンガルの人々はここ数年で廃れ，各々みな生活の場を失った．このため駅站にその人々を用いたことは道理に適う．なおも彼らから〔清軍が必要とする〕行糧を集め〔駅站駐留兵に〕与えれば，ますます〔オイラトが〕耐えられぬこともまた事実である[13]．

と述べており，妥当な措置にしろ，諸刃の剣になりかねないと認識していた．

　なかんずく対アムルサナ戦や対ホージャ戦への動員は，長年の混乱で疲弊したオイラト社会においてかなりの重荷であったと思われる．第二次遠征の終了にともなう従軍トゥシメルや兵丁の遊牧地帰還は，その点を憂慮したものだっ

---

9) 註6，同史料，「満文録副」43: 3401-3404；『新疆匯編』21: 138-139．のちに清－カザフ間で展開される官営の絹馬貿易［佐口 1963: 303-339；林・王 1991: 131-430；Millward 1992］は，このような公用馬の不足を補塡する目的もあった．
10) 『高宗実録』巻519: 9a-b，乾隆21年8月戊午（22日）［1756/9/16］条．
11) 註6，同史料，「満文録副」43: 3400-3401；『新疆匯編』21: 137．
12) 註6，同史料，「満文録副」43: 3395，上諭；『新疆匯編』21: 134．
13) 註6，同史料，「満文録副」43: 3395，上諭；『新疆匯編』21: 134．

た．ところが，帰還命令が出た1756年10月から2ヵ月も経たぬうちに，ジョーフイは，手元に届いた「派兵防範哈薩克之旨」にしたがい，ハサク゠シラ，ニマ，トゥントゥブらに2,000兵を出し，軍営に赴くよう指示した．しかし，これはジョーフイの勇み足であり，乾隆帝の本来の意図は，即時出征の命令ではなく，出征に備えての協議が不十分であれば，その現状を報告させることであった．この奏言をみた乾隆帝はジョーフイに即刻指示を取り消すよう命じた[14]．翌日の上諭でも乾隆帝はこの問題に論及しており[15]，その慌てようが窺えるが，裏返せば清朝政権がオイラト側の不満増大を現実のものとして危惧していた証左といえよう．事実，それから程なくして，上記の3人のトゥシメルを始めとする大半のザイサンたちは清に反旗を翻した．

2. 「オイラトの蜂起」の背景

2.1. ガルザンドルジの行動

次に反乱発生までの首謀者の動向をみていく．以下においては，チョロス部の有力タイジであったガルザンドルジを事例とし，彼がなぜ反清的な行動をとるに至ったかを考察する．

ガルザンドルジを取り上げる理由は，第一に，彼が清から汗爵を得ており，清朝体制下で厚遇されるべき人物であったにもかかわらず，「オイラトの蜂起」の首謀者であったことである．そして第二には，彼が反アムルサナ派の代表格であったことである．ロシア史料によれば，1753年末にダワチが即位した際，その座を脅かそうとしたガルザンドルジを，当時なおダワチと協力関係にあったアムルサナが撃破している［Zlatkin 1963: 437］．またホジャーエフによれば，ジューンガル部長はチョロス姓を持っていたが，その一族を輩出したチョロス部において，乾隆帝がガルダンドルジを汗に指名したことは，アムルサナが反

---

14) 『高宗実録』巻526: 16b-17a, 乾隆21年11月戊申（15日）[1757/1/4] 条．この記事が『準略』に収録されていない点には注意を要する．
15) 『高宗実録』巻527: 2b, 乾隆21年11月己酉（16日）[1757/1/5] 条．

清的な行動を開始する一因であった［Khodjaev 1991: 46-47］．その真偽は不明ながら，ガルザンドルジとアムルサナが敵対関係にあったことは疑いない．したがって，たとえガルザンドルジが最終的にアムルサナに同調したとしても，かつての仇敵との連携を決意するには，彼自身に何らかの差し迫った理由があったはずであり，彼の行動は反乱の原因を探る上で注目すべきものがある．

　第二次遠征におけるガルザンドルジの役割は史料上明白でないが，彼自身が前線に投入されることはなかったようである．しかし，チョロス部の遊牧地はウルムチ近辺の天山東部地域に位置しており，バルクルの軍営と前線とを結ぶ西路駅站ルートに位置していた．前述の如く，清朝史料は当時のチョロス部の経済状況の悪化を伝えているが，チョロス部の属民は駅站に配備され，しかも銭糧が支給されていなかった可能性がある．チョロス部の近くにいたザハチン[16]のオルキムジからも，第一次遠征の際に清軍へ「食糧と家畜の提供」があったという[17]．史料上に残らない強制徴収は常時なされていたであろう．

　このような状況の中，1756年末に第二次遠征への従軍から自らの所領に帰還したホイト部汗のバヤルが，ホンホルバイとザハチンの両オトグの500余戸を搶掠し，家畜を奪うという事件が発生した．ガルザンドルジを介して知らせを受けたジョーフイは，バヤルを捕捉し処罰するため，天山東部にいた寧夏将軍ホキ Hoki（和起）とガルザンドルジを派遣した[18]．この報告を受け取った乾隆帝は，ジョーフイの対応を妥当とする一方で，次のような反応を示している．

> オルキムジはザハチンのザイサンである．ザハチンの人々がバヤルに搶掠されたならば，まさに〔ザハチンの人々は〕オルキムジに告げ，〔オルキムジが〕転じて将軍・大臣らに報告すべきである．今回ガルザンドルジらのもとより軍営に報告されたのは誤りであった．ガルザンドルジはチョロス汗である．附近にいるオトグの人々をみな彼の属下とすれば，勝手に決定したことになってしまう．以後，どのオトグで事件が起きても，すべて直接将軍に報告させるのがよい[19]．

---

16) このザハチンは，1754年にマムートに率いられて清に帰順した集団とは別の一群である．
17) 註6，同史料，「満文録副」43: 3395，上諭；『新疆匯編』21: 133.
18) 『準略』正編巻33: 9a-b，乾隆21年10月戊寅（14日）［1756/12/5］条．
19) 同上，『準略』正編巻33: 満文版18a-b／漢文版10a. Orkimji serengge, jahacin i jaisang.

乾隆帝は，オトグ内で発生した事件が，ザハチンのザイサンであるオルキムジから，チョロス部汗のガルザンドルジを経由して，イリの軍営に伝えられたことに不快感を露にしている．その理由は，内属たるオトグはイリ駐留の定辺右副将軍ジョーフイの管下にあるべきで，外藩の四汗部とは統治の系統が異なるからであった．乾隆帝は，ガルザンドルジが管轄外のオトグの事務に介入しようとする動きを制したのである．さらにバヤル捕捉後の属民の分配について，

> バヤルを捕えた後，彼の属下の人々を衆人に分与する際，いくらガルザンドルジたちが兵を出して助力し，捕らえたとはいえ，決して彼に〔バヤルの属下の〕戸口を多く賞与してはいけない．賞与するのは 100 戸以下で十分である．オルキムジなどのザイサンにも然るべく分与し管理させよ．余分があれば，すべて二十一アンギに併せれば，済むことだ[20]．

と述べ，ガルザンドルジへの過分な賞与を認めず，均等な分配を指示した．

　以上のような清側の対応は，ガルザンドルジにとって，まさに自己の権力拡張のあり方を鋭く規制するものだったに違いない．そもそも「四汗部構想」は，オイラトの諸タイジに外藩王公の待遇を与える一方で，盟旗制を導入し，遊牧地を指定することで個々の勢力拡大を防ぐことを企図していた．つまり，彼らの権力の拡大方法を，遊牧地，牧民，家畜の奪取から，爵位，俸給の獲得へ転換することを迫るものであった．ガルザンドルジが授与された汗号は，外藩爵制における序列最高位ではあったが，現地遊牧社会においては権力行使の範囲を所領（清朝帰順時の属民）に限定されたジャサクでしかなかった．ガルザンドルジは，権力行使の範囲を突如自己の所領内に限定され，四汗部の管轄外にあるオトグはおろか，同一部内の他のジャサクの旗務に介入することも禁じられたのである．上記の事件に関わる乾隆帝の言説からは，遊牧社会の分断と固定

Jahacin i urse bayar de tabcilabuha oci, giyan i orkimji de alafi, ulame jiyanggiyūn ambasa de tucibume boolaci acambi. Te g'aldzangdorji i baci coohai kūwaran de boolame yabubuhangge waka ohobi. G'aldzangdorji oci, coros han bihe bihei(sic.) hanci bisire otok i urse be gemu ini harangga obuci, balai takdara de isinambi. Ereci julesi yaya otok de baita bici, gemu šuwe jiyanggiyūn de boolabuci teni sain.

20)　『準略』正編巻 33: 満文版 29a-b／漢文版 14b-15a, 乾隆 21 年 10 月己卯（15 日）［1756/12/6］条. Bayar be jafaha manggi, ini fejergi urse be geren de dendeme šangnara de, g'aldzangdorji se, udu coohai tucibufi aisileme jafaha bicibe, inde boigon anggala dendeme šangnara de, hon ume labdu šangnara. Tanggū boigon ci dosi šangnaci kemuni ombi. Orkimji i jergi jaisang sade, inu acara be tuwame dendeme šangnafi kadalabu. Funcehengge bici, gemu orin emu anggi de kamcibuci wajiha.

化という「四汗部構想」の本質を見出すことができよう．

　さらに，この事件の背後には，清朝政権が当初計画していた「四汗部構想」と，現行のそれとの間に生じた齟齬が尾を引いている．本来「四汗部構想」とは，アムルサナやバンジュルなど，1755年の第一次遠征前に内附した集団を主な対象としており，自らの遊牧地を離れてしまった彼らに，ジュンガリア帰還後の生活の場を保証するという意味合いがあった．ところが，同年10月に避暑山荘で授封されたタイジは，内附者ではなく，第一次遠征の過程で帰順し，ジュンガリアに遊牧地と属民を有する者たちであった．乾隆帝は，諸タイジの爵位の高低が現地社会で行使しえる権力の大小と異なることを説いたが［第2章第2節参照］，上述のガルザンドルジの行動をみるに，彼らが清側の意図を理解していたとはいい難い．特にガルザンドルジ，シャクドゥル＝マンジ，バヤルの汗爵授封者には，伝統的なハン号と清の汗爵の意味の取り違えもあったと考えられる．それを裏付けるかのように，彼ら3人の汗はことごとく清に背き，そして姿を消していく[21]．清朝支配に対する抵抗感が根深く残る社会において，「ハン」に指名されながらも，自己の権力が及ぶ範囲を限定されるという矛盾の中で，彼らは清の支配から離脱する道を選択したのではないだろうか．

2.2. マンリクの「反乱」

　では，ガルザンドルジは実際にどのような行動に出たのだろうか．ガルザンドルジを含め，オイラトの叛意は意外なところから露見する．それはトルファン盆地で発生したマンリク Mänglik の「反乱」であった．

　清朝史料に「Manggalik／莽噶里克」として登場するマンリクの本名は Shujāʿ al-Dīn Manglay Qūrī Tarkhan Urumī であり，Urumī[22] というニスバ（家門，出身地，職業などを示す出自名）が示すように，トルファン土着の有力者であった

---

21) 四汗の中で，反乱に加わらず，その後も清朝治下で汗爵を保持できたのは，1755年以前に内附していたドルベト部のツェリンだけである．清はドルベト部をジュンガリアへ帰還させようとしたが，最終的にホヴドのウラーンゴム一帯に牧地を与えて安置した［オユンジャルガル 2006］．

22) ここでの Urum は，この後に「現在はクフナ＝トゥルファンとして知られている」(Pe. ḥālā mashhūr ast ba Kuhna Turfān) と説明が付されているように，トルファンの古名として用いられている．

[AF: 123a].『王公表伝』によれば，彼の一族はトルファンにおいて代々「総管」を務めていた[23]．また，マンリクは「ダルハン＝ベグ」を称していたが，これはジューンガルからオアシスの支配権あるいは徴税権を委ねられた者に授けられた称号だったと推測される[24]．1755 年の第一次遠征の際にマンリクは清に帰順し，1756 年 9 月にはジャサクに任命され，居城のトルファン城を中心とする盆地西半の統治権を付与された．これに対して盆地東半の統治は，避難先の瓜州から故地ルクチュンに約 20 年ぶりに帰還したエミン＝ホージャに委ねられた［Onuma 2012: 35-40］．

1757 年 1 月，オイラトに反乱の兆しがあるという報告が，にわかに北京へ届いた[25]．バルクル駐在の辦事大臣ヤルハシャン Yarhašan（雅爾哈善）によれば，トゥシメルのハサク＝シラやニマらがバルクルの襲撃とチョロス部汗ガルザンドルジの拏獲を企てている，というものだった．一方，ピチャンに駐留していた寧夏将軍ホキからは，ホイト部汗バヤル，トゥシメルのハサク＝シラとニマ，そしてマンリクが反乱を起こしたとの報告があった[26]．

続いてエミン＝ホージャからトルファン盆地の争乱に関する書簡が届く．それによれば，1756 年 12 月 21 日にホキ率いる約 100 兵とともにルクチュン城周辺の巡察に出発したところ，26 日にマンリクとニマに襲撃された．和起はそのまま拘束されたが（のちに殺害が判明），エミン＝ホージャは，マンリクがオイラトに対して彼が現地ムスリムであることを説明したため，解放された．ルクチュン城帰還後に，マンリクからトルファン城に赴くよう呼び出されたが，エミン＝ホージャはこれを拒否したという．同内容の書簡はハミのジャサク貝

---

23)『王公表伝』巻 110，吐魯番回部総伝．
24) ジューンガルの支配下に置かれた東トルキスタンのムスリム有力者の中には，マンリク以外にも，1769 年に清に帰順したハミ郡王家の始祖ウバイドゥッラー (?-1709) など，ダルハン＝ベグの称号を持つ人物が複数存在する．6 世紀後半から 7 世紀前半に，中央アジアのオアシスを支配下に置いていた西突厥のカガンは，iltäbär の称号をトルファン（高昌）王ら各オアシスの国王に授け，彼らの権威を保証した．つまり，西突厥のカガンとオアシスの国王との間における支配・臣属の政治的関係は，iltäbär の授与によって成立していた［荒川 2010: 20-22］．これと同様の関係が，ジューンガルの支配者とダルハン＝ベグの称号を持つムスリム有力者との関係に成立していたと考えられる．
25) 以下，マンリクの「反乱」へのオイラト首長層の関与について述べるが，より詳しい「反乱」の展開や清の対応については，Onuma［2012: 40-46］を参照されたい．
26)『準略』正編巻 34: 11a-b, 乾隆 21 年 11 月丙辰（23 日）［1757/1/12］条．

子ユースフのもとにも届いており[27]、トルファン盆地の争乱は疑いのないものとなった。

この事件には、発生段階からオイラト勢力の関与が認められる。ホジャーエフによれば、マンリクの「反乱」は、1756年末にオイラト首長層が開始した反清運動が波及したものだった [Khodjaev 1991: 61-62]。以下、オイラト諸首長がどのように関わったのかをみてみよう。

当初オイラト側の主犯格とみなされていたのは、バヤル、ハサク゠シラ、ニマであったが、しばらくするとガルザンドルジが黒幕として策動し、マンリクやエミン゠ホージャに合流を呼びかけていたことが判明する。エミン゠ホージャによれば、ガルザンドルジの印章が捺してあるオイラト語の書簡がマンリクを通じて届けられ、それはエミン゠ホージャにオイラト首長層と合流し、清に反旗を翻すことを促す内容を持っていた。乾隆帝は、その書簡が偽文書である可能性もあるとし、ガルザンドルジの反逆の真偽を確かめるよう命じ[28]、さらにその後、実際にガルザンドルジの動きを見極めるためか、ガルザンドルジにオイラト反乱勢力の鎮圧に協力するよう指示した[29]。

2月27日にマンリクの実弟ギョル゠ベグ（Ma. Giyor Bek）ら13人がハミで捕えられた。ギョル゠ベグの供述によれば、このうち3人はガルザンドルジが派遣したオイラト人使者ブトゥクらであった。彼らがハミに来た理由は、マンリクに命じられて、その使者3人を清朝に引き渡すためだった[30]。またこの時、ガルザンドルジがマンリクに宛てたというオイラト語書簡が提出された。原文の現存が確認できないので、以下にその満洲語訳を示す。

> エルケ゠ダルハン゠ベグ（マンリク）とエミン゠ベグ（エミン゠ホージャ）の2人に送った。正月初8日（1757/2/25）に〔我のもとに〕来て、〔我に〕部衆を分与して帰れ。我にホージャが貢物を献上した。我は使者を送る。〔我のもとに〕来る時、ベデルゲス（Bederges[31]）からイベリム（Iberim）に使者

---

27) 『雍正宮中檔』16: 115-117、乾隆21年11月17日 [1757/1/6]、黃廷桂の奏摺。
28) 『準略』正編巻35: 17b-18b、乾隆21年12月庚寅（27日）[1757/2/15] 条。
29) 『準略』正編巻35: 28b-29b、乾隆21年正月己亥（7日）[1757/2/24] 条。
30) 「満文録副」1628.47, 44: 1844-1848、乾隆22年正月12日 [1757/3/1]、ヤルハシャン等の奏摺に附された祖雲龍の咨文；『新疆匯編』21: 419-421。

を派遣するがよかろう．人を率いて来い．丙子年12月26日（1757/2/14）．
これをみれば，汝のガルザンドルジが背いていないことが本当〔であることがわかるはずだ〕．〔清の〕大臣らは汝を強迫させたであろう．汝はただちに来い．汝に命令を下す[32]．

言葉足らずで意味がとりにくいが，マンリクとエミン゠ホージャの2人に合流を求める内容から判断して，本書簡は前述のエミン゠ホージャのもとに届けられた書簡と同内容のものであろう．このように，反清的な動きをみせ始めたオイラト首長層は，トルファンのムスリム有力者を取り込もうとしたのである．

結局，エミン゠ホージャは合流を拒んで清朝陣営に留まり，程なくしてオイラト勢力もトルファン盆地から手を引いたため，孤立したマンリクは清軍に投降し，殺害された．トルファン盆地における争乱は短期間で収束し，マンリクの所領はエミン゠ホージャに賞給された［Onuma 2012: 43-45］．

ただ奇妙なことに，この「反乱」の期間中，清朝側の記録を追う限りにおいても，マンリクの主体的かつ積極的な軍事行動はほとんど確認できない．要するに，マンリクには清やエミン゠ホージャに対する確固とした叛意はなく，オイラトの行動に同調させられていたというのが，マンリクの「反乱」の本質のようである．その理由を考えるに，やはりジューンガル時代におけるダルハン゠ベグという彼の地位と無関係ではないだろう．すなわち，ダルハン゠ベグとして遊牧勢力の権力を後ろ盾にしてきたマンリクは，オイラト側から同調を求められた時，旧来より構築されてきた関係のため，自身の行動を規定されたのではないだろうか．

これをガルザンドルジらオイラト首長層の視点からいえば，清への反抗に際して，事前にオアシス定住民の勢力を自身の陣営に呼び込んでおこうとしたといえる．そしてその行動の背景には，中央アジアのステップ遊牧民とオアシス

---

31) ここでは地名として理解した．ただし，ムスリム商人を指すbederge[n]［第5章第1節参照］のヴェリアントの可能性もある．

32) 註30，同史料，「満文録副」44: 1843-1852，附件：『新疆匯編』21: 422．マイクロフィルム収録の本史料は破損や不鮮明な部分があったため，旧稿ではその部分を推定して訳出した［Onuma 2012: 43］．本書では，『新疆匯編』収録のファクシミリでそれらの部分を判読できたので訳を修正した．

定住民との間に構築されてきた歴史的な関係が横たわっている．他方，清朝政権からすれば，このような地域や集団の枠を容易に越えゆく遊牧民の権力こそ，厳しく規制し，断ち切らねばならないものだったのである．

3. 第三次遠征の実施と支配構想の放棄

　マンリクの「反乱」は短期間で鎮圧されたが，全面的な「オイラトの蜂起」の契機となった．清の駅站網は寸断され，またもや清はジュンガリア全域を失陥した．ジョーフイ軍はイリから撤退を開始するが，その途上でガルザンドルジらオイラトの首長層から攻撃を受け，バルクル到着までに多くの犠牲と約2ヵ月の時間を要した．この事態に乾隆帝は，定辺左副将軍のツェングンジャブ Čenggünjab（成袞扎布）を定辺将軍となし，その弟ツェブデンジャブ Čebdengjab（車布登扎布）に定辺左副将軍を「署理」（暫定的に担当）させ，これに定辺右副将軍ジョーフイを加え，第三次遠征の実施を決定した［荘 1982（1973）: 53-54］．

　第三次遠征には，前2回の遠征を上回る6万兵が動員された．遠征中，乾隆帝はオイラトの掃滅を幾度となく命じ，清軍は各地でオイラト人を襲撃した[33]．たとえば，ツェングンジャブが派遣した兵300名は，清に協力的であったザルグチのシクシルゲを襲撃し，本人のみならず，家族や属衆の一部を殺害し，大量の家畜を奪った．この時ツェングンジャブは，シクシルゲの首級を献じた同オトグのデムチであったジンバたちを総管・副総管に任命することを奏請した[34]．これに対して乾隆帝は次のように述べている．

　　オーロトの本性は悪辣で，常時互いに殺し合っている．どうしても安定させることができない．このため，以前将軍らに「各オトグに攻め入る時，必ず賊衆を勦殺し，残りの老人と幼少の者は安撫し，信頼に足る者を選んで総管や副総管に任命し，管理させよ．以前〔の支配構想〕のように，各オトグの旧名を留めたり，ザイサン，シュレンゲ等の人を〔そのまま総管，副

---

33)　第三次遠征中，ジャナガルブがガルザンドルジとその親族を殺害し，ニマがジャナガルブの殺害を謀るなど，オイラト有力者間の対立も激化した［荘 1982（1973）: 54］．

34)　『準略』正編巻 39: 23a-24a, 乾隆 22 年 5 月丙午（16 日）[1757/7/1] 条．

総管に〕任命したりするな」と何度も論旨を下しており，このことは非常に瞭然としている．現在ツェングンジャブらが上奏したことは，一時的に取り計らった例外的な意向であり，事が済んだ後に再び分別して処理すべきである．シクシルゲは兵を率いてアムルサナを捕らえ献上するといって進んだが，かえってアムルサナといっしょになったことは，事の次第が極めて醜悪である．現在〔シクシルゲは〕彼の配下数人に殺された．しかし，ジンバらが〔態度を〕変えることはないとどうして信じられようか．ツェングンジャブたちは必ず心して防守せよ．少しでも疑わしいところがあれば，ただちに処刑せよ[35]．

乾隆帝は，殺戮の対象をオイラトの賊衆に限定し，老人と年少者は別にするよう命じていたと述べるが，実際の戦闘で両者が明確に区別されていた形跡はない［榎 1992 (1984-87): 160-163］．また，乾隆帝はオトグの首長層を総管・副総管等の官員に起用する「オイラト八旗」の編成構想を断念し，再三にわたって背いたオイラトに大きな不信感を抱いていた．第三次遠征の実施以降，清はオイラトを「賊」(Ma. hūlha) と呼び敵視するようになった．ここに1755年以来の清のオイラト支配は破綻し[36]，清軍の殺戮と天然痘の蔓延のため，一時期は60万人に及んだとされるジュンガリアのオイラト人口は激減するに至ったのである．

以上の考察から，清のオイラト支配の破綻をまねいた「オイラトの蜂起」の

---

35) 同上，『準略』正編巻39: 満文版 39b-40b／漢文版 24a-b．Ūlet se banitai ehe oshon. Urui ishunde wandume yabumbi. Ainaha seme majige niyeniyehunjeci ojorakū ofi, tuttu neneme jiyanggiyūn sa geren otok be dailame dosire de, urunakū geren hūlha be gisabume wafi, funcehe sakda asihan urse be taka andubume, akdaci ojoronggo be sonjofi, uheri da, ilhi da sindafi kadalabukini. Nenehe songkoi geren otok i fe gebu be bibure, kemuni jaisang, šeolengge i jergi niyalama sindara be baitarakū seme ududu mudan hese wasimbuhangge umesi getuken. Te cenggunjab sei wesimbuhengge, cohome emu erinde taka tooseleme gamara gūnin. Baita wajiha manggi, kemuni ilgame faksilame icihiyaci acambi. Te bicibe, siksirge, cooha gaifi amursana be jafafi alibumbi seme genehe bime, elemangga amursana i emu ici yabuhangge, turgun umesi ubiyada. Te udu ini fejergi urse de yabuha bicibe, jimba se hūbulime yaburakū be geli adarame akdulaci ombini. Cenggunjab se urunakū saikan seremšekini. Majige kenehunjecuke ba bici, uthai dayabukini.

36) 斉［1998］は，上掲の上諭を清のオイラト政策の転換を示すものとして注目しているが，本来のオイラト支配構想の内容を把握できておらず，具体的に何がどのように転換したかを説明できていない．

原因は，清朝権力の浸透によって生じたオイラト社会の動揺，特に既存の権力行使の空間を制限されていったジュンガリア残留の首長層の反発にあったと結論する．この反乱の発生とアムルサナの活動との間に直接的な因果関係は見出せず，清によるオイラト人掃滅の原因を一律にアムルサナの乱に求める従来の見解は修正されなければならない．

第5章　イリ軍営の形成

　1757年の第三次遠征の実施は，ジューンガルの支配体制を念頭に置いた清のオイラト支配構想の破綻を意味した．1758年も清は軍事行動を継続し，二方面作戦からなる第四次遠征を敢行する．定辺将軍ジョーフイ軍はジュンガリアからカザフ草原南部に進み，オイラトの残党の掃討にあたった．一方，靖逆将軍ヤルハシャン軍はカシュガリアに進み，ホージャ勢力の攻略にあたった．当初の計画では，オイラトの掃討にめどがつけば，ジョーフイ軍はイシク＝クル湖方面を南下し，ヤルハシャン軍とカシュガルで合流する予定であった．しかし，ヤルハシャン軍の作戦が遅々として進まなかったため，ジョーフイは予定を変更し，ムザルト峠を越えてアクス近辺でヤルハシャン軍と合流した．ここで乾隆帝はヤルハシャンを解任し（のちに処刑），全軍の指揮権をジョーフイに委ねる．現地ムスリムから予想以上の抵抗に遭い，年内の作戦完遂は果たせなかったが，現地で越冬した遠征軍は，1759年夏にカシュガル，ヤルカンドを制圧し，カシュガリア全域の征服を達成した．

　足かけ5年にわたる清の西方遠征はここに終了するが，戦時の体制が徐々に解かれるに及び，人口が激減したジューンガル故地の支配のあり方を，清はあらためて模索するようになる．その結果，清はイリに新疆全域を統轄する将軍を設置し，清朝領内の各地から兵丁を家族同伴で移住させ，大規模な軍営を建設する．オイラト人口が激減したため，清は「新たな領域」のメンテナンスを自ら手がけねばならなくなったのである．

　イリ軍営の基礎となったのが，八旗満洲と八旗蒙古（以下，満洲兵と総称）の満営（満城＝恵遠城，恵寧城），そしてソロン，チャハル，シベ，オイラトの四つの営（以下，「満洲兵／満営」に対して「部族兵／部族営」と総称）から構成される駐防八旗である[1]．駐防八旗の設置については，新疆シベ族の研究者が満洲

語文書を駆使した研究を発表しており，各集団の移住の過程や各営の管理体制はほぼ解明されたといってよい［呉・趙 1981；呉 1994；1996；2002；賀・佟 1993；佟 2004］．その成果によれば，駐防八旗の形成は，1763 年初頭における涼州・荘浪の満洲兵，およびソロン兵とチャハル兵の一部を家族同伴で永久移住させる決定を端緒とし[2]，1771 年に西安満洲兵の移住をもって完了する．

ただし，従来の研究には，なお若干の問題点が存在する．まず，各営を個別に取り上げているため，駐防八旗の形成過程における相互の関係は必ずしも明確でない．また，移住という視点からの考察であるため，清の遠征終了から兵丁の移住開始までにおけるイリの状況に関する言及がほとんどみられない．特に問題となるのは，オイラトから組織されたオイラト営が駐防八旗の一角を占めていることである．1757 年の第三次遠征以降，清から討伐の対象とみなされていたオイラトは，いかなる経緯により駐防八旗に組み込まれたのであろうか．この疑問に答えるためには，1757 年以降の清のオイラト政策の変遷を明らかにした上で，駐防八旗の形成過程を総体的にとらえなおす必要がある．

また，大規模な軍営建設は，中国内地からの農民や商人の移住を促進し，都市機能の充実，農耕地の拡大成立により，イリ地域社会の様相は大きく変化していく[3]．本章では，駐防八旗の形成を追うことで，中央アジア草原に活動した遊牧民の拠点であったイリが，清の辺境防衛と新疆統治の拠点として姿を変えていく諸相を眺めてみたい．

---

1) ツングース系・モンゴル系の部族兵がイリ駐防八旗に編入された理由には，八旗兵の絶対数の不足，「伊犂は厄魯特の故地，蒙古の風俗たりて，遊牧を以て資生す」(『準略』続編巻 20: 2a, 乾隆 28 年正月辛酉（3 日）［1763/2/15］条）というイリの地勢，八旗兵の弱体化を挙げることができる［小沼 2000: 23］．
2) 『準略』続編巻 19: 31a-32b, 乾隆 27 年 12 月甲寅（26 日）［1763/2/8］条．ただし食料・住居問題の解決が遅れたため，満洲兵のイリ到着は 1764 年にずれ込んだ［林恩顕 1988: 116］．
3) 18-19 世紀のイリ地域の歴史像と環境の変遷については，総合地球環境学研究所が実施した研究プロジェクト「民族／国家の交錯と生業変化を軸とした環境史の解明——中央ユーラシア半乾燥域の変遷」(2007 年度～2012 年度）の研究成果の一部である窪田ほか［2009］，窪田・承志［2012］に収録された諸論文を参照されたい．特に両書に収録される華立の研究［華 2009；華 2012］は，イリにおける民人社会の成立に関する優れた研究である．

1. ジューンガル時代のイリ

まず本節では，遊牧国家ジューンガルの発展にともなうイリ盆地の社会像の変遷を瞥見し，その特徴を把握する．

1.1. 都市の建設

1660 年以降にジューンガル部は南下の動きをみせ，イリにも展開するようになった．ガルダンの時代には，イリの草原はジューンガル部が占めるところとなり，イリ河北岸のグルジャや南岸のハイヌクなどに都市が成立する[4]．その成立過程や構造や規模は，文献中の記述が乏しく，考古学調査も十分でないため判然としないが，ガルダンの時代以降，宗教施設を中心に都市が形成されたことは確実であろう．ガルダンはイリ河畔に三つのチベット仏教の学院を設置し，そのラマの数は 5,000 人に上った［若松 1971: 94］．またガルダンツェリンは，グルジャに金頂寺（グルジャ廟），ハイヌクに銀頂寺を建立し，4 人の掌教ラマ（Mo. širetü）の下にラマ 6,000 人が聚住していた［羽田 1982: 278］．これらチベット仏教寺院には，ラマ以外にも，寺領を耕す農奴と，仏殿やその他の造築に従事する工匠が存在し，また周囲にはラマや巡礼者を交えて門前市が開かれていたであろうから，外観と機能からして一つの都市を形成していたといえる［羽田 1982: 384］．Renat Map 1 においても，グルジャとハイヌクは，ほかの地域とは異なる大きな二重円で図示されている．

ただし，歴代のジューンガル部長は，ホボクサルにおいても，イリにおいても，都市には居住せず，周辺の草原で遊牧生活を続けていた[5]．遊牧国家が草原上に建設した都市とは，遊牧民自身が居住するというよりも，上述のような

---

4) イリに存在した都市として名高いのは，13 世紀のチャガタイの時代に建設されたアルマリク城であろうが，アルマリク城に関する記述は，チャガタイ勢力の内訌とウズベクの攻撃により，14 世紀以降は史書からその姿を消す［BN/M: 3］．以来，ジューンガルが登場するまで，イリにおける大規模な都市の存在は確認できない．

5) 1732 年にイリを訪れたウグリモフは，当時のガルダンツェリンの 1 年間の遊牧経路を具体的な地名を挙げて説明しているが，それら地名はすべてイリ河南岸に位置している［Veselovskii 1887: 234；Baddeley 1964 (1919), 1: 170］．

宗教文化の中心であり，かつ遊牧民の政治力・軍事力と結びついたオアシス定住民の活動拠点としての意味合いが強い[6]．遊牧国家の勢力拡大を支えたのは，なによりも騎馬戦術にもとづく遊牧民の軍事力である．しかし，遊牧という営みは気候条件に左右されやすい不安定なものであり，遊牧国家が経済的基盤を確固としたものにするためには，遊牧以外の経済活動，すなわち農業や交易などを発展させなければならなかった［松田 2006（1971）: 157-160；林俊雄 2007: 294-306］．天山以北に成立した遊牧国家において歴史的にその役割を担っていたのは，中央アジアのオアシス地帯出身の定住民である．

　ジューンガルの時代，イリに成立した都市や定住地の住民の多くは，当時「ブハーラ人」と総称されたテュルク系のムスリム定住民（現在のウイグル人やウズベク人に相当）であった．当時のヨーロッパ人，特にロシア人は，中央アジア西部（西トルキスタン）を「大ブハーリア」，東部（東トルキスタン）を「小ブハーリア」と呼び，その地方のトルコ系ムスリム定住民を「ブハーラ人」と汎称していた．ただし，ジューンガルの体制内に組み込まれた「ブハーラ人」は，東トルキスタン出身者が多かった［Baddeley 1964（1919），2: 24-26］．

　天山以北への「ブハーラ人」の大量移住は，1680 年のジューンガルによるカシュガリア遠征を契機とする［Onuma 2011: 89］．その後もジューンガルは，中央アジアのオアシス諸都市にたびたび侵攻しており，そのつど同様の強制移住が繰り返されたと考えられる．もちろん利殖を追求して自発的にジューンガル政権に身を投じた者もいたであろう．佐口は，イリの「ブハーラ人」の人口を2万から3万人と推計している［佐口 1966: 157][7]．その他にイリには，ロシア人[8]，スウェーデン人，漢人，満洲人などの外国人捕虜が居住していた．これら非オイラト人は，冶金，製紙，火器製造，造船などの技術をジューンガルに伝えた．

6）　かつてチャガタイもイリ谿谷の草原にオルドを設営し，遊牧を営んでいた［佐口 1942: 113-130］．またアルマリク城の住民はモンゴル人ではなく，ウイグル人と漢人であった［『西使記』］．
7）　ウンコフスキーによれば，ツェワンラブタンに従属して，ともに遊牧生活をおくっている「ブハーラ人」だけで約 2,000 人にのぼったという［Veselovskii 1887, 186-187］．
8）　ガルダンツェリンがウグリモフに返還したロシア人捕虜は 400 人であった［Zlatkin 1964: 386］．

1.2. 農業

 天山以北に移住した「ブハーラ人」の大半は，イリ河やその支流域に入植させられ，農業に使役された．タランチ（Tranchi[9]）と呼ばれた彼らが生産する穀物，野菜，果実類は，ジューンガルの支配者層やチベット仏教寺院への貢納品，および対外交易品となった．

 ジューンガルの農業に関して，もう一点注目しておくべきは，遊牧民たるオイラトによる農業の実施である．天山以北の草原地帯では，水系が比較的発達していることもあってか，遊牧民による農業の実施を確認できる．15世紀初頭に明からティムール朝に遣使した陳誠は，天山以北の遊牧モグール人の生活形態に関して，時に 穄(くろきび) や麦などを播種することがあったと記している[10]．これは，冬営地，夏営地間の移動の合間におこなう粗放的な穀物栽培であり，天山周辺地域の遊牧民が副次的に実施する農業の形態であった[11]．おそらく，モグール人に代わって16世紀以降にジュンガリアに広がったオイラト人も同様の形態で穀物を栽培していたと思われる．

 ところが，18世紀前半のオイラト遊牧民による農業の実施に関して，1720年代前半にイリに滞在したウンコフスキーが伝える状況は，上述のような粗放的な形態とは明らかに異なっている．

> 30年ほど前までカルムイク人はわずかな穀物しか持っていなかった．なぜなら農耕を知らなかったからである．現在では彼らの耕地は絶えず増加している．かつ征服されたブハーラ人が穀物を栽培するばかりでなく，多数のカルマク人も耕作に従事している．それというのも，コンタイシャ（ツェワンラブタン）の命令があるからである．彼らのもとでは良質な小麦，黍，大麦，米などの穀物が作られている．また，その地では多くの塩がと

---

9) Taran とはトルコ語で「耕地，種子，穀物」を意味し，それに「〜する人」を意味する -chi が接続したものである．モンゴル語ではタリヤチン Tariyačin と呼ばれた．ジューンガル時代から清朝時代のイリのタランチに関しては，佐口［1986: 236-291］を参照されたい．

10) 陳誠『西域番国志』，別失八里条．

11) 20世紀初頭の記録ではあるが，モンゴル西部ホヴド地方のドルベト部は，季節移動にともない，春に小麦や黍を播種し，秋に収穫をしていた［Vladimirtsov 2002］．また同様の形態は，19世紀中葉のイシク＝クル湖周辺に遊牧するクルグズにもみられた［Valikhanov 1985, 2: 10；澤田 1999: 401-402］．

れ，大きな赤・緑・白のメロン，上等のスイカ，イチジク，ウルック（すなわち杏—原註)，白と赤のブドウ，ナツメ，スモモ，リンゴ，梨，ザクロなどの良質な作物ができる［Veselovskii 1887: 195］．

この「30年ほど前」とは1690年頃を指す．明らかに1680年のカシュガリア征服から始まる「ブハーラ人」の大量移住を契機に，天山以北で農業が盛んになったことがわかる．しかも，その影響はオイラト人にも及び，農業に従事するオイラト人が増加した．収穫物から判断して，それは耕作，灌漑，施肥をともなう集約農業でなくてはならない．さらに，清朝史料によれば，1736年におけるウルムチ周辺の農業従事者は，オイラト人が500名，「ブハーラ人」が300名，漢人が30名であったという［蔡 1985: 55］．18世紀前半にみられたこのような特殊な状況は，いかなる要因にもとづくものだったのであろうか．

問題を解く鍵は，それが「ツェワンラブタンの命令」によるものだったという点にある．1688年のガルダンによるハルハ遠征が引き金となり，清との長い対立が幕を開けた．第1章で論じたように，ツェワンラブタンは，当初は清と友好的な関係を維持し，その間に中央アジアにおける支配の拡大に努め，オアシス都市を盛んに攻撃し，カシュガリアの「ブハーラ人」には重い貢納義務を課した．つまりこの「30年ほど」の期間とは，ジューンガルが総力を挙げて資源（ヒトとモノ）の獲得による国力の充実を図っていた時期にあたる．オイラト遊牧民に対する勧農政策も，その「国策」の一環だったと理解できよう．

1.3. 交易

中央アジアのオアシス出身商人は，ユーラシアの東西南北を結ぶ中継貿易において重要な役割を果たしてきた．中継商人としての「ブハーラ人」の商業活動は，ジューンガルの政治権力とリンクすることでさらに活発になっていった．

「ブハーラ人」の商人集団は，ジューンガルにおいて「ベデルゲ（ン）」と呼ばれていた［佐口 1986: 241-243］．この言葉は，本来ペルシア語で「商人」を意味する bāzārgān に由来する．もちろん bāzārgān の語自体は一般的な用語として，中央アジアでも使われたが，ジューンガルにおけるベデルゲの特徴は，イリにおいてオトグを組織し，その統率者が「ブハーラ人」から選任されていたことである[12]．つまり，「ブハーラ人」からなる商人集団ベデルゲは，ジューンガ

ルの支配者に直属する組織として遊牧国家の一角を構成していたのである．佐口は，「ブハーラ人」をジューンガルの「御用貿易商人」と呼んだが［佐口 1966: 157］，まさに正鵠を射た指摘である．

ウンコフスキーによれば，ジューンガルは北方では西シベリアのロシア人と，東方では戦争がなければ中国人（清）と，南方ではタングート（チベット）人と交易を行い，なかには遠くインドに赴く商人もいた［Veselovskii 1887: 196］．この広範な通商圏は，ジューンガル政権の保護を受けた「ブハーラ人」によって開拓され，維持されたものといえる．そしてその通商圏の中心に位置したのが，イリだったのである．

1680 年代前半，にわかにガルダンの属下と称するオイラトからの貢使（朝貢使節）が清朝に殺到する事態が生じた．この貢使の急増も，1680 年のカシュガリア征服により「ブハーラ人」がジューンガル体制内に組み込まれたことに関連している．例えば，1684 年にガルダンが派遣した貢使は 3,000 人という規模に上ったが，その代表者はクルバーン＝バイという「ブハーラ人」であった[13]．また，18 世紀前半に北京へ赴いた貢使の正使や副使の中にも，明らかにムスリムと思しき名を持つ者が複数存在し，往復時に粛州などで交易に従事する者もいた［Onuma 2011: 94-95］．清に派遣された貢使の実態は，ジューンガルのビジネス＝パートナーたる「ブハーラ人」が組織する隊商(キャラバン)であったといっても過言でない．

以上のように，ジューンガルは「ブハーラ人」を体制内に編入し，天山以北における農業生産の拡大をはかり，また彼らを組織化して交易活動を保護することで大きな経済的利益を獲得していた．イリ盆地はジューンガル部の遊牧地としてだけではなく，中央アジアにおける経済の中心地として一躍発展をみたのである．しかし，18 世紀中葉の内乱から清による征服の過程で，都市や寺院は灰燼に帰し，周辺の農地は荒廃した．1755 年の清の第一次遠征によるイリ制圧後，イリにいた「ブハーラ人」の多くは自発的に，あるいはアーファーク統ホージャにしたがってカシュガリアへ帰還した．清の第三次遠征の際には，

---

12) 『準略』正編巻 19: 17b-18a, 乾隆 20 年 9 月甲申（13 日）［1755/10/18］条．
13) 『聖祖実録』巻 116: 24a, 康熙 23 年 9 月乙亥（12 日）［1684/10/20］条．

清軍の攻撃と天然痘の流行はオイラトだけでなく，イリに残留していた「ブハーラ人」にも及んだであろう．無人の地となったイリ地域社会の再建は，清朝政権の手に委ねられることになり，その様相を大きく変えていくことになる．

2. 拠点形成への新たな動き——オイラト＝ニルの設置

1757年初頭からの第三次遠征の実施により，清はジューンガリア全域の回復に成功した．また，同年7月には清軍の圧力に屈したカザフのアブライが清に和睦を請い，ロシアを頼ってオレンブルクへ向かったアムルサナは，その途中で天然痘に倒れ死亡した．1758年2月，アムルサナの病死がロシアから清に伝えられた［森川1983: 89-90］．

その後も清は，オイラトを「賊」(Ma. hūlha) と呼び，カザフ草原や天山山間部に逃避したオイラトの残党の探索を継続した．投降したり，捕捉されたりしたオイラトの中には殺害を免れた者もいたが，彼らは中国内地の駐防八旗や緑営，カシュガリアに駐箚する大臣やベグに賞与された．ズラートキンによれば，ジューンガリアのオイラトの人口は本来60万人を下らなかったが，生き残った者はロシアに逃亡した3-4万人だけであったという［Zlatkin 1964: 462］．また魏源は次のように記している．

> 計るに，数十万戸中，先ず痘死する者は十の四，継に俄羅斯（ロシア）・哈薩克（カザフ）に竄入する者は十の二，卒に大兵に殲ぼされし者は十の三．婦孺の充賞されるを除くの外，今に至るまで惟だ来降して屯を受けるの厄魯特（オーロト）若干戸のみが佐領・昂吉を編設す．此の外の数千里間，瓦剌（オイラト）の一毯帳も無し[14]．

魏源の挙げる数字が正確か否かは不明だが，ここで注目したいのは，清に投降して「佐領・昂吉を編設」しているオイラトの存在である．彼らこそ，イリ駐防八旗の一角としてオイラト営を構成した人々に他ならない．1757年以降，清から敵視されていたオイラトが，なぜ駐防八旗に組み込まれたのであろうか．

---

14) 『聖武記』巻4，外藩，乾隆蕩平準部記条．なお，昭槤『嘯亭雑録』には，「凡そ病死する者は十の三，俄羅斯・哈薩克に逃入する者は十の三，我が兵の為に殺されし者は十の五」［巻3，西域用兵始末条］とある．

清はジュンガリアからオイラト人の一掃を図ったが，今度はカザフやクルグズが人口空白の地に入り込み，土地を占拠することが危惧されるようになった．そこで清は，ホヴド地方に安置していたドルベトやザハチンといったオイラト系の集団に注目し，1758年に彼らをイルティシュ河からタルバガタイにかけての地に帰還させようと計画した[15]．しかし，彼らは移住を望まず，結局実施には至らなかった［オユンジャルガル 2006: 10-11］．

1758年以降，イリでは3年1換の換防兵制（単身赴任で一定年限で交替）を採用していた．当初は満洲，ソロン，チャハル兵が800名駐留していたが，1759年にカシュガリア征服を達成し，西北状勢が安定してくると，1760年11月に八旗兵600名と緑営兵100名の増派を決定した[16]．戦時から平時へと時勢が移行するにあたり，辺境防衛の任を担う兵丁をイリに駐留させ，新疆経営の拠点を建設する動きが現れたのである．また，これと並行してイリ駐留の官兵への食糧供給の方針が議論され，内地から5年1換で派遣する緑旗兵の屯田（兵屯）と，カシュガリアから移住させるムスリム住民による農業生産（回屯＝タランチ）でまかなうことになった．内地民人（漢人）の農業移民（民屯）は，バルクルからウルムチに至る一帯（東路）では大規模に推進されていくが，イリでは地理環境や輸送コストの問題があり，1779年の緑旗兵の駐防化以前は進展しなかった［華 2009: 108-109］．

さて，カシュガリア征服後における状況の変化は，清のオイラト政策にも影響を及ぼしていた．1760年9月末，それを窺わせる一つの決定が下された．

> 現在ジューンガルのすべての地を平定した．カザフとブルトもみな帰順した．彼らの部内に以前逃げて行ったオーロトには，カザフらの虐待に耐えられず，続々と帰順する者が〔今後も〕さらにいると思われる．このうち，誠に疑わしい者，あるいはタイジ，ザイサンであった者は，京城に送ればそれでよい．もし全く無関係の者を毎回送れば，無駄に駅站の馬を疲れさせるだけで，少しも裨益しない．このことをイリとウルムチにいる大臣に

---

15)「満文録副」1895.6, 60: 3064, 乾隆26年9月30日［1761/10/27］, 大学士フヘン Fuheng（傅恒）の議覆に引用されたアグイの奏摺；『新疆匯編』53: 3（『察哈爾』2）．
16)『準略』続編巻6: 17b-18a, 乾隆25年9月辛未（30日）［1760/11/7］条．

書を出し，元来タイジ，ザイサンではなく，かつ妻子がいて疑わしくない者は，以後そのままその地に住まわせよ．彼らを家畜の放牧や差遣に用いれば，あらゆることに役立てることができる[17]．

乾隆帝は，カザフやクルグズの地から帰順を求めて到来するオイラトが増加することを考慮し，彼らをイリとウルムチに留めて家畜の放牧や差遣に従事させようとした．ただし，再び背く疑いのある者やタイジやザイサンなどの旧首長層は，引き続き北京に送致された．これはオイラトの再糾合の可能性を排除するためであろう．また翌10月には，アクスに送ったオイラトを調査し，背く疑いのない者はイリに送り返すよう命じている[18]．この政策転換がなされた時期は，上述のイリ駐留兵の増派が決定された時期と重なる．清はイリに支配拠点を建設するにあたり，オイラトの存在に再注目したのである．

オイラト政策の転換にともない，清が「賊」として敵視していたオイラトの立場に明らかな変化が生じた．例えば，1760年10月末頃の上諭において乾隆帝は，新疆駐留の大臣にオイラトを蔑視する姿勢を改めるよう訓戒している[19]．さらに12月2日の上諭には，

> カザフなどの地から帰順するオーロトらは，思うに，次第に多くなるであろう．カザフやブルトが商売しに来た際に知り，もしも彼らが「〔オーロトを〕還し与えてくれまいか」と請うことがあったら，ただちに「これらのオーロトらは汝らの虐げに耐えられないので逃げてきたのだ．ましてや汝らはすでに大エジェンのアルバトである．〔オーロトも〕同様にエジェンのアルバトであるぞ．汝らに与える道理があろうか」と述べるように[20]．

---

17) 『準略』続編巻5: 満文版 37a-38b／漢文版 17a-b, 乾隆25年8月壬辰（21日）[1760/9/29] 条．Te jun gar i gubci ba be gemu toktobuha. Hasak burut se gemu dahame dosika. nenehe aniya ceni aiman de ukame genehe ūlet se hasak sei adunggiyara de hamirakū, siran siran i dahame jiterengge, gūnici kemuni bi. Ini dorgi yargiyan i kenehunjecuke ba bisire, eici taiji jaisang de bihe niyalma oci, gemun hecen de benjibuci kemuni ombi. Aika fuhali oyomburakū niyalma be mudan dari benjibuci, bai giyamun i morin be jobobumbi. Heni tusa akū. Erebe ili, urumci de tehe ambasa de jasifi, ereci julesi daci taiji jaisang bihe niyalma waka, jai hehe juse bisire, umai kenehunjecuke ba akūngge be, uthai acara be tuwame tubade tebukini. Esebe morin ulha adulabure, eici takūršara bade baitalara oci, gemu hūsun bahaci ombi.

18) 『準略』続編巻6: 9a-10b, 乾隆25年9月癸丑（12日）[1760/10/20] 条．

19) 「満文録副」1856.15, 58: 2899, 乾隆25年11月20日 [1760/12/26], 参賛大臣アグイの奏摺に引用された上諭（日付不明）；『新疆匯編』49: 58-59.

とあり，乾隆帝は，オイラトを第三次遠征以前と同じように自らのアルバトと呼び，保護の対象とみなすようになった．なお上記史料中では，カザフとクルグズも清朝皇帝のアルバトであると記されているが，この点については第2部で詳述する．

　清のオイラト政策が変化する中，1760年12月，イリに集めたオイラトをニルに編成する案が参賛大臣アグイ Agūi（阿桂）から提出された．アグイは，今後オイラトをイリに安置し，きちんと管理するためには，それを管理する責任者とニル編成が必要であると指摘し，さらに次のように述べた．

> 奴才我々は，以後帰順するオーロトらが壮丁100名に達すれば，ただちに1ニルを編成し，オーロトの中で人格に優れ管理能力のある者を選び，佐領1員，驍騎校1員，領催4員を任じて管理させます．現在ここにいるオーロト二等侍衛ショトンとウルム，藍翎セブテンの3人の中からショトンを出し，奴才我々に従ってオーロトらを管理させ，事務を処理させたいと存じます[21]．

このアグイの奏請は，軍機大臣の議奏を経て乾隆帝に裁可され，イリにおけるオイラト＝ニルの設置が決定した[22]．佐領任命されたショトンは妻子同伴でイリ移住を認められ，二等侍衛から頭等侍衛に昇格した[23]．

　以上のアグイの奏摺によれば，オイラトの壮丁（成年男子）100名をもって1ニルを編成する計画であった．この点に関していえば，1755年8月にバンディが提出したオトグ支配案に含まれる⑤ニル編成案［第2章第3節参照］との間に相違はみられない．しかし，佐領に任命されたショトン Šotong（碩通）が侍衛の身分であった点は注意を要する．しかもショトンは，一連のジューンガル戦で功績があり，彼の妻子は北京に居住していた[24]．おそらくショトンは，

---

20) 『準略』続編巻7: 満文版 6a-b／漢文版 3b-4a, 乾隆25年10月丙申（25日）[1760/12/2] 条. Hasak i jergi baci dahame jihe ūlet se, gūnici ulhiyen i labdu ombi. hasak burut se hūdašame jihe ildun de sabufi, cende šangneme bure seme baire oci, uthai ere jergi ūlet se, suweni joboboure de hamirakū ofi, teni ukaka, tere anggala, suwe emgeri amba ejen i albatu oho. Emu adali ejen i albatu kai. Suwende bure doro bio seme gisurekini.

21) 註20, 同史料,「満文録副」58: 2900-2901, アグイの奏摺；『新疆匯編』49: 59-60.

22) 『準略』続編巻8: 23a-24a, 乾隆25年12月丙申（26日）[1761/1/31] 条.

23) 『高宗実録』巻632: 5b-6a, 乾隆26年3月癸卯（4日）[1761/4/8] 条.

24) 註22, 同史料,『準略』続編巻8: 21b-22a.

出自こそオイラトであるが，康熙朝のガルダン戦争時に投降した「旧オーロト」(Ma. fe ūlet)，あるいは雍正朝から乾隆朝初頭にかけて断続的に帰順した「新オーロト」(Ma. ice ūlet) の所属だったと考えられる．彼らはチャハル八旗等の駐防地に分属されており，その中には北京に居住する者もいた[25]．すなわち，オイラト＝ニルでは，現地に権力基盤を有さない人物をもって任官がなされていたのである．

　清がイリにオイラトを集め始めてからも，旧首長層を除外していたことは既述したとおりである．そもそもニルに編成されたオイラトは寄せ集めの集団であり，もはや旧来の社会関係は希薄だったはずである．したがって，1760年末のオイラト＝ニルの編成にあたっては，清側がニル編成の対象である集団内部の事情に制約を受けることはなかったといえる．ショトンの佐領任命は，このようなオイラト＝ニルの内実を反映している．

3．イリへの兵丁移住とニル編成

　以上のような経緯によって編成されたオイラト＝ニルは，イリにおいて最も早く設置された駐防ニルであった．ニル編成決定の後，清朝当局がカシュガリアで奴僕となっていたオイラトを買い取り，イリに移住させた事例を確認でき[26]，イリにおけるオイラトのニル編成が積極的に進められていたことが窺える．その後のニル編成の過程を伝える史料は乏しいが，1762年9月の時点では，兵丁数が880名，ニルが六つに増加し，佐領職にオイラト侍衛から5員，オイラト驍騎校から1員が任命されていた[27]．では，満洲兵や部族兵の移住に先立って設置された六つのオイラト＝ニルは，その後の駐防八旗の形成過程にどの

---

25) オイラト投降者のチャハル八旗への編入は，康熙朝に12回（旧オーロト），乾隆朝に6回（新オーロト）であり，雍正朝の事例は認められない（嘉慶『大清会典』巻740, 理藩院, 設官, 察哈爾官制条）．また，1725年から1742年の間の投降者は303人であり，このうち23人が北京居留であった（『準略』前編巻46: 36b-37a, 乾隆7年11月丁巳（2日）［1742/11/28］条）．

26) 『準略』続編巻15: 17a-18a, 乾隆27年正月辛亥（17日）［1762/2/10］条；続編巻16: 12b-13b, 乾隆27年4月己巳（6日）［1762/4/29］条．

27) 「満文録副」1964.3, 64: 1262-1263, 乾隆27年8月9日［1762/9/26］, アグイ等の奏摺；『新疆匯編』57: 425．

ような影響を与えたのだろうか. 以下, 特にこの点に着目して考察を進めていく.

1761年に新疆各地に駐留していた換防の兵丁は, 八旗兵と部族兵が計3,100名 (イリ1,500, カシュガリア各城1,300, ウルムチ300), 屯田の緑営兵が計11,000名 (イリ2,000, カシュガリア各城4,000, ウルムチ5,000) であった. この年は前者の1回目の交代期 (3年1換) にあたり, それらを元来の駐防地に帰還させ, 入れ替えの兵丁を4,000名 (イリ2,500名, カシュガリア各城1,000名, ウルムチ500名) に増加させ, それを在京の禁旅八旗兵2,000名, 黒龍江満洲兵・ソロン兵1,000名, チャハル兵1,000名 (旧・新オーロトを若干含む) で構成することとした[28]. ここで留意すべきは, 1762年末の涼州・荘浪満洲兵の移住決定に先立ち, 上記のチャハル兵を家族同伴で移住させたことである [呉 1994: 283]. この移住はチャハル八旗内から特定のニルを引き抜くのではなく, 移住希望者を募る形でなされ, 最終的にその数は2,000名に倍増し, イリ到着後の駐防地選定, ニル編成, 任官の方法はイリの事情を考慮して決定することになった[29]. チャハルのイリ到着後, 現地駐留の清朝官員が注目したのが, 往時とは規模も内実も異なるとはいえ, 唯一の現地勢力であり, 1762年の時点で6ニルに増加していたオイラトである.

チャハルの移住は, 1762年の先発隊1,000名, 1763年の後発隊1,000名に分けて実施され, 先発隊のうち, 200名はウルムチに留まり[30], 残り800名がイリに到った. 1762年9月のアグイの奏摺[31]によれば, イリに移住してきたチャハルと現地のオイラトは, ともにモンゴルの一支に属し, 生業も遊牧と互いに共通しているので, 両者を一度合併し, その上でニルを再編する計画であっ

---

28) 註15, 同史料,「満文録副」60: 3066-3073, フヘンの奏摺:『新疆匯編』53: 4-11 (『察哈爾』2-3).
29) 「満文月摺檔」126 (2), 乾隆26年10月20日 [1761/11/16], 理藩院書尚書フデ Fude (富徳) 等の奏摺 (『察哈爾』5).
30) ウルムチに留められた200名のうち, 150名はそのままウルムチに駐防して1ニルを編成した. 残りの50名はクルカラ＝ウスに送られ, その地でカザフから来帰したオイラト27名とともに半個ニルを編成した. また, ウルムチ附近に留め置かれていたオイラト190名も1ニルに編成された. 「満文議覆檔」軍務865 (1), 乾隆28年正月23日 [1763/3/7], 大学士フヘンの奏摺.
31) 註27, 同史料,「満文録副」64: 1262-1266, アグイ等の奏摺:『新疆匯編』57: 425-427.

た．以下，このアグイの奏摺の概要を述べる．

　アグイが上奏した段階において，オイラトは6ニル880兵の規模であり，その内訳は「銭糧を食む兵」（Ma. caliyang jetere cooha）が120名，「未だ銭糧を食んでいない兵」（Ma. caliyang jetere unde cooha）が760名であった．駐防ニルの壮丁には，卡倫(カルン)や駅站の駐守など任務を負担する披甲（Ma. uksin）と，閒散の附丁（Ma. holbohon）という区別（交代制）が存在し，任務に就いている披甲には手当が支給された．したがって，上記の「銭糧を食む兵」は披甲に，「未だ銭糧を食んでいない兵」は附丁に相当する．アグイは，このオイラト兵と移住してきたチャハル兵800名（全員披甲[32]）とを合わせた1,680名を1ニル140名（披甲77名）に分け，12ニルに再編しようと考えていた．

　しかし，両者を合併して均等に振り分けてしまえば，駐防八旗における軍務遂行の経験が浅いオイラトの佐領ら官員の下に，経験豊富な旧附のチャハルの兵丁を置く可能性が出てきてしまい，後々支障をきたすことになる．かといって，チャハルとオイラトを別々にニル編成すれば，チャハル＝ニルの構成員がすべて披甲となり，均整がとれなくなってしまう．そこでアグイは，今後の兵丁数の増加も見越して，次のような方策を考案した．

　まず原則として両者を合併することはせず，チャハルをオイラトに倣って6ニルに編成（うち4ニルが133名，2ニルが134名）する．一方のオイラトは，ひとまず1ニル100名（披甲20名）という従来の形を崩さず，余っている附丁280名を均等に振り分け，1ニル146名，あるいは147名とする．そして新たに投降するオイラトがいたら，チャハルとオイラトの各ニルに均等に編入していき[33]，200名を1ニルの定員として，それを超えたらニルを増設する．附丁がいないチャハル＝ニルにおいて披甲の空缺が出た場合，最初の缺は補充せず，オイラト＝ニルの附丁をチャハル＝ニルに移す．再び空缺が出たら，オイラト＝ニルの附丁を披甲としてそのままオイラト＝ニルに留める．これを繰り返し，数年後に各ニルの披甲数が等しくなるよう調整していく．このように，チャハルとオイラト＝ニルは，披甲数の調節を目的として繋がりを有していたが，合

32）これは，各部族兵の移住が壮丁全員を披甲とする行軍編成でなされたためである．
33）投降オイラトのチャハル＝ニル編入については，馬［1994: 51-52］を参照．

併されることはなく，別個の集団として扱われるようになった．

ただし，壮丁200名というニルの定員数は，当時の八旗制（1ニル＝壮丁100名）にはみられない新たな形態であった．これはチャハルの移住が希望者を募る形でおこなわれたことと無関係ではないであろう．つまり，このニル編成の対象であるチャハルとオイラトは，ともに旧来の社会関係が希薄な集団であり，清朝政権が繁多な手続きを経ずにニル組織を改変したり，新たな支配の形態を創出したりすることは比較的容易だったといえる．とはいえ，清朝政権が支配下に置いていた集団のニル組織内部に改変を加えるのは極めて稀であり，改変する場合も，たとえ規模がさほど大きくない集団であれ，集団内部や現地の実状を詳しく調査し，慎重な手順が踏まれた［小沼 2004b: 85-90］．1ニルの定員数を壮丁200名と余裕を持たせたのには，オイラトのさらなる投降者増加も見込まれる中，移住してくる兵丁のニル再編の基準を固定し，むやみなニル増設を避け，移住者の受入れ体制を崩さないようにするという意図があったと考えられる．

1762年12月にイリ将軍の設置[34]が決定されると，イリでは換防兵制から駐防兵制に移行した．翌1763年初頭に涼州・荘浪の満洲兵の移住が決定し，同年中にはチャハルの後発隊と黒龍江のソロン[35]が，さらに1765年には盛京のシベが移住した[36]．涼州・荘浪の満洲兵の移住，すなわち恵遠城満営の形成が，駐防地をそのままイリに移設する形をとり，ニル再編が不要であったのに対し，各部族兵は次のような編成方式がとられた．

> イリに移住させるために送ったソロン，シベ，チャハルの兵丁を，はじめにニル編成する時，新附のオーロトを処理した例に倣って酌量して処理したため，旗を分立せず，200戸をもって1ニルとし，部ごとに6ニルとしています[37]．

---

34) 最初イリ将軍の衙門は綏定城に設置され，その後で新たに建設された恵遠城へ移された［魏長洪 1987: 57］．
35) 史料中ではソロンと一括して記されることが多いが，イリに移住したソロン兵1,000名は，ソロン兵500名（のちのソロン営左翼），ダグール兵500名（のちのソロン営右翼）からなっていた．
36) ソロンとシベの移住者が，原住地の母体集団からいかなる基準で選抜されたかは判然としないが，チャハルと同様に希望者を募る形だったと推測される．

このように，移住してきた部族兵をオイラトに倣って 6 ニルに分け，そのニルの定員を壮丁 200 名とする編成方式は，以後のイリにおけるニル編成の基準となったのである．

また，投降オイラトのチャハル゠ニルへの編入を除いて，各部族間の枠組みを原則として崩さなかった．精鋭さをもって知られたソロンについては，戦力低下をまねくとして，オイラトとの雑居は禁じられていた［呉 2002: 285］．シベとオイラトとの関係は，史料中に明確な記述は見出せないが，当時のシベは農耕を生業としており，遊牧民のオイラトとの合併が俎上に載ること自体なかったと考えられる[38]．清はイリ駐防八旗の形成過程においてオイラトの存在を強く意識していたが，同時に八旗兵としての練成度や生業の差異にもとづき，各集団の枠組みを崩さぬようにしていた．

4. イリ駐防八旗の成立

4.1. イリ駐防八旗の特徴

イリ駐防八旗には，他の駐防八旗にみられない組織・制度がいくつか存在した．1 ニルを壮丁 200 名とする編成方法もその一つである．オイラトがイリ既存の特殊な要素として意識されていたならば，自ずと駐防八旗の組織編成や配置構造に影響を及ぼしたと推測できる．以下，この点に注目しながら，1771 年の駐防八旗の完成までを論じる．

イリ駐防八旗において特徴的な制度・組織の一つが，各部族営に存在したアンギである．アンギは，モンゴル語およびオイラト語で「部隊」を意味するが，イリ駐防八旗ではニルの上位組織の名称として用いられた[39]．このアンギの編

[37) 「満文録副」2232.43, 80: 495, 乾隆 32 年 6 月 27 日 [1767/7/22], イリ将軍アグイの奏摺；『新疆匯編』84: 249.

38) かつてシベはモンゴルのホルチン部の属民であり，遊牧を営んでいたが，17 世紀後半に盛京駐防八旗に編入されるに及び，定住農耕生活をおくるようになった．盛京シベのイリ移住を奏請したミンシュイは，シベを遊牧民であると誤解していたとされる．

39) ジューンガル時代のタイジの所領の名称もアンギであったが［第 1 章第 2 節参照］，それとイリ駐防八旗のアンギは異なる存在である．

成について最初にふれたのが，1763年4月のイリ将軍ミンシュイ Mingšui（明瑞）の奏摺である．それの内容は，イリに到着したチャハル兵1,800名（12ニル）を兵のチャハルを2アンギ（1アンギ＝6ニル／900兵），オイラト兵1,000名（6ニル）を1アンギに編成し，アンギごとに総管1員，副総管1員を，ニルごとに佐領1員，驍騎校1員，領催4員を置き，管理体制を整えるというものだった[40]．この上奏の審議を命じられた大学士フヘン Fuheng（傅恒）は，次のように議覆した．

> 査すれば，ミンシュイの上奏の中に，「チャハルとソロンをアンギに編成する」との一文があります．このアンギとはオーロトの言葉です．現在このことを議するに，もし満洲語で meyen（部隊）と言い換えて記せば，その地にいるオーロトは全く理解できないでしょう．やはりアンギと呼んだ方がイリの土地に適しています．したがって，臣我々はこれまで通りアンギと記し，そのまま3アンギと呼ばせたく存じます[41]．

このように，アンギの語が「イリの土地に適して」おり，同じ意味の満洲語 meyen ではオイラトが理解できないという理由から，清朝中央はミンシュイの上奏どおりにアンギを採用し，部族営ごとに6ニルをもって1アンギを編成した．同年7月，乾隆帝は上諭の中で次のように述べている．

> ミンシュイたちのところから，「現在イリに駐留している，および今後増添し駐防しに来るソロン，チャハル，オーロトの兵を合計4アンギとなるよう分けます．アンギごとに総管1員，佐領6員を任じました．例に照らして関防と鈐記を鋳造して与え，委ねた職務を明らかにすべきであるから，彫るべき文字を詳らかに定め〔ました」と〕諭旨を請うために上奏してきている．これを担当の部院に委ね，ミンシュイが定めた文字のとおりに，

---

40) 「満文月摺檔」137 (1), 乾隆28年3月15日［1763/4/27］（硃批時間），イリ将軍ミンシュイの奏摺（『察哈爾』39-42）．

41) 「満文議覆檔」軍務867 (1), 乾隆28年3月20日［1763/5/2］，フヘンの奏摺．Baicaci, mingšui sei wesimbuha bukdari i dorgi, cahar solon be anggi banjibure emu gisun bi. Ere anggi sere gisun, ūlet i gisun. Te ere baita be gisurere de, aika manju gisun i songkoi meyen seme halame araci, tubade bisire ūlet sa asuru ulhirakū be dahame, inemene anggi seme hūlaci, hono ili i bade acanambi. Uttu ofi, amban be, an i anggi seme arafi wesimbuhe. Ereci julesi tubade bisire ilan meyen be, uthai ilan anggi seme hūlabuki.

満洲，漢，トド，回子の文字をあわせ，関防と鈴記を鋳造して与えよ[42]．以上から，チャハルとオイラトだけでなく，ソロンもアンギに編成されたことがわかる．さらに翌 1765 年，清は熱河にいたダシダワの旧属民[43]をイリに移住させたが，やはり壮丁 500 名を 1 アンギ 6 ニルに編成し，これを左翼とし，現地のオイラト 1 アンギを右翼とした．同年内に移住したシベも 1 アンギ 6 ニルに編成した．また，各アンギにおける総管の関防と佐領の鈴記の鋳造は，アンギが単なる俗称としてではなく，正式な統治組織の名称として採用されたことを意味している．

　兵丁移住と組織編成が進む中，部族営を統率する役目を帯びて設置されたのが領隊大臣（Ma. meyen i amban）である．領隊大臣とは，本来は遠征軍編成時の臨時の職銜であり，通常の駐防八旗の官制に存在するものではなかった．しかし，イリでは将軍直轄の恵寧城満営以外の各営の統轄者として 1 員ずつ領隊大臣が設置され，営称を附されて「索倫営領隊大臣」というように呼ばれた．領隊大臣の職銜は，その下にあった総管職を各営の構成部族の出身者が務めたのに対し，八旗満洲・八旗蒙古所属の旗人が任命・派遣されてくるのが原則であり，公務は各営の衙門ではなく，将軍府にあって処理した[44]．

　新疆北部で軍営形成を進める中，1764 年末までのある時期に領隊大臣 6 員がイリに置かれた．このうち 2 員は 1764 年に建設されたタルバガタイのヤール（雅爾）城に赴き，ほかの 4 員が将軍の補佐役としてイリに駐留した[45]．当

---

42) 『準略』続編巻 22: 満文版 5b-6a ／漢文版 3b-4a, 乾隆 28 年 6 月癸巳 (7 日)［1763/7/17］条. Mingšui sei baci, ne ili de tehe, jai sirame nonggime tebunjire solon, cahar, ūlet cooha be, uheri duin anggi obume dendehe. Anggi tome uheri da emu, nirui janggin ningguta sindaha. Kooli songkoi kadalan, temgetu bufi, afaha tušan be iletuleci acara turgunde, foloci acara hergen be kimcime toktobufi hese be baime wesimbuhebi. Erebe harangga jurgan de afabufi, mingšui i toktobuha heregen i songkoi manju, nikan, tot, hoise hergen kamcime kadalan, temgetu hungkerefi bahabu.

43) ダシダワの旧属民は 1759 年に熱河に安置されていた．また同時に在京のオイラト 25 名もイリ移住した．『準略』続編巻 24: 19b, 乾隆 29 年 2 月己酉 (27 日)［1764/3/29］条.

44) 筆者は旧稿［小沼 2005］において，領隊大臣が満洲語で meyen と訳されるアンギを統率する立場にあったことから，領隊大臣（Ma. meyen i amban）の「隊／meyen」はアンギの謂であると推測した．その後の追加調査の結果，領隊大臣がアンギを統轄したことに変わりはないが，領隊大臣の設置とアンギの名称との間に直接的な関連を示す記載は見出せなかった．以下においては，この点について従来の見解を改めている．

45)「満文録副」2117.38, 72: 1633, 乾隆 29 年 11 月 12 日［1764/12/4］，ミンシュイの奏摺；『新疆匯編』71: 141.

時のイリには，満営（のちの恵遠城満営）以外に，チャハル2アンギ，オイラト1アンギ，ソロン1アンギが存在し，ダシダワ部オイラトとシベが翌年到来予定であった．この状況において，ミンシュイは1764年12月に以下のような提案をした．

> ソロン，シベ，チャハル，オーロトの四種の遊牧する兵丁を，みな公私の家畜〔の飼育〕の利便を考慮し，別々によい土地を探して住まわせます．このうち，ダシダワのオーロトは一揃いではあるが，結局はオーロトの人間です．ほかの各アンギの兵丁も，原住地で貧しく，能力が低く，放埓なる者を集めて送ったり，あるいはカザフやブルト〔のもと〕から逃げ出したりした人々です．したがって，牧事に関する規定を立て，公私の家畜を監査し，彼らに代わり生活を向上させる方法を検討し，男丁の技術を訓練する際，奴才（わたくしめ）らが教えようとも，牧廠が多く，別々に住んでいるので，周到になすことができません．もしも特別に〔責任を〕承る領隊大臣に任せて，常に自ら責任をもって巡検しなければ，最初のアンギとニルの編成時に到らぬ点が残り，いったん半端に覚えてしまうと，のちに修正しようとも容易には改められません．このため奴才らは衆議し，イリに領隊大臣4員がいるので，利便を考慮し，ソロンとシベの2アンギ，チャハルの2アンギ，オーロトの2アンギの四種の兵丁に，それぞれ領隊大臣1員に委託して管理させよう〔と考えました〕[46]．

「四種の遊牧する兵丁」の居住地には良質な遊牧地が必要となり，かつ各集団の枠組みを維持する以上，自ずと広範な土地に分居・展開させねばならない．しかし，各部族兵の組織編成は進んでいるとはいえ，清の正規軍たる八旗兵としての練成度はなお低い．特にオイラト兵がその念頭に置かれているのは，上奏の文言から明らかである．そこでミンシュイは，イリに駐留する4員の領隊大臣に四つの部族営をそれぞれ掌管させて，管理や訓練を周到なものにしようとしたのである．なお，満洲兵4,200名に関しては，翌年内に将軍府を含む恵遠城が完成し，満洲兵もそこに移動させて将軍の直轄下に置くので，領隊大臣を置いて委託する必要はないとし，乾隆帝も以上の要請を承認した[47]．これ

46）「満文録副」72: 1633-1635；『新疆匯編』71: 141-142．

により，常設の領隊大臣が駐防八旗に初めて置かれることになった．

1767年，オイラト右翼1アンギの壮丁数が増加し，管理の不徹底が懸念されたため，2ニルを新設して8ニルとした[48]．これを踏まえてイリ将軍アグイは，同年6月にソロン，チャハル，シベの各アンギでも2ニルずつ増設して8ニルあるいは16ニルとし，これに8つの旗色を割り当てることを奏請した．具体的には，ソロンとシベは，1ニルごとに旗色が割り当てられ，チャハルの2アンギは8ニル4旗ずつを有する左右両翼に分かれた．オイラトの場合は若干異なり，現地オイラトを母体とする左翼は現行の6ニルで上三旗となし，ダシダワ部を母体とする右翼にはさらに2ニルを加えた10ニルで下五旗を組織した．また，各営の官印（関防，鈐記）は旗色を明示したものに鋳造しなおされた[49]．駐防八旗としての形態を整えることによって，アンギ組織はイリ駐防八旗から消滅したが，領隊大臣制は存続した[50]．その後，イリの駐防八旗の構造に大きな変化はなく[51]，1771年に西安満洲兵が移住し，恵寧城に満営が設置されるに及び，イリの駐防八旗は完成に至った．

以上のように，イリ駐防八旗の形成過程において，なかでも各部族営の組織化においては，現地でニル編成されていたオイラトを基準とし，それぞれを独立した集団として扱うという方針がみられた．そしてこの方針は，イリ駐防八旗にのみ存在する組織や制度を登場させる結果になった．ニルの上位組織であるアンギはその顕著な例として指摘でき，また各部族営への領隊大臣の設置に際してもオイラトの存在が念頭の第一にあった．

他地域の駐防八旗と同様，イリ駐防八旗の兵丁は，満洲兵と部族兵の別を問わず，満洲語で alban と総称される様々な公的任務（以下，公課と記す）を負担した．その主な公課の種類は，イリ将軍シュヘデ Suhede（舒赫徳）が，

　　いまイリ各営の1万余兵は，タルバガタイと諸回城に〔輪番で〕駐守させ

---

47) 同上，「満文録副」72: 1636-1637；『新疆匯編』71: 143.
48) 註37, 同史料，「満文録副」80: 496；『新疆匯編』84: 249.
49) 註37, 同史料，「満文録副」80: 497-503；『新疆匯編』84: 249-254.
50) アンギ消滅後，領隊大臣はイリの恵寧城満営（1771年）やウルムチの満営（1772年）にも設置された．
51) その後オーロト下五旗10ニルは，1771年に帰還したトルグート部内のシャビナール（ラマの所有民）約660戸から編成した4ニルをあわせ，14ニルとなった［衛史組 1992: 124］．

ている．その他にも卡倫や牧廠に行ったり，毎年辺界を巡察したり，また
諸々の公課としての差遣に用いている兵丁は非常に多い[52]．

と述べるように，タルバガタイとカシュガリア諸城の防衛，卡倫の駐守，牧廠の経営[53]，辺界の巡察であった．より具体的な内容については，第二部で順次述べていくことにする．

4.2. イリ地域社会の変容

　駐防八旗の設置を端緒とする軍営形成により，イリ地域社会の様相が一変したことは述べるまでもない．1775-82 年の時期におけるイリの定住人口（戸籍簿登録者）は約 72,000 人であり，その 3 分の 2 以上の 51,084 人が駐防八旗の人口（兵丁の家族を含む）であった［華 2012: 242-243］．また，各部族の分居と領隊大臣の設置による指揮系統の分化は，各部族営の分立の確定を意味し，満営を四つの部族営が取り囲むイリ駐防八旗の配置構造が成立する（図4）．イリ河北岸に駐防した満営とソロン営の人口は，19 世紀後半のムスリム反乱からロシアの占領にかけての動乱期に大きく減少するが，近年に至るまでのイリ地方における各民族集団の分布状況は，清代の駐防八旗の配置構造を原形としていた[54]．

　駐防八旗の成立と時を同じくして，1771 年にトルグート部がジュンガリアに帰還した．その収容処理の時期を経て，イリ社会の変容は次の段階に入る．1778 年，それまで陝西・甘粛から 5 年 1 換で派遣していた緑営兵を，家族同伴の駐防兵に改める決定が下され[55]，翌 79 年には緑営官兵 3,098 名が，民籍を持つ家族 8,727 名とともに移住した［華 2009: 112-113］．それまでイリには，満営の恵遠城（1763 年完成）と恵寧城（1766 年完成），換防の屯田緑営兵が駐屯する綏定城（1762 年完成，屯鎮左営駐箚）と塔勒奇城（1761 年完成，屯鎮守備駐箚），

---

52) 「満文録副」2431.34，93: 1288，乾隆 36 年 11 月 24 日［1771/12/29］，イリ将軍シュヘデの奏摺；『新疆匯編』103: 401．
53) 各営には牧廠が設置され，飼育した家畜の一部を将軍府へ収めた［林恩顕 1984；蔡 2006: 174-178］．
54) 中華人民共和国の改革開放政策，特に 2000 年代に入ってからの西部大開発プロジェクトにより，イリ地方では伊寧市を中心に都市部の拡大と中国内地からの漢族移民の数が激増しており，現在イリ地域社会は大きく変貌を遂げつつある．
55) 『高宗実録』巻 1056: 19a-b, 乾隆 43 年 5 月戊辰（9 日）［1778/6/3］条．

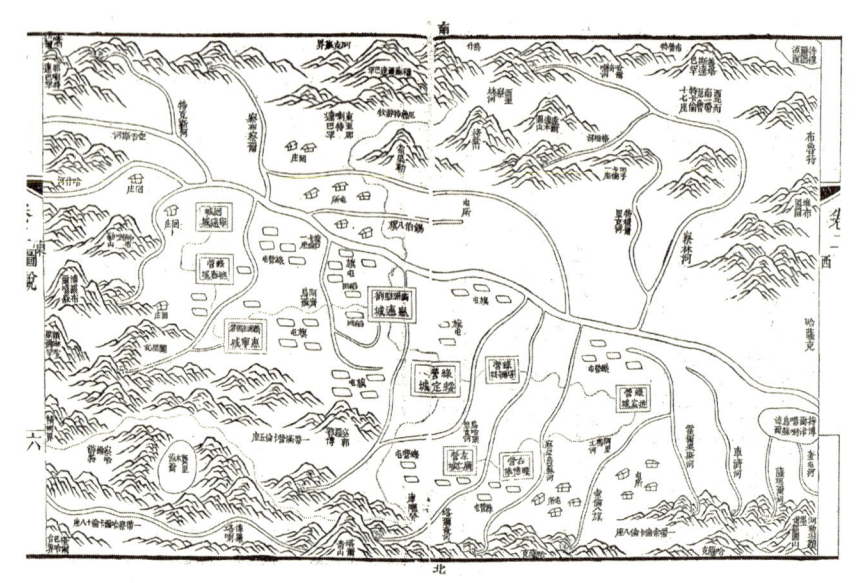

図 4　1820 年頃のイリ盆地と「伊犂九城」（上が南）
典拠）『伊犂総統事略』巻 2

および回城の寧遠城（1762 年完成，旧グルジャ）が存在したが，緑営兵の駐防化決定後，清はその駐屯地として 1780 年に広仁城（屯鎮左営駐箚），瞻徳城（屯鎮右営駐箚），拱宸城（屯鎮参将駐箚），熙春城（屯鎮都司駐箚）の四城を新築した[56]。「伊犂九城」と称される軍政都市群の成立である[57]。イリは清の辺防部隊の駐屯基地の性格を強め，天山北麓一帯はその食糧供給地となり，移民と開墾がさらに進展した[58]。中央アジア草原に活動した遊牧民が拠点としたイリは，清の西北領域の統治・防衛の拠点として，また絶対的多数の民族集団が不在の多民族社会として，新たな歴史を刻むことになった[59]。

---

[56]　『欽定新疆識略』巻 4: 8a-16b，伊犂，城池廨署条．
[57]　「伊犂九城」については，魏長洪［1987］，華［2012: 238-241］を参照．
[58]　天山北麓に形成された内地民人の移民社会の諸相については，華立の諸研究のほかに，賈［2012］が具体的に論じている．
[59]　オイラト人口の激減は，チベット仏教の中心地としてのイリの存在感をも著しく低下させた．この結果，清によるイリへのラマ派遣は，転生僧ジェドゥン七世と比べると格段に劣る在京の副大ラマ 1 名と閑散ラマ 1 名の派遣に変更された［池尻 2013: 239-240］．

ただし，様々な形態の屯田が成立したとはいえ，新疆全域を維持するための経費は現地で到底まかないきれず，毎年中国内地から不足分を運搬して充当する，いわゆる協餉に頼らざるを得なかった．その量は年々増加をみて 19 世紀中葉には 400 万両を越え［Millward 1998: 58-61］，1860 年代にムスリム反乱とヤークーブ=ベグ政権の樹立によって清の支配から離れると，財政難から新疆不要論が噴出した（塞防・海防論争）．この問題の根源が，オイラト支配構想の破綻により，清が「新たな領域」の維持に多大な労力と資源を消費せねばならなくなった点にあることを考えれば，滅びてなお，ジューンガルは清を苦しめ続けたといえよう．

補論　清朝皇帝を指す満洲語

　乾隆朝（1736-95）に作成された満洲語の公文書においては，ejen の用語をめぐって二つの特徴がみられる．一つは，ejen の語が清朝皇帝を指す表現となっており，一方で様々な集団・階層の「主(あるじ)」という普通名詞としての用法が極めて稀であることである．もう一つは，清朝皇帝を指す表記は専ら ejen であり，それ以外の皇帝を指す表記である han[1)]，hūwangdi（「皇帝」の音写），dergi（「上(うえ)」を意味する満洲語，転じて「お上(かみ)」「上様(うえさま)」）の使用頻度を圧倒していることである．第3章で考察したように，ジューンガルを征服した清は，清朝皇帝をオイラトのエジェンとし，オイラトを清朝皇帝のアルバトと位置づけ，支配の正当性を主張した．その前提として「ejen＝清朝皇帝」という図式が清朝国内で確立していたという点は，考察の射程におさめておく必要があろう．

　既述の如く，エジェンの語はモンゴル語と満洲語の双方が共有する語彙である．モンゴル遊牧社会においては，大元ウルス期以降，エジェンは大小様々な集団（家〜国家）の長（家長〜君主）に対して用いられた．これは清朝草創期の満洲社会でも同様である．石橋秀雄の指摘によれば，満洲語の ejen の指す対象は本来多様であり，八旗の創設後は gūsa i ejen（のちの都統），meiren i ejen（副都統），jalan i ejen（参領），niru i ejen（佐領）という官名にも用いられた．ヌルハチ時代（太祖期）からホンタイジ時代（太宗朝）初期にかけて，満洲人の間で国主，君主を指す表記は han であり，ejen がその意味で用いられる場合は稀であった．たとえその場合でも，gurun i ejen（国の主），gurun de ejen（国における主）のように一般的用法として現れ，しかもモンゴルのハンや明朝皇帝に対しても用いられた．ところが，1634年には，上記の八旗官名の ejen の部分が，最上位の gūsa i ejen を除いてすべて janggin（章京）に改められている．さらに1636年の大清国建国の頃から，清朝皇帝を示す呼称に ejen を付す表現（たとえば han ejen）がみられるようになる．これ以降の ejen は，han やこの頃に登場す

---

1) 清朝皇帝を指す満洲語の han には，外藩の汗爵や域外の統治者の称号（たとえばロシア皇帝を指す cagan han）と区別するため，語幹末の n に点が付される．

る hūwangdi と並び，清朝皇帝の指す表記として用いられるようになった[2]．ただし，なお一般的用法としての広く「主」を意味する ejen は用いられており，制約を受けるものではなかった［石橋秀雄 1992: 6-13］．

ところが，大清国建国以降の推移を追うと，ejen の語が han をともなわなくとも清朝皇帝を指すようになり，かつ清朝皇帝を指す表記が ejen に収斂されていく傾向をみとめることができる[3]．まず以下では，han と表すことが避けられるようになった理由を考えたい．

「ゲンギイェン＝ハン」（Ma. Genggiyen Han，聡明なるハン）を称していたヌルハチは，1626年（天命11）にホルチン部長オーバと対チャハル攻守同盟を結んだ際，オーバに「トシェート＝ハン」（Ma. Tušiyetu Han）の称号を与えた．この「ハン」の称号は同格の同盟者に与えられたものであり，のちに成立する外藩爵制における汗爵とは異なるが，オーバの死後にホンタイジは，継承者のバダリに「トシェート＝ハン」の承襲を認めず，「トシェート＝ジノン」の称号を与えた．さらに1636年の冊封以降，オーバ−バダリの家系（ホルチン右翼中旗）は，「トシェート親王」を代々承襲した．チャハルのハン家に対しても，1634年にリグダン＝ハンが没し，息子エジェイが帰順した後は，ハン号の承襲を認めず，また汗爵を創設することもせず，親王爵を与えた．つまり，1636年の大清国建国の時点で，清朝域内で han を用いていたのはホンタイジのみであった[4]．

だが領域の外縁に目を転じれば，1644年の入関時に清が把握していた限りにおいても，ハルハ部の三ハン家や青海ホショト部のチベット王家（グーシ＝

---

2) 清朝史料中における ejen, han, hūwangdi の使い分けの基準は明確でない．しかし，hūwangdi は abka（天）とセットで用いられる場合が多く，例えば，清朝皇帝が周辺諸勢力に発した勅書は，abkai hesei forgon be aliha hūwangdi i hese（漢文では「奉天承運皇帝諭」）を冒頭に置くことを原則としている．

3) この傾向は満洲語史料から看取できるものであり，ejen と han が必ずしも「厄真〜額真」と「汗」に音訳されるわけではない漢文史料では確認自体が難しい．ただし，管見の限りでは，雍正・乾隆朝に中国内地で作成された，おそらく漢訳をメインとし，それに満洲訳を付した満漢合璧奏摺では，「皇帝」「皇上」の語に ejen を対訳することが多い．

4) ホンタイジの皇帝号「寛恩仁聖皇帝」の満洲語対訳は gosin onco hūwaliyasun enduringge han である［石橋崇雄 1994: 111］．なお，順治年間に編纂された順治初纂『大清太宗文皇帝実録』では，ホンタイジの大清皇帝即位の前後で，満文本は han から hūwangdi へ，漢文本は「汗」から「皇帝」「皇上」へと表記が変化している［石橋崇雄 1994: 108-111］．

ハンとその長子の家系）など，伝統的なハンの称号を持つ王族が複数存在していた．入関後しばらくの間は，清は国外勢力がハンを名乗っていてもさほど意に介すことはなかった．ハルハ部においては，ハンが没するとその子弟からハン号を継承する人物を決定し，そのむねを清朝皇帝に報告して承諾を得ていたが，それはあくまで形式的な手続きでしかない．また1679年，ガルダンが新たに「ボショクト＝ハン」を名乗って遣使入貢した際，理藩院は，ハルハやオイラトの首領が勝手にハンを称し，清がその貢物を収めた先例はないと懸念を示したが，康熙帝は特に問題視せずに入貢を受け入れた[5]．

ところが，1686年のクレーン＝ベルチルの会盟終了後，康熙帝はハルハ部のハン位承襲に積極的に関与する姿勢を示すようになる．その最初の動きが1687年のチェチェン（ツェツェン）＝ハン位承襲問題である［岡 2007: 82-83］．1687年初頭，チェチェン＝ハンのノルブが病没すると，康熙帝はトシェート＝ハン，ジェブツンダンバ＝ホトクト，ジャサクト＝ハンに勅書を送り，ノルブの長子イルデン＝アラブタン＝タイジを速やかにハン位に就かせるよう命じたのである[6]．

このような清の動きに干渉したのがガルダンである．当時のハルハは，トシェート＝ハンを中心とするハルハ左翼勢力と，ジャサクト＝ハンを中心とする右翼勢力が対立していた．ジュンガリアの統一を果たしたガルダンは，右翼勢力と結びつきを強めつつハルハ部内の対立に介入し，1688年に3万余兵を率いてハルハの地に侵入した．

ハルハ諸王公がすでに清朝治下にあった南モンゴルの地に逃避し，康熙帝に臣従を誓うと，三ハン家にハン号の継続的使用を認めるか否かが問題となった．三ハン家の中で康熙帝が最初にハン号の使用を認めたのは，チェチェン＝ハンである．1688年初頭にチェチェン＝ハンのノルブが没し，長子イルデン＝アラブタンがハン位を継承したが，間もなくイルデン＝アラブタンも病没した[7]．その直後，ガルダンの侵入によりチェチェン＝ハン家は清に帰順した．イルデ

---

5) 『朔略』巻1: 35a-36a, 康熙18年9月戊戌（6日）［1679/10/10］条．
6) 『朔略』巻4: 3b-4b, 康熙26年2月丙子（28日）［1687/4/9］条．
7) 『王公表伝』巻53, 康熙27年条．

ン＝アラブタンの子ウメヘイはなお幼少であったが，清朝史料によれば，イルデン＝アラブタンの妻がウメヘイを連れて康熙帝に謁見し，ハン号の承襲を請うたことにより，康熙帝はそれを認めたという[8]．

ところが，この出来事についてデュ＝アルドは，イエズス会宣教師からの伝聞として，清朝史料とはやや異なる事情を伝えている．すなわち，当時の清においてハンは皇帝が専用するものであり，臣下がそれを使用することはできなかった．しかし，イルデン＝アラブタンの妻が，ウメヘイの代で父のハン号を断絶させるべきではなく，かつその地位は清朝皇帝に服従しても剥奪されるものではないと強く訴えたため，世襲禁止を条件にウメヘイのハン号承襲が認められたという [Du Halde 1736: 173]．この逸話からは，当時の清朝国内で han は清朝皇帝を指す語であり，その原則と新附のハルハ部三ハン家の存在が矛盾をきたしたことがわかる．結局康熙帝は，ドローン＝ノールの会盟でハルハ諸王公のジノンやノヤンの旧号を廃し，代えて親王以下の爵位を授けたが，トシェート＝ハン家とチェチェン＝ハン家には爵位として汗号使用を認めた[9]．これにより，清朝国内には皇帝以外にも han が存在することになった．

以上の点を踏まえると，満洲語史料中で清朝皇帝を han と表記することが避けられるようになった契機として，ハルハ部三ハン家の帰順を挙げることができる．つまり，それまで国内では皇帝が唯一の han であったにもかかわらず，ハルハ部において汗爵を創設したため，君主と属下が同じ称号を持つ状況が生じた．これにより清朝皇帝を han と記すことが次第に避けられるようになり，結果としてすでに han と並んで清朝皇帝を指す表現であった ejen を用いるようになったと考えられる．

以後，清における han は，清朝皇帝が臣下に授与する爵位へと変質していき，域外の首長層が名乗るハン号にも難色を示すようになる[10]．ガルダン戦争終

---

8) 『朔略』巻5: 16a-17a, 康熙27年12月丁卯（28日）[1689/1/19] 条．

9) 1687年（康熙26）にジャサクト＝ハンのシラがトシェート＝ハンらに襲殺されてから，1701年（康熙40）にシラの弟ツェワンジャブが親王から汗に昇封されるまで，ジャサクト汗部では汗の不在が続いた．

10) 『準略』の満文版と漢文版を対照すると，清朝皇帝に関わる han の用法は，han i mafa／皇祖（皇帝の祖父），han i ama／皇考（皇帝の父）など，皇帝一族の血統が意識される場合に用いられている．

了後に清とチベットの関係が悪化すると，清はダライラマによるモンゴルやオイラトの首長層に対するハン号授与を無視したり，その動きに介入したりするようになる［石濱 2001: 135-137］．さらに乾隆朝になると，清朝皇帝の許可なくハンを称した域外の首長を叱責し，ハン号の使用を禁じる事例すらみられるようになる［佐口 1963: 351-352］．

　この見解を裏付けるかのように，清朝帰順以前のハルハ諸王公の清朝宛モンゴル語文書では，康熙帝を指す表現として qaγan, ejen（満洲語訳は例外なく han, ejen を対訳）が混用されているが，ウメヘイにハン号承襲を許可した 1689 年以降の奏文では，ほぼ ejen に統一されている．また，当時は域外にあったオイラトやチベットからのモンゴル語の奏文，およびその満洲語訳では，その後もしばらく混用は続くが，康熙朝後半になるとやはり ejen/ejen に収斂していく傾向がある[11]．さらに雍正帝の即位年の 1723 年には，「額真の二字は関わる所甚だ鉅きく，臣下の濫用すべき所に非ず[12]」との理由から，都統印に刻されていた gūsa i ejen を，gūsa i amban（正式には gūsa be kadalara amban）に改めた［石橋秀雄 1992: 4］．もはやこの時代では，満洲語の ejen は臣下の身にある者が用いるものではなく，清朝皇帝を指す用語として定着していたといえる[13]．

　18 世紀中葉の西征の過程で，清はカザフやコーカンド＝ハン国など，中央アジア諸勢力と関係を持つに至る．それらの統治者が清に宛てたテュルク語書簡では，清朝皇帝を khān, ulugh khān と表記するものがあるが[14]，管見の限り，その満洲語訳ではやはり ejen を対訳するのが大半であり，han を用いる場合でも，han 単独での対訳は少なく，ejen han のようにする場合が多い．また遼寧省博物館には，1788 年にコーカンドの統治者ナルブタ＝ビィ（r. 1768/69-98/99）に宛てて起草された満洲語，オイラト語（トド文字），テュルク語（アラビア文字）の三言語による勅諭が収蔵されている[15]．その満洲語文面の冒頭は，漢文

---

11) 以上の考察には，『蒙古堂檔』，『達頼喇嘛檔案』，『班禅額爾德尼檔案』収録の文書を用いた．
12) 『世宗実録』巻 9: 18a-b, 雍正元年 7 月壬辰（15 日）［1723/12/5］条．
13) ただし，以後も普通名詞の「主」という意味での用法が完全になくなったわけではない．
14) カザフからの文書では，おそらくオイラト語からの音写であろうが，ezen が用いられる場合がある．詳しくは，Noda & Onuma［2010］掲載の各文書を参照．
15) この勅諭は皇帝が用いる黄色い紙（横 1615 mm × 縦 945 mm）に，左から右へ満洲語，オイラト語（トド文字），テュルク語（アラビア文字）の三言語で記されている．満洲語の文面

勅諭の定型句である「奉天承運皇帝諭」に相当する「天命をもって時運を掌る皇帝の勅」(Ma. abkai hesei forgon be aliha hūwangdi i hese) から始まるが，テュルク語文面の対応箇所は「神の命令をもって時を掌る皇帝(バードシャー)の勅」(Tu. khodāning farmāni bilä waqt-zamānni igälägän pādshāhning yarlighi) となっており，khān は用いられていない．中央アジアとの文書往来においても，清側は清朝皇帝を han と表記することを避けていたようである．

については，すでに李勤璞 [1999] が転写テキストと漢訳を提示している．筆者は 2012 年 10 月に遼寧省博物館を訪問し，勅諭現物を調査する機会に恵まれた．多大なる便宜をはかっていただいた館員の方々にはこの場を借りて厚く御礼を申し述べたい．

第 1 部　小　　結

　第 1 部では，遊牧国家ジューンガルの形成から説き起こし，清によるジューンガル征服とその後のオイラト支配の展開と破綻，そしてイリにおける清の軍営形成まで，17-18 世紀における天山山脈以北の草原地帯の歴史展開を通観した．

　17 世紀初頭のハルハとオイラトとの戦争の中から頭角を現したジューンガル部は，ガルダンの時代に天山以北の他のオイラト諸部を圧倒するに至った．1680 年頃からは積極的な対外進出を試み，天山山脈以南のタリム盆地周辺のオアシス地帯を征服し，また数度にわたって西方遠征を実施してカザフやクルグズなど周辺諸勢力を従属させ，強大な遊牧国家へと成長した．最盛期のガルダンツェリンの時代には，多様な集団を編入・再編して「二十四オトグ」（ジューンガル部本体）がイリ地方の遊牧地に展開させ，その外縁にオイラト諸部の有力タイジの所領「二十一アンギ」を配置する体制を整えたとされる．また，オトグの統率者ザイサンの中にはジューンガル部長の本営に出仕する者が存在し，その中からトゥシメルやザルグチなどの役職者が選任されていた．彼らは君主の盟友や近親者など特に有力な人物であり，諮問会議のザルガを組織して国事に参与した．

　このように，周辺諸勢力を属下に収め，支配を拡大していったジューンガルであったが，1745 年以降の継承争いを発端とする内訌により衰退の一途をたどる．政情不安が続く中，内外の諸勢力は続々とジューンガル政権から離脱を開始し，支配体制は動揺をきたした．この機会を逃さなかったのが，長年のライバルであった清であり，1755 年の清の遠征により遊牧国家ジューンガルは崩壊した．

　遠征軍の派遣前から，清はジューンガル政権打倒後のオイラト支配を視野に入れ，構想を練っていた．その構想は，当初は「四オイラト」にちなんでホイト，ドルベト，チョロス，ホショトの四部に分割し，各部タイジを封爵して盟旗制を導入するものだったが，征服活動の進展によってジューンガル部長の本領を構成した各オトグの存在が次第に明らかになると，四部とは別に，オトグ

第 1 部 小 結　147

を「内属」の「オーロト八旗」に編成するという新たな構想を添加した．このジューンガルの構造に対応して創出された二重の支配構想の骨子を整理すると，次のようになる．

　従来注視されてきた四汗の分封は，オイラトの再糾合を嫌う乾隆帝の強い意向を反映していたが，それは全体的な「四汗部構想」の一部に過ぎない．清は諸タイジを封爵して外藩の待遇を与えるだけでなく，盟旗制を導入して官制を整え，その属民を旗・ニルに編成し，また遊牧地を指定して移動を制限しようとした．爵制の序列に差はあるが，各タイジが権力を行使できる範囲は自身の旗内に限定されるので，清の狙いは特定のタイジが大勢力となることを防ぐことにあった．しかも，当初の「四汗部構想」の主要な対象は，アムルサナを始めとする清への内附者であり，原住地から離れた彼らを清の支配秩序に取り込んだ後に帰還させ，速やかに支配を軌道に乗せようと意図したものだった．ところが，この構想は内附者の離反（アムルサナの乱）により早々に修正を迫られ，清は「四汗部構想」の主要な対象を，第一次遠征中に帰順し，ジュンガリアに権力基盤（属民・遊牧地）を保持していたタイジに切り替えざるを得なくなった．

　一方，イリ周辺の遊牧地に分布し，ザイサンが統率していた各オトグは，ジューンガル部長の本領の構成要素であったため，清朝皇帝に直属する「内属」の扱いとし，8つの旗色を割り当てて「オーロト八旗」の編立を目指した．各オトグにおいては，ザイサン，デムチ，シュレンゲといった有力者の地位を「公中」缺に読み替え，その世襲を無条件で容認しないなど，旧来の権限に一定の制限を加えようとした．また，ジューンガルの政権中枢にあったトゥシメル，ジャルグチなどの「職務ザイサン」を再構成し，オトグ全体の統轄事務を委ねようとした．

　1755年末から1756年夏まで，清はアムルサナの捕捉を目的とする第二次遠征を展開し，カザフ草原深くまで部隊を展開させた．同年後半に一時撤兵が決定されるのと同時に，定辺右副将軍ジョーフイがイリに進駐し，それまで棚上げにされていたオトグ所属のオイラトの「内属」化を推し進めていった．それは前年立案の支配構想に存在した二つの方向性を，より具体化したものであった．一つは，トゥシメル，ザルグチ，メデチなどのジューンガル政権の旧構成要素を活用した統治体制の組成である．もう一つは，各オトグの首長層の官員

化，その叙任権の掌握，そしてオイラトの軍事動員により，オトグ全体を清の統治機構の末端に位置づけようとするものだった．さらに清は，オイラト支配に臨むにあたり，清朝皇帝をジューンガル部長の支配権の継承者，すなわちオイラトの新たなエジェンとし，オイラトをそのアルバトに位置づけ，その関係の介在を繰り返し主張していた．つまり清は，モンゴル社会に由来する「エジェン－アルバト関係」を，オイラトに対する支配の正当性の拠り所としていたのである．

このように，ジューンガルを征服した清は，オイラト諸部を単に「分けて四衛拉特（オイラト）に為さん」としていたのではなく，綿密なプランをもって，ジュンガリアのオイラト諸部の支配に乗り出した．そして，遊牧国家ジューンガルの遺産の上に，清はそれまでの遊牧民統治の経験を織り交ぜながら，地域・集団秩序の再鋳造（最終的には固定化）を試みたのである．

ただし，以上はあくまで清朝政権側の視点である．ジュンガリアのオイラト社会には，清朝支配に対する抵抗感が根強く存在していたことは見逃せない．そのような中で清の目指した統治体制は，特に現地に権力基盤を保持していた首長層にとって，既存の権力行使の範囲を著しく規制するものであった．1756年末に発生した「オイラトの蜂起」の根本的原因は，清の支配に組み込まれつつあったオイラト首長層の反発にあり，すでにジュンガリアを離れていたアムルサナの活動との間に直接的な因果関係は見出せない．そして，この「蜂起」に対して，清はオイラトの掃討をもって臨んだ．天然痘の蔓延も相俟って，ジュンガリアにおけるオイラトの人口は激減し，清のオイラト支配の構想は破綻に至った．清の視点からみれば，念願のジューンガル征服を成し遂げたにもかかわらず，その善後処理において自らの遊牧民統治の限界を露呈する結果となったのである．

その後，人口空白地となったジュンガリアの草原にカザフやクルグズが入り込み，その地を占拠することが危惧されるようになった．このため清は1760年からイリにおいて辺境防衛および新疆支配の拠点となる軍営の建設に着手した．注目すべきは，それと同時に清がそれまでのオイラト排除の方針を改め，再びオイラトを清朝皇帝のアルバトに位置づけ，イリに集めて諸務に従事させるようになったことである．さらに1760年末にはオイラトからなるオーロト＝

ニルの編成を決定し，これがイリに最初に設置された駐防ニルとなった．その後もオーロト゠ニルは，移住してきたチャハル，ソロン，シベの各部族兵をニル編成する際の基準となり，イリ駐防八旗にのみ存在する組織・制度，および満営を四つの部族営が取り囲む配置を生む重要な因子となった．1771 年に完成したイリ駐防八旗は，ジューンガルの遺産の否定の上に設置されたものであり，またオイラトはもはや清の政策全般を規定するような大集団ではなかったが，オイラトの存在は駐防八旗の構造に少なからぬ影響を与え，かつその構造は長くイリ地域社会の枠組みを規定し続けることになった．

　以上，第 1 部ではジューンガル征服の過程を再検討し，従来とは異なる歴史像を描き出した．すなわち，1755 年に遊牧国家ジューンガルを崩壊に追い込んだ清は，その支配下にあったオイラトを，自己の支配下に取り込むべく努力を続けた．ところが，かえってそれがオイラト社会全体に大きな動揺を与え，全面的な離反をまねき，その結果，清はオイラトの支配を断念し，オイラトの掃討へと態度を転換したのである．アムルサナの存在が，ジューンガル征服後の清の重大関心事であったことにかわりはないが，それはオイラトに対する政策対応の一部でしかなかった．

　ここで重要な点は，上述の一連の経緯が，『準略』をはじめとする清の編纂史料からは正確に把握できず，ジューンガル征服当時に中央と前線の間を往来した公文書を利用して初めて描き出せることである．これは，公文書の記述内容の詳細さのみに起因するものではない．繰り返しになるが，清朝政権による「方略」編纂事業は，清の征服活動の最終的な解釈・評価の確定を企図したものであった．当然ながら，皇帝や将軍たちの言動は偉業として称揚されることになるが，一方で被征服者は一貫して御しがたい敵として描かれる．敵として描かねばならないオイラトを，当初は支配下に組み込もうと画策し，しかもその失敗により蜂起を誘発してしまったという事実は，上記の「方略」編纂の目的と矛盾するものであり，清朝政権にとって覆い隠さねばならぬものであったといえよう．ここに乾隆帝が仕掛けたトリックは，2 世紀半の歳月を経て解き明かされたのである．

第2部　清の中央アジア政策と西北領域

導　論

　ジューンガル征服に始まる 1755-59 年の西征により，清の支配領域は西へ大きく広がり，中央アジアにおける清の存在感は俄然増すことになった．次なる課題として把握されるのは，ジューンガル消滅後の中央アジア草原に清がどのように関わったのかという問題であろう．

　この問題については，従来二つの側面から考察されてきた．一つは，新疆北部ジュンガリアへの清の殖民実辺策であり，その一端は第 5 章で考察した．もう一つは，清の実効支配の圏外にあった中央アジア諸勢力との関係である．新疆征服の過程で清は，カザフ，クルグズ（清朝史料では Burut／布魯特），コーカンド=ハン国など，さらに西方に位置するムスリム諸勢力と接触を持つに至った．これら勢力は，いずれもジューンガルの侵攻に苦しみ，部分的ないしは一時的にその勢力下に置かれた経験を持つ集団であり，ジューンガル滅亡後は，強大な清朝権力の出現を警戒しつつも，清と対外的な関係を築いていく．

　清と中央アジア諸勢力との外交関係の研究は，決して盛んといえる分野でないが，コーカンド=ハン国との関係を中心に，佐口透，フレッチャー J. Fletcher, 潘志平，ニュービィ L. Newby らが議論を蓄積してきた［佐口 1963: 345-530；Saguchi 1965；Fletcher 1978a: 58-90；Fletcher 1978b: 360-395；潘 1991；潘 2006；Newby 2005］．近年では野田仁が，18-19 世紀のカザフの歴史像を露清双方との外交関係を対比しながら再考し，中央ユーラシア国際関係の中でカザフの位置をとらえなおす研究を発表している［野田 2011］．またモスカ M. Mosca は，中央アジアを主要対象としていないが，清の周縁域における情報収集と地理認識のあり方に注目し，清の辺境・対外政策の特徴とその限界を論じている［Mosca 2013］．史料面においても，中国第一歴史檔案館に所蔵される清のカザフ関連文書（おもに満洲語）の一部が刊行されており［『清哈』1-2[1]，『新疆彙編』］，またカザフの首長層が清朝皇帝やイリやタルバガタイ駐防の将軍・大臣に宛てたオイラト

---

[1]　カザフスタンからは，『清哈』1-2 の収録文書を中心とした清朝文書の現代カザフ語訳史料集［Ejenkhannuli 2006；Ejenkhannuli 2009a；Ejenkhannuli 2009b］も刊行されている．

語やテュルク語文書の研究も進んでいる［Noda & Onuma 2010］．新たな研究の展開を踏まえ，清の対中央アジア政策を再検討する余地が生まれている[2]．

再検討を試みるにあたって，ここでは先行研究の抱える問題点を三つ指摘しておきたい．第一に，清の中央アジア政策を扱った諸研究には，ある共通した議論の前提がみられる．すなわちそれは，清が儒教思想にもとづく伝統的な「中華世界秩序」の中で中央アジア諸勢力を自己の「藩属」（朝貢国，属国）に位置付けた，という図式である．かかる前提が意識的であれ，無意識であれ設定されているため，特に政治的関係を扱った議論では，宗藩関係を維持する朝貢と冊封の実施状況の説明に終始し，両者間の関係の概念を根本から問いなおそうという方向に向かわない[3]．むろん，宗藩関係とは宗主・藩属双方による儀礼の遂行により維持される関係であり，「伝統的国際秩序」としての「朝貢・冊封体制」なるものの虚構性は，つとに指摘されるところである．ただし，そのような批判的視座は，清代に限定した場合でも，東南・海域方面に位置する／から到来する諸国（朝鮮，琉球，ヴェトナム，イギリスなど）との関係再考によるものである[4]．かたや西北・内陸方面からのアプローチは，東シベリア方面における露清関係の研究を除いて，極めて不十分といわざるをえない［野田 2011: 7］．研究蓄積の数量からすれば，清の対外関係や国際秩序は，その半分である東南・海域方面との交渉をもって語られてきたといっても過言ではなかろう．昨今では清の国家体制をみなおす議論の中で，清の持つ中央ユーラシ

---

2) 第2部の目的は，18世紀後半から19世紀前半にかけての中央アジアにおける清の政策展開を明らかにすることにあり，野田［2011］が検討したような，カザフの視点からとらえなおした対清関係や，そこへのロシアの関与は主要な論点ではない．ただし，主に清朝文書に依拠する以下の考察から描き出される具体的様相は，なお不明な点の多い当該時期の中央アジア社会の実態把握に資するところが多いと考える．

3) マンコール M. Mancall が提唱した，清朝の周辺世界を「南東の弧月」（the southeastern crescent）と「北西の弧月」（the northwestern crescent）とに分ける考え方においては，中央アジア諸勢力は北西の「藩属」に位置づけられ，南東の「藩属」と区別されるが，これは清の管轄機構（礼部／理藩院），「藩属」側の文化（儒教／非儒教），生業（農業／遊牧）の違いにもとづく区別であり，宗藩関係のあり方に相違を見出すものではない［Mancall 1968: 72-75；坂野 1973: 88-91］．

4) 豊岡［2006］は，1800年前後の清と安南（ヴェトナム）との交渉から，「朝貢・冊封体制」は，伝統的かつ普遍的な「国際秩序」などではなく，あくまで清朝政権が自身の対外政策を正当化するために，場面に応じて柔軟に運用する論理であったと論断する．示唆的な指摘であり，筆者も啓発されるところが多い．

ア・内陸アジア的側面を注視し，中央アジア諸勢力をその体制の中に位置づける試み[5]もなされているが，なお静態的な体制論に終始しているのが現状である．支配下に置いた社会が持つシステムや理念を取り込み，多元的・複合的体制を作り上げていった清朝国家の性格を念頭に置いた場合，上述のような図式を非漢字・非儒教文化圏に属する中央アジアにそのまま当てはめる視点は再考されねばならない．

　第二に，清と中央アジア諸勢力との交渉が満洲語，オイラト語，テュルク語，ペルシア語などで記された文書を媒体としていたにもかかわらず，これまでは主に漢文編纂史料の記述に依拠して描かれてきたことである．近年の史料公開の進展により，現在では，対外交渉に関与していた新疆駐防官の奏摺のみならず，カザフやコーカンド＝ハン国の支配者が清朝皇帝や駐防官に宛てた書簡原本も活用可能となっており［濱田 2008；Noda & Onuma 2010: 9-85；小沼ほか 2013］，従来の関係のあり方は根本的にみなおされるべきである．一方，それらの漢訳を収録する清朝編纂の史書は，当然ながらそれを理解できる漢文・儒教文化圏に属する人々[6]を主な読み手と想定したものであり，そこに描出される中央アジア諸勢力との関係とは，ありのままのというよりも，清朝政権が史書の読み手（後世の人間を含む）に伝えようとした，関係の〝あるべき姿〟といえる．もちろん，それは政権の意図するところなのであるが，実際の清‐中央アジア間の交渉や関係のあり方とのギャップを把握することは，清の「帝国ヴィジョン」をより鮮明に映し出すことにもなるはずである．

　第三に，中央アジア草原における清の領域意識のあり方である．詳細は後述にゆずるが，清はジューンガルを征服したことにより，その勢力範囲をすべて継承したと認識していた．その範囲は，アヤグズ河からバルハシ湖（セミレチエ地方）を経て，西端はチュー・タラス河流域まで及び，またイシク＝クル湖全域を含むものだった．しかし実際には，ジューンガル衰退の過程で，西方に押しやられていたカザフとクルグズが旧遊牧地の回復の動きを開始し，1755

---

5) このような試論の内容については，杉山清彦［2007b: 110-114］，野田［2011: 222-229］が簡潔にまとめているので，参照されたい．本書第6章でもその一部を紹介する．
6) 「漢字・儒教文化圏」の範囲を厳密に定義することは難しいが，清朝政権側が読み手として念頭に置いていた人々の大半が漢人知識人であったことは確実である．

年の清のジューンガル征服時には，すでに多くのカザフが上記の「辺界」に入り込み，なお「越界」が進行中であった．清は当初はカザフの駆逐を目指すも，事実上それが不可能であることを悟ると，皇帝の恩恵としてカザフが清の「界内」に居住することを承認したが，さらなる東漸を食い止めるべく，卡倫（Ma. karun, 哨所）を設置し，それらを結んだ卡倫線（Ma. kaici）を越える「越卡」行為を禁じた（第8章参照）．すなわち，ジューンガル故地を継承したという清の領域意識と，実効支配[7]を及ぼす地理的範囲との間には，ズレが生じていたのである．この点を踏まえれば，中央アジア草原への清の関与を考察する場合，支配地域の内外という区分を最初から絶対的なものとせず，「ポスト＝ジューンガル」という枠組みを設定し，そこでの清の政策展開を包括的に分析していく視点が先ず重要となろう．

以上の三点を確認した上で，第2部では，清がジューンガル故地たる中央アジア草原で展開した諸政策を検討し，清と中央アジア諸勢力との関係を再考する．考察の主な対象とするのは，テュルク系の遊牧民であるカザフとクルグズ，およびその居住地域であり，特に清と東部カザフ集団との交渉・関係に注目する．その理由は，東部カザフ集団を率いたアブライやアブルフェイズなどの中ジュズ有力スルタンが，清と最も早く接触し，最も緊密な関係を築いた人物であり，かつその属下の集団が清朝領域に隣接して遊牧していたため，両者間で懸案にのぼる事件がしばしば発生し，清の政策対応を論じる上で格好の事例とみなし得るからである[8]．

[7) ここでは，集団管理の目的のために旗制などの統治システムが施行されている状態を意味する．

[8) すでに一定の研究蓄積がある清とコーカンド＝ハン国との関係についても，筆者は共同研究にもとづいて再検討を進めているが［小沼ほか 2013；Onuma et al. 2014］，本書では部分的に言及するにとどめる．

第6章　清とカザフ遊牧勢力の接触

　1755-59年の西征により，天山南北一帯（中央アジア東部）を領域に組み入れた清は，中央アジア西部の諸集団と接触を持つに至った．なかでも，オイラトの遊牧地に隣接して分布したカザフ遊牧勢力は，アムルサナの逃亡先でもあったため，早くから清の注目するところであった．清の中央アジア政策の展開を再考するための第一歩として，本章では，清がカザフ遊牧勢力とどのようなプロセスで，いかなる関係を構築したのかを検討する．

　清の視点からカザフとの政治的関係を論じる研究は，中国の歴代王朝が展開してきた儒教的世界観にもとづく国際秩序の中で，清がカザフを「藩属」に位置付けたことを指摘する［佐口 1963: 269；成 2002: 318, 321-323；厲 2003: 185-186］．その主張の根拠は，アブライ（1711-80[1]）の「帰降表文」（後述参照）の到着（1757年8月30日清廷受領）を受け，翌8月31日に乾隆帝が内閣大学士に下した漢文上諭の文言にある．以下に主な先行研究が依拠する漢文版『準略』収録テキストを示す．

　　不知哈薩克越在万里外，未嘗遣使招徠．乃称臣奉貢，自属本願．則帰斯受之，不過略示羈縻．如安南，琉球，暹羅諸国，俾通天朝声教而已．並非欲郡県其地，張官置吏，亦非如喀爾喀之分旗編設佐領也[2]．

乾隆帝は，カザフが自ら望んで「臣と称して貢を奉」ったことを受け，安南（ヴェトナム），琉球，暹羅（シャム）の諸国と同様に「羈縻」すること，そして郡県制や旗制は導入しな

---

[1] アルタンオチルにより，従来1781年とされてきたアブライの没年は1780年10-11月であることが指摘された［Altan-Ochir 2007］．
[2] 『準略』正編巻41: 26a-b，乾隆22年7月丁未（17日）［1757/8/31］条．漢文版『準略』収録テキストは，そのオリジナルにあたる漢文テキスト［本章第3節参照］に比べて文言の省略があるが，文意は同じである．

い（＝実効支配を及ぼさない）ことを明言している．これをふまえて，先行研究では，清とカザフとの間に宗藩関係が成立し，次第に朝貢と冊封の諸規定が整えられたと解釈している．

ところがフレッチャーは，清と中央アジア諸勢力との関係は，外見上は中国・儒教的な君臣関係（ruler-subject relationship）にみえるが，背後にはそれと異なる側面が伏在していたと指摘する．その論拠は，清朝皇帝が北京に入覲したコーカンドの使者に言葉をかける際，テュルク語を話す通訳を通じて，コーカンドの支配者に「我が息子」(my son) と呼びかけていたことにある[3]．この点にもとづきフレッチャーは，清朝皇帝にとってコーカンドの支配者は「臣下」(subject) ではなく「同盟者」(ally) であり，より対等な立場にあったと主張する [Fletcher 1968: 221-222, 366]．

事実，清と中央アジア諸勢力との関係にはいくつかの特異な側面がみられ，近年の清朝国家像を見直す議論において注目されている．片岡 [1998] は，カザフ首長層の冊封が外藩爵制に倣っていたこと，また皇帝主宰の朝賀儀礼における中央アジア諸勢力の使臣の席次が，末席の「朝貢国貢使」ではなく，皇帝の宝座の両側に設けられた外藩モンゴル王公の席の中にあったことに注目し，清と中央アジア諸勢力との関係は清と外藩モンゴルとの関係の延長線上（「準外藩的存在」）でとらえるべきと指摘する．張永江 [2001: 155-165] は，中央アジア諸勢力の中でも，カザフとクルグズ[4]に対する処遇には「藩部」と「藩属」の中間的な要素が見出せるとして，カザフとクルグズを「名義藩部」と位置付けている[5]．

以上の見解は，清の内陸アジア的な側面や支配構造の連続性に注目したものであり示唆に富む．しかし，史料から垣間見られるそれら特異性が，そもそもいかなる側面に起因するものであったのか，という根本的な問題を論じていな

---

3) これは，18世紀末にコーカンドに赴いたアフガン人使者が，北京で乾隆帝に拝謁した経験を持つコーカンド人から伝え聞いたものである [Howorth 1880, 2: 818]．

4) チンギス裔に連なる支配者が不在で，統一された政治体を形成していなかったクルグズに対し，清は爵位を授与しなかったが，関係を築いた有力者には，清の王公や官員が身につける頂子（品級を示す数珠飾り）付きの制帽を賞与し，その世襲を認めていた．

5) 成崇徳も，根拠は曖昧であるが，カザフ，クルグズと清との関係は，他と比べてより密接であったとの立場をとっている [成 2002: 323]．

い．そこで本章では，清とアブライとの最初の接触と交渉の過程を明らかにし，清がカザフとの関係をどのような文脈で把握していたのかを明らかにする．

1. 清のジューンガル征服とカザフの動向

1.1. ジューンガルの拡大と中央アジア

18世紀前半の中央アジアは混乱の中にあった．定住地域を支配していた二つのウズベク人王朝であるブハラ（アシュタルハン朝）とヒヴァ（アラブシャー朝）は著しく衰退し，その地域の経済活動は崩壊をきたした [Bregel 2009: 392]．北部草原地帯のカザフ＝ハン国は，1718年のタウケ＝ハンの死後，1人のハンが統べる時代は終焉を迎え，大・中・小の三つのジュズ jüz[6]に分裂した．なお，このジュズをロシア語史料ではオルダ orda と記すことがある．

各政権の中央権力の弱体化にともなう社会の混乱は外敵の侵入を招く．18世紀末以降，ジューンガルはカザフ，クルグズの地へ侵攻を繰り返した[7]．ウンコフスキーによれば，1722-23年にタシケント，サイラム，ハラムルトの三都市はすでにツェワンラブタンの息子ロブサン＝ショノ（ショノ＝ダバ，ガルダンツェリンの弟）の支配下にあり，5,000戸のカザフ人がジューンガルに従属していた [Veselovskii 1887: 193]．続く1723-25年のジューンガルによる攻撃はカザフに破壊的な打撃を与え，カザフ人の記憶に「アクタバン＝シュブルンドゥ」（裸足での逃避＝大いなる災禍）として刻まれている．さらに1740年[8]以降に再び勢いを増したジューンガルの侵攻により，カザフの大半はジューンガルに服属するに至ったという [野田 2011: 52-54]．クルグズも同様の状況にあり，

---

6) 18世紀のカザフ社会は，大ジュズ uli jüz，中ジュズ orta jüz，小ジュズ kishi jüz の三集団に分かれ，各ジュズに 2-3 人のハンが存在し，その一族がスルタンとして各遊牧集団を統率していた．このジュズ jüz とは，本来「100」を意味する言葉だが，「（カザフ人全体の中の）部分」を意味し，民族と部族の中間概念だった [宇山 1999: 97]．
7) オイラトのカザフへの攻撃は，早くは1620年代に見られたが，それはジューンガル部の勢力拡大とトルグート西方移住によるとされる [Prior 2013: 30]．
8) 1740年代に中央アジアは，東北方面からのジューンガルの攻撃だけではなく，西南方面のアフガニスタンからアフシャール朝のナーディル＝シャーの侵攻に直面した．

連年の攻撃によりイシク＝クル湖周辺（現キルギス共和国北東部）から押し出され，南方への移動を余儀なくされた．草創期にあったコーカンド＝ハン国では，1745 年に首都コーカンドを包囲され，時の支配者アブドゥルカリーム＝ビィ（r. 1733/34-54/55）は，制圧を免れるために甥のバーバー＝ベグを人質として差し出した［Onuma et al. 2014］．

　ジューンガルとの激しい戦いの中，カザフ社会で頭角を現したのがアブライである．「白い骨」（Tu. aq süyek）と呼ばれるチンギス裔に属するアブライの一族は，祖父の代からタシケントの統治者であった[9]．アブライは 10 代の時にジューンガルの侵攻を被り，親族であり中ジュズのハンであるアブルマンベトの統治下にあったトルキスタンへ逃れた［Suleimenov & Moiseev 2001: 25-26］．アブライの曾孫にあたるワリハーノフによれば，アブライは不遇な少年時代を送ったようだが，成長すると，ジューンガルとの戦いにおいて並はずれた勇気と知略を示し，地位と名声を一気に高めた[10]．1740 年代にガルダンツェリンにより捕虜にされたが，奇跡的に解放されたという［Valilhanov 1985, 4: 112-113］．この点に関して清朝史料は，ガルダンツェリンの弟であり，敵対するロブサン＝ショノを捕らえてくることが，その解放の条件であったと伝えている［野田 2011: 92］．なお，この捕虜生活の中でアブライは，定辺左副将軍ツェレンの孫のエルケシャラ（ツェングンジャブの子）やアムルサナと知遇を得た．エルケシャラによれば，アムルサナはアブライに向かい「苦しむなら力を合わせ，安逸ならともにあらん」と語っていたという[11]．

　東方での戦いを継続する一方で，カザフはロシアに保護を求め，1730 年には小ジュズのアブルハイル＝ハンが，カザフのハンとしては最初にロシアに臣籍（Ru. poddanstvo）を宣誓した．アブライも 1740 年にアブルマンベトとオレンブルクに出向き，臣籍を宣誓している．ただし，この時点でのカザフの臣籍の

---

9) アブライは，1757 年到来の清の使者ヌサンに対しても，故郷がタシケントであると述べている．「満文録副」1671.15，47: 1371，乾隆 22 年 9 月 14 日 ［1757/10/26］，ジョーフイ等の奏摺：『新疆匯編』25: 397.
10) アブライの生い立ちからジューンガル戦で頭角を現すまでの事情については，英雄叙事詩にもとづく坂井［2001］を参照.
11) 註 9，同史料，「満文録副」47: 1364；『新疆匯編』25: 393.

宣誓は，形式的かつ部分的であり，ロシアへの「服属」を意味するものではなかった［野田 2011: 49-50］[12]．

周辺諸勢力を圧倒していたジューンガルであったが，1745 年にガルダンツェリンが死去して内紛が勃発すると，それまで支配下にあった周辺諸勢力に自立的な行動がみられるようになる．1751 年にアブライは，ラマダルジャ政権の転覆に失敗して逃れてきたダワチとアムルサナを匿い，ラマダルジャに対抗した．1753 年のダワチ擁立後には，ダワチと対立したアムルサナを支援し，アブライは 1754 年末から 1755 年初頭にボルタラとイリに侵入して略奪をおこなった［佐口 1963: 261-262；Suleimenov & Moiseev 2001: 65］．『イスラーム＝ナーマ』は，ダワチに敵対するエリンジェンなる人物が，カザフの勇士 10,000 人を率いてジューンガルの地を蹂躙したと伝えている（IN/B311: 55b-57b）．

イリに拘束されていたイスハーク統のホージャ＝ユースフは，ジューンガルの内紛の隙にカシュガリアへの帰還を果たし，1755 年初頭に独立政権を再興した．そのイリからの帰還時のこととして，『ホージャガーン伝』に次のような記載がある．

> キプチャク＝クルグズは，イリの地で異教徒（ジューンガル）に従属して遊牧していた．ホージャ＝ユースフ＝ホージャム猊下がイリから〔カシュガルに〕戻った時，〔キプチャク＝クルグズに〕「イスラームに助力されたい」と手紙を送っていた．このためクルグズたちは時を見計らい，機を窺ってクチャ城を経て，勝手にホタン城に行ってしまった[13]．

当時のクルグズの大半はジューンガルの圧迫により南方へ遷移していたから，

---

12) ロシア帝国における「臣籍」の概念については，野田［2011: 54-56］が，本章でも議論するカザフの清への「帰順」の概念とあわせて検討し，露清両国側の認識とカザフの認識の差異に留意すべきことを指摘している．重要な視点であるが，カザフの例に限らず，一つの事象を当事者双方が自身に都合よく解釈することは，歴史上，特段珍しいことではない．むしろ問題とすべきは，互いに異なる解釈を持ちつつも，実際の交渉の中で，その概念がどのような文脈で用いられ，いかなる機能を果たしていたのかを具体的に明らかにすることであろう．本書ではこの点を重視して議論を進めていく．

13) TKh/Ms. 3357: 102a. Qipchāq Qirghizlari bar erdi, ki Ila muḍaʿida kāfirlargha tābaʿ bolip yaylar erdilär. Ḥaḍrat-i Khōja Yūsuf Khōjam Iladin yanurlarida nāma yibärip erdilär, ki Islāmgha yārī bergäysizlär dep, pas bu Qirghizlar waqtni chaghalap furṣatni ghan[ī]mat sanap, Kucha shahri birlä özlärini Khotan shahrigä alip erdilär.

このイリの地で遊牧していたクルグズとは，おそらく鹵獲（ろかく）により強制的に移住させられ，ジューンガル部内に編入させられていた集団であろう．いずれにせよ，彼らは自立的な行動を開始し，それをジューンガルは制止できなかった．清朝進出直前において，ジューンガルの中央アジア諸勢力に対する統制は弛緩しており，流動的な状況が醸成されていたといえる．

1.2. 清の進出とアブライの動向

清がカザフの存在を知ったのは，やはりジューンガルとの交渉を介してであり，1698 年にはジューンガルとカザフの戦争に関する情報を得ていた［承志 2009: 108］．また 1731 年にジューンガルと天山東部で対峙した時，カザフやカシュガリアのムスリムに遣使して対ジューンガル同盟を結ぶ試みがあった[14]．これが実行された形跡はないが，清朝政権の戦略的視野にカザフの存在が入り始めたエピソードとして注目される．

1755 年，清のジューンガルへの第一次遠征が開始された．この最中，遠征軍に加わっていたオイラトのバンジュルとナガチャから，アムルサナをオイラトの唯一のハン／汗にしたいと奏請がなされた［第 2 章第 2 節参照］．彼らは，その理由の一つとして，アムルサナがアブライと良好な関係にあり，アムルサナをハンにすれば清の辺界から不安要素を取り除くことができると述べている[15]．これを受けて乾隆帝は，軍機大臣にカザフの存在について協議するよう命じたが，軍機大臣は特に具体的な答申をしていない[16]．

清軍がジュンガリアまで進むと，乾隆帝は定北将軍バンディに，カザフに対して，妄りに辺界を越えてはならず，逃亡したオイラトを襲撃するよう命じ，もしもこれを守らなかったらカザフを討伐することを伝えるよう指示した[17]．ただし，特定の有力者の名を挙げてはおらず，この時点で清のカザフに対する関心はさほど高くなかったようである．

---

14) 『雍正宮中檔』17: 857-858，雍正 9 年 4 月 1 日［1731/5/6］，寧遠大将軍岳鍾琪の奏摺；『雍正宮中檔』18: 788-792，雍正 9 年 6 月 24 日［1731/7/27］，岳鍾琪の奏摺．
15) 『準略』正編巻 5: 24a-27a，乾隆 20 年正月辛卯（17 日）［1755/2/27］条．
16) 同上，『準略』正編巻 5: 29a-b．
17) 『準略』正編巻 11: 29a-b，乾隆 20 年 5 月辛巳（8 日）［1755/6/17］条．

ところが，アムルサナが反清的な行動をとるようになると，清は西隣のカザフの動きに注意を向けるようになる．1755年8月7日の上諭に，
> このたびアムルサナが，仲間をことごとくカザフ〔の地〕に行かせたのはいかなる心づもりであるのか．カザフたちがアムルサナに対し一体どのような態度をとるのかを，ただちに奏聞させるように[18]．

とあるように，清は早い段階からアムルサナとカザフとの連合を警戒していた．そして清はカザフに対する積極的な宣撫工作を開始する．1755年7月末，バンディは侍衛シュンデネ Šundene（順徳訥）に乾隆帝の勅書を托して派遣し，あわせてカザフの言動を探らせようとした．清朝史料によれば，シュンデネは9月4日にアブライと会見し，そこでアブライは清への帰順と使節の派遣を請うたという［佐口 1963: 263-264］．しかし，一方でアブライは，周囲に対し次のように述べていたという．
> アムルサナが兵を率いて来たことが本当ならば，我々は〔彼と〕反目することはできない．彼は我々の土地をくまなく知っているのだ[19]．

果たしてアムルサナはカザフの地に奔った．するとアブライは，他のカザフの首領たちの反対を制してアムルサナを擁護する立場をとった[20]．おそらくアブライの判断の背景には，アムルサナとの旧来の協力関係だけではなく，この機会を利用してジュンガリアへの勢力拡大を図る意図もあったのであろう．1756年1月，清はカザフに30人からなる使節を派遣しようとしたが，アムルサナ勢力が盤踞するイリ方面からは進めないため，ロシア領内の通過をロシア政府に求めたが，拒否された［Zlatkin 1964: 450；川上 1980: 38］．清が最初に試みたカザフ宣撫工作は失敗に終わった．

1756年の第二次遠征では，清軍はカザフをアムルサナとともに討伐すべき敵とみなし，同年夏以降に軍事的に衝突した．清朝史料によれば，定西将軍ダ

18）「満文上諭檔」軍務 12 (1)，乾隆 20 年 6 月 30 日［1755/8/7］条．Mudan dari amursana ini niyalma be suwaliyame hasak de takūrangge ai gūnin. Hasak sa, amursana i baru jiduji adarame arbušara babe hūdun donjibume wesimbukini.
19）「満文上諭檔」軍務 12 (1)，乾隆 20 年 7 月 9 日［1755/8/16］条．Amursana cooha gaifi jihengge yargiyan oci, muse ehereci ojorakū. I musei ba na gemu sambi.
20）アブライのもとにおけるアムルサナの動向については，川上［1980］を参照．

ルダンガは，中ジュズ領内のヤルラとヌラの地で，立て続けにアムルサナとアブライ麾下のホジベルゲンの率いる軍を撃破している[21]．同じ頃，定辺左副将軍ハダハが率いる一軍は，バヤナウルの西で，カザフ兵1,000を率いて出征してきたアブライを破った[22]．ただし，ロシア史料はどちらの戦いでもカザフが勝利したと伝えている［Gurevich 1979: 133］．勝敗を決するには至らなかったのだろうが，この史料の食い違いから交戦の激しさを窺えよう．事実，この戦いでアブライは大きな傷を負った．その後アブライは，アムルサナとの連合を解消し，彼を監禁した［Zlatkin 1964: 452-453；川上 1980: 40-41］．

　清軍が撤兵した1756年から1757年にかけての冬，アムルサナはタルバガタイへ移り，チングンジャブとの同調を試みたとされる．時を同じくして，ジュンガリアに残留するオイラトの首長層が清の統治に反発して一斉に蜂起し，第三次遠征が敢行された［第4章参照］．清軍の攻勢によりカザフは西への移動を余儀なくされ，ロシア領内への逃入を求める人々も現れ，さらにカザフ草原では飢餓が発生する事態となった［Gurevich 1979: 134-135］．極めて困難な状況に直面したアブライは，清に「講和」（事実上の降伏）を求めるに至るのである．

2. アブライの「帰順」

2.1. アブライの「帰降表文」

　清朝史料によれば，1757年7月15日，アブライの属下と名のるカザフ人が，アブライに帰順の意があることを告げるため，清の軍営に到来した．7月18日には，中ジュズのスルタンであり，アブライと近しい関係にあったアブルフェイズ[23]の使者が到り，アブライの清への帰順とアムルサナ捕捉に協力する意向を伝え，アブライ自らが清側と接触を望んでいると告げた．参賛大臣フデ Fude（富徳）は，ただちに参領ダリク Dalikū（達里庫）ら11人を派遣し，彼ら

---

21) 『準略』正編巻31: 5a-7a, 乾隆21年9月己巳（4日）［1756/9/27］条.
22) 同上，『準略』正編巻31: 7a-8b.
23) 当初アブルフェイズはアブライの「弟」として清朝史料に登場するが，実際は中ジュズのハンであるアブルマンベトの子である．

は7月22日にアヤグズ河岸においてアブライと対面した。アブライは最初，清への帰順について逡巡する態度をみせた。そこでダリクが，清軍がカザフの辺界に迫っており，もはや一刻の猶予もないことを告げると，アブライは次のように述べたという。

　　いかあろうとも我こそが首領たる人物である。まさに自ら処断すべきである。我の祖先以来，まったく中央の国[24)]のエジェンの恩を蒙っていなかった。いま全カザフを率いて従い，永く大エジェンのアルバトになりたい[25)]。

史料の性格を念頭に置いた場合，この「帰順」の表明は，あくまで清側の認識と考えるべきであるが[26)]，興味深いのは，アブライが全カザフを率いてエジェンたる清朝皇帝（乾隆帝）のアルバトになることを申し出ている点である。これは，第1部で論じたように，清朝政権が旧ジューンガル統治下のオイラトに対し，支配の正当性を説明するために用いた論理と同様のものである。なぜモンゴル遊牧社会に由来する「エジェン－アルバト関係」が，アブライの帰順表明の場面で登場するのであろうか。また，それは清側の一方的な解釈によるものだったのであろうか。ここで問題となるのが，アブライが乾隆帝に送ったオイラト語の「帰降表文」である。

　アブライはダリクの帰営に際し，カラケセク＝アルグン部族ザイサン[27)]の

---

24) ここで「中央の国」と訳出した満洲語は dulimbai gurun である。漢文版『準略』では「中国」が対訳されているが，この時代の「中国」の語には，各王朝の枠を貫く歴史的な国名としての「中国」の意味はなく，それは，「中華」の語と同じく，特定の領域を持たない普遍的な「天下」（＝世界）において，自らの存在を「世界の中心」と位置づける世界観に由来する自称であった。本書では，誤解を避けるために，「中央の国」の訳語を採用する。昨今の欧米の研究においても，清朝史料中の「dulimbai gurun／中国」に Middle Kingdom や Central Nation の訳語をあてることが多い。

25) 『準略』正編巻41: 満文版 39b-40a／漢文版 21a-b, 乾隆22年7月丙午（16日）[1756/8/30]条. Ai ocibe bi dalaha niyalma. Giyan i beye salifi icihiyaci acambi. Meni mafari ci umai dulimbai gurun i ejen i kesi be alihakū. Te cihanggai gubci hasak be gaifi dahafi, enteheme amba ejen i albatu oki.

26) 上記引用部分を含む『準略』収録のジョーフイの奏摺においては，オリジナルの満文奏摺でカザフが清に「講和する」（hūwaliyame）ことを求めたという文言が，カザフが清に「従いたい」（dahaki／願帰附）というように改変されている［野田 2011: 113-114］。

27) 清はカザフの各ジュズを構成する下位集団をオトグと呼び，当初はその統率者をザイサンと呼んでいた。これは，清がジューンガル部を構成したオトグの概念をもって，カザフ遊牧集団の体系を便宜的に把握していたことを意味する。この点に関しては，本章註73も参照。

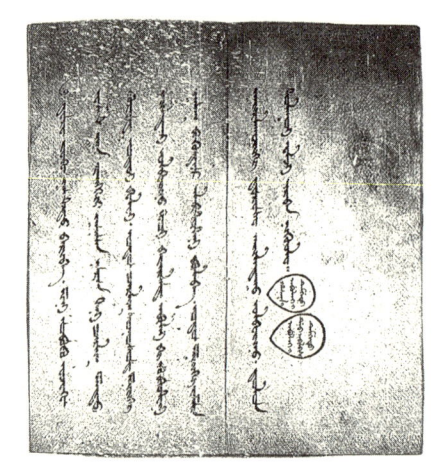

図5　アブライの「帰降表文」（表文 II）

文末（右下）にある2つの楕円状の線内は満洲文字である．上のものに「カザフのアブライの印章」（Ma. hasak i abulai i temgetu）と，下のものに「アブライの弟アブルフェイズの印章」（Ma. abulai i deo abilbis temgetu）と記されている．表文 I には，実際にアブライとアブルフェイズの印章が捺されていたのであろう．

ハジベグの甥であるヘンジガルを代表とする使節[28]を派遣した．清の軍営に到った使節は，オイラト語で記されたアブライの書簡を将軍ジョーフイに手渡した．清朝史料では，この書簡を「帰降表文」と呼んでいる．ジョーフイはすぐさま「帰降表文」の複写を作成し，それを乾隆帝に送付した．アブライの「帰降表文」には，満文訳と漢文訳を含めて複数のテキストが存在する．以下，ヘンジガルが携帯してきた原文書を表文 I，その複写を表文 II とする．

複写である表文 II は8月30日に乾隆帝の手元に届き，オリジナルである表文 I は10月17日に避暑山荘でヘンジガルが乾隆帝に直接上呈した（後述参照）．残念ながら表文 I は発見できていないが，最初に乾隆帝が受け取った表文 II は，8月2日起草のジョーフイの奏摺に添付[29]されている（図5）．以下に訳文を提示する．

　　至高にして偉大なるハンらに進貢しました．わたくしの祖父と父，エシム

---

28)　使節はアブライの使者5名，アブルフェイズの使者2名，従者4名からなる［Noda & Onuma 2010: 15-16］．

29)　「満文録副」1643.8，45: 2679，乾隆22年6月18日［1757/8/2］，ジョーフイ等の奏摺，附件．『新疆匯編』に奏摺本文（25: 366）は収録されているが，表文 II は未収録．

＝ハンとヤンギル＝ハーンより以来，あなた方の勅はわたくしに届いていませんでした．いま勅を聞いて，我々を〔どのように〕慰撫してくれるのか〔と思い〕，ずっと喜んでいます．わたくしアブライはあなたの子，全カザフはあなたのアルバトとなりました．いま我々をどのように慰撫するのかを皇上より諭していただけないでしょうか．7人の使者，〔合計〕11人[30]．

エシムとヤンギル（ジャンギル）は，17世紀のカザフのハンであり，アブライの祖先にあたる．注目すべきは，「至高にして偉大なるハン」たる清朝皇帝に対して，「わたくしアブライはあなたの子，全カザフはあなたのアルバトとなりました[31]」と述べている点である．つまり，この「帰降表文」では，アブライ個人としては清朝皇帝との擬制的な父子関係を，そしてカザフ全体としては「エジェン‐アルバト関係」を念頭において，「帰順」の表明がなされている．以下，「帰降表文」にみられるこのような関係について，若干の紙幅をさいて検討しておきたい．

2.2. 「帰降表文」にみられる関係

まず，なぜアブライの「帰降表文」がオイラト語で書かれていたのかを考えておきたい．周知のように，カザフはテュルク系の民族であり，ロシアに対する国書はアラビア文字を用いたテュルク語で書かれていた．カザフの支配者は，ロシア当局の政策のもと，ロシアの臣民たるタタール人を書記官，通訳官にかかえており，彼らを介してロシアと交渉を展開していた．ゆえに，ロシア宛書簡のテュルク語には，タタール語の強い影響がみられる［Sultangalieva 2012: 53-63］．ところが，カザフが清朝皇帝や新疆駐防官に宛てた書簡には，テュルク語以外に，「帰降表文」と同じくオイラト語で書かれたものが存在する［Noda & Onuma 2010: 17-19, 28-29］．これは，東部カザフ集団がジューンガルと隣接し

---

30) 表文IIのローマ字転写および語註は，Noda & Onuma ［2010: 11-14］を参照．
31) 旧稿において筆者は，この一文（Oy. Abulai bi köbüüteni qasaɣ bukudēr albatutani bolba.）を「アブライ我，子，全カザフは，あなたのアルバトとなりました．／I, that is Abulai, [my] sons, and all the Kazakhs have become your albatu.」［小沼 2006b: 48；Noda & Onuma 2010: 12, 101］と解釈していた．しかし，「わたくしアブライはあなたの子」（Abulai bi köbüüteni）と「全カザフはあなたのアルバト」（qasaɣ bukudēr albatutani）が並列の構文になっていると理解するのが自然であると判断し，訳文を訂正した．

常時交渉を持っていたことに起因する．ヘンジガル使節の到来に対応する形で，アブライの宿営に派遣されたヌサン使節の報告によれば，アブライの周辺にはオイラト出身者がおり，改名して通訳を務めるオイラト人もいた[32]．またカザフ人の中にもオイラト語を習得した者がいた[33]．ダワチやアムルサナと私的な関係を持っていたアブライ自身もオイラト語を解したと思われる．すなわち，長年にわたるジューンガルとの東方関係から，アブライにはオイラト語を介した交渉の能力と経験があり，それはジューンガルに代わる清との新たな東方関係の構築においても発揮されたのである．なお，清の征服によるオイラト人の激減にともない，カザフが日常的にオイラト語での交渉を持つ機会は減少し，オイラト語能力を持つ人材の再生産が次第に困難になっていく．ジューンガル征服から20年を経た1770年代を境に，清との交渉言語がオイラト語からテュルク語に変化するのは，このためである[34]．

　以上の点を踏まえ，「帰降表文」の内容をあらためて考えてみたい．まず，全カザフが清朝皇帝のアルバトになったという表現である．アブライによる「エジェン–アルバト関係」を意識した「帰降表文」の起草には，二つの異なる要因を想定できる．一つは，アブライが，ジューンガルとの交渉の経験をふまえ，カザフの清への「帰順」をモンゴル的な「エジェン–アルバト関係」の論理を用いて表現したと想定し，アブライに主体的な動機を認めるものである．もう一方は，降伏をせまったダリクが，オイラト語を介した対話が可能なアブライに対し，「エジェン–アルバト関係」の論理を用いて乾隆帝宛の書簡を執筆するよう促したと想定するものである．現状では，どちらも決定的な証拠に欠けるため判断は難しいが，いずれにせよ，後述の如く，カザフを清朝皇帝のアルバトとする表現は18世紀後半の両者の交渉において頻繁に現れ，清–カザフ関係の基軸となっていく．

---

32)　「滿文録副」1665.40, 46: 1554-1555, 乾隆22年9月14日［1757/10/26］, ジョーフイ等の奏摺；『新疆匯編』25: 369.

33)　1767年, 乾隆帝は入覲使節の一人であるバランに命じ, アブライへの勅書をオイラト語に翻訳させている．「滿文上諭檔」明発35 (1), 乾隆32年8月28日［1767/10/20］条.

34)　1779年起草のアブライのイリ将軍宛テュルク語書簡［Noda & Onuma 2010: 38-42］は, 正書法と文法の乱れが著しく, 文末に「カルマク語を書く者がいない」と弁明されている.

続いて，アブライが自身を清朝皇帝の「子」に擬えている点である．「主－奴」の関係と並び，擬制的な父子関係によって従属関係を説明する表現は，歴史上，様々なレベルで広く確認できる[35]．血縁関係を前提とする「父－子」の関係は，「主－奴」の関係より緊密であるので，アブライは，自身がカザフ全体の中で，より清朝皇帝に近しい特別な存在であることを述べているのであろう．また，このような父子関係を意識した文言は，「エジェン－アルバト関係」ほどではないが，やはり18世紀後半の清－カザフ間の対話において確認できる．例えば，1757年9月に到来した清の使節に対して，先ずアブライは，

> 我々の聞くところによると，日が昇る方角ではマンジュ＝ハンが大きい．日が沈む方角ではフンカル＝ハン（オスマン皇帝）[36]が大きい．いまや我は大エジェンの子となり，全カザフを率いてアルバトとなった[37]．

と述べたという．もちろんこの発言は，清の使者がアブライの口を借り，清朝皇帝に対するアブライのあるべき姿を表明しているともとれる．なぜなら，翌1758年にアブライがオレンブルク知事ネプリューエフに宛てた書簡（ロシア語訳のみ存在）には，

> この（1757年）12月に，中国の使者のうち4人が先ず我のもとにやって来て，通告しました．かの陛下（乾隆帝）は，我（アブライ）が彼の息子の如くあって欲しいと望んでおり，……［MOTsA 2: 86-87］．

とあるからである．なお，本書簡のアブライを清朝皇帝の息子とする清朝使節の見解に関して，カザフの支配者から清朝皇帝の宗主権承認を得るため，清朝政権がチンギス＝カンに由来する「共通の祖先」理論を用いたとする見解がある［MOTsA 2: 230］．確かに，のちに清朝政権がカザフに対してチンギス＝カン由来の種族起源の共有を主張した痕跡はあるが［本章註40参照］，本書簡に記される父子関係は，「共通の祖先」を念頭に置いた言説ではなく，より普遍的

---

35) この点に関して，アラブにおける奴隷軍団の起源と社会関係を検討した清水和裕が考察している［清水 2005: 48-59］．
36) 中央アジア，モンゴル，中国本土などユーラシア東部において，「フンカル」に類する語はオスマン朝を指した［小沼 2008；坂井 2008: 116；鍾 2010］．またモスカ M. Mosca は，清朝国内における「フンカル」に関する言説から，旗人官僚や漢人知識人による対外知識の収拾と循環の特徴を論じている［Mosca 2010］．
37) 註9，同史料，『満文録副』47: 1347；『新疆匯編』25: 383.

に存在していた統属関係を比喩的に表す言説と考えるべきである.

　ここで想起されるのは,本章冒頭で指摘した,乾隆帝がコーカンドの支配者を「我が息子」と呼んだという逸話である.清朝皇帝が中央アジアの首長層を自らの「息子」ととらえる見解が,18世紀後半の乾隆朝期に存在したことは確実であろう.しかも,それが清側の一方的な解釈であったと断言できない側面がある.デュセンアイル［2010: 67-68］が紹介した,アブルフェイズの長男にして,その王爵の継承者であったハンホジャが,1790年にタルバガタイ参賛大臣へ送ったテュルク語書簡に,次のような一節がある.

　　丑年以来,我々のトレが〔清朝皇帝の〕息子に,我々の属民が〔清朝皇帝の〕
　　しもべになって以降,……38).

丑年は乾隆22年（1757）にあたり,アブライとアブルフェイズの帰順表明の年である.「トレ」（Tu. törä）は,前述の如く「白い骨」と汎称されるチンギス裔の王族を指す.「属民」と訳した原語は qara（黒い）であるが,これは「白い骨」一族に対して「平民」を意味する「黒い骨」（Tu. qara süyek）のことであり,「しもべ」（Tu. qul）はモンゴル語の albatu に相当する.明らかに,この書簡は「帰降表文」と同様の枠組みを意識して起草されている.長年にわたるカザフと清の対話の中で,カザフの首長層を清朝皇帝の「子」に擬える関係は,外交辞令とはいえ,一定の共有をみるに至っていたといえる.

　繰り返しになるが,支配者とそれに臣属を誓う者が,「主‐奴」「父‐子」の関係を設定する観念は,歴史上,様々な地域や集団で広く確認される.「帰降表文」に表れる同様の関係に関して,その関係自体の起源や概念を深く追究する作業は,18世紀の事例を扱う本章においては建設的な議論を導くことにならない.後述の議論においては,具体的事案をともなった清とカザフの交渉の中で,上記の関係がどのような文脈で用いられ,いかなる機能を果たしていたのかを検討する.

---

38) 訳文については,デュセンアイル提示のテキスト（Tu. Siyir yilidin beri, torämiz ul bolghali, qaramiz qul bolghali...）を確認した上で,氏の日本語訳に若干の補正を加えた.

3. 清による「帰順」の受諾

では，もう一方の当事者たる清は，アブライの帰順表明をいかにとらえ，どのような対応を示したのだろうか．軍営に到着したヘンジガルらに対し，ジョーフイは次のように述べている．

> 汝らのアブライが大エジェンに奏した書と，汝らが来た理由から判断するに，アブライは以前の非を悟り，全カザフを率いて大エジェンのアルバトとなるべく従ったようである．〔我々はアブライの〕心からの誠意を知った．いま汝らを〔乾隆帝のもとに〕送る．その代わり，アブライが我々に遣わした使者とともに，我々のところからも使者を遣わす．汝らのアブライは，かくも言葉が恭しいので，我々のところから〔他の〕二路の将軍らに書を送り，大軍が汝らカザフの辺界に進むのをやめさせる[39]．

このようにジョーフイは，全カザフがエジェンたる清朝皇帝のアルバトになるという図式をふまえ，アブライの帰順を受諾した．そしてただちに，ヘンジガル使節の入覲と，清からアブライへの使者派遣を決定し，カザフへの進撃を中止した．

ジョーフイ主催の酒宴で歓待された後，ヘンジガル一行は表文Ⅰを携え，清の官員の護衛のもと，乾隆帝との謁見の地である承徳を目指した．途中で経由したウリヤスタイでは，定辺左副将軍ツェングンジャブと面会し，アブライがチンギス=カンの後裔であることを告げている［野田 2011: 123][40]．一方，複写である表文Ⅱは先んじて発送され，8月30日に朝廷に到着した．それをも

[39)] 「満文録副」1643.12, 45: 2699-2700, 乾隆22年6月18日［1757/8/2］，ジョーフイの奏摺；『新疆匯編』23: 374-375.

[40)] 1761年にアブライのもとを訪れたロシア通訳官によれば，1760年夏にアブライが清に派遣したヨルバルスとダウラト=ケレイに対し，乾隆帝は，キタイ人（中国人）とカザフ人が起源を同じくする種族であり，ともにチンギス=カンの分枝に属すると述べたという［KRO: 621］．ヨルバルス（1761年2月）とダウラト=ケレイ（1760年10月）の入覲は確認できる［Onuma 2010b: 156］．真偽はともかく，上述の発言は清のカザフに対する懐柔の言葉として理解できる［野田 2005: 33-35］．あくまで憶測でしかないが，このチンギス=カンに由来する種族起源共有の言説には，ツェングンジャブからもたらされた情報を，清朝中央が巧妙に利用した可能性があると考える．

って清朝中央が翌 8 月 31 日に示した見解が，本章の冒頭に引用した乾隆帝の上諭であった．ここでは，テキスト比較の意味も込めて，漢文版『準略』収録テキストのオリジナルに相当する『乾隆朝上諭檔』[3: 77] 収録テキストを示しておく（文言が異なる部分は下線で示した）．

　　不知哈薩克越在万里<u>之</u>外，<u>荒遠寥廓</u>，<u>今</u>未嘗遣使招徠．乃称臣奉書貢献馬匹，自出所願所謂．帰斯受之，不過略示羈縻服属．如安南，琉球，暹羅諸国，俾通天朝声教而已．並非欲郡県其地，張官置吏，亦非如喀爾喀之分旗編設佐領也．

二つのテキスト間の文言の違いは文意を変えるものではなく，カザフの帰順を受諾し，安南（ヴェトナム），琉球，暹羅（シャム）の諸国と同様にカザフを「羈縻服属」させ，郡県制や旗制を導入しない点は同じである．ただし注意すべきは，この上諭が内閣（大学士）に対して下された漢文の明発上諭だった点である．

乾隆朝において，皇帝が下す上諭は，明発上諭と寄信上諭の二種類に大別されていた．明発上諭が内閣に下され，そこから公布されたのに対し，寄信上諭は皇帝から軍機処を経て地方駐在の官僚個人に送付される命令文であり，公布されるものではない．また，明発上諭と寄信上諭には，どちらにも満文・漢文という言語の使い分けが存在していた．したがって，その上諭が誰を対象とし，どのような目的を持って発せられたものなのかを十分に吟味した上で利用しなくてはならない[41]．以上を踏まえた場合，ここで発せられた漢文の明発上諭は，それを目にする人々が持つ文化・思想的背景に沿うべく作成されており，ゆえにカザフの帰順受諾が儒教的価値観に沿って説明されていると考えられる[42]．

---

41)　この点をふまえた清朝中央における政策展開については，村上 [2011] が 18 世紀後半のチベット政策をもとに実例を示している．

42)　漢文版『準略』の「則ち斯れを帰し之れを受け，略羈縻を示すに過ぎず．安南，琉球，暹羅諸国の如く，天朝の声教に通ぜしむるのみ．」（則帰斯受之，不過略示羈縻，如安南，琉球，暹羅諸国，俾通天朝声教而已．）に対応する，満文版『準略』の文言 [巻 41: 49b-50a] は，「これすなわち従い来れば，受諾するというのがよい．まずはこれら（カザフ）を安南，琉球，暹羅の諸国と同様に，属下として中央の国の教化を及ぼすだけである．」(Ere uthai dahame jici, alime gaimbi sehengge inu. Manggai esebe an nan, lio kio, siyan lo i jergi gurun i adali, harangga obume dulimbai gurun i tacihiyan wen be hacumbure (sic.) dabala.) となっており，「羈縻」にかかわる前半の文章が大幅に意訳されている．その理由は明確でないが，そもそも「羈縻」の概念を表現する満洲語が存在しないことによるかもしれない．

また乾隆帝はこの明発上諭の末尾で，表文IIの翻訳とその宣布を命じている［『乾隆朝上諭檔』3: 78］．この命令により作成され，先行研究が依拠してきたテキストが，以下に示す漢訳「帰降表文」（以下，表文III）である．

　　哈薩克小汗臣阿布賚謹
　　　奏中国
　　大皇帝御前，自臣祖額什木汗，揚吉爾汗以来，従未得通中国声教，今祇奉
　　大皇帝諭旨，加恩辺末部落，臣曁臣属，靡不懽忭，感慕
　　皇仁．臣阿布賚願率哈薩克全部帰於鴻化，永為中国臣僕．伏惟中国
　　大皇帝睿鑑，謹遣頭目七人及随役共十一人，賚捧表文，恭請
　　萬安．並敬備馬匹
　　　進献．謹
　　　奏 43)．

一見して明らかなように，翻訳を経たことで漢文特有の潤色が添加され，かつ擡頭[44]の書式で清朝皇帝への敬意を明らかにした文体となっている．内容面においても，「臣」たるアブライが全カザフを率い，「中国」の「臣僕」になるという文脈でカザフの帰順は語られ，原文にあった皇帝（乾隆帝）との個人的な紐帯を意識した文脈は後退している．もとより表文IIIは，清朝政権がカザフの帰順を儒教的価値観で解釈・説明するために作成されたのであり，それと異なる価値観による帰順の説明は目的の外にあったといえよう．

　以上のように，カザフの清への帰順は，両者の間では，オイラト語と満洲語を媒介して，カザフが清朝皇帝のアルバトになるという文脈で把握されていた．これは清がオイラトに対して設定した「エジェン－アルバト関係」の敷衍と理解してよく，後述するように，以後の両者間の交渉では度々この関係が確認さ

---

43) 『準略』正編巻41: 22b-23b，乾隆22年7月丙午（16日）[1757/8/30] 条．なお，『準略』における表文IIIの収録位置は，漢文の明発上諭で表文IIの翻訳が命じられた乾隆22年7月丁未 [1757/8/31] 条の前日，すなわち7月丙午 [8/30] 条であるが，これは『準略』編纂時に手が加えられたものであり，実際に表文IIIが作成されたのは8月31日以降であった．『準略』より遅く編纂された『高宗実録』では，順序が正しく整えられ，表文IIIは丁未条の明発上諭の末尾［『高宗実録』巻543: 16a-b］に附されている．

44) 擡頭とは，現王朝の皇帝・皇室にかかわる語句に対して，改行をおこない，かつ他の行の行頭よりも高い段から書き出し，尊敬を示す文書書式の規定である．清代に作成された中央や地方の公文書においては，言語の別にかかわらず，擡頭の書式が用いられた．

れている．その一方で，清朝政権は漢文の明発上諭を下し，カザフの帰順を儒教的価値観の中で解釈しなおし，東南の「藩属」諸国と同様に「羈縻服属」させることを宣布した．一見矛盾を孕むかのように映るが，これはどちらか一方が表の関係で，もう一方が裏の関係であるということではない．周知の如く，清朝国家は地域・集団にあわせて関与のあり方を変え，全体として多元的な体制を構築していた．その国家の性格を人格化したのが清朝皇帝であり，その代表格が乾隆帝であったことに異存はなかろう．この点に鑑みれば，カザフの帰順に対する解釈の違いは，清朝政権が複数の価値観の中でカザフとの間に〝あるべき〟関係をそれぞれ見定め，かつ巧みに言語を使い分けながら，それらを矛盾なく説明することができたからに他ならない[45]．

以上のカザフの帰順に対する清朝政権の対応は，チベットのラサに駐在する駐蔵大臣の「瞻礼」（ダライラマ等の大転生僧への叩頭）が故意的に奏摺中に記されなかったという点に注目し，乾隆朝後半の清朝政権がチベット仏教の価値観にもとづく関係の本質を「非可視化」していた，とする村上信明の主張［村上 2011］と一致する部分がある．むろん，このような価値観や対応の使い分けは厳格に遵守されるべきものではなく，実際には，一方の〝あるべき〟関係の語りの中に，もう一方の〝あるべき〟関係の要素がにじみ出たり，互いにオーバーラップしたりするのが常態だったはずである．ゆえにフレッチャーは，清－中央アジア間の中国・儒教的な「君臣関係」の背後に，それとは異なる側面が伏在することを感じ取ったのであろう．

10月17日，ヘンジガルは承徳北辺にある木蘭囲場（ムラン）の布扈図口（ブグト）[46]で乾隆帝に謁見し，表文Iを上呈した[47]．翌18日は乾隆帝の「行囲」（巻狩）に追従した[48]．その後，乾隆帝とともに熱河行宮（避暑山荘）に移動し，モンゴルの外藩王公も参列する万樹園幄次で歓待（大蒙古包宴）を受け，さらに11月には北

---

45) 清と中央アジアの交渉における言語の問題については，Brophy［2013］，Onuma［2014］を参照．
46) 清朝帝室の猟場として設置された木蘭囲場を構成する「七十二囲」のうちの一つ．ブグト（Mo. buyutu）とはモンゴル語で「鹿のいる場所」を意味する．
47) 『準略』正編巻43: 22a–23a，乾隆22年9月甲午（5日）［1757/10/17］条．
48) 『準略』正編巻43: 23b，乾隆22年9月乙未（6日）［1757/10/18］条．君主が主催する大規模な狩猟には，君主個人の権威や能力を示し，参加者に畏敬の念を植え付けるための有効な政治デモンストレーションという意味を持つ［Allsen 2006: 8, 34］．

京へ移動し，再び数度の式典[49]に参加した［『清哈』1: 59-70］．その後ヘンジガル一行は，アブライとアブルフェイズに宛てた勅書と賜与品を手に，カザフの地へと戻っていった．

4. ヌサン使節の派遣

4.1. 派遣の目的

前節でカザフの「帰順」に対する清朝中央での初期対応を検討したが，それと同時並行で，ジョーフイら前線の将軍たちは，アブライとコンタクトをとるべく行動を開始していた．それが侍衛ヌサン Nusan（努三）と台吉エルケシャラ Erkešara（額爾克沙拉）の派遣（以下，ヌサン使節[50]）によるアブライとの直接交渉である．

ヌサン使節の派遣は，1757年7月末にヘンジガル使節がジョーフイの軍営に到着した際，ただちに計画された．ヌサン（?-1778）は，1750年代の西征事業に最初から携わっていた人物である．当初の参賛大臣の地位は隠匿の罪により革職されたが，その後も前線で軍務に従事した．1757年に頭等侍衛の身分でカザフに遣使し，その任務遂行により乾隆帝の信頼を回復すると，1760年に北京へ凱旋するまで西北戦線にあった[51]．エルケシャラ（?-1766）は，第三次遠征における定辺将軍のツェングンジャブの長子であり，派遣当時は一等台吉であった[52]．彼が使節に選ばれた理由は，かつてエルケシャラがガルダンツェリンのもとに滞在していた時，そこで捕囚となったアブライと交友を結び，カザフ人に対する理解も深かったことによる[53]．

---

49) ヘンジガル使節が太和殿で皇帝に謁見した際に同席した琉球国使節については，渡辺［2011: 99-103］を参照．
50) 清朝史料では，台吉と侍衛という立場の差をふまえ，ヌサンよりエルケシャラの名前を前に記している．しかし，実際の行動においては，ヌサンが主導的な立場をとっており，ヌサン使節と表記するのが適切と判断した．
51) 『八旗通志』巻155，大臣伝21，努三条．
52) 『王公表伝』巻70，附貝子品級輔国公額爾克沙喇列伝．
53) 「満文録副」1653.19, 46: 883, 乾隆22年8月27日［1757/10/9］，ジョーフイの奏摺：『新疆匯編』25: 186．

使節派遣の目的は，何よりもカザフ草原に潜伏していると考えられていたアムルサナの捜索であり，その問題の解決を条件としてアブライに対する帰順工作に移る手はずとなっていた．またアブライの宿営に滞在中のヌサン使節がジョーフイに送った二つの満洲語の報告文（以下，報告 I[54]，報告 II[55] と呼ぶ）には，アブライ個人や彼と関係を持つカザフ首長層，および当時の東部カザフ社会に関する興味深い情報が盛り込まれているが，ここではカザフとの関係構築にかかわる交渉に限定して論じることにする[56]．

1757 年 8 月 3 日に軍営を出発したヌサン使節は，アブライ属下のカザフの頭目と接触を持ちながら草原を進み，9 月 5 日にアブライの宿営に到来してアブライとの対面に及んだ．交渉の前半はアムルサナ問題に費やされ，ヌサン使節の圧力にアブライは困惑し，病床にも就くことになるが，ヌサン使節にアムルサナがカザフ草原から去ったことを納得させると[57]，両者の協議内容は清とカザフの関係構築へと移っていった．

4.2. 清の基本方針

使節派遣に先立ち，ジョーフイとヌサンらとの間で協議がなされ，派遣の目的と交渉での基本姿勢が定まった．前述のように，派遣の最重要目的はアムルサナの擒獲であったが，注目すべきは，たとえアムルサナ問題が解決したとしても，アブライの帰順にともなうカザフの内情調査，すなわち爵位の授与と集団構成の把握に関しては，詳密さは不要と指示している点である[58]．この指示

---

54) 「満文録副」1671.15，47: 1338-1388，乾隆 22 年 9 月 14 日［1757/10/26］，ジョーフイの奏摺；『新疆匯編』25: 379-406．報告 I に該当するのは 1339-1385 コマの部分．報告 I は，使節の公的な活動報告というべきもので，軍営の出発から始まり，アブライとの交渉の様子が順を追って詳細に記され，かなりの長文である．

55) 「満文録副」1655.40，46: 1551-1559，乾隆 22 年 9 月 14 日［1757/10/26］，ジョーフイの奏摺；『新疆匯編』25: 368-372．報告 II に該当するのは 1552-1558 コマの部分．報告 II は使節の私的な報告という性格を持ち，報告 I にみえない情報や所感が含まれる．

56) ヌサン使節の活動全般については，小沼［2014］を参照されたい．

57) アムルサナは，1757 年 8 月 8 日（露暦 1757/7/28）にセミパラチンスクに到着し，さらにロシアの保護のもと 8 月 31 日（露暦 8/20）にトボリスクへ到るが，その途上で天然痘を発病し，10 月 2 日（露暦 9/21）に同地で死去した［森川 1983: 85-86］．

58) 「満文録副」1643.12，45: 2712，乾隆 22 年 6 月 18 日［1757/8/2］，ジョーフイの奏摺；『新疆匯編』25: 381-382．

内容については，1757年8月30日の「帰降表文」（表文II）の到着と同時に清朝中央にもたらされたが，乾隆帝も，清側からカザフに爵位の授与などを積極的には働きかけず，あくまでカザフの任意とするべきとの考えを持っていた[59]．この意向は，翌8月31日に国内向けにカザフの帰順を宣布した漢文の明発上諭の中で，カザフに郡県制や旗制を導入しないと明言した部分にも反映している．また同日，乾隆帝はアブライに対する最初の勅書を満文で出しているが，その中で次のように述べている．

> 我々の将軍たちのところから，「汝らが大エジェンに従った後で，汝らを必ず汗や王の称号を賞与し封じる．汝らの遊牧集団の数を調べて〔名簿を〕呈送するように」と命じたことは，特に将軍や大臣らが辦事の者〔であるがゆえ〕である．すべもなく内地の例規に固執して処理することは，汝ら縁辺にいる人々にはあわない．汝ら遠い辺界にいる人々を，内ジャサク，ハルハ，オイラトなどの人々と比べることはできない．汝らをして部落の人々を調査させれば，路が遠いので汝らは往来にゆえなく苦労を蒙る．無益なることかくの如しであるゆえ，汝らは自らの旧俗にしたがうように．いまでもアブライはすでにハンであろうぞ．我が恩を及ぼして封ずるといえど，〔それは〕また汗に封ずるのみである．これより高い爵はない．ただし，このハンとは汝らが勝手に称揚したものであり，決して我が封じた爵位ではない．汝の心中で，もしも我が恩を及ぼし封ずれば，ますます名望が挙がると思うならば，我はただちに恩を及ぼし，汝に称号を賞与し，汗の誥冊を与えれば，それまでである．汝らの属下は，〔旧俗を変えず〕従来どおりにしておればよい．汝らから貢賦を徴集することはなく，また汝らから供出させる物品もない[60]．

乾隆帝は，ジョーフイらが使節に指示した爵位の授与と集団構成の把握は，清朝中央の本意ではないと弁明している．すなわち，同じ遊牧民とはいえ，カザフを内外モンゴルやオイラトの諸集団と同じと考え，国内基準（旗制の施行な

59）「満文上諭檔」軍務19 (1)，乾隆22年7月16日〔1757/8/30〕条．
60）「満文上諭檔」軍務19 (1)，乾隆22年7月17日〔1757/8/31〕条；「満文録副」1669.4, 47: 832-834，乾隆22年7月17日〔1757/8/31〕；『新疆匯編』24: 315-316. Cf.『準略』正編巻41: 24a-b．

ど）にしたがって「帰順」を処理することはできない．爵位の授与についても，ハンを自称[61]するアブライへの汗爵授与は，その追認という意味でしかない．旧俗の維持とは実効支配を及ぼす意志のないことの表れであり，清朝政権のカザフに対する基本姿勢の説明であった．

　ところで，この上諭で乾隆帝は，ジョーフイやフデが「内地の例規に固執して処理」していると批判し，対応のまずさを案じている．しかし，実際にジョーフイらが使節に与えた指示には，カザフに対する実効支配を模索するような積極的姿勢はみえず，むしろ清朝中央の意向と一致している．たしかに8月2日起草の上奏文の文面には曖昧さも残るが，乾隆帝の方が穿った見方をしているといえよう．ところが，よほど乾隆帝は憂慮していたのか，アブライ宛の勅書の発送後，あらためて9月10日にジョーフイとフデに以下のように命じた．

　　我の心中でやや不満であるのは，彼ら（ジョーフイら）がヌサンらの派遣において〔指示した〕，カザフのアブライの属衆の数を調べる，官爵を賞与するという項目を，我は余計だと思案している．どうしてかというと，我々がこの言葉を彼らに述べたら，彼ら〔カザフ〕は怖れ，かつ逆賊アムルサナもこの言葉をとらえて勝手にうまく語って，彼らカザフの人々を欺くやもしれぬと思うのだ．これらのことはみな必要ないと追って勅書を下して送ったけれども，ジョーフイとフデはこの諭旨を受け取った後，なお急いで人を追加派遣し，カザフのアブライに送れ[62]．

さらに乾隆帝は，この文面に続けて8月31日のアブライ宛勅書の概要を繰り返し，勅書現物の到着を待たずに，使者を急派してアブライに口頭で説明させるよう命じている[63]．指示を受けたジョーフイらは，その指令にしたがいつつも，乾隆帝の誤解を解くため，ヌサン使節に与えた指示内容を，より明確な

---

61) カザフ＝ハン家の傍系にあたるアブライは，清との交渉を無難に切り抜けた1758年頃には，カザフ社会でハンと呼ばれるようになっていたが［川上 1980: 44］，正式に中ジュズのハンに推戴されるのは1771年である．野田［2011: 128-129］によれば，清との交渉の中でアブライは，カザフ社会における自分の存在を大きくみせようとしており，ハンの「自称」もその一つであった．

62) 註53, 同史料，「満文録副」46: 880-881, ジョーフイ等の奏摺に引用された乾隆22年7月26日［1757/9/10］の上諭；『新疆匯編』25: 184-185．

63) 註53, 同史料，「満文録副」46: 881-882；『新疆匯編』25: 185．

表現で説明しなおした.

> もしも彼らが諾冊を求めれば,彼らに書簡を記させて自ら来させるか,あるいは〔彼らの〕子弟を派遣させて,奏請させるように.彼らが望まなければ,決して急ぐな.またアブライのような頭目や,オトグの人々について調べる際,我々〔が自身〕の問題を取り扱うのと同様に,戸数を記し,心尽くして詳細に調べる必要は決してない.それどころか,ジューンガルのオトグを取り扱う如く調べる必要もない.ただアブライに対して,誰がどのオトグの頭目であるのか,いかほどの戸数の人々を統轄しているのかを問い,我々が〔それを〕知れば十分である[64].

以上,カザフとの関係構築に向けて清朝内部でなされた議論を確認したが,なぜ清朝政権はカザフ社会には積極的に関与しないという方針をわざわざアブライに認知させようとしたのだろうか.その理由は,上述した清朝内部での議論の中で必ずしも明示的ではない.ただし,ヌサン使節とアブライとの交渉は第三次遠征の最中になされており,かつ上諭や奏摺にみえる「内地の例規に固執して処理することは,汝ら縁辺にいる人々にはあわない」,「内ジャサク,ハルハ,オイラトなどの人々と比べることはできない」,「ジューンガルのオトグを取り扱う如く調べる必要もない」という文言に注目すれば,清の政策決定者の意識に,旗制導入を目指したジューンガル善後策に失敗し,現に反乱を招いているという反省の意識を看取できよう.オイラトにおいて成功をみなかった方策を,さらに遠方に位置するカザフに適用することが非現実的であることは清側も当初から理解しており,カザフの集団構成を厳密に調査する必要はないと考えていた.しかし,そのような調査や爵位の授与は,清の意図がいかにあろうとも,カザフ側に権力の介入と理解され,「彼ら〔カザフ〕は怖れ,かつ逆賊アムルサナもこの言葉をとらえて勝手にうまく語って,彼らカザフの人々を欺」き,オイラト支配と同じ轍を踏む可能性があった.さらなる混乱惹起を避けるため,清は慎重な姿勢をとるだけでなく,政策意図をアブライにも十分に理解させた上で,カザフとの関係構築を進めることにしたのである.

---

64) 註53,同史料,「満文録副」46: 882-883;『新疆匯編』25: 185-186.

4.3. カザフの集団構成と頭目

　現地におけるヌサン使節とアブライの交渉で，協議内容がアムルサナ問題から清とカザフの関係に移ると，まず争点となったのがカザフの頭目と集団構成の把握であった．すでにアブライは，ヌサン使節の到来前に対面した清の侍衛シュンデネ[65]に，頭目 20 人の名を記して手渡していたが［報告 I: 1374；『新疆匯編』25: 398］，アブライはヌサンとの協議に先立ち，あらためて次のような説明をおこなった．

> 我々カザフは野生のロバのようにバラバラに遊牧しており，馬畜を養って生きている．我々三部の中ジュズ，大ジュズ，小ジュズはみな一体である．大ジュズはタシケントの地にいる．小ジュズはシル河末端のジャイ河の地にいる．みな一つの身体で，戦うとなれば共になし，従うとなればまた共になす．我の言葉に偽りはない．我が意では，大ジュズと小ジュズのハンやスルタンたちの名を，みな中ジュズの我々の名と共に記して与えたいと思っており……，もしもそれらの頭目の名を記さなければ，彼らは恨み，また離心するであろう．いかに処理すべきかをアンバン殿ら（ヌサン，エルケシャラ）とともに協議したい［報告 I: 1368-1369；『新疆匯編』25: 395-396］．

アブライによれば，三つのジュズに分かれているとはいえ，カザフは一心同体であり，共同歩調をとっていた．この言葉はすでに統一を失っていたカザフ社会の実情と相容れないが，アブライの意図は，交渉における自らの言動がカザフ全体を代表することを，清の使節に印象づけることにあったと考えられる．これに対してヌサンは，アブライの意図を見透かしてか，大・小ジュズの支配者の名はまだ乾隆帝に伝わっておらず，使者も未到来なので，にわかに聞き入れることはできない．この機会に清の使者を両ジュズに派遣してもよいが，将軍たちからカザフの頭目をすべて把握するよう指示は受けておらず，現段階で部族構成や人口規模の調査は実施しないと返答した［報告 I: 1369-1371；『新疆匯編』25: 396-397］．

　アブライは，遠方にある大・小ジュズに到るには「1 年近く必要」と述べ，

---

[65] アムルサナ探索のためロシア辺境のケンゲル＝トゥラ（ウスチ＝カメノゴロスク要塞，現在カザフスタン共和国オスケメン市）へ赴く途上にあった．

清の使者派遣を牽制するとともに,「各オトグの頭目を調べなければ,彼らは心服しない」と述べ再考を促した.ヌサンは,中ジュズは各部族の頭目まで,大・小ジュズではハンのみの名を提出させる折衷案を示したが,アブライは,中ジュズだけで 100 戸～1,000 戸規模の集団を統轄する頭目は 500 人にのぼると述べ,その全員の名の提出を希望した［報告 I: 1371-1373；『新疆匯編』25: 397］.ヌサンには,アブライの属下に 500 人もの頭目は存在しないという認識があった［報告 II: 1556；『新疆匯編』25: 370-371］.のちにこの事情を耳にしたシュンデネは,属下の頭目が大勢であることをみせつけ,少しでも清朝皇帝から「恩恵」を引き出そうとするアブライの狙いを看破している[66].

3 日間の協議の末,ついに妥協に至る.アブライはヌサンの面前で,中ジュズはハンとスルタン 19 人,主要な頭目(バートル,ビィ[67])44 人[68],大ジュズはハンとスルタン 2 人,バートル 5 人,小ジュズはハンとスルタン 3 人の名を書き出した[69].さらにヌサンの指示に従ってそれら頭目を三等級に分け,提出する名冊を完成させた［報告 I: 1374-1376；『新疆匯編』25: 398-399］.

この名冊は,報告 I・II とともに軍営に送付され,ロシアから帰還したシュンデネが内容を確認した.シュンデネは中ジュズの構成について独自の調査をおこなっており,それによれば,主たるオトグが 36 で,総戸数は約 68,000 戸であった.また名冊中の中ジュズの頭目は,シュンデネの把握する人数より 13 人多かったという.このためシュンデネは,名冊の中ジュズ部分の記載と自身の調査結果をふまえ,中ジュズの集団構成に関する満洲語の名冊を作成し,それを清朝中央に送付した[70].アブライ作成の名冊原本の現存は確認できないが,シュンデネ作成の満洲語の名冊[71]は残されている.それによれば,中ジュズ

---

66)「満文録副」1677.1, 47: 2242-2243, 乾隆 22 年 12 月 18 日［1758/1/27］,シュンデネの奏摺；『新疆匯編』27: 177-178.
67) チンギス裔「白骨」(アクスイエク)(ハン,スルタン)に属さない,いわゆる「黒骨」(カラスイエク)出身のカザフ首長層は,バートルまたはビィと呼ばれた.
68) この中には,シュンデネに提出済みの 20 人が含まれている［報告 I: 1375；『新疆匯編』25: 398］.
69) アブライはトド文字(オイラト語)を用いたと推測される.アブライは,これとは別にヌサンに手渡したカザフの入覲使者の名冊をトド文字で記している.「満文録副」1672.14, 47: 1537, 乾隆 22 年 10 月 16 日［1757/11/27］,シュンデネの奏摺；『新疆匯編』26: 246.
70) 註 66, 同史料,「満文録副」47: 2242-2243；『新疆匯編』27: 177-178.

には，タラクト（Ma. Taraktu < Taraqty），アルグン（Ma. Argan < Argyn），ナイマン（Ma. Naiman < Nayman），ケレイ（Ma. Kere < Kerey），ウワク（Ma. Wak < Waq），テレングト（Ma. Tulunggu < Telenggut[72]），キプチャク（Ma. Habcak < Kypchaq）の七大集団（Ma. aiman）が存在し，各集団は1から11のオトグで構成されていた[73]．

4.4. 爵位

続いて爵位の問題へと移った[74]．アブライは，祖先伝来のカザフの習俗が，清への「帰順」で改められてしまうのではないかと不安を抱いており，衣服と帽子を改めること，爵位を受けることの二つを望んでいなかった．ヌサンは，清にそれを強制する方針はなく，エルケシャラがハルハの服を着用しているのが，その何よりの証(あかし)だと述べた［報告 I: 1376-1377；『新疆匯編』25: 399-400］．

当初アブライは，清の爵位が一体どのようなものであるのか理解していなかったようである．爵位の意味をヌサンに尋ねると，両者の間で次のようなやり取りがなされた．

> 我々が「称号とは，我々の例規では，大功を立てた者に，大エジェンが褒め慈しみ恩恵を及ぼすため賞与する．我々のハルハ四部にチェチェン汗がいる．チェチェンという爵号は，すなわち称号，これと同じである．また戦いで勇猛に尽力した者に恩恵を及ぼすため号を賞与し，称号にしたがって名を呼ぶ．」と述べた時，アブライは「称号にはいくつ種類があるのか．」と尋ねた．我々は「汗，王，大臣に称号を賞与する場合，爵号をエジェンが賞与する．例えばアブライよ，汝にオルジト[75] = アブライという称号

---

71) 「満文録副」1679.6, 47: 2595-2598, 乾隆23年正月［1758/2/8-3/8］；『清哈』1: 87-89；『新疆匯編』28: 78-79．この名冊の詳しい内容は，小沼［2014］を参照されたい．

72) カザフ中ジュズにおけるテレングトと呼ばれる集団はハンの直属民を指し，18世紀初頭のタウケ=ハンの時代に成立したとされる［野田 2011: 122］．

73) 各ジュズは複数のルゥ ru と呼ばれる父系クラン集団から構成され，さらに主要クランは複数の下位クランを持つ［藤本 2011: 50-52］．野田は，このルゥと清が認識するオトグは完全に一致する概念ではないとことわりつつ，カザフのオトグに「部族」の訳語をあてており［野田 2011: 3, 120-125］，本書も原則としてこれに倣った．この名冊では，最上位レベルのルゥに aiman，下位レベルのルゥに otok の語をあてている．

74) 清朝皇帝がカザフのスルタンに授与した爵位とその意義については，野田が制度の変遷も含めて詳しく考察している［Noda 2010；野田 2011: 149-179］．ここでの議論はヌサン使節の交渉内容に限定するが，野田の考察と一部重複することを述べておく．

を賞与したならば，すなわちオルジト＝アブライと呼ぶことになる．また，汗，王，貝勒，貝子，公，これはみな衛である．〔外藩ではない〕大臣や官員の衛は，汝らとは異なる．……」と述べた［報告 I: 1377-1378；『新疆匯編』25: 399-400］．

モンゴルの王侯層に対する外藩爵制を念頭に置き，ヌサンは，称号（号／colo）あるいは爵号（爵／hergen）と，汗や王などの等級（衛／jergi）の組み合わせからなる清の爵位について説明している．するとアブライは一転して爵位の授与に強い関心を持つようになり，清朝皇帝から「オルジト王」の爵位が授与されることを期待し，「汗」であればなおよいと述べた［報告 I: 1377-1379；『新疆匯編』25: 400-401］．

　以上の交渉を通じて，アブライは，清との関係構築が既存のカザフ社会に大きな変化をもたらすものでないと確信したに違いない．その認識に立った場合，清から授与される爵位も，アブライにとって新たな意味を持つようになった．カザフのハン家としては傍系のアブライは，ジューンガルの戦いの中で実力者の地位を獲得していったが，なおハンに推戴されていなかった[76]．この状況において，清から授与される爵位，特に汗爵は，彼にとって「有益なるもの」と目に映った［報告 I: 1378；『新疆匯編』25: 401］．もちろん，カザフにおける伝統的なハン号と，清の汗爵は性格を異にしており，その点は乾隆帝もアブライ宛の勅諭で強調していたが，実際には清の爵位はカザフ社会において支配者の権威を高める効果を持ち，カザフの汗爵所有者はハン号と汗爵を重ね合わせて把握するようになる［野田 2011: 154-156］．清の進出を当初は警戒していたアブライであるが，言動の変化が如実に示すように，ヌサン使節との交渉を通じて，清との関係構築は自身の権威伸張を助ける利点として認識しなおされ，その認識は彼の子孫にも受け継がれていったといえよう．

75）　満洲語の綴りは oljitu となっているが，モンゴル語 öljeyitü（幸福なる）の音写であろう．
76）　アブライがカザフ社会でハンに推戴されるのは 1771 年であるが，1758 年頃には周囲からハンと呼ばれるようになっていた［KRO: 582；川上 1980: 44］．むろんアブライの実力あってのことだろうが，想像をたくましくすれば，1757 年のヌサン使節との交渉や乾隆帝からの勅書に，汗爵授与の話題が含まれていたことも影響しているのではないだろうか．

4.5. 使節の帰還

　長期滞在の使節の存在は，すでに交渉で一定の成果を得ていたアブライにとって次第に疎ましくなったようであり，帰還を促した．ヌサンはカザフの地で越冬し，アムルサナの動向を見極める気であったが，別のルートからアムルサナのロシア逃亡を聞き及んでいたジョーフイは[77]，ヌサン使節は帰還すべきと判断した[78]．

　ジョーフイから帰還命令が届くまで，ヌサンとアブライは，カザフの入覲使節の派遣について協議した．やはり双方の思惑の違いはあったが，結局はアブライが提示した，名簿に記した中ジュズの諸頭目を2班に分け，各班をアブライの子弟を含むスルタン2名，バートルらを半分にした22名により構成させ，2度に分けて派遣する案が採用された[79]．実際にはこの決定どおりの使節派遣はなかったが，以後カザフが清に派遣した使節には，アブライやアブルフェイズら有爵者の子弟や同族のスルタンが加わることが多く［Onuma 2010b］，上記の決定事項は一定の基準とみなされたようである．

　1758年1月初旬にヌサンとエルケシャラは軍営に帰着し[80]，使節の任務は終了した．アムルサナ問題の解決には至らなかったが，実効支配の否定，爵位の授与，入覲使節の人員構成など，清-カザフ関係を規定するいくつかの枠組みは，ヌサン使節の交渉を通じて方向性が定まったものであった．何よりも，その後アブライが「ロシアとの関係が疎遠になるほど」［Valikhanov 1985, 4: 114］清との結びつきを強めていったことは，中央アジア草原における混乱の収束をはかる意味で，清朝政権に多いに寄与したといえよう．

77）　ただし，この時に清側が得ていたアムルサナがイルティシュ河で溺死したという情報は，ロシアが時間を稼ぐために流したものであった．
78）　註54，同史料，「満文録副」47: 1386，ジョーフイの奏摺：『新疆匯編』25: 405.
79）　註69，同史料，「満文録副」47:1534-1537；『新疆匯編』26: 246-248.
80）　「満文録副」1677.15，47: 2232-2233，乾隆22年12月18日［1758/12/18］，シュンデネの奏摺：『新疆匯編』27: 201-202.

第7章　清の中央アジア政策の基層

　1757年後半における相互の使節派遣により，清とカザフの対立は回避され，関係が樹立されるに至った．ただし，清とカザフの関係は必ずしも順調に滑り出したわけではなく，複数の解決すべき問題が存在した．その中の一つが両者の境界をめぐる問題である．

　清はジューンガルの勢力範囲をすべて継承し，それを自身の「辺界[1]」と認識しており，その範囲はカザフ草原南部のチュー・タラス河流域まで及んだとされる．しかし実際には，ジューンガルの圧迫によって押しやられていたカザフとクルグズが，ジューンガル衰退に応じて旧遊牧地の回復の動きを開始しており，1755年のジューンガル征服時には，すでに上記の「辺界」に入り込み，なお越界が進行中であった．清は早々にカザフの駆逐が不可能であることを悟るが，そのさらなる東漸を食い止めるべく，「辺界」の西端より内側（東側，以下「界内」）に卡倫（カルン）を設置して官兵を配置し，カザフが各卡倫を結んだ線（Ma. kaici）を勝手に越えぬよう監視にあたらせた．

　中央アジア草原における近代的な国境線の登場は，19世紀後半における露清間の国境条約（界約）の締結を待つが[2]，卡倫線の存在に早くから注目した

---

1) 「辺界」という表現は，一般的に「辺境地域」という意味を持つが，『準略』などでは，清がジューンガルより継承したと認識する地域を指す用語としても用いられている．『準略』で確認する限り，満洲語で「縁辺」「辺境」を意味する hešen, jecen, hešen jecen 等の対訳となっている．

2) 中央アジア方面における露清間の国境条約は，1864年の中俄勘分西北界約記を嚆矢とし，その内容にもとづく具体的な画定作業により，1868-69年にホヴド界約，ウリヤスタイ界約，タルバガタイ界約が締結された．南方のイリ～カシュガル方面については，1881年のイリ条約（サンクト＝ペテルブルク条約）にもとづき，1882年に重訂イリ界約と重訂カシュガル東北境界約が締結された．ただし，その後も民国期に至るまで，国境線の部分的変更がなされた［陳 2009］．各界約の漢文の条文については，袁［1963］を参照．

佐口透は,「必ずしも清帝国の国境線とみなしたのではなく, さらに西方のアイグス河, セミレチエまでも名目上の領域とみなしていた」とことわりつつも, 実質的には清の「中央アジア国境線」という意味合いを帯びていたと指摘する [佐口 1986: 398]. また堀直は, 中央アジア草原における卡倫線の歴史的意義について論じ, 19世紀後半の国境画定によって遊牧民が移動の自由を喪失し, 遊牧社会のシステムが従来の属人主義（人間の掌握, 集団統治）から属地主義（土地の掌握, 領域統治）へ改変されていく流れの端緒とみなしている [堀 1995: 307-308][3]. 卡倫線の出現は「中央ユーラシアの周縁化」とも関連しており, その存在意義は大きい.

以上の指摘をふまえつつ, 清の中央アジア政策全般の中で卡倫線の出現をみつめなおした場合, なお検討すべき課題が残されていることに気づく. それは, 卡倫線として具現した属地主義とともに, 清の中央アジア政策の中に存在していた属人主義の側面である. 前章でみたように, 清はオイラト支配の場に持ち込んだ「エジェン-アルバト関係」の論理を, カザフとの関係に適用させ, カザフを清朝皇帝（エジェン）のアルバトに位置づけた. そして, 本章で述べる如く, 清はこの属人的な論理をカザフ以外の中央アジア諸勢力に対しても敷衍させていった. この事実は, 実効支配を及ぼす領域の内と外に位置していた各勢力[4]が, ともに清朝皇帝のアルバトという立場にあり, 理念的には区別されていなかったという重要な視点を我々に投げかける.

属人主義と属地主義という, 清が展開する政策中に並存した二つの側面は, ジューンガル故地たる中央アジア草原が清の西北領域へと位相を変えていく過程で, どのように作用したのだろうか. 本章では, 中央アジアの政治動向をふまえながら, 清-カザフ関係の初期段階にあたる1760年代の外交交渉を中心に考察する中で, この問題がいかなる形で顕在化したのかを探っていく.

---

3) 卡倫はカシュガリアの西辺にも設置されたが, それは各オアシスと清の統治の及んでいない諸地域を結ぶ通商路上の要地に配され, 辺境警備だけではなく, 経済・通商の事務を司っていた. 各卡倫が連携をもって線をなしていたわけではなく, 天山以北の卡倫とは性格を異にする [堀 1978: 102].

4) 天山山脈以北のオイラト遊牧民の大半は姿を消すが, 清朝政権は東トルキスタンのムスリム定住民 [小沼 2007: 54], イリ駐防八旗に編入されたオイラトの残存勢力 [第5章参照], さらに1771年帰還のトルグート部をも清朝皇帝のアルバトととらえていた.

1. 中央アジアに対する「エジェン‑アルバト関係」の敷衍

　1757年に中ジュズのアブライが清に送付したオイラト語の「帰降表文」に，アブライ個人を清朝皇帝の息子，カザフ全体を清朝皇帝のアルバトと位置づける文言が含まれており，対する清側も「エジェン‑アルバト関係」の枠組みでカザフの「帰順」を理解した．このような理解を清は1758-60年に接触を持った大・小ジュズのカザフ，クルグズ，コーカンド＝ハン国，パミール諸勢力との間にも順次適用していく．清と各勢力との関係構築のあり方は一様でなく，個別に検討すべき課題であるが，ひとまず本節では，清の各勢力に対する「エジェン‑アルバト関係」の敷衍について確認する．

1.1. カザフの大・小ジュズ

　中ジュズのアブライやアブルフェイズと接触する中で，清はカザフが大中小の三ジュズに分かれていることを認識する．また，アブライらと清の接触の噂はカザフ全体に広がり，1758年に大ジュズのアビリス＝ハンらが清に使節を派遣した．この時点で清は，中ジュズを「左部哈薩克／dergi hasak」，大ジュズを「右部哈薩克／wargi hasak」とする認識を持つようになる［野田 2011: 127-128］．この大ジュズからの遣使について，参賛大臣フデが，

> 右部カザフのアビリスとトゥリバイ[5]，タシケントの回子ホージャ＝モル
ドスマシ＝トゥルジャンたちが，全カザフと回子を率いて，聖なるエジェ
ンのアルバトとして帰順し，献馬遣使した[6]．

と述べるように，清は右部（大ジュズ）の「帰順」と理解し，それを「エジェン‑アルバト関係」の枠組みで理解した．

　さらに1762年末に到来したカザフの使節（1762年2月入観）には，ヌラリ＝ハンを始めとする小ジュズの支配者が派遣した使臣が含まれていた[7]．清朝史料によれば，使臣の一人であるボロトは，彼が属する小ジュズのバートル＝ハ

---

5) トゥリバイの人物像については，不明な点が多い［野田 2011: 128, 註 40］．
6) 『清哈』1: 133-134, 乾隆23年8月4日［1758/9/5］, フデ等の奏摺．

ンの「彼ら（中ジュズのカザフ）のように，偉大なるエジェンに対してアルバトになりたい」(Ma. ceni adali ejen de albatu oki) という意向によって遣わされたと語っている [『清哈』2: 108]．なお，「左部」「右部」より西方に位置する小ジュズとの接触により，清朝史料には小ジュズを「西部」とする記述が現れるが，のちに清と小ジュズ，そして大ジュズとの関係が疎遠になり，中ジュズとの関係に収斂されるに及び，ジュズと「部」は対応関係を失い，「部」は中ジュズのハン家の系統を意味するものへと変化していく[8]．

　以上の事例のみならず，18世紀後半（乾隆朝）におけるカザフ関連の清の満洲語文書には，カザフを清朝皇帝のアルバトに措定する文言が頻出する．さらにオイラト語の「帰降表文」だけでなく，カザフの支配者が清朝皇帝や新疆駐防官に宛てたテュルク語書簡においても，同様の文言がみられる．その実例は後述部分で提示するが，たとえ外交辞令ではあれ，清とカザフの関係を「エジェン－アルバト関係」をもって説明することが，両者の対話の中で共有された認識となっていたことは注目すべきである．

1.2. クルグズ（ブルト）

　クルグズは，天山山脈西部からパミール高原全体に広がって分布するテュルク系の山岳遊牧民である．カザフとは異なり，クルグズにはハンを名のり得るチンギス裔の首長層は存在しなかった．また，統一された政治集団をなしていたわけではなく，ビィ bī と呼ばれる族長に率いられた各氏族集団（清朝史料では「otok／部」）が，右翼 Ong qol，左翼 Sol qol，イチキリク Ichkilik の三大系統に分属し，緩やかな連合体を形成していた．

　1757年の第三次遠征により，清はジュンガリアを完全に制圧し，カザフとの関係構築の道筋を開いた．翌1758年には第四次遠征を実施し，ジョーフイ軍はカザフ草原南部に進み，ヤルハシャン軍はカシュガリアに侵攻した．ジョーフイ軍の第一の目的は，オイラトの残党の掃討にあったが，1758年3月に

---

7) この使節は，小ジュズだけでなく，大・中ジュズの支配者やウルゲンジのカイプ＝ハンから派遣された使臣により構成されていた [『清哈』2: 94-97, 104-109；Onuma 2010b: 156]．

8) すなわち，中ジュズのアブライの家系を「左部」，アブルマンベト（アブルフェイズの父）の家系を「右部」，そしてトゥルスンの家系を「西部」とする [野田 2011: 125-147]．

乾隆帝はクルグズに帰順を促がす勅諭を発し[9]，ジョーフイにクルグズを「招服」させるよう指示した[10]．すると，クルグズの首長層が相次いで清の「招服」に応じ，入覲の使者を派遣した．タラス地方の頭目マイタク（Ma. Maitak）の子エシボト（Ma. Esiboto）は，ジョーフイ軍本隊から派遣されてきた部隊に対し，

> 我々ブルトの多くは，以前から大エジェンのアルバトになりたいと思っていた．しかし，ジューンガルのオーロトが間にいて塞いでいたためできなかった．いまやっとアルバトとなり従うことができたことを思うに，喜びに堪えない[11]．

と述べたという．清側の記述という性格上，これがエシボト本人による自覚的な発言だったかは不明だが，少なくとも清がクルグズとの関係構築において「エジェン‐アルバト関係」を重視していたことは確実である．また同年後半，カシュガリアへ進撃したジョーフイは，現地のムスリム住民に向かい次のように述べた．

> この度我々の大軍が進んで，1人も残さず敵を勦殺し，オーロトを滅ぼした．カザフとブルトは大エジェンのアルバトとなった[12]．

このように，清はクルグズをカザフと同様に清朝皇帝のアルバトとみなしていた．

クルグズ諸部族との関係構築が進んでいくと，清は西部天山地域に分布する5部を「東ブルト」，ナリン河流域からフェルガナ盆地の東部，およびパミール高原の一帯に分布する15部を「西ブルト」と呼ぶようになった[13]．ビィの称号を持つ族長には，外藩の爵位を授けることはなかったが，品級を示す頂子[14]

---

9) 『準略』正編巻 49: 25a-26b, 乾隆 23 年正月丙辰（29 日）［1758/3/8］条．
10) 同上，『準略』正編巻 49: 26b-27b．
11) 『準略』正編巻 58: 満文版 17a／漢文版 14a, 乾隆 23 年 7 月壬辰（8 日）［1758/8/11］条．Meni burut i geren, aifini ci amba ejen i albatu ome dahaki sere gūnin bihe. Damu sidende jun gar i ūlet bifi hanggabure jakade muterakū. Te teni bahafi albatu ome dahaha seme alimbuharakū. Te teni bahafi albatu ome dahaha seme alimbaharakū urgunjehe.
12) 「満文録副」1715.34, 50: 633-634, 乾隆 23 年 8 月 28 日［1758/9/29］, 定辺将軍ジョーフイの奏摺；『新疆匯編』32: 323-324．
13) 例えば，『西域図志』巻 45, 東布魯特条；西布魯特条．一方，1763-64 年頃の撰写とされる『西域地理図説』では，クルグズにはカラ＝テギン，キプチャク，サヤク＝サルバグシの三大系統があり，下位集団がそれぞれに属すと記述されている［小沼 2004c: 78-79］．
14) 頂子（金頂）とは，冠帽の上部に付ける珊瑚や翡翠で作られた円形の飾りであり，品級ごとに区別があった．

付きの冠帽を賞与することがあった．19世紀中葉の事例だが，ブグゥ氏族のブランバイは二品頂子を所有しており，1858年に彼が死去した際，当時のイリ将軍ジャラフンタイ Jalafungtai（扎拉芬泰）は，彼の息子オムルザクへの五品頂子の賞与を奏請している[15]．

1.3. コーカンド＝ハン国

1759年夏に清軍はカシュガリア全域の征服を達成したが，アーファーク統ホージャのブルハーン＝アッディーンとホージャ＝ジャハーンの兄弟を捕捉できず，西方への逃亡を許した．ヤルカンドで指揮を執っていたジョーフイらは，ホージャ兄弟の捕捉，カシュガリア諸都市の秩序安定のためには，隣接するクルグズやフェルガナ盆地のムスリム住民を「帰順」させ，良好な関係を築く必要があると考えていた[16]．そしてその目的を達成すべく，コーカンド＝ハン国の君主イルダナ＝ビィ（あるいはベグ）のもとへ，二等侍衛ダクタナ Daktana（達克塔納）率いる使節を派遣した［佐口 1963: 346-347；潘 1991: 46］．コーカンド城でダクタナと接見したイルダナは，次のように述べたという．

> 聞くところによると，大エジェンの軍はジューンガルを滅ぼし，カザフとブルトを帰順させ，ブルトのサヤク＝サルバグシ[17]のムハンマド＝クリ，トゥルキ，ミンギハラ[18]たちはみな大エジェンの恩を蒙ったという．だが，将軍のところから我に対して書簡はまったく与えられず，また使者も遣わされてこなかったことを，我は大いに疑心を抱いていたのだ．いま我々に使者が遣わされてきたのは，我々にとって喜びに堪えないことだ．

---

15)「伊犂奏摺」14: 8a-10b，咸豊8年8-10月，イリ将軍ジャラフンタイの奏摺．「伊犂奏摺」については，加藤［1983］を参照．
16)「滿文錄副」1793.27，55: 93，乾隆24年10月13日［1759/12/2］，ジョーフイ等の奏摺；『新疆匯編』42: 116-117．
17) サヤクはクルグズの右翼のタガイ部族に属し，ナリン河中流域を本拠地とする．サルバグシも同じくタガイ部族に属し，ナリン河下流域を本拠地としていた．ただし，18世紀後半の清朝史料では，サヤクとサルバグシが一つのまとまりを持った大集団として記されることがある．『西域地理図説』によれば，サヤク＝サルバグシはムハンマド＝クリが統率する約2,000戸からなる集団であった［小沼 2004c: 75］．
18) サヤク＝サルバグシに属するチャカル＝ブルト（Ma. Cak'ar burut）の首領がトゥルキとミンギラハであった［小沼 2004c: 76］．

わたしは自ら望んで，我の統治するアンディジャン，マルギラン，ナマンガン，コーカンドの四城の人々を率いて，大エジェンのアルバトになりたいと思う[19]．

すなわち，イルダナはエジェンたる清朝皇帝のアルバトになることを表明し，帰順の意を示したというのである．

ただし，クルグズの場合と同様に，上記のイルダナの発言をそのまま受け取ることはできない．清の文書起草者が，イルダナの口を借りて，清側がコーカンドとの間にあるべきとする関係を語らせている可能性があるからである．例えば，1760 年にイルダナがヤルカンド辦事大臣シンジュ Sinju（新柱）に宛てたテュルク語書簡に，「我々の命のある限り，世界の保護者たる王（シャー）に友好と友誼を示し，我々の言葉は違えられることがない[20]」という一節があるが，この文書の満洲語訳では「我々は代々，みな大エジェンのアルバトとなった．すべてにおいて〔エジェンに〕従っておこなう[21]」となっている．清がコーカンドを清朝皇帝のアルバトに位置付けようとしたことは明らかだが，コーカンド側がそのことを自覚していたのか，またはそもそも清への「帰順」という認識が存在したのか，という点には検討の余地が残る[22]．

1.4. パミール諸勢力

カシュガリアから逃れたホージャ兄弟を追って，清はパミールの山岳地帯まで部隊を進めた．この結果，ホージャ兄弟を捕縛，殺害したバダフシャンのスルターン＝シャー，さらにボロル（バラワリスタン[23]）のシャー＝フシャメット（Ma. Ša Hušamet < Shāh Khūsh Muḥammad?）が清に遣使した．1760 年 2 月に乾隆帝はコーカンド，クルグズ，バダフシャン，ボロルの使者を紫禁城の乾清宮

---

19)　「満文録副」1793.25, 55: 63, 乾隆 24 年 10 月 13 日［1759/12/2］, ジョーフイ等の奏摺；『新疆匯編』42: 103.
20)　「満文録副」819.15, 56: 2288, 乾隆 25 年 4 月［1760/5/15-6/12］. Tā-tirikmiz, shah-i 'ālam-i panāhgha yarlik wä dōstlik qilip, sözümiz khilāfmiz (sic.) bolmas.
21)　同上,「満文録副」56: 2290-2291. Be jalan halame gemu amba ejen i albatu oho. Eiten de gemu dahame yabumbi.
22)　1759-60 年における清とコーカンド＝ハン国の交渉については，別稿［Onuma et al. 2014］で詳述しているので参照されたい．
23)　現在パキスタンが実効支配するギルギット＝バルティスタン州に相当する地域．

に召見し[24]，翌月にはそれぞれの首長宛てに勅書を発したが，すべての勅書において各勢力が自らのアルバトとなったことを強調している[25]．

　パミール諸勢力の認識に関しては，やはり十分に検証し得る史料が残されていない．ただし，1795 年にシグナン[26]のベグであったスルターン゠ジャラール゠アッディーン Sulṭān Jalāl al-Dīn が，商人を襲ったガルチャ（Pe. ghalcha[27]）を解送してきた際に[28]，カシュガルとヤルカンドの大臣に送ったペルシア語書簡には，「偉大なるハーカーン（清朝皇帝）は，しもべたる小生に限りない恩恵を及ぼされました[29]」という一節があり，ジャラール゠アッディーンは清朝皇帝に対して，自らを「しもべ」(ghulām) と呼んでいる．自らを「奴僕」を意味する語で呼び，君主との主従・統属関係を表現する考え方は，清が主張するエジェンとアルバトとの関係と通底する［第 3 章第 3 節参照］．

2. 清の西北領域と卡倫線

2.1. 清の「辺界」の範囲

　以上のように，清は西征の過程で通交を持った中央アジア諸勢力に対して「エジェン－アルバト関係」を敷衍させ，それぞれと関係構築をはかった．アルバトに位置付けられた勢力が，すべてこの関係の介在を了解していたわけではないだろうが，「エジェン－アルバト関係」に象徴される属人的な論理を，清がジューンガルの権力消滅後の中央アジアにおける新たな秩序形成のための

---

24)　『準略』正編巻 84: 9a-10a, 乾隆 25 年正月乙卯（9 日）［1760/2/25］；10a-11a, 丙辰（10 日）［1760/2/26］；11a-13a, 丁巳（11 日）［1760/2/27］条．
25)　『準略』正編巻 85: 1a-3b, 乾隆 25 年 2 月丙子（1 日）［1760/3/17］条．
26)　現在のアフガニスタン北東部バダフシャン州からタジキスタン東南部ゴルノ゠バダフシャン自治州にわたる地域．
27)　ペルシア語の ghalcha は「無頼，匪賊」を意味するが，中央アジアの定住民の間では，タジク系山岳民を指す呼称としても用いられた．彼らの中には，奴隷としてベグ官人などに使役される者がいた［Newby 2007: 20］．
28)　『高宗実録』巻 1473: 19b-20a, 乾隆 60 年閏 2 月己酉（27 日）［1795/4/16］条．
29)　「満文録副」160: 3571-3573, 乾隆 60 年 10 月［1795/11/11-12/10］．Khāqān-i a'ẓam be man ghulām kamīna bi ḥadd wa bi nahāyat iltifāt rasānīd.

地図3 清が想定していた領域の範囲と卡倫線

基本理念としていたことは明らかである[30]．

その一方で，清はジューンガルの領域を全て継承したという認識を有しており，清の中央アジア政策には，土地の排他的掌握を目指す属地主義の側面も同時に看取できる．その範囲は，明確な境界はないものの，ザイサン＝ノールの周辺一帯[31]からアヤグズ河，バルハシ湖を経て，西端はチュー・タラス河流域まで及び，またイシク＝クル湖の周辺地域を含むものだったとされる（地図3）．1773年以降に作成された「西域総図」［北京故宮 2002, 6: 61］によれば，清が境界を示すために建てた「界碑」が描かれており，それは上記の範囲と一致する［承志 2012: 83-86］．ジューンガルの領域の範囲に関する清の認識の根拠は必ずしも明確でないが，『ザヤ＝パンディタ伝』の情報にもとづけば，17世紀

---

30) 清が中央アジアのテュルク＝イスラーム世界と関係を構築・維持していく中で，イスラームという要素を，モンゴルとチベットとの関係におけるチベット仏教のように，自身の行為を正当化する政治思想として主体的に利用した形跡はほとんどみられない．ニュービィによる，「清朝皇帝とテュルク系ムスリムとの関係は，皇帝のチンギス統やモンゴル的世界観へのアピールに拠っていた」［Newby 2005: 42］との指摘は妥当である．

31) ザイサン湖の北東，サヤン山脈に至るまでの地域（現在のアルタイ共和国，トヴァ共和国の領域）には，アルタイ諸部族が居住していた．そのうち，テレングトを中心とする南アルタイ人（清朝史料では「altan noor uriyanhai／阿勒坦淖爾烏梁海」）については，ジューンガル滅亡後，露清間で帰属をめぐる争いが発生した［野田 2011: 97-100, 107-109］．

中葉にはすでに，上記の地域にはオイラト首長層の宿営地が分布しており，特にセミレチエからチュー河にかけてはホショト部が占める遊牧地であった[Miyawaki 2003]．その当時においては，なおカザフやクルグズも同地域に遊牧し，オイラトと混住する状態であったろうが，遊牧国家ジューンガルの成立と拡大により，カザフは西北方面へ，クルグズは東南方面の移動を余儀なくされた．

　ジューンガル末期，内紛による勢力の衰退は，カザフとクルグズに原遊牧地への回帰の動きにつながった．特に清の攻撃によるジューンガル政権の滅亡，およびオイラト人口の激減は，その動きに拍車をかけたと思われる．当初より清は，武力によってジューンガルを打倒して獲得した，この新たな「辺界」にカザフやクルグズが入り込み（越界），土地が占領されてしまうことを警戒していた．1757年8月のヌサン使節派遣に際し，ジョーフイは，アブライが交渉の席でアヤグズ等の地で遊牧することを話題にした場合は，以下のように応答するよう指示していた．

> 辺界の地に関わることは重大である．我々のような使者として来た者が与れることではない．汝たちはいま，恭順にも大エジェンに従った．よって，ジューンガルのガルダンツェリンの時代に，汝たちが古い（その時代にいた）場所で遊牧していたのであれば，以前と同じくその場所で遊牧すべきで，いま地界を一歩として越えることはできない．汝たちが元々遊牧していなかった土地を求めるならば，我々の将軍や大臣は一つとして敢えて大エジェンに上奏しまい．上奏したとしても，結局〔エジェンに〕裁可されないであろう[32]．

清が継承したと認識する「辺界」とは，ガルダンツェリンの時代（1727-45），すなわちジューンガルの全盛期の勢力圏を想定したものだった．その後のヌサンとアブライの交渉で境界問題が俎上に載った形跡は確認できないが，帰還時にヌサンは，カザフ三ジュズの境界について，次のように報告している．

　東辺：セミパラチンスク（現セメイ）〜ユングル河〜アブラル山（チンギス

---

32)「満文録副」1643.20，45: 2747，乾隆22年6月18日［1757/8/2］，ジョーフイ等の奏摺；『新疆彙編』23: 391．

タウ山系?)の東〜イシム河の源〜ヌラ河の源〜サリスゥ河の源〜バルハシ湖の東端
南辺:バルハシ湖北岸〜チュー河とタラス河の間〜ビィリ湖とアク湖の北岸
西辺:シル河此岸のタシケントとトルキスタン〜シル河〜テンギス湖〜ヤイク河の此岸〜(判読不能)〜ペトロパブロフカ
北辺:ペトロパブロフカ〜イルティシュ河此岸〜セミパラチンスク[33]

比定できない地名があり,また小ジュズの領域の多くが含まれておらず,このヌサンの情報の正確さには疑問が残る.しかし野田も指摘する如く,東辺ラインについては清の想定する境界とほぼ重なっており[野田 2011: 129-130],アヤグズ河以東,セミレチエ地方,チュー・タラス河上流域は含まれていない.

イリからみて東南方面のクルグズとの境界はどうであろうか.清が想定する「辺界」は,イシク=クル湖周辺からチュー・タラス河中流域に至る地域に及んでいた.1758年6月にジョーフイ軍の斥候部隊がサンタシ峠を越えて進むと,イシク=クル湖岸で馬群を追うサヤク氏族のクルグズ100人と遭遇した.同年末に入覲したクルグズの使者は,イシク=クル湖周辺は旧遊牧地であると主張し,遊牧の許可を願い出ている.以上からは,カザフと同様に,ジューンガル滅亡後にクルグズ勢力が旧遊牧地の回帰の動きを強めたことがわかる.この要求に対して乾隆帝は,長らくジューンガルが占拠していた地なので,もはやクルグズの遊牧地とみなすことはできないとしながらも,「我のアルバト」になったクルグズがその地で遊牧することに理解を示し,将軍・大臣の調査と報告を待ってから判断することにした[34].その調査は,ジョーフイ軍がカシュガリアに移動したため棚上げとなったが,1760年後半に参賛大臣アグイがイリから部隊を派遣し,クルグズの分布状況を調査させた.その結果にもとづき,ナリン河以北,アトバシ以東を「辺界」の範囲とし,かつ毎年定期的に部隊を派遣して,クルグズの越境を監視するという方針が定まった[第9章第1節参照].

---

33)「満文録副」1678.5, 47: 2435, 乾隆22年12月18日[1758/1/27],ヌサンの奏摺;『新疆匯編』27: 207-208. 本史料はすでに野田[2011: 129]が訳出しており,地名の比定において参考にした.
34)『準略』正編巻62: 25b-26a, 乾隆23年10月丁巳(4日)[1758/11/4]条.

2.2. カザフの越界と卡倫の設置

　以上，ジューンガル征服直後において清が認識するところの「辺界」の範囲を確認した．しかし，清が危惧していたカザフの東漸の動きは止まなかった．1760年7月，アブルマンベト，アブライ，アブルフェイズ，ハンババらカザフの支配者がそろって遣使入覲した．以前にアブライによる界内での遊牧許可の要求を退けた経緯があったが，ここで再びアブライを含む支配者から東方への遊牧地拡大の要求がなされたのである．これに対して乾隆帝は勅書の中で次のように述べている．

> 〔以前アブライは〕我の恩を請い，「将来カザフをイリに到るまで遊牧させて欲しい」と奏請したが，タルバガタイなどの地は本来ジューンガルの遊牧地であり，我が大軍を送って平定させたのである．汝らカザフ，ブルト，タシケント，アンディジャン，バダフシャンの人々はみな恭順に帰順した．汝らカザフの遊牧地はもとより広大だ．それぞれ旧来の遊牧地〔の境界〕を守って暮らすべきであり，勝手に越えて遊牧してはならない．もし汝らが，我のアルバトになったので，すぐさま境界を越えて遊牧したいといえば，ブルトらもまた我のアルバトではないか．どちらも遊牧する地を請うたならば，〔どうなる．〕我の大軍が平定した地を衆人に分け与える道理があろうか．いまイリなどの地に内地の官員と兵丁を続々と移住させている．以前，アブライたちの「タルバガタイなどの地で遊牧させて欲しい」という奏請を我は許さなかったのに，いまになって汝らが勝手に遊牧してよいだろうか[35]．

清朝政権は，清朝皇帝のアルバトであることを根拠にカザフやクルグズがイリやタルバガタイの地に入り込んでくることを危惧していた．乾隆帝は，遊牧地の拡大を求めるカザフの支配者に対し，自らのアルバトとなったのはカザフだけではなく，クルグズも同様であるので，カザフだけに遊牧を許可することは

---

35) 『準略』続編巻3: 満文版15b-17a／漢文版8b-9b, 乾隆25年5月庚午（27日）［1760/7/9］条．Mini kesi be baime, ereci julesi hasak sabe ili de isibume nuktebureo seme baime wesimbuhebi. Tarbagatai i jergi ba serengge, daci jun gar i nuktei ba. Bi amaba cooha unggifi necihiyeme toktobuha. Suweni hasak, burut, tasigan, anjiyan, badakšan i urese, gemu unenggi gūnin i dahame dosika. Suweni

できないと述べ，あらためて要請を退けた．
　にもかかわらず，清の「辺界」へのカザフの流入は続いた．1760年末には，小規模ながらも，イリ軍営に程近いアルタン＝エミル山やホルゴス河附近にまで入り込むカザフの一群が確認された．さらにその一群を率いるヘデレ（Ma. Hedere）からは，彼らが前年に界内のレプシで越冬したこと，そして彼らが所属する約1,000戸の母体集団がいままさに移動してきているという情報を得た．レプシからの即刻退去の勧告に対し，ヘデレは春を待っての移動を求めたが，アグイは退去に10日間だけ猶予を与え，遅延すれば武力による駆逐も辞さないと返答した36)．
　1760年から1763年にかけて，乾隆帝は複数回，カザフに越界を禁ずる勅書を発し37)，新疆駐防の将軍や大臣にカザフの駆逐を命ずる勅諭を下している38)．イリやウルムチの駐防官，カザフの地に派遣された使者も，ことあるごとに越界行為をやめるようカザフに示教し［『清哈』2: 87-88, 91-93, 274-277］，実際に派遣された部隊が越界カザフの頭目を捕捉したこともあった39)．しかし，かかるやりとりが何度も繰り返されたこと自体，清の勧告がほとんど効果を生まなかったことを物語っていよう．
　カザフの駆逐が進まなかったもう一つの要因として，1760年代前半に本格化した新疆北部の軍営形成を挙げることができる．1762年末のイリ将軍設置の決定を皮切りに，1763年から1765年にかけて，満洲，チャハル，ソロン，シベの部隊が家族同伴でイリに移住した．北方のタルバガタイ地方にも，1764年にタルバガタイ山脈南麓のヤール河東岸の地にヤール（雅爾）城を築き，参

---

　　　hasak i nukte daci umesi sulfa. Giyan i meni meni fe nukte be tuwakiyame banjici acambi. Balai dabame nukteci ojorakū. Suwe aika mini albatu oho seme, uthai hešen be dabame nukteki seci, burut se inu gemu mini albatu kai. Gemu nuktere ba be baime ohode, mini amba coohai toktobuha ba be, geren niyalma de dendeme bure kooli bio. Ne ili i jergi bade, dorgi ba i hafan cooha be siran siran i guribufi tebunembi. Onggolo abulai se, tarbagatai i bade nuktebureo seme wesimbuhe be, bi yabubuhakū bime, suwe te cisui nukteci ombio.

36)　『準略』続編巻8: 2b-3a，乾隆25年12月壬申（2日）［1761/1/7］条．
37)　『準略』続編巻9: 11b-12b，乾隆26年正月丙辰（16日）［1761/2/20］条；『準略』続編巻28: 5a，乾隆27年8月壬寅（12日）［1762/9/29］条；『清哈』2: 47-48．
38)　『準略』続編巻8: 11b-12a，乾隆25年12月丙戌（16日）［1761/1/21］条；『準略』続編巻22: 11b-12b，乾隆28年7月癸亥（7日）［1763/8/4］条．
39)　『準略』続編巻16: 9b-10b，乾隆27年3月己未（26日）［1762/4/19］条．

賛大臣と軍隊が駐屯した[40]。この状況において，清の「辺界」政策は大きな転換をみせる。1764年夏，潜住するカザフの存在を知りつつも，イリやタルバガタイから部隊を派遣する時間を捻出できなかった。この状況に鑑み，イリ将軍ミンシュイは，常に出入りを繰り返すカザフの動きに逐一対処するのではなく，毎年一度部隊を派遣して巡察をおこない，また懲罰を加えるという方策への切り替えを上奏し，乾隆帝もこれを認めた[41]。しかし遊牧民であるカザフの移動性を考えれば，年一度の巡察は越界防止の有効な対策にはなり得ない。この方針転換は，カザフの「辺界」からの駆逐がもはや不可能であることを悟った清朝政権による，事実上の界内へのカザフ居住の容認であった。

　ただし，無制限の東漸はやはり阻止せねばならない。そこで浮上したのが，1760年代前半の軍営形成に付随して設置された卡倫の存在である。1761年，アグイはタルバガタイ地方への築城駐兵を求めると同時に，ザイサン＝ノール西北岸のホイ＝マイラフ Hūi Mailahū（輝邁拉呼）に至るまで21卡倫を設けることを奏請し[42]，翌年には卡倫の設置予定地に立木・塁石がなされ[43]，建設が開始された。完成した新疆北部の卡倫線は，イリからタルバガタイを経てザイサン＝ノール西北岸へと延び，ホイ＝マイラフ卡倫でウリヤスタイ管轄（1778年にホヴドに移管）の卡倫線に連接した。卡倫設置後も，清はその西側に広がる「辺界」一帯を自領域とみなしていたが，同時に卡倫の内側を「卡内／karun i dolo」（あるいは「内地／dorgi ba」），外側を「卡外／karun i tule」と呼び区別した。

　この方針転換以降，清が重視するカザフとの境界問題は，次第に「越界」から「越卡」へと変化する。清はカザフが卡内に「私入」（無断侵入）することを厳禁した。後年の規定によれば，もしも「私入」したカザフが捕捉時に抵抗したり，盗犯行為に及んだりした場合は，その場でただちに処刑してよいことに

---

40) 現カザフスタン東部のウルジャル Urzhar 付近と思われる。ただし，1766年にヤール城は寒気が厳しく駐留困難との理由から，大臣と軍隊は撤収され，1767年に完成したタルバガタイ城（綏靖城）に移った。
41) 『準略』続編巻27: 3a-4a, 乾隆29年10月甲午（16日）[1764/11/9] 条。
42) 『満文録副』1895.6, 60: 3063, 乾隆26年9月30日 [1761/10/27], フヘンの議覆に引用されたアグイの奏摺；『新疆匯編』53: 2. Cf. 『準略』続編巻13: 26b-27a, 乾隆26年9月乙丑（30日）条。
43) 『準略』続編巻17: 13b-14b, 乾隆27年閏5月戊寅（16日）[1762/7/7] 条。

なっていた[44]).

一方，卡外に位置する「辺界」に入り込んできたカザフを，清は旗制などの統治機構に組み込まず，居住の容認は清朝皇帝からの恩恵という文脈で語られていくことになる．本書ではこの地域を「卡外界内地域」と呼ぶことにする．「卡外界内地域」に位置するヤールやアヤグズなどの地に，卡倫線からは独立した単独の卡倫が存在したようだが，これら卡倫の駐兵状況や実際に機能していた時期はほとんど不明である．いずれにせよ，カザフの越界阻止や日常的な管理の役割は持ち得なかったであろう．清が「卡外界内地域」の管理のためにとった唯一ともいえる方策は，毎年イリとタルバガタイから部隊を派遣し，カザフやクルグズ[45])の状況を巡察する巡辺制度であった [第9章参照].

写真2　現存する卡倫
イェケン（沙車，ヤルカンド）市郊外のヤカ＝エリク郷コルル村（2004年撮影）．本卡倫に関する詳細は小沼 [2006a] を参照．

以上のような「辺界」に対する方針転換と卡倫の設置は，清が自身の領域と認識する範囲（界内）と実効支配を及ぼす範囲（卡内）との間にズレを生じさせた．また，清の属人主義的な側面に注目すれば，清朝皇帝のアルバトと措定される集団が，卡倫線の内と外にまたがって存在する状況が出現した．ジューンガル故地たる中央アジア草原は，清の西北領域へと読み替えられていく過程で，二つの矛盾を抱えることになったのである．

---

44) 『理藩部則例』巻34, 辺禁条．なお，人口希薄な新疆北部ではほとんど問題にならなかったが，北モンゴルの北辺における卡倫の設置には，モンゴル人のロシアへの越境を監視する目的があった（『語録』386-387).
45) 清はクルグズに界内での遊牧を許可していないので，クルグズに対する巡察目的は越界の監視のままであった．

2.3. カザフ内附政策

ただし，これでカザフとの境界問題が収束したわけではない．カザフの中には，さらなる東方への移住，つまり卡内への移住を求める人々が現れ，清は一時期それをも容認していたのである．これを「カザフ内附政策」と呼び，考察を加えたい．

ことの発端は，1766年前半にアクナイマン部族所属の男女42名のカザフ人が内附を求めたことに始まる[46]．この集団は元々オイラトと混住して遊牧を営んでいた集団であり，清がオイラトの生き残りをイリの地に安置している[47]ことを聞き及び，同じ待遇を得ようと来帰した．彼らがカザフの中でも特に貧しい人々であったため，当時タルバガタイ参賛大臣の職にあったアグイは，彼らを収容しても全く裨益するところがないと指摘している[48]．ところが，以下のような理由から，彼らを駆逐することはしなかった．

> 以前に〔我々が〕彼らの辺界を越えて住んでいたカザフらを駆逐した際，彼らは「我々も大エジェンのアルバトだ．家畜もエジェンのものだ．人がいない地に我々を居住させることに何の妨げがあろうか」と述べていました．その時，将軍と大臣は彼らに「汝らがもしイリなどの地に来ることを望み，ニルを編成してオーロトと同様に公課を課してよいのなら，我々は必ずしも居住を認めないことはない」と語ったことがあります．いま〔カザフらを〕収容しないならば，いたずらに食言したのと同様です[49]．

カザフ側の言い分として，清の領域内での遊牧は清朝皇帝のアルバトとして当然認められるべきもの，という考えがあった．これに対して，かつて清の将軍と大臣は，カザフをニル編成し，オイラトと同様に軍務を中心とする公課を負担することを，内附承認の条件として示したことがあった．清朝皇帝のアルバ

---

46) これより以前，1762年にアブライの使臣として入覲したウマル（Ma. Ūmer, 烏黙爾）が家族同伴でのイリ移住を求めている．乾隆帝はこの請願を認めたが，同時に越境を企てるカザフ人の駆逐を命じており，このウマルの件は例外的なものだったといえる．なお，その後の調査でウマルがオイラト人であることが判明した［Khafizova 1995: 181-182］．

47) イリ駐防八旗のオイラト営を指す．

48)「満文録副」2184.14, 76: 3375-3377, 乾隆31年3月21日［1766/4/29］，タルバガタイ参賛大臣アグイ等の上奏；『新疆匯編』78: 412-413．

49) 同上，「満文録副」76: 3377；『新疆匯編』78: 413．

トとして卡内（実効支配地域）に居住するには，公課の負担が必要条件だったのである．

カザフの内附を認めざるを得なくなったアグイは，天山山中のユルドゥスに遊牧地を与えて居住させることを提案し，また他のカザフが来帰した際の対処方法について乾隆帝に指示を仰いだ[50]．これを受けて乾隆帝は，アクナイマン部民を遠いユルドゥスに移さず，ヤール城の近くに留め，公課の負担，銭糧・行糧の支給[51]を暫く見合わせ，また今後もカザフの内附を受け入れるよう指示した．ただし，乾隆帝はカザフの内附者が増加すればニルを編成することを示唆しており，将来的に内附したカザフを駐防八旗に組み入れていくことを視野に入れていたようである[52]．最終的に，アクナイマン部民は，タルバガタイ城の西南のバルルク山付近に居住することを許された．

さらに乾隆帝は，同じ5月25日に定辺左副将軍ツェングンジャブに上諭を下し，ホヴド地方においてもカザフの内附を認めるよう命じた[53]．イリからホヴドにかけての一帯で，カザフの内附が認められたのである．ただし留意しておくべきは，タルバガタイ城の南と北とで，清のカザフ内府政策に相違がみられることである．すなわち，イリからタルバガタイまでは，新たに内附を求めるカザフがいれば，それらはみなバルルクに安置された．一方，タルバガタイからホヴドにかけては，冬季の雪を避けるため卡内地域に越冬地を求めたカザフの要請に応じる形で，1767年に，従来の卡倫線上の卡倫を夏季卡倫とし，その内側にもう一本の線となる卡倫を設けて冬季卡倫とした．そして，秋に夏季卡倫から冬季卡倫へと卡倫線を内遷させ，その空地でカザフの越冬を許し，春に再び卡倫線を西側に戻すことにした[54]．これによりタルバガタイ城以北の卡倫は真北に走る夏季卡倫と東北に向かう冬季卡倫に分かれ[55]，カザフの

---

50) 同上，「満文録副」76: 3378-3379；『新疆匯編』78: 414-415.
51) この銭糧・行糧の支給とは，公課の負担に対する報酬を意味する．
52) 『高宗実録』巻759: 5a-b, 乾隆31年4月丙辰（17日）［1766/5/25］条．
53) 同上，『高宗実録』巻759: 5b-6b.
54) 『高宗実録』巻780: 34b-35b, 乾隆32年3月己卯（15日）［1767/4/13］条．
55) これに対応してホヴド北辺の卡倫線も，ソゴク卡倫を分岐点として，ザイサン＝ノール北岸を走る夏季卡倫と，東岸に向かう冬季卡倫に分かれた．各卡倫の名称・位置については，宝音朝克図［2005: 85-89］を参照．なお，19世紀後半に出現する露清国境は，冬季卡倫を基準に画定されることになる．

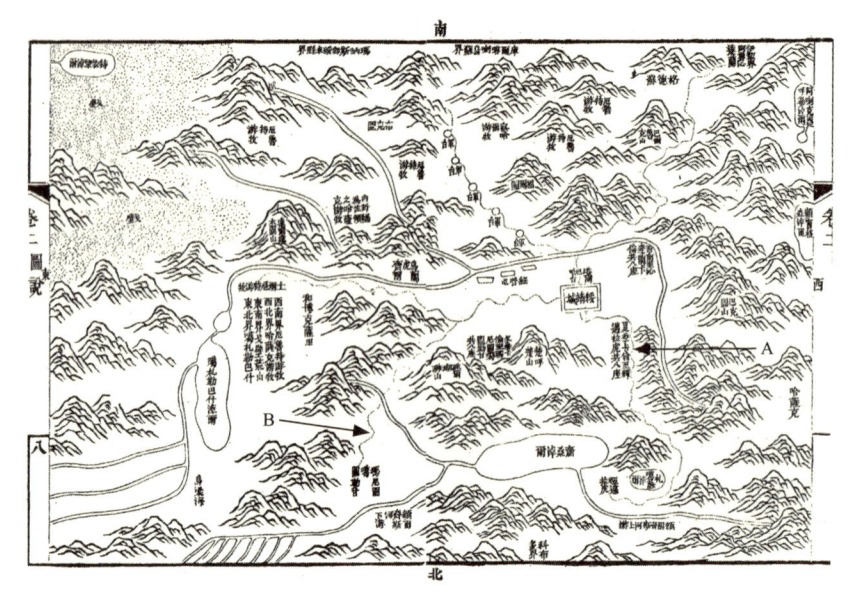

図6　清朝の卡倫線
典拠）『伊犂総統事略』巻2
注）タルバガタイ城（綏靖城）から北に延びる線は夏季卡倫（A）を，北東に延びる線が冬季卡倫（B）を示す．内属カザフが居住したのは，タルバガタイ城の南にある巴爾魯克（バルルク）山周辺であろう．

夏営地・冬営地の移動[56]に対応して半年周期で移設することになった（図6）．また，カザフがこの一帯で越冬するためには，家畜100頭につき1頭を税として納めることが義務とされた［佐口 1963: 397-407］．

以上のようにして，正式な要求があれば，清はカザフの卡内における居住を容認するようになった．越卡の禁令があくまで「私入」であった点は，かかる事情に起因している．なかでもバルルクに内附したカザフは，小規模ながらも清の実効支配地域内に居住したカザフ（以下，内属カザフ）として希有な存在であり，タルバガタイ所属のオーロト＝ニルとともに管理された．そして1778年には，内属カザフの人口が約480名まで増加したため，清はオーロト＝ニルから独立させ，1ニルを編成するに至る[57]．

---

[56] 清朝領域に隣接する地域で遊牧するカザフ集団の季節移動のパターンは，一般的にカザフで知られている南北の移動ではなく，東西の移動であった［野田 2012: 181-183］．

このカザフ=ニルは，佐領，驍騎校，領催という八旗官制が整備されたのみで，公課を担うべき一般の兵丁（uksin／披甲）が存在しなかったが［小沼 2003c: 572］，卡外にあるはずのカザフが卡倫線の内外に跨って存在していたことは，当時の清朝支配のあり方を考える上で注目に値する．卡倫線の設置によって，卡倫線の内と外という清の支配領域の輪郭はより明確になった．しかし，その一方で清は，卡倫線の内外の諸勢力を区別なく清朝皇帝のアルバトと位置付けていた．部分的ではあれ，清朝皇帝のアルバトという立場を根拠に卡内への移住を要求するカザフが存在し，清がそれを容認していたという事実は，当時の清朝政権が，なお属人的な「エジェン－アルバト関係」を，卡倫線の内と外という属地的な区分より重視する場合があったことを示している．

3. 中央アジア勢力間の紛争と清の対応

以上の議論からも明らかなように，清は中央アジアとの外交交渉において，「エジェン－アルバト関係」という属人的な論理を重視していた．本節では，1760年代に発生した中央アジア勢力間の紛争に対する清の対応を事例として，「エジェン－アルバト関係」にかかわる言説が，実際の清－中央アジア間の外交交渉の場においていかなる形で現れ，どのような機能を果たしていたのかを検討する．

3.1. 清の進出と中央アジアの反応

まず，1750年代後半に突如出現した清朝権力に対して，中央アジア側がどのような反応を示したかを確認しておく．17世紀後半以来，繰り返されるジューンガルの攻撃に中央アジアの各ムスリム勢力は苦しんだ．このため，1755年の清のジューンガル征服に際して，現地ムスリム社会には，清朝権力の到来を歓迎する雰囲気もあった［Ibragimov 1969: 422］．しかし，それに続く清のカシュガリア征服，カシュガル=ホージャ家の兄弟の殺害という事件は，中央アジアの

---

57)「満文録副」2740.5, 113: 631-633，乾隆43年4月7日［1778/5/3］，タルバガタイ参賛大臣キングイ Kinggui（慶桂）の奏摺：『新疆匯編』135: 47-48．

ムスリムに大きなショックを与え，強大な清朝権力の出現に対する警戒が高まった．「異教徒」たる清に対抗するため，アフガニスタンのドゥッラーニー朝を創始したアフマド＝シャー（r. 1747-72）の主導の下，中央アジアからアフガニスタンにまたがるムスリム諸勢力の「同盟」の動きが出現し，さらに清への「聖戦(ジハード)」の呼びかけもなされた[58]．ニュービィによれば，清の強大な軍事力に対するイメージは，中央アジアの人々の心理に強く刻み込まれることになり，新疆における清朝権力が著しく衰微した19世紀中葉においても，なお彼らの行動パターンを規制していたという[Newby 2005: 43-44, 121, 156]．

ただし，上述の1760年代前半における対清朝ムスリム「同盟」の動きには，額面どおり受け取れない側面がある．提唱者のアフマド＝シャーの行動には，当時中央アジアや西北インド方面への勢力拡張を目指していたという背景があった．また，コーカンド＝ハン国の支配者であり，1759年末に清と接触したイルダナ＝ビィは，清朝権力を利用してクルグズやブハラ方面への勢力拡大を試みた［Onuma et al. 2014］．その一方でイルダナは，1764年にアブライを「聖戦」に誘ったとされるが［Valikhanov 1985, 3: 324］，後述する如く，1765年から両者は戦争状態に突入している．このような中央アジア内部における複雑かつ流動的な関係からは，「同盟」の背後に存在する各勢力間の対立の構図が透けてみえてくる．中央アジア諸勢力が，清の突然の登場に危機感を抱いたのは事実であろうが，清への対抗を名目にしたヘゲモニー争奪の動きに十分に注意を払う必要がある．以下においては，この点をふまえながら，中央アジア諸勢力間の争いに対する清の外交姿勢を考察していく．

3.2. バダフシャンとボロルの紛争（1763）

1760年代前半，バダフシャンとボロルの間で紛争が発生した．この問題については，佐口やニュービィがすでに検討しているので［佐口 1963: 77-80；Newby 2005: 33-34］，ここでは清の対応を中心にみていく．

---

58) これは，19世紀中葉にワリハーノフが中央アジアで収集した情報［Valikhanov 1985, 3: 136-137, 323-324］にもとづくが，18世紀中葉の時点でロシア当局もこの動きを察知していた［野田 2011: 139-141］．

1760年初頭，バダフシャンのスルターン=シャー，ボロルのシャー=フシャメットの使臣は同時に清廷に到来し，乾隆帝に謁見した。特にスルターン=シャーは，清が追跡していたホージャ兄弟を殺害し，弟のホージャ=ジャハーンの首級を清に献上したため，清から一目置かれることになった。ところが，同年末にスルターン=シャーによるボロル攻撃の計画が伝えられ，1763年初頭には実際にスルターン=シャーがボロルに侵入し，シャー=フシャメットがヤルカンドの清朝当局に救援を求める事態に発展した。報告を受けた乾隆帝は，ヤルカンド辦事大臣のシンジュへの指示の中で，

> バダフシャンとボロルは，どちらも帰順して〔我の〕アルバトになっている。スルターン=シャーが分をわきまえず，「昔の仇をとりたい」というのを口実にして〔攻撃を〕なしたので，ボロルは追いつめられ，救援を求めに来た。これに我々がまったく関与しなければ，どうして諸衆の心を従えられようか。もしも教え諭して言葉に従わなければ，ただちに派兵して討伐させるべきである[59]。

と述べ，シンジュとエミン=ホージャの指揮のもと，イリからの来援を加えた3,000兵をもってバダフシャンに向かうよう指示した。同じ時期，コーカンドのイルダナは，クルグズのエディゲネ[60]部が居住するオシ地方を占領していたが〔佐口 1963: 358-362；Newby 2005: 30-31〕，バダフシャンへの派兵はこの問題への対処も視野に入れていた[61]。またスルターン=シャーは，ホージャ=ジャハーンの首級は清に献上したものの，バダフシャンに逃避した兄ブルハーン=アッディーンの妻と子の引き渡し要求を拒否しており〔佐口 1963: 90-91〕，それに圧力をかける目的もあった。

スルターン=シャーはボロル侵攻の理由を，前年の1762年にシャー=フシャメトがスルターン=シャーの弟を殺害したことによる仇討ちと説明している

---

59) 『準略』続編巻19，満文版53a-b／漢文版28b，乾隆27年12月癸丑（25日）〔1763/2/7〕条．Badahšan bolor gemu dahame dosifi albatu oho. Sultanša an be tuwakiyarakū, fe kimun be gaiki seme anagan arame yabuha turgunde, bolor hafirabufi aitubure be baime alanjiha be, muse fuhali darakū oci, adarame geren i gūnin be dahabume mutembi. Aika tacibufi gisun daharakū oci, giyan i cooha unggifi dailanabuci acambi.

60) クルグズ右翼の有力部族で，オシ〜カシュガル間を本拠地としていた。

61) 同上，『準略』続編巻19, 28b-29a．

が[62]．定かでない．佐口は，そもそもスルターン＝シャーには，ホージャ兄弟の逮捕に協力することで，周辺諸部への侵攻の支持を清から得ようとする意図があったと指摘している［佐口 1963: 79-80］．

さて，シンジュが新たに得た情報によれば，スルターン＝シャーはチトラルをも攻撃して仇人を殺害し，弟のシャブドルガダル（Ma. Šabdorgadar < Shāh ʻAbd al-Gadar?）をその地のハーキム（行政官）に任命した．また，従者によって盗み去られていたとされるブルハーン＝アッディーンの遺体が，バダフシャンの都ファイザーバードに埋葬されているという情報を得た．シンジュは，スルターン＝シャーに譴責の書簡を送付し，チトラルの土地の返還がなされなければ，攻撃を開始することにした[63]．最終的にスルターン＝シャーは清の圧力に屈したようで，ブルハーン＝アッディーンの遺体を掘り起こし，彼の妻子たちを捕らえ，それらを北京に送致するとともに［佐口 1963: 91-92］，チトラルから撤退した[64]．これによって清の出兵は見送られることになった[65]．

以上の事件に際して，乾隆帝はバダフシャンとボロルがともに清に帰順し，自身のアルバトであることを理由に介入し，ボロルの救援に応じて軍隊を派遣しようとした．実際には軍事行動の実施まで至らなかったにせよ，直接的な利害に係われば，当時の清は域外にある中央アジア諸勢力間の紛争に積極的に介入する姿勢を持っていた．その清の行動を正当化したのが，「エジェン－アルバト関係」という属人的な論理であった．

3.3. カザフとコーカンドの紛争（1765-67）

1767年6月29日のイリ将軍アグイの奏摺[66]によれば，6月16日に入観を求めるアブライの使臣ダウラト＝ケレイ（Ma. Dulat Kere，都勒特克呼）ら一行がタルバガタイを経由してイリに到来した．ダウラト＝ケレイは公爵を有し，1760

---

62) 『準略』続編巻20, 2b-3a, 乾隆28年正月壬戌（4日）［1763/2/16］条．
63) 『準略』続編巻20, 3b-5a, 乾隆28年正月癸亥（5日）［1763/2/17］条．
64) 『準略』続編巻22, 1a-b, 乾隆28年6月庚寅（4日）［1763/7/14］条．
65) 『準略』続編巻21, 1a-5b, 乾隆28年3月戊午（1日）［1763/4/13］条．なお，1765年にバダフシャンはアフマド＝シャーの攻撃を受け，スルターン＝シャーは殺害された．
66) 「満文録副」2230.10, 79: 3455-3465, 乾隆32年6月4日［1767/6/29］，イリ将軍アグイの奏摺：『新疆匯編』84: 62-67．

年にもアブライの使臣として入覲した経験があった［『清哈』1: 391-396, 400-405］．ダウラト゠ケレイは，アブライから乾隆帝への表文2通とイリ将軍への書簡1通[67]を携帯していた．この3通の書簡をタルバガタイで翻訳したところ，表文2通のうち1通は，決まり文句の書かれた挨拶文であったが，他の2通には清にとって問題視すべき内容が記されていた．オイラト語で記されていたであろう原文書は現存が確認できないが，その表文の満洲語訳によれば，1765年以来，アブライはクルグズとコーカンドと戦争状態にあり，クルグズとは和解したものの，コーカンドのイルダナとは戦争を継続した．イルダナがタシケントに近いピスケント城に拠るアブライの親族を殺したため，アブライは反撃に出ていた．しかし，イルダナがピスケント城内に籠城したため攻めあぐね，清に兵2万名と大砲を求めたのである[68]．

　カザフ草原南辺に位置するタシケントは歴史的にカザフが支配する都市であった．特にアブライにとっては，かつて祖父が統治し，彼自身も幼少期を過ごした地であった．1750年代には，大ジュズのアビリス゠ハンと，ウズベク人有力者である3人のホージャとの間でタシケントの支配をめぐる争いがあったが[69]，いずれにせよ当時タシケントは「アブライの属下にはなかった[70]」のである．ところが1760年頃からアブライは，トルキスタンに拠っていた中ジュズのハンであり，トルキスタンからタシケントを経て新疆を結ぶ交易路の確保を目指すアブルマンベトの要請を受け，故地タシケントへの進出を開始した［野田 2011: 141-142］．他方，この時期はコーカンドのイルダナも支配拡大を図った時期にあたり，前述したオシ制圧によるエディゲネ部の従属化もその一環と理解できる．南下するアブライと北上するイルダナが，タシケントの地で衝突したのである．

　タシケントをめぐる攻防については，ロシア史料にも若干の記事がある．

---

67) この書簡は1767年4月までイリ将軍の職にあったミンシュイ宛てに書かれている．
68) 「満文録副」2240.35, 80: 2454-2461, 乾隆32年8月［1767/9/23-10/22］；『新疆匯編』85: 272-273．訳文は小沼［2006b: 58-59］に示してある．またイリ将軍宛書簡の満洲語訳は，註66のアグイの奏摺に添付されているが，その内容は乾隆帝宛表文の要約である．
69) 『西域図志』巻45: 9a-b；佐口 1963: 275.
70) 『西域図志』巻44: 9b.

1765年の段階でロシアは，アブライが多くの将兵を率いてイルダナを攻撃したという情報を得ていた［MOtsA 2: 192］．イルダナと戦うためアブライはタシケントに1年間留まったという［KRO: 685］．さらにロシアは，アブライがイルダナを攻撃するための軍事力援助を清に要請するため，彼の甥であるダウラト＝ケレイをイリ将軍のもとに派遣したことも察知していた［KRO: 685；MOtsA 2: 194］．

　実はイリの清朝当局もこのカザフとコーカンドの戦争に関する情報を事前に得ていた[71]．アグイは奏摺の中で，先ずイルダナがタシケント城を占領したため，アブライとアブルフェイズが出征して奪還し，イルダナが置いたベグを殺害したと記している．その後，アブライが使者を遣わして「和解するのか，戦をするのか」と尋ねたところ，イルダナは和解を拒否したという．当時カザフの地からイリに帰還したオイラトに確認すると，騎馬に長けるカザフ軍と攻城・守城戦を得意とするコーカンド軍は，互いに打つ手がなく膠着状態に陥り，アブライとアブルフェイズは一旦自身の遊牧地に帰還したということだった．

　アグイは，以上の情報にもとづき，アブライが援兵と大砲を求めていた真意を，このまま戦争をやめてしまえばきまりが悪い，という面子上の問題であると考えた．アブライの真の狙いは，乾隆帝に双方を和解させる勅諭を発してもらい，戦争をやめる口実を得ることであり，それでもなおイルダナが攻撃をしかけてきたら，もう一度援助を請う魂胆であると推察したのである．奏摺の中で，アグイは清がとるべき態度を明確に述べている．

　　カザフ，ブルト，コーカンドが互いに搶掠し合うことは，彼らの間では常のことであり，我々が関与する必要はなく，彼らがみな和合して一つになることは，かえって〔清にとって〕よいことではありません．とはいえ，コーカンドもエジェンのアルバトとなった部（Ma. aiman）です．決して〔エジェンに対して〕罪を犯したわけではないので，アブライが兵を求めたことをいかあろうとも認める必要はありません[72]．

---

71)　以下に続くアグイの対応については，註66のアグイの奏摺中の記述［「満文録副」79: 3457-3463；『新疆匯編』84: 62-67］にもとづく．
72)　註66，同史料，「満文録副」79: 3459；『新疆匯編』84: 63-64．

アグイは，中央アジアの諸勢力間の抗争に清が関与する必要はないと述べ，まためイルダナは清に危害を加えたわけではないのでアブライに兵丁と大砲を賜与することはできないと判断している．そしてアグイは，ダウラト＝ケレイに対して，清の方針を次のように説明した．

> 汝らカザフは，みな早すでに大エジェンに帰順したアルバトである．……事情がいかあろうとも，〔問題の〕根源はイルダナがタシケント城を奪取してベグを置いたことだ．非はイルダナにあるので，汝らが兵を率いてイルダナを攻撃し，タシケントを奪還したことは，なお筋が通っている．このため〔我らが〕汝らを制止することはなかったが，今ではタシケントを再び奪い返してイルダナが置いたベグを殺しているではないか．カザフとコーカンドは一様にエジェンのアルバトである．イルダナは，大エジェンに対して非・罪を犯したわけではない．一方のアルバトを助け，一方のアルバトを殺す道理があろうか．今アブライがイルダナを討つために大エジェンに兵を請うたことに対し，すぐさま要請に見合うよう兵を与えた場合，〔今度は〕イルダナが汝らカザフを討つために大エジェンに兵を請うてきたら，これをおこなえようか．おこなえぬぞ．これは断じてできぬことである[73]．

このように，1763年のバダフシャンとボロルの抗争への対応とは異なり，今回は直接介入を回避しようとした．この判断の背景として，1763年の抗争（バダフシャンの一方的な侵略）との性格の違い，カザフとコーカンドの勢力規模，清と直接かかわる利害関係が介在していない，などの諸要因を推測できるが，ここで注目すべきは，アブライの要請を断る論理的根拠である．すなわち，カザフのみならず，コーカンドも「一様にエジェンのアルバトである」と強調し，エジェンたる清朝皇帝が一方のアルバトであるアブライを助け，もう一方のアルバトであるイルダナを討つことはできない，とアグイは説いている．二つの抗争においてとった対応は異なれども，「エジェン‐アルバト関係」にかかわる言説が，それぞれの対応を正当化する論理として登場しているのである．

以上の見解をダウラト＝ケレイに説明したアグイは，今回は入観を認められ

---

73) 註66，同史料，「満文録副」79: 3459-3460；『新疆匯編』84: 64．

ないのでアブライのもとへ帰還するよう命じた．これに対し，ダウラト゠ケレイは非を悟り，表文を書き換えるので，入覲だけは許可してくれるよう懇願したという．アグイは，表文偽造は大罪にあたるとしてこれを拒否したが，遣使入貢するカザフの恭順な態度自体は疑うべくもないとして，最終的に彼らの入覲を認めた．

1767年10月12日，ダウラト゠ケレイ一行は承徳で乾隆帝に謁見した[74]．乾隆帝は彼らを木蘭囲場(ムラン)に随行させ，そこでアブライ宛ての勅諭を下している．それによれば，上記のアグイの言葉を繰り返した後，次のように続けている．

　イルダナが昨年汝らを搶掠したとして，汝らはすでにタシケントを再び奪還し，イルダナが置いたベグを殺した．これは終わったことだから，もうよいであろう．なお満足することを知らず，イルダナを狙いたいと思っても，かなわず，恨みを抱くだけであることは言うに及ばない．ここで時宜をみて幸福を得るように．〔さもなくば〕イルダナも必ず恨みを持つようになる．このように互いに殺し合っていると，一体いつ安逸なる日々を迎えることができるというのか．これは双方が互いに傷つけ合うことだぞ．アブライよ，汝は知らぬであろうが，先頃イルダナのところからも我々の平安を請うため使者を派遣しており，まもなく到来するのだ[75]．到来したら，我はこのように勅を下す．「我は天下を統べる主(エジェン)である．従ったあらゆる部のアルバトは，みな一様に慈しんでみている．決して一方にひいきするようなことはない」と．アブライよ，汝はまさに利害をよく考えて，永久に安逸に暮らすことを期するべきである[76]．

---

74)　『高宗実録』巻793: 5b-6a, 乾隆32年8月辛巳（20日）［1767/10/20］条．

75)　1767年7月にコーカンドの使臣がカシュガルに到着し，北京へ向かっていた．「満文録副」80: 349-356, 乾隆32年6月13日［1767/7/8］，カシュガル参贊大臣チョクト Cokto（綽克托）の奏摺；『新疆匯編』84: 132-136.

76)　「満文上諭檔」明発35 (1), 乾隆32年8月28日［1767/10/20］条．Erdeni duleke aniya suwembe tabcilaha seci, suwe emgeri tasigan be durime gaifi erdeni i sindaha bek be waha. Ere inu nakaci ojoro dabala. Kemuni elcun be sarakū, erdeni be kiceki seci gaime muterakū koro bahara be ai hendure. Uthai talude jabšan bahakini. Erdeni inu urunakū koro gaire be kicembi. Uttu ishunde wandume yabuhai, atanggi ergeme jirgara inenggi bahambi. Ere juwe ergi ishunde koirara baita kai. Abulai si sarkū mujanggo, jakan erdeni i baci, inu mini elhe be be (sic.) baime elcin takūraha. Goidarakū uthai isinjimbi. Isinjire manggi, bi uttu inde tacibume hese wasimbumbi. Bi oci, abkai fejergi be uherilehe ejen. Yaya dahaha aiman i albatu, gemu emu adali gosime tuwambi. Umai urhure haršara hacin akū. Abulai si giyan i aisi jobolon be urebume bodofi, enteheme jirgame banjire be kiceci acambi.

乾隆帝は，直接的な介入を避けつつも，様々なアルバトを束ねるエジェンという立場から，カザフとコーカンドとの和合を促した．かかる乾隆帝の姿勢は，臣下の間で発生した紛争の調停や仲裁を役割として持つ中央ユーラシア世界の君主像を彷彿とさせよう[77]．

むろんこのような働きかけが実質的な強制力をともなうものだったとはいい難いが，対外交渉において清朝政権はエジェン（清朝皇帝）とアルバト（中央アジアの各勢力）との関係を強調することで自己の行為を正当化していた．何より重要なことは，清が設定した「エジェン－アルバト関係」が，清朝皇帝と中央アジアの各勢力との主従関係を比喩する表現としてだけではなく，皇帝と官僚との共通認識の下，政策実践の論理的根拠として機能していたことである．また清とカザフとの交渉においては，両者間に介在する「エジェン－アルバト関係」は，清側が一方的に主張するものではなく，遊牧地の拡大などを求めるカザフ側の論理的根拠にもなっていた．いわば「エジェン－アルバト関係」は，清とカザフの政治交渉における共有のツールとしての機能を果たしていたといえよう[78]．

---

77) 岡洋樹は，北アジアのハンが持つ役割として，巻狩や戦争におけるリーダーシップ，臣下に対する富や財産の公平な分配，紛争の調停の三点を挙げている［Oka 1998: 141］．
78) 野田［2011: 55］は，エジェンに対する義務負担者というアルバトの原初的語義を，カザフに対して清が想定した「エジェン－アルバト関係」の意味とみて，筆者の見解を批判しているが，筆者はこれまでそのような見解を示したことはない．

第 8 章　清 – カザフ関係の変容――1770 年代の西北情勢

　前章まで，カザフを主な事例として，1750 年代から1760 年代にかけての清の中央アジア政策の特徴を考察してきた．本章では，その時代に観察された特徴が，続く時代においていかに変容していったのかを検討する．

　清 – カザフ関係のおおまかな推移に関して，これまでのところ，次のような理解が定着している．すなわち，アブライとアムルサナの連合期（1755-56）に清とカザフは対立したが，1757 年のアブライの「帰順」以降，18 世紀後半を通じて両者は穏当な関係を維持した．しかし 19 世紀前半に至ると，カザフ草原におけるロシアの影響力が強まり，清とカザフの関係は漸次切断されていった［佐口 1986: 434-435；厲 2004: 6-7］．確かに，実録等の官撰史料に収録されている清 – カザフ関連の記事は時代を経るごとに減少していく．清のカザフに対する関心が次第に低下していったこと，また 19 世紀中葉までにカザフがロシアの統治に組み込まれたことは事実である．では，カザフに対する関心低下の背後に，清朝政権の政策的・構造的変化というものは存在していなかったのだろうか．

　次章で指摘するように，19 世紀前半，清はカザフを「卡外の藩籬」とみなし，卡外の問題には「天朝は原より問わざるべし」という不干渉の方針を貫いていた．その方針はロシアの進出に際しても同様であり，カザフ首長層の清からの離心をまねく一因となった［野田 2005: 42-45］．かかる頑なな不干渉の姿勢は，1760 年代にみられた外交姿勢，すなわち中央アジアの勢力間で発生した紛争に対し，清朝皇帝がそれらアルバトを統べるエジェンの立場を自認し，軍事介入を検討したり，和合を促したりする姿勢との間に一定の落差をみせている．このような対応の変化はいかなる経緯によって確定したのであろうか．

　以上の点を念頭に置いた場合，まず注目しなければならないのが 1770 年代

の清 - カザフ関係の混乱である．この混乱については，すでに厲声がその存在を指摘しているが［厲 2003: 200-201］，本格的な検討や評価はなされていない．またこの混乱に先立つ事件として，1771 年のトルグート部の「帰順」も射程に収める必要があるだろう．トルグート部の帰順に関しては豊富な研究蓄積があるが［宮脇 1991a；馬・馬 1991: 153-204；Millward 2004］，それによって清の西北領域に生まれた新たな状況が，その後の清 - カザフ関係に及ぼした影響を検証する作業はなされていない．さらに，前章で述べたように，清の中央アジア政策の中では属人主義と属地主義の枠組みが一致をみておらず，その矛盾は清 - カザフ関係に最も色濃く現れていた．本章では，この矛盾の存在を視野に入れながら，1770 年代に清 - カザフ間で発生した諸問題を検討し，それに清朝政権が対応していく過程で，中央アジア草原における清の政策方針にいかなる変化が生じたのかを明らかにする．

1．カザフの入覲停止

清とカザフの関係を考察する上で，清廷への入覲使節の派遣は一つの目安となる．1757 年のアブライの帰順以降，雪害が甚だしかった 1766 年を除いて，カザフは毎年入覲使節を派遣していた．ところが，1769 年 4 月以降，約 4 年にわたりカザフの入覲は中断している[1]．これは，1770 年にヴォルガ河を渡り，カザフ草原を横断して，1771 年に新疆北部へ到達したトルグート部の動きの影響を受けたものと考えられる［厲 2003: 200］．当初清はトルグート部の東遷の意図をつかめず，緊張が高まっていた．結果として武力衝突は起きず，トルグート部の清への平和的「帰順」がなった．しかし，むやみな混乱を避ける意図もあったのであろう．牧地の選定などの善後策がある程度進展するのを待ってからカザフの入覲は再開された．1773 年と 1774 年にアブライらが派遣した入覲使節が到来している．

しかし，清とカザフの関係はそのまま正常化せず，使節派遣は再び中断する．

---

1) カザフ入覲使節の清廷到着時期や構成員については，Onuma［2010b: 156-159］を参照．以下，逐一註記しない．

1775年，アブライはオトルチ＝バートルを筆頭とする入覲使節を派遣した．ところが，イリ将軍イレトゥ[2]は，彼らが携えてきたアブライのトド文字書簡の内容を問題視した．アブライはその書簡の中で，11代にわたってアブライの一族が貢賦(アルバン)を徴収してきたというタシケントに言及し，その地の「三万戸の貢賦」を乾隆帝に献上することを申し出，その実現のために1,000兵の貸与を求めたのである[3]．

アブライの清に対する援兵要請は，これが最初ではない．1765年以降，南下を目指すアブライらカザフ勢力は，北上を企図するコーカンド勢力と戦争状態に入っており，タシケントはその争奪地の一つであった．1767年にアブライが2万兵の援軍と大砲の貸与を申し出ると，当時のイリ将軍アグイはそれを退け，乾隆帝は自身のアルバトたるアブライとイルダナに対し，「エジェン」の立場から和合を促す勅諭を発した［第7章第3節参照］．

この前例を把握していたイレトゥは，再度援兵を要請してきたアブライの狡猾さを強く非難した．また，タシケント付近にはクルグズも遊牧していることから，アブライの援兵要請には，タシケントだけでなく，クルグズをも攻略せんとする思惑があるに違いないと推測した[4]．そしてイレトゥは以下のような文言を含む書簡をアブライに送付した．

> 汝が呈した書信にある，タシケントの地を偉大なるエジェンに献上するということは誤りである．汝らカザフ，そしてブルト，コーカンド，アンディジャン等の地の諸回子たちは，みな偉大なるエジェンに頭を差し出して[5]従ったアルバトである．これらの土地はみな偉大なるエジェンの土

---

2) 満洲正白旗人．1768年に8ヵ月，1760-71年に1年8ヵ月ほどイリ将軍を務めた後，1773年から85年にイリで死去するまで12年間イリ将軍の座にあった．
3) 「満文録副」2644.30, 106: 2633-2635, 乾隆40年8月20日［1775/9/14］，イレトゥの奏摺に収録されたアブライの書簡の満文訳；『新疆匯編』125: 274-275.
4) 同上，「満文録副」106: 2637-2638, イレトゥの奏摺；『新疆匯編』125: 276. この考えに対し，乾隆帝は奏摺の行間に「まことにそのとおりである」と硃批を入れている．
5) 「偉大なるエジェンに頭を差し出して」(Ma. amba ejen de uju alibume) は，清朝皇帝への服従の意を示す文言であると考えられる．1795年のコーカンドのナルブタ＝ビィ (1768/69?-1798/99) 名義のテュルク語文書には，Biz Īrdāna bī bābāmiz ulugh khānghā bash tutup（我らの祖イルダナ＝ビィが大ハンに頭をさしだして）という一文がみられる．「満文録副」3514.11, 160: 3568-3570, 乾隆60年10月［1795/11/11-12/10］．

地である．汝があらためてタシケントの地を献上するとは，いかなること
か．査するに，汗よ，汝は以前タシケントの地を奪取しようとコーカンド
のイルダナ＝ベグと数年間戦った．しかも，汗よ，汝はドラト＝ケレイら
を遣わし，兵士，大砲，鳥鎗を請うために何度か来たのを，我々はすべて
退け返回させていた．しかも偉大なるエジェンが英鑑されて，かつ教旨を
下している．汗よ，いま汝が再び画策を始め，素知らぬふりで「タシケン
トの地を偉大なるエジェンに献上したい」と告げ，兵丁を請うべく人を遣
したことは大きな誤りである．汝らカザフは偉大なるエジェンのアルバト，
汝らカザフの土地は偉大なるエジェンの土地であるぞ．偉大なるエジェン
が旧来どおり汝らに与え遊牧させているというのに，汝らが戦争して奪っ
た土地を偉大なるエジェンに献上するという道理があろうか6)．

1767年の支援要請への対応と同様に，「エジェン－アルバト関係」を意識した
外交姿勢をとっている．さらにイレトゥは，アブライからの書簡と貢馬7)を
受け取らず，オトルチらの入観を拒否し，アブライのもとに帰還させた．

翌1768年10月，再びオトルチを筆頭とする入観使節がイリに到来した．こ
の年イレトゥは，乾隆帝に北京で拝謁するため6月からイリを離れており，代
わりにウルムチ都統であったソノムツェリン Sonomčering（索諾木策凌）がイリ
に赴き将軍職を署理していた．オトルチが携えてきたアブライの乾隆帝宛書簡
には，次のような奇妙な内容が記されていた．トド文字の原文書の現存は確認
できないので，イリで作成された満洲語訳から訳出する．

偉大なるエジェンに対し，アブライ汗が平安を請うため書信を呈しました．
偉大なるエジェンの金顔を毎年仰ぎみたいと思っています．我の地は僻遠
ゆえ，昨年送った者は途中で帰ってきました．今年は平安を請うため送っ
ています．以前，白帽を偉大なるエジェンの黄金の裾8)に献上して従い
ました．我々の経書に，「白帽たちは満洲(マンジュ)によってメッカ方面に追いやら

---

6) 註3, 同史料,「満文録副」106: 2646-2648, イレトゥの奏摺, 附件：『新疆匯編』125: 281-282.
7) カザフの使者は, イリやタルバガタイにおいて「貢馬」(Ma. belek morin) を献上するのが慣例となっていた [Noda & Onuma 2010: 28-33]．カシュガルにおけるクルグズの貢馬献上については, Di Cosmo [2003: 359-362] を参照．

れる」と記してあります．我々カザフのタイジの子孫，我々カザフの部民は，その白帽〔の者〕が敗走する時にも敗走せず，命ある限りこの地から動きません．死した骸を骸にあわせ，永久に偉大なるエジェンの黄金の裾から離れずにいたいのです[9]．

モンゴル語の「白帽」（Mo. čaγan malaγ-a）は，白いターバンを着用していた中央アジアのムスリム定住民を指す［Pelliot 1948: 130-132］[10]．しかし，上掲の満洲語文中にある「白帽」（Ma. šayan mahala）が意味する対象は明確でない[11]．「白帽」がアブライから乾隆帝に献上されている点を勘案すると，1762年にアブライの使者として入覲し，その後家族とともにイリに移住したウマルたちを指すのかもしれないが[12]，いずれにせよ，この「白帽」の駆逐とは，清によるカザフやクルグズの駆逐を暗示するものであった．

意味をはかりかねたソノムツェリンがオトルチに尋ねると，アブライは昨年入覲を拒否され，さらにカザフのアホン[13]から，カザフとクルグズが満洲人によって駆逐されるという予言を聞き，清との関係が疎遠になることに不安を抱いているとのことであった．ソノムツェリンは，カザフが恭順であり続ける限りそのようなことはないと説き，彼らの入覲を認めて北京へ出立させた．

北京への途上，オトルチ一行はハミでイリに戻る途中のイレトゥと遭遇している．オトルチはイレトゥにも，上記史料と同様の言葉でアブライの不安を代弁した．イレトゥは清側にカザフ駆逐の意図がないことを説いた．またこの時，使節の一員であったドスン＝スルタン[14]は，乾隆帝に拝謁する以外に「まっ

---

8) 「黄金の裾」（aisin buten）は，カザフが清朝に送付したテュルク語文書にみられる altin/altun etäk に対応するものであろう［Noda & Onuma 2010: 41-42］．

9) 『満文録副』2697.41, 110: 667-678, 乾隆41年9月19日［1776/10/30］，ソノムツェリンの奏摺に引用されたアブライの乾隆帝宛書簡の満文訳；『新疆匯編』130: 263.

10) モンゴル年代記の『アルタン＝ハン伝』にその用例を確認できる［吉田順一ほか1998: text 29, trans. 132；Elverskog 2003: text 239, trans. 109］．

11) カザフやクルグズは，伝統的にフェルト製の白い帽子（Tu. aq qalpaq）を被っている者が多い．

12) 第7章註46を参照．清は彼らの移住を自発的なものと認識しているが（「哈薩克名冊」6b），アブライは「我の義父ウマルと〔彼の弟〕シレンベトの30人の家族と家畜を悉く献上した」（註3，同史料，『満文録副』106: 2634；『新疆匯編』125: 274）と述べている．ハフィゾヴァ K. Khafizova もウマルたちを「人質(アマーナト)」とみなしている［Khafizova 1995: 181-182］．

13) ペルシア語の ākhond に由来し，イスラームの教義に通じたムスリム学識者を指す．

たく別の用件はない」と述べたという[15]．

ところが，北京に到着したオトルチは，隠し持っていた前年のタシケントの問題に関わる書簡を乾隆帝に上呈しようとした．これを知った乾隆帝はアブライに対する不信感をあらわにし，謁見時にオトルチを面責した．またイリ将軍職に復帰したイレトゥに対して，「アブライは猜疑心が強く，かつ心は一向に落ち着きがない」ので，今後さらなる注意を以て対応するよう指示した[16]．

ことの次第を知ったイレトゥは，自分がイリから離れている隙をついてアブライが使節を派遣してきたと断じた．イレトゥは上記の指示が記されていた上諭を複写してタルバガタイ参賛大臣キングイ Kinggui（慶桂）に送付し，問題意識の共有を図っている[17]．そして，太上皇太后の死去（1777年2月）による喪中期間と重なったこともあり，カザフの入覲は再び停止された[18]．

その後，カザフから入覲使節の派遣がないまま約2年間が過ぎた．1779年6月，イレトゥはカザフの現状を把握するため，イリに家畜を売りに来たカザフ人などからの情報収集を試みた．その中で注目されたのが，タシケント出身の商人バーバー＝ホージャの証言である．すなわち，2年前に彼がタシケントにいた際，アブライのもとからオトルチが派遣されてきた．その時オトルチはタシケントの人々に，清朝皇帝が「タシケントの貢賦をアブライに与えるようにと勅諭を下した」と述べ，朱印の捺された黄色い紙の文書をみせた．タシケントの「ベグ」であったホージャム＝バタシャン（Ma. Hojim Batašan）はアブライの偽称を見抜き，計略を以てオトルチを帰還させ，残留した彼の息子を殺害したという[19]．

---

14) 台吉（タイジ）爵を有していたハンババの息子．
15) 「満文録副」2701.32, 110: 1757-1762, 乾隆41年11月6日［1776/12/16］，イレトゥの奏摺；『新疆匯編』131: 52-62．
16) 「満文録副」2714.13, 111: 1415-1417, 乾隆42年3月16日［1777/4/23］，イレトゥの奏摺に引用された乾隆42年1月10日［1777/2/17］の上諭；『新疆匯編』132: 88-89．
17) 同上，「満文録副」111: 1417-1421, イレトゥの奏摺；『新疆匯編』132: 89-91．
18) 「満文録副」2714.10, 111: 1400-1403, 乾隆42年3月16日［1777/4/23］，イレトゥの奏摺；『新疆匯編』132: 82-84．太上皇太后の死去により，トルグート，クルグズ，コーカンドの入覲も停止された．
19) 「満文録副」1792.20, 116: 1729-1730, 乾隆44年5月6日［1779/6/19］，イレトゥの奏摺；『新疆匯編』140: 48-49．Cf.『高宗実録』巻1084: 1a-2a, 乾隆44年6月癸丑（1日）［1779/7/13］条．

ことの真偽は不明だが，清側の意向を無視し，タシケントの支配を狙うアブライの態度，および勅書の偽造（あるいは内容の偽称）は許しがたいものであった．イレトゥは「アブライの性格は極めて奸悪で狡猾である」と非難し，今後もアブライがタシケント獲得の策略のために使者を派遣してくることがあれば，ただちに送り返すという方針を示し，乾隆帝も賛意を示した[20]．同年夏，アブライは娘婿のダイル＝スルタン[21]をイリに派遣し，年内にアブライの子弟に率いさせた入覲使節を派遣したいと申し出た．しかし，ダイルが重ねて懇願したにもかかわらず，イレトゥはその要請を断っている．その理由は，使節のイリ到着時期が冬にさしかかるというものだったが[22]，上述のようなアブライへの不信感も，このような判断が下された一つの要因であったと考えられる．

ところが，それから間もない1775年初頭，アブライの息子セデクを筆頭とする使節がイリに到着した．セデクによれば，ダイルの帰着前にアブライから出発を命じられ，イリへの途上でセデクに遭遇したが，そのままイリへ前進してきたという．北京に送るには時期が遅かったが，再度往復させると多くの家畜を失うであろうこと，セデクがまだ16歳の若者であることを考慮し，イレトゥは彼らをイリで越冬させた後に北京へ出立させることにした[23]．ところが，またもやアブライの書簡には，昨年夏にアブライを襲撃したカラケセク部族のベクボロトを討つために兵丁500-600名を借用したいという請願が記されていた[24]．これにイレトゥは，「カザフ内部の事情に係わるため，我が兵〔の貸与〕はあずかり聞くことはできない」という見地から，セデクに対して兵丁の貸与要請が道理に外れていることを説いた[25]．乾隆帝もこの対処は適切であると評価し，また北京到着後にセデクが軍機大臣に同じ請願をしても，既決の方針にしたがってそれを却下すればよいと述べている[26]．度重なる援兵要請を受

---

20) 同上，『満文録副』116: 1730-1732，イレトゥの奏摺；『新疆匯編』140: 49-50.
21) 大ジュズのバラクの息子であり，アブルフェイズの養子となっていたハンホジャの異母兄にあたる．
22) 『満文録副』2814.13，117: 3020-3021，乾隆45年1月3日〔1780/2/7〕，イレトゥの奏摺；『新疆匯編』141: 360.
23) 同上，『満文録副』117: 3021-3025，イレトゥの奏摺；『新疆匯編』141: 360-363.
24) 『乾隆満寄』14: 247，乾隆45年正月25日〔1780/2/29〕.
25) 『高宗実録』巻1099: 7a-b，乾隆45年正月甲辰（25日）〔1780/2/29〕条.
26) 註24，同史料，『乾隆満寄』14: 247.

けてきた清朝政府は，もはやそれを意に介さず，またエジェンとアルバトとの関係を説きつつカザフの内情に容喙する姿勢もみせなかった．なお，イリで越冬したセデク一行は 1780 年 6 月に無事入覲を果たした[27]．

以上に論じたように，カザフの帰順以降，清はほぼ毎年入覲使節を受け入れていたが，1770 年代に入るとトルグート部の帰順，度重なるカザフからの援兵要請，さらには勅書偽造などが続き，カザフの入覲は度々中断された．1780 年到着のセデクら一行を含めても，この 10 年間に清朝が受け入れたカザフの入覲使節は 4 回であり，清とカザフの関係が急速に悪化したことがわかる．

1781 年，アブライは死去した．その汗爵継承をめぐり長子ワリーと娘婿ダイルが争いを起こし，アブライの死後も混乱は継続した［阿拉騰奥其爾・呉 1998；Noda 2010: 140-142］．結局ワリーが汗爵を継承するが，一年一貢のペースはついに回復することなく，清との関係は年を追うごとに疎遠になっていく．

2. 1770 年代のカザフ草原南辺の情勢と清の対応

前節で論じたように，清がカザフの入覲を却下した最大の原因は，アブライからの援兵要請であった．では，その要請の背景にはいかなる問題が存在しているのであろうか．本節では 1770 年代のカザフ草原南辺の情勢とそれに対する清の対応について論じ，別の角度から当時の清-カザフ関係を検討してみたい．

2.1. カザフとクルグズとの抗争

カザフとクルグズが，ジューンガルの滅亡とオイラトの人口減少により，旧遊牧地の回復の動きをみせたことはすでに指摘した．カザフの南下，クルグズの北上により，両勢力の交錯するカザフ草原南辺では遊牧地争いが頻発するようになり，1775 年前後からその情報がイリやタルバガタイの駐防官のもとに届き注意を引いた．

1774 年，クルグズの襲撃によりカザフが被害を受けたという情報がイリに

---

27) 『高宗実録』巻 1106: 9b, 乾隆 45 年 5 月壬午（4 日）［1780/6/6］条．

伝わった．イレトゥは，アブライとアブルフェイズからの来援要請が来る可能性を想定しつつ，乾隆帝に事件を報告した．これに対する上諭の中で，乾隆帝はイレトゥに，もしも来援要請があった場合，「ともに偉大なるエジェンのアルバト」であるカザフとクルグズのどちらかを支援することはないと明言した上で，繰り返される襲撃の応酬[28]をやめるよう戒飭すべきであると述べた[29]．すなわち，1767 年にカザフとコーカンドとの紛争に対処した時と同じように，乾隆帝は自らのアルバトに対して，彼らのエジェンという立場から和合を促そうとしている[30]．しかし，程なくして，今度はカザフがクルグズを攻撃し，1,000 人以上を捕獲したという知らせが届いた[31]．

1775 年，アブルフェイズはタルバガタイに第三子のボプを派遣してきた．参賛大臣キングイがカザフとクルグズの現状を尋ねると，ボプは「現在アブライとアブルフェイズはどちらもそれぞれの遊牧地にいます．ブルトとも非常に仲がよいといえます」と返答した[32]．また，ボプが携えて来たアブルフェイズのイリ将軍宛のテュルク語書簡の中で，昨年来の対立の事情が説明されていた．

> 私が父のユルトに行っていた時に[33]，クルグズが辺界の部民から馬を奪いました．それに対し，ハンホジャ=トゥラとバラク=バートルは四千人とともに〔報復しに〕行きました．クルグズは，「降参します．〔奪った〕人々[34]を返します．」といって，〔四千人の〕カザフを 17 日間留め置き，再び分け捕えられました．さらに再び来てジャフラシ[35]という部民を鹵

---

28) カザフとクルグズの間で繰り返された襲撃の社会的・文化的背景として，慣習法により認められていたバルムタ barimta と呼ばれる復讐行為が想起される［秋山 2012: 36-38］．
29) 『乾隆満寄』11: 17-20, 乾隆 39 年 2 月 18 日［1774/3/29］条．Cf.『高宗実録』巻 953: 1b-2b, 乾隆 39 年 2 月庚子（17 日）［1774/3/28］条．
30) 『高宗実録』巻 953: 1b-2b, 乾隆 39 年 2 月庚子（17 日）［1774/3/28］条．
31) 『高宗実録』巻 958: 28a-b, 乾隆 39 年 5 月丁卯（23 日）［1774/6/23］条．
32) 「満文録副」2636.13, 106: 720, 乾隆 40 年 6 月 2 日［1775/6/29］，キングイ等の奏摺；『新疆匯編』124: 207.
33) キングイ宛てのテュルク語書簡によれば，1773-74 年にアブルフェイズは父アブルマンベト（d. 1769）の旧所領（おそらくトルキスタン付近）に滞在していた［Noda & Onuma 2010: 31-33］．
34) aq öy（白い家）は「遊牧民のテント」［Jarring 1964: 24］を意味するが，ここではクルグズが奪ったカザフ人を指していると考える．

獲していきました．その後，アブライ＝ハンと私はともに2万人を率いて，4,000人を奪いました．〔クルグズの〕使者が来て，「降参します．人々を返します．」といいました．「我々クルグズとカザフは互いにエジェン＝ハンのアルバトだ．我々は仲良くしよう．」といい，「互いに捕らえた人々を返せ」と決定を述べて，〔捕虜を〕送還しました．クルグズは，私たちの人々をこの間に〔すべて〕返していません．来た者もいますし，来ていない者もいます[36]．

あくまでカザフ側の言い分だが，最初にクルグズが攻撃をしかけ，それにカザフが応戦し，その後略奪捕虜の相互返還を取り決めて休戦がなる，という展開をたどっている．イレトゥは，アブルフェイズへの返書の中で，以前から清朝がカザフとクルグズに重ねて和合を促してきた経緯を強調した上で，今回の和合と捕虜返還を高く評価した[37]．

ところが，ボプが帰って行ってから4ヵ月後の11月，アブルフェイズの次子ジョチが派遣されてきた．イレトゥが到来の理由をジョチに尋ねると，ジョチはアブルフェイズ名義の2通のテュルク語書簡（以下，書簡A[38]，書簡B[39]）をイレトゥに手わたした．ここではまず，書簡Aの訳文を示す．

　至上なるボグダ＝エジェン＝ハンの安寧を祈念すること，長年にわたっております．イリ軍営において，ボグダ＝エジェン＝ハンの職務を遂行している将軍と大臣に，アブルフェイズ王よりご挨拶申し上げます．ご挨拶の

---

35)　大ジュズに属する一部族．現代カザフ語ではShapyrashty．
36)　「満文録副」2636.13, 106: 1015, 乾隆40年6月15日［1775/7/12］，イレトゥの奏摺，附件．Men özüm ata yurtigha barghan[i]mida, Qirghiz chät ildin yulqi aldi. Angä Khān Khwāja törä, Baraq batur törüt ming kishi birlän barghan ikän. Qirghiz, "Il bolaman. Aq öyli berämän." dep Qazāqni on yettä kün qondurup, qayta bölüp alipdur. Tekhi qayta kelip, Jāfrāshī digän ilni olja YSYR (?) qilip, alip ketipdur. Andin Ablay khān, men birgä ikki tümän kishi bolup, törüt ming kishini alduq. Elchi kelgändin song, "Il bolaman. Aq öyli berämän." dep elchi keldi edi. "Birimiz Qirghiz, Qazāq ezen khānning albuti. Biz khūb bilür." dep, "Biri tüshkän kishini ber." qararin dep yibärdük. Qirghiz bizning kishini bu dämgichä yibärmäydür. Kelgäni häm bar. Kelmägäni häm bar.
37)　同上，「満文録副」106: 986-987，イレトゥ等の奏摺，附件；『新疆匯編』124: 274-275.
38)　「満文録副」2654.20.1, 109: 973-974, 乾隆40年10月21日［1775/11/14］，イレトゥの奏摺，附件．
39)　同上，「満文録副」109: 972，イレトゥの奏摺，附件．なお，書簡A・Bの解釈において，デュセンアイル氏から有益な示唆を賜った．特に記して謝意を表したい．

後，用件は以下の如しです．ボグダ＝エジェン＝ハンに一通の書簡をおわたしします．その書簡〔の内容〕をよき言葉を述べてハンにお知らせいただきますように．また，ハンから勅諭をいただいて〔私に〕お与えください，とあなたにお伝えします．丑年（1769年）に父アブルマンベト＝ハンが亡くなったという丁重なる書簡を届け，〔父の死を〕ハンにお知らせした時，オバ[40)]殿ををお遣わしになり，恩恵を賜りまして以来，私はずっと喜んでおります．トルキスタンの人々との関係はあまりおだやかではありません．よって，ハンに一通の書簡をおわたしするので，ユルトにだれか使者を遣わしていただければ，ユルトの無知蒙昧なる輩に至るまで功徳がありましょう．また，将軍と大臣に対するユルトの願望は以下の如しです．クルグズと仲良くしていますが，ただその人々は盗みや嘘をやめません．二つのユルトの間に卡倫を設けることを選びます．この卡倫はハラタラのこちら側に設けるのですが，あなた方の人が来てから私は一つの卡倫を置きたいということをあなたにお伝えします．この地はアヤグズからあなたのものです．このため，あなたから勅諭を求めるのです．この書簡を蠍月（8月）6日に書きました．アブルフェイズ王より貢馬一頭，ジョチ公より貢馬一頭〔を献上します〕[41)]．

書簡中段にあるトルキスタンの問題については，書簡Bを検討する中で触れる．後段でアブルフェイズは，クルグズとの関係は良好であると述べながらも，今

---

40) Oba (اوبا) と綴られているが，アブルマンベトの死去に際して清朝から派遣された副都統オジン（Ma. Ojin, 鄂津）を指すと考えられる．『高宗実録』巻844: 27a-b, 乾隆34年10月乙卯（7日）［1769/11/4］条．

41) Yuqari boghda eẓen khānning esänlikini tiläymiz, köp yililargha (sic. < yillarigha). Ilä qurbasinda boghda eẓen khānning khizmatlarini qilip turghan jangjung, ambunlargha Abū al-Fayḍ wangdin du'ā-i salām. Salāmdin song, söz bu kim, yuqari boghda eẓen khāngha bir fijik (< Mo. bičig) ushladim. Shol fijikni yakhshi sözlärni aytip khāngha bilindürgäysiz. Wä yenä khāndin yarligh alip beringiz dep sizgä ma'lūm qildim. Siyir yilida atam Abū al-Muḥammad khāngha öldi dep yuqari khaṭ ushlap, khāngha bilindürgändä, Oba ambuni yibärip ülkän qayran qilghanda, andin beri quwanip yürür erdim. Türkistān ilining öz arasinda ancha aghi bolmay yüriydur. Shuningä khāngha bir fijik ushlap, yurtgha bir elchi qayranlasangiz, yurtning tili täntäkni yetülürgha sawāb bolur edi. Wä yenä jangjung, ambunlargha yurtning 'arḍ bu kim, Qirghiz il bolup turubmiz, yenä häm bolsa, il oghri, ütrükni qoymaydur. Ikki yurtning arasigha qarāwul salayin dep ikhtiyār qildim. Bu qarāwul Qaratalning boyinda qarāwul salip, sizning kishingiz kelgünchä men bir qarāwul qoyin dep sizgä ma'lūm qilaman. Bu yer Ayagüzdin beri sizning. Aning ücün sizdin yarliq sorayman. 'Aqrab ayning altisi küni bitildi. Abū al-Fayḍ wangdin bir at beläk, Yöji gongdin bir at beläk.

後の被害防止策として清に卡倫の設置を求めた．やや唐突の感があったが，イレトゥが調べたところ，以前ジョチが入覲した際（1769年1月あるいは1773年2月），領侍衛内大臣フルンガ Fulungga（福隆安）の提言にもとづき，カザフとクルグズが良好な関係を維持し事件の発生を未然に防ぐための方策として，卡倫の設置を促す上諭が下されていた[42]．

この上諭が存在したため，清朝当局の対応には苦慮がみられる．最終的にイレトゥは，クルグズの侵入を防ぐために卡倫設置を要請してきたこと自体は理解できるとしながらも，清からの人員派出には触れず，「必ずしもハラタルなどの地に卡倫を設置する必要はない．ただ汝らの牧地の縁辺に設けるように」と，カザフの裁量に委ねるような曖昧な返事をするにとどめた[43]．以後，前述のタシケント献納問題や，次節で論じるカザフの越卡事件などが重なったためか，卡倫設置の議論はうやむやのうちに流れてしまった．

2.2. トルキスタン献納問題

続いて書簡Bを検討する．その主な内容は，書簡Aでも触れられていた，トルキスタン（城）に関わるものであった．

> 至上なるボグダ＝エジェン＝ハンの安寧を祈念すること，長年にわたっております．偉大なる父（アブルマンベト）は亡くなりました．これからはいかなる正義を申し立てるとしても，ボグダ＝エジェン＝ハンにお伝えします．エシム＝ハン，ジャンギル＝ハン，タウケ＝ハン，ボラト＝ハン，父アブルマンベト＝ハンを経て，幾人もの先祖〔の時代〕にわたって，トルキスタンというユルトにおいてハンとなっておりました．〔ところが〕我々の時代となり，それに対して我々の兄弟がユルト（トルキスタン）を分けて奪おうといっています．以前はユルトに関係なかった者たちが，今では奪おうといっているのです．以前に父が一人で〔統治していたので〕あれば，その地方は我らのものです．我らに対し，兄弟たち或いは他の方面から敵対されたならば，まず神，次いで申し立てが我が正義に至ることを望んで

---

42) 註38，同史料，「満文録副」109: 966-967．イレトゥの奏摺：『新疆匯編』126: 281．
43) 同上，「満文録副」109: 967-968；『新疆匯編』126: 281-282．

おります.いつも私の言葉を皇帝(パードシャー)にお届けすることはできません.将軍たるあなたが,この要求を至上なるボグダ=エジェン=ハンにお届けになりますように.我々に勅諭をいただいて〔我々に〕お与えください,と書きました.この書簡を蠟月(8月)6日に書きました[44].

書簡Bは,トルキスタンの支配をめぐるカザフ内部での抗争について,イリ将軍を通じて乾隆帝に裁定を要請したものである.それによれば,アブルマンベトの死後,トルキスタンの支配権奪取を狙う対抗勢力の動きがみられるようになった.アブルフェイズは,エシムから父アブルマンベトに到るまでの歴代ハンによるトルキスタン支配の歴史を述べ,自身の家系による支配の正当性を主張している.そして,乾隆帝から勅諭を与えてもらうことで,それにお墨付きを得ようとしたのであろう.

トルキスタン(旧名ヤス Yas)は,しばしば「カザフ=ハン国」の「国都」とみなされる.また高名なスーフィーであるアフマド=ヤサウィー(d. 1166/7)の埋葬地として神聖視され,カザフの歴代ハンの墓廟もこの地に建設された〔野田 2007〕.しかし 17-18 世紀においては,カザフの分裂,ジューンガルの侵攻,定住ウズベグ勢力の北上により,カザフのハンの権力は漸次縮小していった.確かにアブルマンベトはトルキスタンを居所としていたが,各ジュズの政治に対する影響力は持ち合わせておらず,中ジュズ内においてもアブライ,アブルフェイズら有力スルタンはそれぞれ独立して行動していた〔Gurevich 1979: 62〕.

書簡Bの内容に関するイレトゥからの質問に対してジョチも,そもそもトルキスタンからの貢賦はセメケ=ハン[45]とアブルマンベト=ハンの2人が分割して得ており,アブルマンベトのトルキスタンにおける支配権力が本来独占

---

44) Yuqari boghda eẕen khānning esänlikini tiläymiz, köp yililargha (sic. < yillarigha). Ülkän atamiz öldi. Emdikä här ne dād 'arḍmiz bolsa, boghda eẕen khāngha ma'lūm qilamiz. Eshim khān, Jahāngīr khān, Täwkä khān, Fūlāt khān, atam Abū al-Muḥammad khān ötüpdür, nechä ata-babamgä ötüpdür, Türkistān degän yurtgha khān bolup ötüpdür. Bizlärning waqt[i]mizda uningä agha-inimiz yurtni üläship alaman dep yüridür. Burun yurtqa dakhli yoq kishilär emdi alaman dep yüridür. Burun atamiz birdä bolsa, yurt-wilāyat bizlärning qolamizda edi. Bizlärgä agha-inimizdin, yakä uningä yaqdin dushman bolsa, awwal khudā, andin song 'arḍ här dādimgha yetärgä umīdwārman. Här zaman bu sözlärimizni pādshāhgha yetkü[r] almaymiz. Siz jangjung bu 'arḍimni yuqari boghda eẕen khāngha yetkürgäysiz. Bizlärgä yarligh alip bering dep bitildi. Bu khaṭ 'aqrab ayning alti küni bitildi.
45) セメケ(d. 1733)は中ジュズの前ハンであり,アブルマンベトの伯父にあたる.

的ではなかったこと，しかも争奪地はむしろオトラル北方の小城カルナクであり，そのための支援要請が今回の目的であると暴露している[46]．イレトゥは，エセムがアブルマンベト家の近親であることを確認すると，ジョチに向かって次のように述べた．

> エセムが恭順なる汝らの一族ならば，〔これは〕汝ら内部の事件である．我は元々の事情を知らないので，汝らに代わり関与して対処してもうまくいかない．どうして偉大なるエジェンに上奏して使臣を遣わすことができようか．汝らはこのことを，汝らの間で相談して処理すべきである．さもなければ，アブライに相談して処理すべきである[47]．

これに対してジョチは，アブライはこの事情を承知しており，さらに彼もトルキスタンの地を狙っていると返答した．するとイレトゥは，アブライに続くアブルフェイズからの支援と介入の要請を次のように分析した．

> 先ごろ，アブライのもとからオトルチらが遣わされて兵丁を請い，タシケントの地を偉大なるエジェンに献上したいと請いに来たのを，アブルフェイズが聞いていなかったということはないでしょう．奴才(わたくしめ)のところから〔オトルチらが〕退けられた事情を知らず，彼（アブルフェイズ）は「アブライがトルキスタンの地を献上するのではあるまいか」と懐疑し，彼の子ジョチを遣わしたのでしょう．あるいは彼らの間は本当に不和であり，互いに争っているのかもしれません．〔いずれにせよ〕我々が彼らの事情に関与する例規はありません．ただちに〔要請を〕退けるべきです[48]．

イレトゥが以上の見解をジョチにぶつけたところ，ジョチは回答に窮し，しばらく時間をおいた後に「アブライが人を遣わしたことをまったく聞いていなかった」とつぶやくのみだったという．

2.3. 不干渉の原則の確定

アブルフェイズのトルキスタン献納問題への清の対応において注目されるの

---

46) 以下に続くジョチとイレトゥのやり取りについては，本章註38のイレトゥの奏摺中の記述にもとづく［『満文録副』109: 963-966；『新疆匯編』126: 279-281］．
47) 註38，同史料，「満文録副」109: 964；『新疆匯編』126: 280.
48) 註38，同史料，「満文録副」109: 964-965；『新疆匯編』126: 280.

は，清朝政権がカザフの内情への不干渉をこれまでになく率直に示したことである．同様のことは前節で論じたアブライの援兵要請への対応からも看取できるが，以下においてトルキスタン問題に関わる後日談からそれを確認してみたい．

　1779年6月，アブルフェイズが昨年秋に兄ボラトのもとに行ったまま帰還してないという噂がイリに伝わってきた．イレトゥがイリに貿易に来ていたカザフ人から情報を収集したところ，アブルマンベトの死後，ハン／汗位を継承したボラトがトルキスタンから徴収している貢賦を，エセムが奪おうと企んだため，アブルフェイズはこれに対抗すべく兄のもとに出向いていたが，現在は自らの遊牧地に帰還したという[49]．これに対するイレトゥの反応は注目される．

> エセムとアブルフェイズが出向き，いま〔アブルフェイズが〕帰ってきたという知らせがあるのをみるに，この事件は彼らの間で解決し終わったのではないでしょうか．もしも彼らの間で解決できなければ，アブルフェイズはまたイリに人を遣わして，〔我々に解決を〕求めに来るかもしれません．これは彼らの間における不和の事件です．我々にとってまったく妨げあることではなく，むしろ諸事に有益です．我々が関与する必要はないので，もしも彼らが人を遣わして告げに来ても，奴才はまた以前処理したように彼らを退かせるように述べ，〔遊牧地に〕送り返したく存じます[50]．

ここからは，カザフの内情への不干渉の方針が踏襲されていることがわかる．さらに注目すべきは，カザフの内部抗争は清にとって好都合であると判断していることである．すなわち，18世紀中葉に関係を構築して以来，清は中央アジア諸勢力間の紛争に際して，介入あるいは和合を促す外交姿勢をとってきたが，ここではすでにそれが放棄されている．19世紀前半にロシアのカザフ併呑を黙認し，カザフ首長層の離心をまねくことになる清の対外的不干渉の原則は，1770年代の清-カザフ関係の混乱の中で確定したものであった．

---

49)　「満文録副」2792.40，116: 2129-2130．乾隆44年5月16日［1779/6/29］，イレトゥの奏摺；『新疆匯編』140: 75-76．

50)　同上，「満文録副」116: 2131-2132．イレトゥの奏摺；『新疆匯編』140: 76-77．

3. カザフ内附政策の停止とその背景

ジューンガル征服後，清は属人的な「エジェン‐アルバト関係」を，実効支配を及ぼさない中央アジア諸勢力に対しても広く敷衍させる一方，卡倫を設置して卡内と卡外という領域区分を中央アジア草原に持ち込んだ．これにより，卡倫線の内外に位置する各勢力がともに清朝皇帝のアルバトという立場にあり，理念的には区別されていないという状況が生まれた．実際に清朝皇帝のアルバトという立場を根拠に卡内に移住を希望するカザフ人が存在し，清もその内附を容認していた．当時の清の西北辺疆では，いまだ領域の内外という意識は絶対的なものでなく，属人的な関係が重視される場合があった．

清はその後もカザフの内附希望者の収容を続けた．一度における内附者の規模は決して多くなく，個人あるいは家族単位での帰順がほとんどだったようだが，タルバガタイ西南のバルルク山麓に遊牧した内属カザフの人口は着実に増加をみた．そして1778年，内属カザフを母体にして1ニルが編成されるに至る．

ところが翌1779年，清は突如カザフ内附政策を停止する．この理由を張永江は，ジューンガル征服以来の新疆北部の人口希薄が，1771年のトルグート部の帰順によって解決し，カザフを収容する意義が失われたためと説明する［張永江 2001: 160-161］．これは主要な原因の一つに数えられようが，トルグート部の帰順から内附政策の停止まで8年を隔てており，原因をそれのみに帰することはできない．内附停止の決定は，清‐カザフ関係が悪化し，清朝の対外的不干渉の原則が確定した時期になされている．それらはどのような因果関係を持っているのであろうか．本章では，当時の新疆北部の状況をおさえながら，内附政策の停止の背景を明らかにしたい．

3.1. カザフの越卡事件と卡倫管理体制の改革

まず，1770年代の新疆北部における清の統治体制の拡充について指摘しておきたい．

1771年に帰順したトルグート部に対し，清は新疆北部（一部はホヴド）に遊牧

地を割り当て，盟旗制の施行を決定した．1775年8月に，盟長・副盟長・ジャサク・協理タイジなどの任官，官印の発給，旗・ニルの編成が完了した[51]．

新疆北部の人口増加の要因はトルグート部の収容ばかりではない．1778年にイリでは，換防制の緑営兵を家族同伴で永住する駐防兵に改めた．緑営兵の駐防化決定後，清はその駐屯地として広仁，瞻徳，拱宸，熙春の四城を新築 (1780年完成) した．1760年代に建設された恵遠，恵寧，綏定，塔勒奇，寧遠の五城とあわせ，これら城塞都市群は「伊犂九城」と呼ばれた [第5章第4節参照]．タルバガタイにおいても，1777年にウルムチからオイラト4ニルを移駐させ守備力の増強を図った[52]．1778年のカザフ＝ニル編成もこの一連の流れの中にある．これに加え，天山山脈北麓には内地から大量の民人（大半が農民）が入植した．華立の試算によると，1780年までに新疆北部の農業人口は11万人を超えたという [華 1995: 79]．18世紀の100年間は，中国内地の人口が1億から3億へと爆発的な増加をみせた時期であり，新疆北部はその人口圧力のはけ口の一つであった．

以上のように，清は1770年代，特にその後半期に新疆北部の統治体制の拡充を進めた[53]．そしてその一環として実施されたのが，以下に述べる卡倫の管理体制の改革である．

1777年末，イリ将軍イレトゥは，イリ所属の約20座の卡倫に関する改革案を上奏し，承認された．すなわち，イリ所属の卡倫は外部に通じる経路を監視する役割を持ち，常に厳しく巡察する必要があった．しかし，従来のようにその管轄権がイリ将軍に集中していたのでは，卡倫の数が多く，それぞれ相隔たっているため，迅速な対応ができない．そこで各卡倫との距離を考慮して，満洲，ソロン，シベ，チャハル，オイラトの各営に所管の卡倫を割り振り，管轄権を各営領隊大臣に委ねて警備の責を負わせることにした[54]．

---

51)「満文録副」2642.10, 106: 2124-2127, 乾隆40年8月2日 [1775/8/27], イレトゥの奏摺；『新疆匯編』125: 149-151．
52)『塔爾巴哈台事宜』巻1: 8b．
53) この背景の一つとして，1775年の大小金川の平定という事情を想定できる．大小金川平定後，約10年間は大規模な軍事力の投入を要する反乱は発生せず，辺境地域の統治体制の整備が可能になったと思われる．

タルバガタイ所属の卡倫については，編纂史料中に記録はみえないが，1778年に改革が実施されている．ただし，タルバガタイの場合は，改革の前段階において，卡倫駐留の清兵とカザフ人との交戦という事件が発生していた．

この事件は，タルバガタイから東北に走る冬季卡倫の一つ，ウランブラ（Ma. ulan bura）卡倫で発生した．当卡倫の駐留兵の証言によれば，1778年2月にクトゥシ（Ma. Kutusi）が率いるカザフの一群が現れ，逃走した馬の捜索のため卡内へ入れてくれるよう求めた．卡倫侍衛のオルジュイ Oljui は，卡内に馬が入った形跡がなかったため，要求を認めなかった．するとクトゥシらは別の場所へ移動し，無断で卡内に侵入した．ウランブラ卡倫の駐留兵は出向いて彼らを卡外へと駆逐したが，カザフがこれに対抗したため，オルジュイらは弓矢，さらには銃で応戦した．死者は出なかったものの，カザフはすべて逃げ去り，オルジュイらは彼らが騎乗していた馬10頭を獲た．同日夕刻，クトゥシの兄ジャントゥゲル（Ma. Jangtugel）が到来して弟の誤りを詫び，馬10頭の返還と，この事件をタルバガタイ参賛大臣に報告しないよう懇願した．オルジュイは8頭を返し，残り2頭はクトゥシ自身が来たなら返却することにし，事件の報告を見送ってしまった[55]．

ところが，5月になり事件が明るみに出る．カザフの台吉シャニヤズ（シャー゠ニヤーズ）[56] がクトゥシをタルバガタイに派遣し，参賛大臣キングイに行方不明の馬はシャニヤズ自身のものであるとして捜索を要請し，また上述のオルジュイの対応を告訴したのである[57]．

失馬の捜索要請に対してキングイは，卡内で馬を発見できず，馬が入って来た証拠もないとシャニヤズに回答した[58]．オルジュイについては，タルバガタイ城に召還して尋問をおこなったが，キングイは特に問題はないとみたのか，

---

54) 『選編』2: 290-291（『史料』2: 572-573），乾隆42年11月28日［1777/12/27］，イレトゥの奏摺；『新疆匯編』134: 3-4.
55) 「満文録副」2744.37, 113: 1767-1769, 乾隆43年6月10日［1778/7/3］，イレトゥの奏摺；『新疆匯編』135: 234-235.
56) バラクの弟クチュクの息子．ハンホジャの従弟にあたる．
57) 「満文録副」2739.40, 113: 601-608, 乾隆43年4月7日［1778/5/3］，キングイの奏摺；『新疆匯編』135: 28-33.
58) 同上．「満文録副」113: 590-600, シャニヤズ宛書簡の満文草稿；『新疆匯編』135: 33-39.

尋問後すぐにオルジュイをウランブラ卡倫に帰し職務に復帰させた．その後オルジュイは残り2頭の馬をクトゥシに返却したという[59]．

この報告を受けた乾隆帝は不明な点が多いとして，イリ将軍イレトゥに対し，事実究明のためタルバガタイに赴き徹底的な調査をするよう命じた[60]．反乱鎮圧以外の理由でイリ将軍が任地を離れるのは極めて異例である．

6月2日にイレトゥはイリを出発したが，一方で侍衛トゥルムンケ Turmunke をアブルフェイズとシャニヤズのもとに派遣していた．イレトゥがタルバガタイに到着して間もなく，トゥルムンケはシャニヤズの息子スユクらを連れて来た．イレトゥはオルジュイの対応と事件の隠匿について非を認めたが，事件の根本的な原因はカザフ側にあるとして，

> たとえ汝らカザフが馬を遺失したとしても，足跡はまったく卡倫〔の内側〕に入っていない．しかも力にまかせて無理矢理卡倫に入り，みだりに乱暴に振る舞ったとなれば，〔我々は〕これを必ず処罰する．これを汝らは帰還した後，アブルフェイズとシャニヤズにありのまま述べ，〔かつ〕彼らには我の命令どおりに汝ら諸カザフにも通暁させるよう伝えよ．このことは，我のもとから我々の諸卡倫にも伝える[61]．

と述べ，アブルフェイズとシャニヤズ宛の書簡にもこのことを明記した[62]．以後，カザフから捜索要求はなされず，この失馬問題は終息を迎えた．

ところが，この問題が決着するのも束の間，新たな事件が発生した．ジメルセク（Ma. Jimersek）卡倫[63]の副護軍参領サラン Saran の報告によれば，カザフの一群が卡内に侵入・盤踞し，さらに内遷の構えをみせていた．当卡倫の守備兵だけで駆逐できない規模であったため，タルバガタイ領隊大臣ウダイ Udai（伍岱）が兵丁を率いて駆逐に向かった．この話を耳にしたカザフたちは，ウ

---

59) 註55，同史料，「満文録副」113: 1769-1770，イレトゥの奏摺：『新疆匯編』135: 236.
60) 同上，「満文録副」113: 1766-1767，イレトゥの奏摺に引用された上諭（日付不明）；『新疆匯編』135: 234.
61) 「満文録副」2746.23，113: 2349-2350，乾隆43年閏6月2日［1778/7/25］，イレトゥの奏摺；『新疆匯編』135: 76-77.
62) 「満文録副」2747.9，113: 2422-2436，乾隆43年閏6月1日［1778/7/24］，イレトゥの奏摺に添付されたアブルフェイズとシャニヤズ宛書簡の満文草稿；『新疆匯編』135: 330-338.
63) ジメルセク卡倫は，「大清一統輿図」（「乾隆内府輿図」）にタルバガタイから二つめの夏季卡倫として描かれているが，19世紀前半編纂の『新疆識略』などの地方志にはみられない．

ダイの到着前にすべて卡外に遁走していたが，ウダイはサランらに兵80名を委ねて卡倫沿いの土地を捜索させ，それとは別にウリヤスト卡倫に部隊を派遣し，隠れ住んでいた他のカザフを駆逐した．報告を受けたキングイは，ウダイにさらなる徹底的な捜索を命じた[64]．

注目すべきは，上記の内容に関する奏摺が起草された1778年10月12日（乾隆43年8月22日）に，イレトゥとキングイが連名の別の奏摺で，タルバガタイ城以北の卡倫の巡察制度の改変を上奏したことである．それまでは，降雪時期の陰暦9月までに夏季卡倫から冬季卡倫への移設を実施し，この際にタルバガタイ城から領隊大臣を派出して卡倫線を巡察させていた．その後，両卡倫線間の空いた土地にカザフが移動すると，再びタルバガタイ城から侍衛や官員を兵丁とともに派遣し，馬税の徴収にあたらせていた[65]．これに対してイレトゥとキングイは，今後は先に馬税徴収の官兵を派遣し，その後で領隊大臣の卡倫巡察を実施すべきであると上奏したのである[66]．それは次のような理由によるものであった．

〔巡察に行った〕この領隊大臣は卡倫を調査して急いで帰ってくる必要はありません．落ち着いてゆっくりと進み，貢賦を徴収する侍衛や官員がカザフから貢賦を徴収し終わった後に帰還させます．こうすれば，もしも侍衛がその時にカザフの牧地で事件を起こしても，領隊大臣が卡倫を調査していてカザフの牧地の周辺にいるので，〔事件を〕調査し対応するのに都合がよいです．かつカザフから貢賦を徴収する時に，もしもカザフが抵抗して出し渋ったりしたならば，侍衛や官員は〔距離の〕近さを考えて，領隊大臣のもとに問い合わせ，〔領隊大臣が〕彼らに指示すれば，諸事に有益です．さらに，このようであれば，我々の領隊大臣が卡倫を巡察して近くにいることをカザフが耳にし，いささか畏怖すると考えます[67]．

---

64) 「満文録副」2756.19, 114: 1199-1203, 乾隆43年8月22日［1778/10/12］，キングイの奏摺；『新疆匯編』135: 278-280．

65) この巡察ルートは，巡辺制度の「タルバガタイ北路」にあたる［第9章第1節参照］．

66) 「満文録副」2756.18, 114: 1194-1296, 乾隆43年8月22日［1778/10/12］，イレトゥ等の奏摺；『新疆匯編』135: 276-277．

67) 同上，「満文録副」114: 1196, イレトゥ等の奏摺；『新疆匯編』135: 277．

制度改変の目的は，カザフとの間に事件が発生した場合，官兵が領隊大臣の指示を仰ぎ，迅速に対応するためであった．奏摺内に明記されてないとはいえ，この提案がイレトゥとキングイの協議のもと，カザフ越卡事件の報告と同日になされたことを考慮すれば，卡倫線を挟んで発生した一連の事件が制度改変の動機であったことは明白であろう．

以上のような過程を経て，卡倫は清の辺境防衛上さらに重要な存在とみなされるようになり，卡倫線の内と外という領域意識は高まっていったと考えられる．この点をふまえ，以下では清朝がカザフ内附政策を停止するまでの経緯を検討する．

3.2. カザフ内附政策の停止

1761年から1778年の間，清は内附を求めるカザフがいれば，収容してバルルクの地に安置した．ただし，この内附容認の期間においても，1771年のトルグート部の帰還以降，清の受入姿勢に変化が生じている．カザフ草原横断時にトルグート部はカザフの襲撃に遭い，多くの死者と脱落者を出していたが，実は清朝領内に収容されたトルグート部の中にはカザフ人が紛れ込んでいた．清側はこの点を承知していたが，敢えて問題視しなかった．ところが，1773年にアブライが，カザフの中にいるトルグート人と，清朝領内のトルグート部の中にいるカザフ人の交換を提案してきた．乾隆帝は，たとえカザフに略奪されたトルグート人が多くいたとしても，それは清朝領内に入る前の出来事であり，ここでむやみに交換すれば混乱が生じると判断し，交換要求を拒否した[68]．

しかし実際には，カザフ草原に取り残されたトルグート人が逃走してきた場合，清はそれを受け入れている．また，カザフ首長層がトルグート人を清側に引き渡した事例もみられた．1775年にタルバガタイに到来したボプは，トルグート部王公のツェベクドルジの旧属下であり，カザフの捕虜となっていたトルグート人のネイテル (Ma. Neiter) を連れてきた．清朝当局は，ネイテルに詳しい尋問をすることなく，ツェベクドルジの牧地に居住を認めた[69]．同年に

---

68) 『乾隆満寄』10: 502-504，乾隆38年10月29日 [1773/12/12] 条（上諭の日付は10月28日）；『高宗実録』巻945: 29a-30a，乾隆38年10月癸丑（28日）条．

アブルフェイズが以前送還したオイラトの女の返還を求めた際，アブルフェイズ宛の書簡の中でイレトゥは，一度収容したトルグート人らを送り返す慣例がないと明言し，送還を拒否した[70]．

この動きに相反して，清が次第にカザフの受け入れに消極的になっていく傾向がみられる．1775年，キングイは，カザフのドホロク（Ma. Doholok）とその妻と子の3人を二度にわたり駆逐し，また彼らがイリに向かう可能性を考え，3人の容貌を記した文書をイリに送付した．果たして名前を詐称してイリに現れた彼らは正体を看破され追放された[71]．清側の姿勢は硬化しており，すでにバルルクに親族がいて素性が明らかでもない限り，内附を容認しなかった[72]．この傾向は，1778年のニル編成後，より具体的な形となって現れる．

1779年初頭，ムセブに率いられたアクナイマン部族のカザフ約100名がタルバガタイに到来し，内附を求めた．これまでにない規模であったため，キングイは乾隆帝に判断を仰いだ．乾隆帝は，カザフの地で「盗みや欺瞞」が横行しているので，治安がよく，貢賦や家畜を徴収されない[73] 清朝領内への移住を望むカザフが増えていると考えていた[74]．前年に多発したカザフの越卡も想起しての見解であろう．また，「盗みや欺瞞」の発生原因について，イレトゥは，絶え間ないカザフとクルグズの戦争による家畜の減少にあるとみている[75]．最終的に乾隆帝は次のような判断を下した．

> アブライとアブルフェイズから下々のカザフに至るまで，みな我のアルバトであるぞ．外にいようが，内にいようが，そもそも区別はない．そうはいえ，ムセブたちのように100余人で来帰したのをみて，すすんで収容し

---

69) 註32，同史料，「満文録副」106: 722，キングイ等の奏摺；『新疆匯編』124: 208-209．
70) 「満文録副」2636.13, 106: 990-991，乾隆40年6月15日［1775/7/12］，イレトゥの奏摺，附件；『新疆匯編』124: 277．
71) 「満文録副」2643.39, 106: 2454-2470，乾隆40年8月12日［1775/9/6］，キングイ等の奏摺；『新疆匯編』125: 194-200．
72) 「満文録副」2626.20, 105: 2536-2541，乾隆40年3月29日［1775/4/28］，キングイの奏摺；『新疆匯編』123: 213-215．
73) 清は内属カザフに対して軍役・貢納の義務を免除していた［小沼 2003c: 570-571］．
74) 「満文録副」2781.23, 115: 2868，乾隆44年2月5日［1779/3/22］，イレトゥ等の奏摺に引用された上諭；『新疆匯編』139: 82．
75) 同上，「満文録副」115: 2870-2871，イレトゥの奏摺；『新疆匯編』139: 84．

てしまったら，以後〔来帰者が増加して〕我々の土地は占領されるに至り，また〔イリ周辺の〕人は次第に多くなっているので，諸事に有益でない．ましてや，彼らの〔ような〕人がしきりに来帰し，我々が来たのをみてすぐに収容すれば，アブライたちもどうして〔それを〕望もうか．我が思うに，彼らを留めないことを我々の口から言い出すよりは，イレトゥに命じてアブライとアブルフェイズに，このような人々が来帰したのをみて収容したら彼らに有益であるかについて書簡を送って尋ねれば，アブライは必ず彼らにとって有益でないと返書を寄こして来るであろう．〔そうすれば，〕我々はアブライの言葉を以て，以後さらなる来帰者を，顔色を顧みずにすべて追い返せばよい[76]．

乾隆帝は卡倫の内外の各勢力を区別なく「アルバト」と認めている矛盾を認識していた．このままカザフの内附を容認し続ければ，新疆北部の牧地の占領や現地住民とのトラブル発生が危惧される．とはいえ，一方的に内附停止を宣言すれば，関係が悪化していたカザフとの間にさらなる摩擦が生じかねない．そこで乾隆帝は，まずアブライとアブルフェイズから言質を取り，それを盾にして内附希望者を退けようとしたのである．この命令を受けてイレトゥがアブライとアブルフェイズに送付した書簡は以下のとおりである．

　　総統伊犂等処将軍，領侍衛内大臣，尚書〔のイレトゥ〕が，カザフの汗アブライと王アブルフェイズに呈した．汗，王よ，汝らの身体は安寧か．牧地はあまねく安寧か．先ごろ，我々のタルバガタイ参賛大臣のもとから，汝らのアクナイマン＝オトクのカザフ人ムセブとハルマス，彼らの一族約100名が，偉大なるエジェンのアルバトとなり，内附して住みたいと請うたことに関して書信が送られてきた．汝らカザフはみな偉大なるエジェンのアルバトである．汝らの地にいようが，来帰して我々の卡内にいようが，どちらも同じである．〔内附は〕決して不可ではないので，これまで1人，2人の来帰者ならばみな収容して住まわせていた．しかし，いまムセブら約100名が来帰したのをみるに，続いてこのように来帰する者が必ず増えるだろう．我々は，彼らが来帰し，我々の地に居住する者が増えたら，汝

---

76) 『乾隆満寄』14: 12-13, 乾隆44年正月16日〔1779/3/3〕条．

らにとってまったく有益でないと考える．しかし，彼らが我々の地に来帰して住んだ場合，結局汝らにとって有益であるか否かを知らないので，偉大なるエジェンの汝らを愛し慈しむ心に沿うべく，我は汝らに書簡を与えて尋ねに行かせるのだ．彼らが来帰して我々の地に住んだ場合，汝らにとって結局有益であるか否かについて，急ぎ我に書簡を送って来るように．もしも汝らに無益ならば，我々の側からは〔カザフを〕収容しないようにしたい．このために呈送した[77]．

乾隆帝の意向に沿い，内附継続が清朝に不都合であることには触れず，またアブライたちから内附禁止の言質を引き出すべく巧妙な論調で書かれていることがわかる．翌1779年にアブライからテュルク語の返書が届いたが，その冒頭に次のようにある．

　カザフのハン，アブライ＝ハンがイリの将軍と大臣に書を差し出しました．あなたは我々の安寧を尋ねました．我々はここで安寧で健康に過ごしております．あなた方にも神が多年にわたり安寧を賜りますように．あなたは我々のトゥベト[78]という者を通じて返書を送ってきました．我々はその書簡を読ませ，その言葉を聞いて大いに喜びました．〔その書簡によると〕「アクナイマンに属する捕らえられた100人が，『ボグダ＝ハン（清朝皇帝）に対してアルバトとなり，投降したい』といった」とあり，「その者たちを〔我々が〕収容せよ」と述べています．我々はその言葉に満足し喜びました．昨年も8人の逃亡者，女4人と若者4人がおり，あなたが女4人と若者1人を送還してきたことについて，三アラシュ[79]でそれを耳にしなかった者はいませんでした．聞いて喜ばなかった者はいませんでした．

---

77) 註74，同史料，「滿文錄副」115: 2863-2865，イレトゥの奏摺，附件；『新疆匯編』139: 85-86.
78) トルトゥル Tortul（< Tört-oghul）部族のアハラクチ aqalaqchi．トルトゥル部族はタルバガタイの近くに遊牧地を持っていたため，18世紀後半にその頭目はイリやタルバガタイの清朝当局とのメッセンジャーの役割を担い，アハラクチと呼ばれていた．19世紀になると，アハラクチはカザフの隊商のリーダーを意味するようになる［Noda & Onuma 2010: 18-19, 36-37, 45］．
79) アラシュ（原文ではAlach）は，カザフ人の伝説上の始祖の名前であり，カザフ民族の雅称でもある［小松ほか2005: 33］．18世紀のカザフ社会ではジュズより大きな集団カテゴリーであったとされるが［Noda & Onuma 2010: 50］，ここでの「三アラシュ」は三ジュズに対応していると考えられる．

......このことに大いに満足しております．現在あなた方の哨探に命じて調べさせてください．アクナイマンという人々を送り返されたい[80]．

このように，アブライは清の申し入れに感謝し，アクナイマン部民を追い返してもカザフ側は何ら不利益を被らないと返答した．清は目論見どおり内附禁止の言質を得ることに成功したのである．その後，アブライの返書を根拠に新たな内附希望者を駆逐した事例が実際に確認できる．例えば，1779年9月にカザフのハイイブ（Ma. Haiib）ら家族3人がタルバガタイで内附を求めた際，キングイは，アブライから内附希望のカザフを収容しないように求める書簡が送られてきたと述べ，彼らを卡倫から放逐した[81]．

かくして清のカザフ内附政策は停止された．その直接的理由は，新疆北部の人口増加とカザフ内附希望者の増加にあったが，その政策変更の背景には，当時の清-カザフ関係の悪化，カザフとクルグズの対立など，中央アジア草原における混迷した情勢が存在していた．内附政策の停止は，同時期に固まった清の中央アジア諸勢力への不干渉の原則と表裏一体をなす現象とみなすことができよう．

では，清の内附政策の停止は，カザフ遊牧民にどのような影響を与えたのだろうか．もとより検証の材料とすべき史料は少ないが，1788年にボプがタルバガタイ参贊大臣ユンボー Yungboo（永保）に宛てた書簡は興味深い．その中でボプは，使節の一員であるカルバシと，内属カザフ（カザフ＝ニル）の中にいる彼の親族との面会許可を求めた．

> タルバガタイを統治している参贊大臣に，カザフの台吉ブフィ（ボプ）から書簡を差し上げました．カルバシというカザフ人は，ジャイル[82]にいるオチャンとムワルにとって親族です．参贊大臣殿においては，恩情をもって彼を〔親族に〕引き合わせられたく存じます．あなた様にお知らせいたします．乾隆 ~~53年11月18日~~ 4年[83]．

---

80)「満文録副」2800.5.2, 117: 168-169, 乾隆44年9月［1779/10/10-11/7］．本文書のテキストについては，Noda & Onuma［2010: 38-42］を参照されたい．
81)「満文録副」2797.34, 116: 3256-3260, 乾隆44年8月20日［1779/9/29］，キングイ等の奏摺；『新疆匯編』140: 290-292．
82) バルルク山脈に存在する山名［新疆地名委員会ほか 1981: 149］．

上記の親族 2 人はすでにこの世を去っていたが，カルバシは彼らの息子たちに会うことを許可された［Noda & Onuma 2010: 55-57］．ここで問題としたいのは，この書簡の存在そのものである．以上のような内容の書簡が成立するには，ボプあるいはカルバシの意識の中に，たとえ親族とはいえ，卡倫線の内側に住むカザフ人に会うためには，何よりも清朝当局の許可が必要であるという考えが存在しなければならない．つまり清と交渉を持つカザフにとって，清が設置した卡倫（線）は，この時代すでに，自由な移動を制限し，血縁のつながりを分け隔てるものとして認識されていたのである[84]．

以上，内附政策が停止に至るまでの過程を考察したが，そこには見逃すことのできない清朝政権の政策的・構造的変化が認められる．統治体制の拡充の一環として，清は 1777-78 年に卡倫の管理体制の改革をおこなった．カザフの越卡事件の発生と相俟って，卡倫の存在意義が高まるにしたがい，卡倫線で内外を分ける地域区分と，その内外に連続する属人的な「エジェン－アルバト関係」が併存する矛盾が顕著となっていった．最終的に清朝政権は，カザフ内附問題をめぐる議論の中で，前者をより重視する方向に舵を切り，1779 年に内附政策を停止した．まさに清の中央アジア政策の中において，属地主義の意識が属人主義の概念を凌駕した瞬間であった[85]．

宿敵ジューンガルを倒してから 20 年が経過し，「拡大の時代」の熱気が徐々に冷めていくにしたがい，清が支配下に収めた中央ユーラシア諸地域では，それまで棚上げされてきた問題への取り組みが本格化し，統治体制の調整がはか

83）「満文録副」3241.51, 145: 843, 乾隆 54 年閏 5 月 6 日［1789/6/28］．本文書のテキストについては，Noda & Onuma［2010: 52-54］を参照されたい．
84）なお，卡内に生きる内属カザフは 1820 年頃に 700 人を超えた［『新疆識略』巻 2: 56b］．ところが，『塔城直隷庁郷土志』によれば，同治年間のムスリム反乱で内属カザフは四散し，のちに回帰した人々から 1 ソム（Mo. sumu = Ma. niru）が編成され，1879 年に組織された選鋒前営に編入された．この時代，内属カザフはオイラトと同居して久しく，その習俗はすでにモンゴル化していたという［『新疆郷土志稿』398］．
85）これは，清の政策展開において属人的な関係・論理が消滅したという意味ではなく，あくまで卡内・卡外の区分を前提に成立するものとなったという意味である．「エジェン－アルバト関係」に関わる言説は，その後も清朝史料やカザフからの書簡の中で確認できるが，19 世紀前半の嘉慶朝に至って次第に現れなくなる．正確な時期は特定できていないが，嘉慶朝を通じて中央と非漢地の間を往復する文書起草の主要言語が満文から漢文へ切り替わったこと［村上 2012b］が，その大きな契機であることは確実である．

られるようになった．この時代に清の中央アジア草原に対する政策態度に現れた変化，すなわち属地主義の側面を重視する方針への転換は，1781年のハルハ部西三盟界の画定［岡 1988: 21-24］とも連動するものであろう．時はまさに乾隆の「盛世」であり，「パックス＝マンチュリカ」とも称される泰平の時代である．華やかな時代の背後で，清は中央ユーラシアの支配の場から，従来の柔軟さを一歩後退させたのである．

4. 18世紀末の清-カザフ関係

　以上のように，1770年代は，カザフとの対外関係を含め，清の中央アジア草原への関与のあり方が大きく転換した時期であった．それに続く時代，すなわち清の乾隆朝後半から嘉慶朝初頭に相当する18世紀末（1780-1800）は，この地域に大きな混乱を招くような事件は不在であり，中央アジア草原における清とカザフの関係は安定していたかにみえる．確かにそのように判断することも可能であるが，同時に19世紀前半に到来する大きな変動にかかわる問題の萌芽がすでに垣間見られる．本格的な検討は今後の課題とし，ここでは三つの問題に限定して若干の考察を試みる．

　第一の問題は，ロシアの存在である．18世紀末において，ロシアによるカザフ草原東部への進出は未だ本格化しておらず，露清間で直接的な利害対立が生じたわけではない．しかし，清がカザフとの交渉を通じて，その背後で拡大するロシアの影を看取することは可能であった．例えば，1779年末，アブルフェイズの第三子であるジョチがイリ将軍イレトゥに送付した書簡の包み紙にロシア文が書かれており物議を醸した．しかもその内容は，アブルフェイズがボブをトボリスクに派遣したいという請願に対する，ロシア皇帝の返書であったという[86]．ロシアの影響力の高まりが垣間見られるが，清はロシアを警戒するのではなく，カザフを「性情が安定せず」かつ「二心あり」と非難するに

86）「満文録副」2805.3, 117: 1195-1199，乾隆44年10月6日［1779/11/13］，イレトゥの奏摺；『新疆匯編』141: 84-86．ボブとロシアとの結びつきについては，Noda & Onuma［2010: 81-85］も参照．

終始している[87]．

　この前提には，卡外の中央アジア諸勢力の内情には干渉しないという，1770年代に確定していった清の外交上の方針が存在していると考えられるが，それとともに，当時の清朝全体がかかえていた問題も視野に入れるべきであろう．乾隆朝中期（1760-1770年代），ジューンガルに対する勝利と領域の拡大にともなって増大した内陸アジア情報の集積が目指され，それは『西域同文志』『西域図志』『五体清文鑑』といった官撰の地誌・字典類に結実する．しかし，清の「辺境知」（frontier knowledge）の集積と貫流のあり方を検討したモスカによれば，この時代に大々的に集積・構築された「辺境知」は往々にして固定化してしまい，のちに新たな情報が流入してきたとしても，既存の知識を刷新したり，新旧情報を統合したりする作業に清は成功しなかった．結果として，清は周辺地域で生じた情勢の変化を把握できず，それは19世紀の対外関係において後塵を拝する一因となっていく［Mosca 2013］．中央アジア諸勢力に対する不干渉の方針は，対外的な関心の低下と直結したであろうから[88]，モスカの指摘する傾向は，18世紀末の清の西北領域においても顕著であったといえる．

　第二の問題は，それまで清－カザフ間の交渉を担ってきた人物が，この時代に相次いで世を去ったことである．1780年代前半には，アブライ（d. 1780）やアブルフェイズ（d. 1783）といった，早くから清と接触し，緊密な関係を維持してきた第一世代の支配者が世を去る．また，清側においても，1773年の三度目の任命から12年間の長きにわたりイリ将軍の職にあり，現地においてカザフ関係など清の中央アジア政策の実務を一手に担ってきたイレトゥが，1785年に死去した．イレトゥは，アブライやアブルフェイズばかりでなく，その使臣としてイリをたびたび訪れる彼らの息子たちとも交誼を結んでいた．イレトゥが蓄積した知識とスキルが失われたことは，今後の検証を必要とするが，清の新疆経営や中央アジア外交においては大きな損失だったのではないだろうか．イレトゥの後任であったクイリン（Ma. Kuilin，奎林）が，イリ将軍職を担う資

87）「満文録副」2809.2, 117: 2022-2026, 乾隆44年11月24日［1779/12/31］．イレトゥの奏摺に引用された乾隆44年11月2日［1779/12/9］の上諭：『新疆匯編』141: 207-208．

88）18世紀末に清は台湾，ヴェトナム，グルカ（ネパール）との戦争を繰り返しており，当時の対外的関心はむしろ南方に集中していたと考えられる．

質に欠け，外交手腕が原因ではないものの，失政により弾劾されたことからも，それを窺い知れる［荘 2007: 72-75；村上 2009: 63-71］．第一世代の支配者の死後，入覲使者の派遣も次第に散発的となり［Onuma 2010b: 158-159］，清とカザフとの人的紐帯はさらに先細っていく．

第三の問題は，清が授与した爵位継承をめぐるカザフの支配者間での争いである．その代表的なものが，アブライの汗爵をめぐるワリーとダイルの争い（1781-82），ハンホジャの王爵をめぐるジャンホジャとジョチの争い（1799-1800）である．以下，先行研究によりながら，二つの事件のあらましを述べる．

前者の汗爵継承争い[89]は，1780年末にアブライが死去したことに始まる．タルバガタイ当局は早くからアブライ死去の情報を入手していたが，1781年半ばに長子ワリーから使者が派遣され，清にアブライ死去の報告とワリーの汗爵継承の要請がなされた．清朝中央の指示を受けて，1781年8月にアブライの祭奠（慰霊祭）とワリーへの汗爵継承を執りおこなう清の使者が派遣された．領隊大臣フジン Fujing（富景）を代表とする清朝使節は，同年末にワリーのもとに到達して儀式を挙行した．ただし，野田がロシア史料にもとづいて指摘するように，清朝の使者が同席していたワリーの即位式は，カザフの伝統的なハンの即位儀礼を模して実施されたものだった［野田 2011: 155］．

いずれにせよ，アブライのハン位／汗爵は1781年にワリーが継承した．ところが同年末，バラクの息子であり，アブライの娘婿であったダイルが息子マフムドをイリに派遣し，自身がハン位／汗爵の継承者であるべきであり，カザフ諸衆もそれを望んでいると訴えたのである．しかしイレトゥは，これをダイルの策動と判断して彼の請願を一蹴し，かつマフムドの入覲も拒否した[90]．ダイルはロシアにもハン位継承の請願をしているが［Noda 2010: 142］，この継承争いがさらなる発展をみることはなかった．

後者の王爵継承争い[91]は，次のような経緯であった．アブルフェイズの王

---

89) この問題に関する以下の記述は，主に阿拉騰奥其爾・呉［1998］，Noda［2010: 140-143］に依拠している．
90)「満文録副」2907.13, 123: 1087-1098, 乾隆46年11月18日［1783/12/11］，イレトゥの奏摺；『新疆匯編』149: 179-185．マフムドが携帯したダイルのテュルク語書簡も現存する［Noda & Onuma 2010: 48-50］．ダイルはロシアにも同様の請願をおこなった．
91) この問題に関する以下の記述は，主に華［2006］に依拠している．

爵を1784年に継承していた彼の長子ハンホジャが，1799年に死去した．その第一報を受けたタルバガタイ参賛大臣のゴンチュクジャブ Γongčukjab（貢楚克札布）は，嘉慶帝（r. 1796-1820）への上奏文の中で，明言はしなかったが，ハンホジャの長子ジャンホジャ（ジャーン＝ホージャ）ではなく，アブルフェイズの次子で公爵を有していたジョチを，王爵の継承者として推すような意向を示した．それを察知した嘉慶帝は，ゴンチュクジャブに対して，

> カザフとは外藩（域外の集団）である．いまハンホジャが病故した．だれを王となすべきかといえば，また彼らの意に任せればよい．……カザフの所領でだれがことを処理するかということに，我々のところから干渉してはいけない．彼らの意に任せよ．また，彼らカザフの中でだれを〔王に〕立てて所領全体のことを処理するかを，我々に報告しに来たら，我々はただこの統治者に向かってきちんと辺界の事務を処理すれば，それでよい．わずかでも一方に肩入れし，ひいきする気持ちを持つことはできない[92]．

と示教し，清の官員がカザフの内情に介入することを牽制した．

結局，ハンホジャの王爵は，長子継承の慣例にしたがい，ジャンホジャが継承することとなった．ところが，正式な継承の手続きが済む前に，今度はジョチが使者を派遣して継承の正統性が自分にあると訴えてきたのである．やや長くなるが，この時ジョチが嘉慶帝に宛てたテュルク語表文の全訳を提示する．

> 大地と天空を支配する，高貴にして偉大なるエジェン＝ボグド＝ハンの安寧をお祈りしております．長きにわたって，わたくしジョチ公は兄弟とともに，50のユルトとともに，丑年（1757年）にエジェン＝ボグド＝ハンに対してアルバトとなって以来，大ハンはアブライを汗とし，アブルフェイズを王とし，それから少ないものが増え，我が貧しいものが豊かになり，我がユルトは安定して平穏になっています．アブルフェイズ王が死去した後，〔相続上は〕弟分たるハンホジャが王となりました．〔相続上は〕弟た

---

[92] 「塔爾巴哈台奏稿」1: 43a-44a, 嘉慶4年12月8日 [1800/1/2], 上諭. Hasak oci tulergi aiman. Te hanghojo nimeme akū oho. Webe wang obuki seci, inu ceni cihai dabala.... Hasak i nukte de we baita icihiyabure bade, muse baci ume danara. Ceni cihai okini. Sirame ceni hasak i dorgi we be ilibufi gubci nuktei baita be icihityabure babe, muse de boolanjiha manggi, muse damu ere baita icihiyara niyalma baru saikan jecen i baita be icihiyaci wajiha. Heni majige orhure haršara gūnin tebuci ojorakū.

るハンホジャはバラクの子です．わたくしジョチ公とはアブルフェイズの実子です．わたくしジョチ公は父アブルフェイズの王統を，年上の兄であるとしてハンホジャを選び譲っておりました．〔しかし，〕父アブルフェイズの王統はわたし自身のもの，兄ハンホジャの王統はわたしのもの〔なのです〕．今度はジャンホジャに父アブルフェイズの王統を渡しません．ナイマンというユルトをわたし自ら統治いたします．このたびはジャンホジャにはユルトと王統を渡しません．ナイマンというユルトはわたしのものです．このたびジャンホジャは，わたしをさしおいていかなるユルトを統治するというのか．わたくしジョチ公は父アブルフェイズの王統を渡しません．そのユルトを渡しません．わたくしジョチ公は 15 歳の頃[93]より，大ハンの黄金の顔を拝し，大ハンに尽力し，ナイマンというユルトをきちんと統治し，〔ご命令を〕聴いております．いまエジェン=ボグド=ハンがわたしを慈しみになるのであれば，父アブルフェイズの王統をわたしに与えてください．慈しんでいただきたい．あなたの黄金の裾より，父アブルフェイズは〔王統を〕賜っていました．このたびはわたくしジョチ公があなたの金色の裾を握って，あなたのよき裁定をもってユルトを統治いたします．父アブルフェイズの王統をわたしに慈しみをもって与えよ．あなたの父（乾隆帝）は，アブルフェイズによき王統を与えました．今度はわたしがあなたに〔それを〕求めます[94]．

このようにジョチは，彼の兄であるハンホジャがアブルフェイズの養子（バラクの息子，ダイルの弟）であったことを理由に，ジャンホジャが継承する王爵および属民を手に入れようと訴え出た．この請願を受けたイリ将軍ボーニン Booning（保寧）は，嘉慶帝に事情を報告する中で，上記表文にあるナイマン部族の統治権の掌握に言及し，

> またジョチがナイマン部族をジャンホジャに与えないと述べたが，これは彼らの家の事（内部の事情）だ．彼らのだれが何オトグを統轄するのか，

---

93) ジョチは 1768 年に初めて入覲し，乾隆帝に謁見している．
94) 「満文録副」3610.30, 167: 474, 嘉慶 5 年 4 月 [1800/4/24-5/24]．本文書のテキストについては，Noda & Onuma [2010: 67-71] を参照されたい．

属民をいかに分けるのかということに，偉大にして聖なるエジェンは干渉しない．それどころか，このような些細なことには，我々自身も本来まったく干渉したことはないことを，ジョチはきちんと了解すべきである[95]．

と述べ，カザフの内情に干渉しないという清の外交方針をあらためて確認している．当然ながら嘉慶帝はジョチの訴えを退け，ジャンホジャの王爵世襲は確定した．

ところで，これら18世紀末に発生した二つの爵位継承争いに対する清の関与を「介入」とみる見解［野田 2011: 242, 註77］があるが，賛同しがたい．確かに，ハンホジャの王爵継承にゴンチュクジャブが介入の動きをみせたが，清朝中央がそれを即座に制止しているのは，彼の行為が当時の清の外交方針から逸脱したものだったからに他ならない．清は爵位奪取を狙うスルタンから持ち込まれた要請を取り合っておらず，その関与のあり方は紛争の波及を回避するための最低限の措置という範囲を出るものではない．

上述のように，1820年代以降に積極策に転じるロシアの中央アジア政策との対比において浮き彫りになっていく清の消極的姿勢は，18世紀末には確定していた．村上信明は，嘉慶帝のチベット問題への取り組みを事例に，嘉慶帝の政治態度の原則は，問題の根本的な原因追究よりも，定制の遵守であったと指摘する［村上 2012a］．その指摘にしたがえば，乾隆朝後半以来続く中央アジアへの介入回避の原則が，嘉慶帝の治世に大きく転換する要素は少なかったといえる．カザフの支配者との人的紐帯が先細る中，19世紀前半に中央アジア草原に新たな局面が訪れた時，清はそれに有効に対処できる術をほとんど持ち得ていなかったといえよう．

---

95)「塔爾巴哈台奏稿」2: 15a, 嘉慶5年4月21日［1800/5/14］, ボーニンの奏摺；『新疆匯編』210: 205.

第9章　19世紀前半における西北辺境の再編

　前章の考察において，1770年代に生じた清－カザフ関係の混乱，および新疆北部の統治体制の拡充により，清朝政権内において卡倫線を境界とする地域区分（卡内／卡外）の意識が高まりをみせたことを指摘した．ただし，ジューンガルの支配領域をすべて継承したという清の認識はその後も存続し，実効支配は及ぼさぬものの，卡倫線の外側に広がる「卡外界内地域」が清の領域の一部であるという理解は一貫して不変であった．本章では，この「卡外界内地域」に対して，清がどのように関わり，またその関わり方は時勢の推移に応じてどのように変化していったのか，という問題を考えていく．

　先に結果を述べてしまえば，19世紀前半の時期を通じて，「卡外界内地域」はロシアに北から南へと漸次併合されていく．清はロシアに抗議するも，なんら具体的・有効的な対策をとらず，最終的に「卡外界内地域」のほぼ全域を喪失する[1]．この「卡外界内地域」の喪失は，ロシアによるカザフ草原併合の動きと表裏一体のものとして理解されており，それ自体に異論を差し挟む余地はない．しかし，当時のロシアの積極的な行動の背後には，それと明瞭なコントラストをなす形で，「卡外界内地域」に対する清の消極的な政策が透視される点は注意を要する．

　1830年代に本格化した，ロシアによるホヴド～タルバガタイ辺境地域（「卡外界内地域」の北部）への進出を検討した野田は，当該地域におけるロシアの管区設置に清が敢えて干渉しなかった理由について，先行研究に依拠しつつ，同

1）　中華民国および中華人民共和国の公式見解では，約44万平方キロにおよぶ「卡外界内地域」は，本来清の領域の一部であったが，1864年の国境条約（中俄勘分西北界約記）によってロシアに割譲された地域であり，同時期にロシアに割譲したアムール河左岸域やウスリー河以東（現在の沿海州）の一帯とともに「失地」とみなされている．

時期に清がイリ～カシュガル辺境地域(「卡外界内地域」の南部)に進出してきたコーカンド＝ハン国への対応に労力を費やしており，また西北辺境に対する政策重点を防備に切り替えたことを指摘している［野田 2011: 246-247］．これはつまり，ロシアの積極策の影に隠れてはいるが，清側にも消極策に傾向していく要因と辺境再編に結びつく内的な変化があったことを意味する．19世紀前半の中央アジア草原は，まさに「周縁化」のまっただ中に置かれていた．その「周縁化」のプロセスを明確に把握するためには，当時の清朝政権の「卡外界内地域」に対する方針の変化を具体的に提示し，その意義を見極めておく必要がある．

　以上の問題を検討するにあたり，本章では，清が「卡外界内地域」で実施した巡辺制度の存在に注目する．巡辺制度とは，イリとタルバガタイから「卡外界内地域」に定期的に部隊を派遣し，その地に居住するカザフやクルグズの監視等をおこなう制度であり，清が「卡外界内地域」の管理のためにとった唯一の具体的方策ともいえる．巡辺制度については，厲声［1994］が清朝西北における辺防政策の一環として位置づけ，制度の確立，変遷，廃止の過程を論じている．本章では，その考察結果を参考にしながら，巡辺制度の歴史的展開や目的の変化をより細やかに追うことにより，各時代における政策決定者の問題意識や「卡外界内地域」の位置づけの変化を明らかにする．

1. 巡辺制度の成立

　巡辺制度は，1760年代前半に新疆北部の統治の枠組みが形作られていく過程で成立した．1760年春にイリに駐在した参賛大臣アグイは，新たな征服地の地勢を把握するべく各地を視察した．そこで目撃したのは，旧ジューンガルの遊牧地，すなわち清が自領域とみなす草原に入り込むカザフ遊牧民の姿であった．1760年から1763年にかけて，乾隆帝はたびたびカザフに越界を禁ずる勅書を発し，それらを駆逐する部隊が派遣されたが，ほとんど効果はなかった．しかもこの時期に軍営・卡倫の建設が本格化し，兵丁の負担する公課が増加したため，駆逐部隊の臨機派遣は困難になった［第7章第2節参照］．

　このような状況において，派遣時期を確定して実施する巡辺制度が成立する

契機となったのが，1760年後半に副統都イジュ Iju（伊柱）に180兵を帯同させて実施した，イシク＝クル湖周辺のクルグズの居住状況の視察であった[2]．イジュ部隊の派遣に際してアグイは，清軍が武力でジューンガルを滅ぼし獲得した土地には，原則として居住は認められないが，クルグズはすでに清朝皇帝のアルバトとなっているので，あらためて境界を定め，それを越えない範囲での遊牧は許可する，という指示を出していた．

サンタシ峠を越えてイシク＝クル湖岸に到着したイジュは，オイラトの残党と思しき20人ほどの集団と遭遇した．彼らは発砲しながら逃げていったが，捕縛された2人によれば，彼らはオイラトではなく，ナリン河流域に遊牧地を持っていたブグゥ部族のチェリクチ[3]の属下で，湖畔に「鉄を拾いに来た[4]」クルグズであった．発砲が故意でなかったことから，イジュは2人を処罰せず，侍衛ティエジュ Tiyeju（鉄柱）にゆだねてチェリクチのもとに送還させ，あわせてナリン河流域のクルグズの状況を調査させることにした．ティエジュの派遣後，イジュ率いる本隊はイシク＝クル湖周辺に残り，ジェティ＝オグズ，チャガン＝ウス[5]など東南湖岸域を巡察したが，クルグズのいる痕跡は認められなかったという．

一方のティエジュは，バルスコーン Barskoon峠（Ma. Balhūn dabagan[6]）から山路（おそらくザウカ峠）を進み，ナリン河に到達した．その地は出発地点から約800里（約360km）であり，チェリクチのいるアクバシ（Ma. Akbaši）まで60-70里（27-31.5km）だったという．位置関係から判断して，ティエジュの到達地点は現在のナリン市付近，アクバシはその南方のアトバシを指すと思われる．ティエジュによれば，その付近のナリン河北岸には200戸ほどのクルグズ

---

2) 「満文録副」1845.32, 58: 596-609, 乾隆25年9月26日［1758/11/3］, 参賛大臣アグイの奏摺；『新疆匯編』48: 16-22. 以下，イジュ率いる部隊の活動に関する論述は本史料にもとづく．煩瑣を避けるため，史料の訳出部分を除き，逐一註記しない．
3) チェリクチはブグゥ部族約600戸を率いていた［小沼 2004c: 76］．
4) イシク＝クル湖周辺では鉄が採取できたため，モンゴル語ではテムルト＝ノール Temürtü noor（鉄のある湖）と呼ばれ，清もその呼称を採用していた．
5) 『西域水道記』巻5, 特穆爾圖淖爾所受水条にあり，イシク＝クル湖の南岸中央部に注ぐ「察罕烏蘇」に比定できる．現在同名の河川は見出せないが，比定可能な「斉斉爾竿水」（＝チチカン Chychkan河）との位置関係から，バルスコーン付近を流れる河川と考えられる．
6) 「大清一統輿図」八輩西四にみえる「巴爾渾達巴漢」（『一統輿図』111）にあたる．

が遊牧するのみであったが，南岸のアクバシに至るまでの地は1万戸ものクルグズが農耕をおこなっていた．チェリクチと対面したティエジュは，清とクルグズの境界について，アクバシやナリンはジューンガルを滅ぼして清が獲得した土地であるという原則を述べた後，次のように述べた．

> 汝らは非常に恭順に行動するので，我々は偉大なるエジェンに上奏し，アクバシやナリンの地を汝らに賞与し，このまま居住させる．ただし，ナリンの北岸，アクバシの東側には，いかあろうとも越えて来てはならない．我々清軍は今後，毎年1-2度巡察に来る．勝手に越えて来た者がいたら，必ずや耕地を踏みつけ[7]，家畜を奪う[8]．

以上に示された，ナリン河以北，アクバシ以東を清の領域とし，かつ毎年定期的に部隊を派遣してクルグズの越境を監視するという方針は，イジュ部隊のイリ帰還後，アグイを加えての合議決定事項とされ，乾隆帝に上奏された．事前にイジュ部隊の派遣をアグイから報告され，「アクバシの地が元々オーロトの土地であったとしても，辺界に近くなければ，わざわざ兵を送って駆逐する必要はない」という見解を示していた乾隆帝は，この上奏案件を裁可した．

以上のクルグズとの境界問題に関して注目されるのは，境界の内側にクルグズが入り込まぬよう監視する部隊を毎年派遣する方針を示したことである．さらに翌1761年，アグイは次のような上奏をおこなった．

> イリの西南にあるテムルト＝ノール，西にあるチュー，シャラベル[9]，タラスに至るまでの方面は非常に広い．イリから200-300兵を出させ，ゲゲン＝ハラジラの地に派遣し，西南一帯の卡倫に輪班で駐留させたい．その他，卡外のテムルト＝ノール，チュー，タラスなどの地はしばらく空けておき，毎年一度〔イリから〕兵丁を出して巡察させ，のちに対応を〔あらためて〕検討し，別に処理したい[10]．

---

7) この「耕地を踏みつける」という行為は，ティエジュに同行した通訳のオイラト人が，ジューンガル滅亡時にクルグズから受けた虐げへの報復として提言した懲罰方法であったらしい．後年にこの事情が発覚して禁止された（『伊犂総統事略』巻6: 6a）．

8) 註2，同史料，「満文録副」58: 604；『新疆匯編』48: 20.

9) シャラベル（Ma. šarabel ~ šarbel）の位置比定は難しいが，チュー河中流域のサルブラク Sarıbulaq に相当する可能性を指摘しておく．

イリ西南の各卡倫への兵丁駐守とともに，卡外地域の巡察行為をより広い範囲で実施する提案である．卡倫の設置による防衛ラインの登場は，「卡外界内地域」の枠組みを成立させるとともに，その地域の相対的な重要性を下げ，臨機派遣から年一度の定期派遣への切り替えを後押ししたに違いない．ただし，アグイの奏摺をみるかぎり，将来における卡外への築城駐兵の可能性も残しているので，巡辺制度は暫定的な措置として開始され，次第に定例化していったと理解すべきであろう．

1764年初頭にタルバガタイ地方での築城駐兵が進展すると，騎兵300名をヤール城に留め，その一部にカザフとの貿易を監視させ，残りを領隊大臣に率いさせて周辺の巡察にあたらせるという提案がなされた[11]．以後，イリの部隊が「卡外界内地域」の南部を担当し，タルバガタイの部隊が北部を担当する枠組みが形作られていく．厲声［1994: 412-413］によれば，イリとタルバガタイの担当地域の境界はレプシ河であり，また制度施行の前半期約30年間（18世紀後半）における巡辺ルートは，イリ起点の北路と南路（南路は2ルート），タルバガタイ起点の北路・南路に分かれていた（地図4）[12]．

①**イリ北路**：イリ→ホルゴス卡倫→チチガン卡倫→クイトン卡倫→アルタン＝エミル山→カラタル→レプシ河［タルバガタイ南路部隊と合流］

②**イリ南路A**：イリ→イリ河沿いに西行→クルバン＝アルマト（現アルマトイ）→イシク＝クル湖北岸→シャラベル

③**イリ南路B**：イリ→イリ河南岸→チュンジ卡倫→ゲゲン卡倫→オルゴジュル卡倫→イシク＝クル南岸のバルスコーン峠→チュー・タラス河地方

④**タルバガタイ北路**：綏靖城（タルバガタイ）→ハバルガス峠通過→タルバガタイ北路（夏季）卡倫沿いに北上→イルティシュ河左岸のホイ＝マイラフ卡倫［ホヴド巡察部隊と合流］

⑤**タルバガタイ南路**：綏靖城→アラ湖→レプシ河［イリ北路部隊と合流］

---

10)「満文録副」1895.6, 60: 3064-3065, 乾隆26年9月30日［1761/10/27］, フヘンの議覆に引用されたアグイの奏摺：『新疆匯編』53: 3-4.
11)『準略』続編巻23: 28b, 乾隆28年12月乙巳（23日）［1764/1/25］条.
12) 地名の表記あるいは比定については，厲声の提示するものをあらためた部分がある．

以上からは，①と⑤の両部隊，④とホヴド出発の両部隊がそれぞれ連携を保ち，目的地で合流していたことがわかる．主にカザフの遊牧地を巡る部隊は毎年秋季（陰暦 8-9 月）に派遣され，クルグズの遊牧地を巡る③の部隊は毎年あるいは隔年春季に派遣された[13]．部隊の派遣・帰着時には，巡察の結果もあわせて，毎回イリ将軍とタルバガタイ参賛大臣が皇帝に報告をおこなった．イリ出発の部隊は，領隊大臣の統率のもと，規定の額数に応じて各営から官員と兵丁を供出させた 300 人規模の混合部隊であった［厲 1994: 412］．草原上の行軍は，そのまま部隊の訓練となり，巻狩もおこなわれた．

　巡辺制度の当初の目的は，「卡外界内地域」からのカザフとクルグズの駆逐であった．しかし，カザフに対しては，馬税（Ma. alban morin）の納入を条件に，早い段階で「卡外界内地域」における遊牧を容認した．例えば，1768 年秋に派遣された②イリ南路 A 部隊は，大ジュズのウイスン部族から馬 265 頭を得たが，馬税納入を望まず，部隊が近づくと逃避した集団は界内から駆逐すべき対象とみていた[14]．

　クルグズに対しては，上述のように，ナリン河以北への居住を容認しなかったが，クルグズは次第に分布範囲を北に広げてきた．1767 年，サヤク部族の一群がバルスコーンで遊牧・農耕しており，さらにその周辺にはサルバグシ部族のムハンマド＝クリの息子ボロトらが率いる約 1,000 戸がコーカンド方面から移動してきており，いずれも清の部隊に退去を命じられた[15]．1778 年には，属下 300 戸を率いてバルスコーンに移動してきたサヤクとブグウの両部族長がイリに遣使し，カザフと同様に馬税を納めることで，イシク＝クル湖周辺に居住する許可を求め，イリ将軍イレトゥに拒否されている．清がクルグズの界内居住を拒否した理由は，クルグズが遊牧だけでなく農耕をおこなうため，居住を許せば永久的に土地を占拠されると考えていたからであった[16]．しかし，1-2

---

13) 『伊犂総統事略』巻 6: 5b．
14) 「満文録副」2279.17，83: 1075-1080，乾隆 33 年 8 月 13 日［1768/9/23］，イレトゥの奏摺；『新疆匯編』89: 97-99．
15) 「満文録副」2249.44，81: 1363-1366，乾隆 32 年 10 月 30 日［1767/12/20］，アグイ等の奏摺；『新疆匯編』86: 152-154．
16) 「満文録副」2752.36，114: 301-306，乾隆 43 年 7 月 24 日［1778/9/14］，イレトゥ等の奏摺；『新疆匯編』136: 112-115．

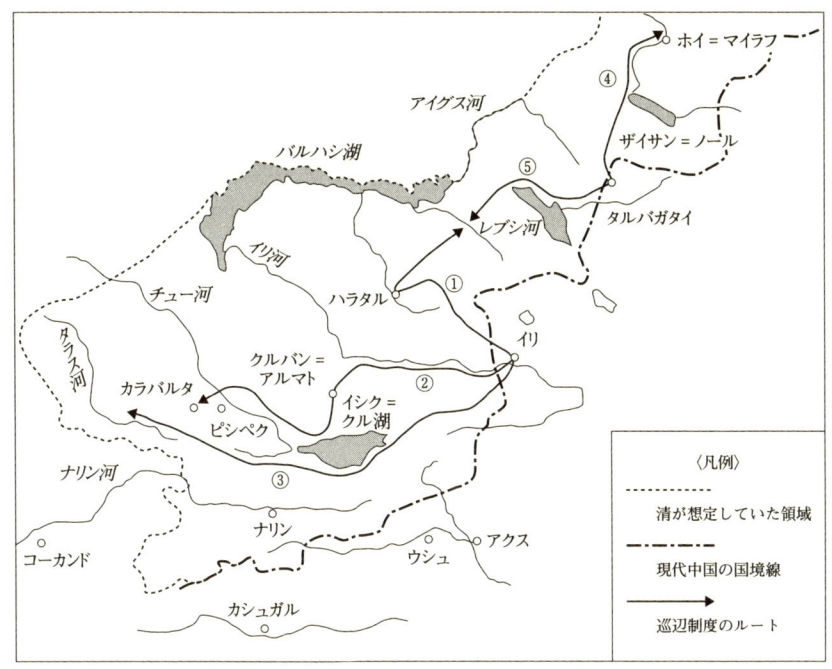

地図4　巡辺制度の巡察ルート（18世紀後半）
典拠）厲［1994: 412-413］をもとに作成

年に一度の巡察に効果があったとは言い難く，19世紀前半にはイシク＝クル湖周辺にクルグズが居住するようになり，清朝当局もそれを特に問題視しなくなった[17]．「卡外界内地域」におけるクルグズの居住は，次第に既成事実となっていったのである．

以上を整理すると，「卡外界内地域」とは，清がジューンガルから継承した領域であり，清朝皇帝に属するカザフやクルグズには居住を許可あるいは黙認したが，その土地は断じて彼らのものではないという理解があり，その維持・管理の役目を負うのが巡辺部隊であったといえる．では，このような属人的な集団把握と属地的な土地領有の枠組みが一致しない空間，そしてそこに住む遊牧集団は，どのような存在としてとらえられていたのであろうか．主に1810

---

[17] 清が「卡外界内地域」に居住するクルグズに馬税を課した形跡は確認できない．

年代の現地情勢をふまえてイリ将軍スンユン Sungyun（松筠）が編纂した『新疆識略』では，カザフとクルグズを，他の中央アジア諸勢力と区別して，

> 葉爾羌・喀什噶爾・伊犂・塔爾巴哈台の諸城と毗鄰し，我が屏藩を為すは惟だ哈薩克・布魯特の二部のみ[18]．

と記し，新疆諸都市を囲む「屏藩」と位置づけている．また19世紀前半の代表的経世学者であり，西北地理に明るかった龔自珍は，1820年著の「西域置行省議」において，カザフとクルグズの居住地域を「天朝の中外の大疆界の処[19]」と表現している．少なくとも19世紀初頭の清においては，「卡外界内地域」は王朝の「中」あるいは「外」として単純には区分できない，いわば「境界圏」ととらえる考え方が一般的であったといえよう．

一方，以上のような認識が維持されつつも，前章で述べたように，18世紀末までに清の対外的不干渉の原則が定まっていた現状も忘れてはならない．この方針は巡辺制度にも影響したようである．既述の巡辺制度運用の諸側面とともに，1802年の①イリ北路部隊の派遣に際してイリ将軍スンユンが上奏した報告内容から，それを確認してみよう．

> 査すれば，毎年秋雪が降る前，イリから官員と兵丁を派遣して，カザフの辺界を巡察し，貢賦（馬税）を収めさせるよう送っています．現在はまさに〔部隊を〕送るべき時期なので，奴才スンユンはシベ部の領隊大臣プサボーを派出し，前鋒翼長シュチャンを副とし，例規にしたがって各営部の兵丁を300名，用務に足りる人数を考えて官員を派出させます．なお，プサボーたちには，「経路沿いの獣がいるところで官員と兵丁を率いて狩猟し，訓練し，草原を進む際の一切の術をうまく教示しながら行軍せよ．カザフの遊牧地の内情がいかあろうとも，些細な事件を起こすことのないよう考慮し，官員と兵丁を厳しく管束せよ．キョクスウやカラタルなどの地を巡察して，レプシに到った後に，タルバガタイの派遣した貢賦を収める官員・兵丁と合流し，それぞれの地に分かれ，例規にしたがって貢賦を収める〔ように．〕」と詳らかに命じ，8月19日にイリから出発させます[20]．

---

18) 『新疆識略』巻12: 2a.
19) 『皇朝経世文編』巻81, 兵政条.

秋季の派遣,領隊大臣の統率,部隊編成の規模,狩猟と訓練,巡察ルート,タルバガタイの部隊との合流,そして馬税の徴収など,規定にそった制度の実施がなされているが,一方でカザフの駆逐はおろか,カザフの内情への干渉は禁じられている.同じくスンユン編纂の『伊犂総統事略』(1808) では,イリ北路部隊の派遣目的を,カザフからの馬税の徴集とのみ記しており[21],制度の目的がすでに変化していることが窺える.以下の考察では,19世紀前半における巡辺制度の変遷を跡付けながら,「卡外界内地域」に対する清の認識と現実的な関与のあり方がどのように乖離していったのかに注目していく.

2. 危機の予兆——イリからカシュガルへの換防兵派遣の再開

タルバガタイとカシュガリア(回部,回疆)諸都市の防衛において,清は駐防兵制を採用せず,一定年限で交代する単身赴任の換防兵制を採用した.タルバガタイへは,1761年にイリの各営から抽出した1,200名の派遣を開始し,のちに1,500名に増加する.カシュガリア諸都市へは,1759年の征服以降,北京や陝甘地方から八旗兵・緑営兵を派遣していたが,1771年にイリ駐防八旗が完成すると,八旗兵はイリから800名[22]を派遣することに切り替えた.しかし,1774年にカシュガリアの換防兵をすべてウルムチとバルクルから派遣することになり,イリの兵丁はタルバガタイ換防に専従することになった [小沼 2000: 21-26].

18世紀中葉の征服から嘉慶朝 (1796-1820) の終わりまで,中央アジアに清の権威を直接脅かすような要素は少なく,比較的平穏な社会情勢が続いた.当該時期,清の唯一ともいえる懸念材料は,ブルハーン゠アッディーンの遺児サ

---

20) 「満文録副」3646.18, 169: 3514-3516,嘉慶7年8月13日 [1802/9/9],伊犂将軍スンユンの奏摺;『新疆匯編』213: 329-330;『選編』2: 284-285 (『史料』2: 568).
21) 『伊犂総統事略』巻6: 5b. なお,カザフやクルグズの頭目が部隊を率いる領隊大臣に個人的に献上した馬は,馬税と区別されて「ベレク(馬)」(Ma. belek ~ belek morin) と呼ばれ,その場で返礼の緞布が賞与された.
22) 家畜飼育を主な生業とするオイラト,チャハル,ソロンをオアシス都市に派遣することにリスクがともなったため,カシュガリアには満洲とシベのみが派遣された.「満文録副」2510.7, 98: 1710-1713,乾隆38年2月9日 [1773/3/1],シュヘデの奏摺;『新疆匯編』111: 249-251.

リムサク（サムサク）の動向である．清朝征服時にカシュガリア征服時に西方へ逃れたサリムサクは，成長後に清朝治下のカシュガリアを狙う策動を開始し，1780年代後半にはカシュガルのムスリムと連絡をとって資金を集めているとの噂が広まった．1788年，サリムサクはコーカンド政権治下のホジャンドにいると考えられていたため，清はコーカンドの統治者ナルボタにサリムサクの捕縛と引き渡しを求めた．清朝史料によれば，1789年にナルボタ＝ビィはサリムサクを一度は捕えながらも釈放したという．これにより，コーカンドの北京入覲は一時禁止されることになったが，1793年初頭に再び入覲が許可され，清とコーカンドの関係は復旧した［Newby 2005: 55］．

18世紀末に現れた西北辺境の不安要素に対して，現地の清朝当局は警戒を強めていった．1787年にカシュガリアを統轄する参賛大臣の職をウシュからカシュガルに移設し[23]，さらに1794年には「回民出卡貿易章程」を制定し，カシュガリアのムスリムが「出卡」して卡外のクルグズと接触することに制限を加えた[24]．

また，いずれも未遂に終わったが，サリムサク侵入の報が，清朝当局を驚かせることもしばしばであった．1797年，サリムサクとオブラサン（Ma. Obulasan <'Abd al-Ḥasan?)[25]が，クルグズと協力し，カシュガルに侵攻してくるとの情報が流れた[26]．結局侵入は起こらなかったものの，カシュガル参賛大臣のチャンリンCanglin（長麟）の要請にもとづいて，辺防強化のためイリから600兵を派遣することを決定した[27]．イリ軍営からの換防兵派遣が，20年ぶりに再開されたのである．

派遣が再開されたイリからの換防兵は，カシュガル一都市に限定したものだった．当初の予定では，600名の内訳は満洲兵300名とソロン兵300名であったが，ソロン兵数の不足のため，半分の150名をシベ兵から出すことになった[28]．その目的は，サリムサクに対する軍事行動ではなく，示威によるサリ

---

23) 『高宗実録』巻1270: 10b, 乾隆51年12月戊申［1787/1/27］条．
24) 『高宗実録』巻1464: 1a-3a, 乾隆59年11月乙酉［1794/11/23］条．
25) オブラサンの人物像については不明である．
26) 『仁宗実録』巻21: 7a-8a, 嘉慶2年8月丁未（11日）［1797/9/30］条．
27) 『仁宗実録』巻25: 4b-5b, 嘉慶2年12月丁未（12日）［1798/1/28］条．

ムサクの牽制であり，状況によっては削減もしくは撤収が条件づけられていた[29]．

　1774年以前にイリから派遣された換防兵は，天山山脈の南北をつなぐ要道のムザルト峠を越え，アクスからバルチュク（マラルバシ）を経てカシュガルまで砂漠の中を進んだが，再開後は従来と異なる経路をとった．以下に示す1798年のイリ将軍ボーニンの奏摺は興味深い．

　　査すれば，以前イリから回城（カシュガリア諸都市）に輪番で派遣した兵丁は，すべてムザルト峠を越えて進みました．ただし，回疆には沙漠が広がり，路は遠く，しかも草と水もどうにか足りる程度なので，毎回馬畜を多く損なっていました．もしもイリからブルトの辺界を巡察する路を経て送れば，路は近く，かつ涼しく，カシュガルに至るまでずっと我らがモンゴルの草原のようで，草と水は豊富で，馬畜にもとても有益です．奴才の愚かな考えでは，この兵丁をまさにこの路から送れば，ついでに軍威を示すことができ，サリムサクが本当にカシュガルを秘かにうかがう意であれば，我々の兵丁がブルトの遊牧地を通ってカシュガルに行くのをサリムサクとオブラサンらはきっと耳にするはずです．これにより，サリムサクたちがみだりに企てている意を大いに絶つことができます．一挙両得であると考えます．〔オイラト営の〕領隊大臣ナヤンはイリの地に長く住んでいます．毎年辺界を巡察してブルトの性情，習俗，形相，風貌を熟知しているので，奴才がナヤンと協議したところ，またナヤンも「この路から行けばとても近道で便が良く，草と水は良く，馬畜にとても有益である．〔カシュガルに〕到着した後に果たして兵を用いることがあっても，馬畜を即座に用いることができる」〔と述べました〕．イリからカシュガルに到る間に遊牧しているブルトはみな我々の属下であり，極めて恭順で，彼はすべてを熟知しています．しかもイリから毎年まさに官員と兵丁を派遣してブルトの辺界を巡察しています．よって奴才はすぐにナヤンを派遣し，別に300兵を率い

28）「満文録副」3577.27，164: 2283-2287，嘉慶3年2月1日［1798/3/17］．イリ将軍ボーニンの奏摺；『新疆匯編』208: 1-2：『選編』2: 260-263（『史料』2: 553-554）．ソロン兵数の不足は，1796年に流行した天然痘によるものである．
29）註27，同史料．

させ，辺界を巡察するついでに，この〔換防の〕官員と兵丁を督率させてカシュガルへ送り到らせ，帰還の際にもゆっくりとブルトの辺界を巡察させます30)．

換防兵の経路は，ムザルト峠を越えずに，クルグズが遊牧している草原を通る経路に切り替えられた．ボーニンはクルグズの遊牧地を進むメリットを三点挙げている．第一に，カシュガリアの砂漠を進めば，馬畜を損なうおそれがあるのに対し，草原ルートは自然条件が良く，近道である．第二に，換防兵の派遣再開の直接の原因であるサリムサクやオブラサンを牽制できる．そして第三に，巡察部隊300兵に同行させて換防兵をカシュガルに派遣できる，ということであった．このように，カシュガルへの換防兵は，従来なされていた巡辺制度（③イリ南路B）と組み合わせて派遣された．クルグズの一部がサリムサクに加担していた点に鑑みれば，カシュガル換防兵の増強には，「卡外界内地域」南部の監視強化という側面があったといえよう．

このイリからの換防兵派遣は，1803年にいったん停止されたが31)，1815年にカシュガル近郊のタシミリク荘で発生し，クルグズの一部も加わったズィアー＝アッディーン＝アホンの反乱32)を契機として再び開始された．規模は半減して300兵（満洲100，ソロン100，シベ100）であった33)．また，この換防兵派遣について，1821年のカシュガル参賛大臣ウルンガUlungga（武隆阿）の奏摺には次のようにある．

> 先ごろ，イリ将軍の事務を署理する領隊大臣ブヤンタイのもとより，「今回輪番で交代する官員と兵丁を，領隊大臣ショロンゴを派出して管轄させ，4月11日にイリから出発させて送った」と文書が送られてきました．よ

---

30) 「満文録副」3581.18, 164: 3323-3326, 嘉慶3年4月16日［1798/5/31］, イリ将軍ボーニンの奏摺；『新疆匯編』208: 125-126；『選編』2: 263-265（『史料』2: 554-555）．
31) 「満文録副」3658.3, 170: 3362-3366, 嘉慶8年5月11日［1803/6/29］, 伊犂将軍スンユンの奏摺；『新疆匯編』214: 384-386；『選編』2: 267-268（『史料』2: 557-558）．
32) ズィアー＝アッディーンはイスハーク統（黒山党）の指導者であり，その祖父はバダフシャン出身の奴隷であったとされる．反乱の規模は大きくなかったが，カシュガリアの官兵だけでは鎮圧にてこずり，イリ将軍スンユンが出向いて鎮圧にあたった［佐口1963: 422-426; Newby 2005: 73-84］．
33) 「満文録副」3878.25, 187: 274-277, 嘉慶21年6月20日［1816/7/14］, スンユン等の奏摺；『新疆匯編』235: 89-91；『選編』2: 268-270（『史料』2: 558）．

って奴才らは，彼らが到着するであろう〔日時〕を考慮し，以前処理したとおりに，今回〔イリに〕帰還すべき半分の官員と兵丁をヤンギヒサル領隊大臣デトゥンに委ねて督率させ，5月10日にカシュガルから出発させました．同月24日にナリン河の橋に到着して，イリから官員と兵丁を督率してきた領隊大臣ショロンゴと合流しました．デトゥンは帰還する官員と兵丁をショロンゴに引き渡し，新しく来た官員と兵丁を引き受け，6月4日にきちんと督率してカシュガルに到着しました[34]．

新旧兵丁の交代がクルグズ遊牧地にあるナリン河岸でおこなわれ，カシュガル側からヤンギヒサル領隊大臣が派出された[35]．草原上で兵丁を集結させることは，クルグズの存在を意識した示威活動であったと考えられる．なお，光緒年間（1875-1908）に進呈された「伊犁由那林河草地至喀什噶爾図説」［台北故宮 2008: 64-65］には，かつて換防兵が利用したと思われるナリン河経由のルート，およびナリン河に架かる橋が描かれている．

一方で厲声は，巡辺制度と換防兵派遣の一体化により，換防兵の往復が巡辺部隊の主要任務となっていき，制度本来の目的が忘れられたため，クルグズの「卡外界内地域」への移住と占拠を許す結果になったと指摘する［厲 1994: 417］．後述するように，カシュガル換防兵と同行するようになって以降，巡辺部隊は到達地点をナリンの地に改め，チュー・タラス河流域には赴かなくなった．1832年の時点では，ナリン河以北に居住地域を広げたクルグズの巡察が定例となり，チュー・タラス河流域へは30年も部隊を送っていなかった．嘉慶朝におけるイリ-カシュガル間の換防兵派遣の再開は，当地域の監視を強める目的を持っていたが，結果として巡辺制度の実施範囲を狭め，制度の形骸化を進めることになったのである．

---

34) 「満文録副」3961.11, 192: 1062-1063，道光元年7月3日［1821/7/31］，カシュガル参賛大臣ウルンガ等の奏摺：『新疆匯編』241: 224-225；『選編』2: 271-272（『史料』2: 560）．

35) ナリン河岸のほか，カシュガル管轄卡倫の外側にあるアクサイ地方（チャディル＝クル湖の東岸）において兵丁の交代がなされたこともあった．「満文録副」3890.14, 187: 3124-3127，嘉慶22年3月3日［1817/4/18］，カシュガル参賛大臣ウルンガ等の奏摺：『新疆匯編』236: 87-88；『選編』2: 270-271（『史料』2: 559）．

3. 西北の危機

3.1. 高まる外圧

　道光朝（1821-50）に入り，清の西北辺境をめぐる情勢はさらに流動的になっていく．1820年代，北方においては，ロシアが南進の速度を強め，カザフ社会を帝国統治に組み込んでいった．1822年に制定された「シベリア＝キルギズ[36]に関する規約」により，中ジュズのカザフが西シベリア総督管下のオムスク州の統治下に入ることが定められた．この規約体制の根本は管区の設置と運営であり，ロシアはカザフ中ジュズの遊牧地を分割して管区を開設し，各管区の代表として「アガ＝スルタン」（上級スルタン）を選出し，カザフのハン号を廃止した．1824年にグバイドゥッラーがロシアの圧力により清の汗爵を辞退した事件は，まさにその影響を受けたものである．管区内に遊牧地を持つことは，ロシアの法に従うことであり，カザフの間にはロシアの臣民であるという意識が生じる一方で，それに従わず，清への保護を求める人々も存在した［野田 2011: 65-81］．

　ロシアの南進の結果，清が領域とみなす「卡外界内地域」内には，ロシア人の姿が現れるようになった．1825年のイリ北路の巡察において，ロシア人が「私かに辺界に入り」，カラタルの地に家屋を建設し，カザフから徴税していることが発覚し，清は理藩院を通じてロシアに抗議した[37]．カザフの帰属に関する露清の主張は食い違ったが，この時はロシアが清との大局的な外交関係に配慮して家屋を撤去し，問題はひとまず終結した［Gurevich 1979: 240-241；野田 2011: 232-234；陳 2012: 342-357］．しかし1830年代に入るとロシアは積極策に転じ，1831年に「卡外界内地域」を含む領域にアヤグズ管区（タルバガタイ北西面）を開設した．これに清朝政府は不満を示し，現地でも清朝官員が到って部隊の退去と管区の後退を求めたが，ロシア（西シベリア総督）は清の抗議を取

---

36)　当時のロシア語における「キルギズ」はカザフを指す．
37)　『新疆龍堆奏稿』21a-25b（『西北文献』9: 107-116）；『宣宗実録』巻90: 11b-12a, 道光5年10月己未（6日）［1825/11/15］条；俄文 2005: 326-327．この家屋は一時的な経済活動のために建設されたとの指摘もある［Gurevich 1979: 240］．

りあわなかった．清もそれ以上の対応をとらなかったため，ロシアは南進を一気に押し進めていった［野田 2011: 235-241］．

　北方（ホヴド～タルバガタイ）における清の消極策には，南方（イリ～カシュガル）における武力衝突をともなった現実的危機に対応を迫られていたという背景がある．1820 年代以降，カシュガル＝ホージャ家の後裔が故郷の奪還を目指し，清への聖戦をとなえてカシュガリアへの侵入を繰り返した．1826 年に発生したサリムサクの次子ジャハーンギールの聖戦は，その最初のものである．ジャハーンギールは多数のクルグズ遊牧民を糾合してカシュガルに侵入し，カシュガリア西部の諸都市から清朝勢力を一掃し，半年間その地を支配した．これに対して清朝中央は，当地域が「祖宗偉業の地」であるという観点から回復を目指した．イリや清朝内地から援軍が到着するとジャハーンギールは遁走し，1828 年 2 月に清軍に捕らえられ，北京に連行されて処刑された．

　鎮定後，東方貿易の利権拡大を狙うコーカンド＝ハン国が事件に関与していたことが発覚すると，清はコーカンド＝ハン国と断交し，カシュガリア在住のコーカンド商人を追放した．この報復としてコーカンド＝ハン国は，1830 年にジャハーンギールの兄ユースフを担ぎ出してカシュガルを占拠した．侵入軍は清の援軍が到着する前に帰還したが，最盛期を迎えていたコーカンド＝ハン国は，事後交渉によって清からカシュガリアにおける商業特権を獲得し，またパミール地域の国際貿易を独占するようになった［佐口 1963: 461-507］．

　このような混乱を契機として，新疆統治方法の変更が朝野で盛んに論じられるようになった．特に龔自珍や魏源らの議論は，1884 年の新疆省の設置に影響を与え，当該時期における漢人知識人の経世思想の広がりを象徴するため，早くから研究者の注目を集めてきた［榎 1992 (1984-87): 113-224；片岡 1991: 90-102］．しかし，政権中枢になかった彼らの主張が同時代の清の政策決定に与えた影響は皆無といってよい．また現地で善後処理を担当した責任者による支配強化を目指した様々な提案も，あくまで「論」の枠を出ることはなく，実際の統治変更には結びつかなかった，との見解に落ち着く［羽田 1982: 144；片岡 1991: 102］．しかし，視点を卡内から卡外へ，つまり「卡外界内地域」へと転ずると，道光朝における清朝国家の変容を物語る重要な政策変更が生じていた．

3.2. 巡辺制度の混乱

ジャハーンギール捕縛の4ヵ月後になされたイリ将軍デインガ Deingga（徳英阿）の奏摺によると，イリからカシュガルへ換防の官員10名と兵丁450名を，従来と同じく巡辺の機会にあわせて派遣した．当時カシュガルには，戦乱鎮圧のため出征していたイリの騎兵250名が残留していた．デインガはこれらを合わせた700名を翌年から毎年半分ずつ交代させるという増兵案を奏請し，道光帝はこれを認めた[38]．それに続けてデインガは，以下のように述べている．

> 以前は回疆が平静でなかったので，領隊大臣を派出し，輪番の官員と兵丁を率いさせ，辺界を巡察しながらナリンの橋に到らせ，〔官員と兵丁の〕交代を委ねました．この時，卡外で遊牧するブルトは，みな従来どおり暮らしており，少しも騒がず，いぶからず，甚だ恭順でした．先ごろ，賊首ジャハーンギールを擒獲し，紅旗を掲げて馬を駆けさせた（勝利した）ことを，奴才たちのもとから通暁させる文書をしたため，カザフとブルトにあまねく布告しました．さらにいま，カシュガル参賛大臣ウルンガらのもとから，「賊首ジャハーンギールの擒獲以来，ブルト諸部の人々は従来どおり平静に暮らしている」と文書が送られてきました．いまカシュガルにいる換防の官員と兵丁を，旧例に照らしてブルトの辺界を巡察しながらナリンの橋の路を通って出発させるべきなので，奴才たちのもとより，このことを事前に通達する文書をしたため，「カルンの外のここかしこで遊牧するブルトとカザフに知らせるように」と教え委ねました[39]．

ジャハーンギールの擒獲後，イリやカシュガルの駐防官は，カザフとクルグズに注意を払い，監視を強めた．特にクルグズに対しては，ジャハーンギールに多数のクルグズが荷担していたことから，善後処理を担当する欽差大臣ナヤンチェン Nayanceng（那彦成）を派遣するにあたり，道光帝は「回疆善後の大局，惟うに布魯特を収服するを第一の要事となす」と面諭し，その重要性を指摘していた．1828年中頃にカシュガルに到着したナヤンチェンは早速クルグズ諸

---

38) 「満文録副」4058.61，198: 1907-1908，道光8年4月26日［1828/6/8］，イリ将軍デインガの奏摺；『新疆匯編』249: 241-242；『選編』2: 272-273（『史料』2: 561）．

39) 同上，「満文録副」198: 1908-1910；『新疆匯編』249: 242-243；『選編』2: 273-274（『史料』2: 561-562）．

部に関係の回復を呼びかけ、18 の部族がそれに応じてカシュガルに使臣を派遣してきた。そこでナヤンチェンは、乾隆朝の旧例をふまえ、その 18 部族の頭目 43 人に二〜五品の頂翎[40]を授け、毎年賞給する銀両・緞疋の数量を決定した[41]。これは裏を返せば、クルグズ有力者との人的紐帯が、カザフと同様、弛緩していた事実を意味する。

ところが、このクルグズとの関係再構築の試みは、1830 年のユースフを擁したコーカンド軍によるカシュガル侵攻のため頓挫した。以後、「卡外界内地域」南部における換防兵派遣と巡察制度は、カザフ・クルグズに遊牧地への支配拡大をもくろむコーカンド勢力の圧力により、迷走を開始する。

1830 年中頃、イリから換防兵 250 名と巡察部隊 200 名が出発した［厲 1994: 418］。ところが出発後、カザフの公アブラから、数千人におよぶコーカンドとクルグズ勢力が清の部隊を攻撃するためナリン河付近で待ち構えているとの情報がイリにもたらされた。このため将軍ユリン Ioilin（玉麟）は、部隊を引き返させ、換防兵の交代を 1 年間停止することにし、翌年に数千に増強して部隊を派遣し、コーカンド政権に協力するクルグズを牽制することを建議した[42]。これを道光帝はいったん認めたが、カシュガル参賛大臣ジャルンガ Jalungga（札隆阿）からの、むやみな行動は恭順なクルグズにも疑念を抱かせ事件を惹起しかねない、という反対意見を容れて撤回し、100-200 名程度の増兵にとどめるよう命じた。すでに途中で派兵を取りやめた状況において、翌年さらに多くの兵丁を派遣すれば、清兵が懦弱(だじゃく)であるという風聞が広がりかねないと考えたのである[43]。

イリに戻って来た部隊の報告には、コーカンド勢力がカザフから牛馬租税を

---

40) 頂（頂子）については、第 7 章註 14 を参照。「頂」とセットになる羽飾りの翎（翎子）には、花翎と藍翎の二種類があった。花翎は円形の文様（眼）のある孔雀の羽から作られたため孔雀翎ともいい、眼の数にしたがって三眼・雙眼・単眼の区別があった。藍翎は鶡鵟の羽を藍色に染めて作られたため染藍翎ともいった［瀧川 1941: 35-39］。

41) 『回疆奏議』巻 80: 14a-24b；潘 2006: 87-88。ジャハーンギールの聖戦に直接関与しなかったカザフとの間には、このような関係再構築の動きはみられなかった。

42) 『嘉道上諭檔』35: 225-226、道光 10 年 6 月 20 日［1830/8/8］条；『宣宗実録』巻 170: 17b-20a。

43) 『嘉道上諭檔』35: 251-252、道光 10 年 7 月 15 日［1830/9/1］条；『宣宗実録』巻 171: 18a-19a。

強制徴収しており，それを怖れるカザフが卡倫近辺に避難してきているとの情報があった．また，卡外に出ると遭遇するクルグズの数が非常に多く，通常は遠方にいるはずのクルグズも混じっており，それらは清の部隊にコーカンド軍が待ち構えるナリンへ向かわぬよう注進したという[44]．ユリンは，コーカンド勢力の北上を問題視し，30年ぶりにチュー・タラス河流域に巡辺部隊を派遣することになった [厲 1994: 419]．

　1831年夏，領隊大臣2員の督率のもと，イリから800兵が派遣された．ところが今度は，コーカンドがピシペク（現ビシュケク），カラバルタ，タラスの三ヵ所に堡塞を築き，周囲のカザフとクルグズを従属させ，徴税をおこなっている状況が伝えられた．兵力不足を危惧した清の部隊は，結局イシク＝クル湖岸のチャガン＝ウスで引き返し，巡察は失敗に終わった[45]．翌1832年，清は再度巡察を試み，ピシペク近辺まで到った部隊は，その地にコーカンドの「胡什伯克」（コシュ＝ベギ）(Tu. Qosh-begi, 司令官）が駐留し，カザフから徴税している事実を確認した．しかしその晩，ピシペク勢力が攻撃してくるとの噂が流れたため部隊はイリに急遽退却を開始し，しかもその途中で賊匪の略奪に遭うという失態を演じた[46]．

　このようなコーカンド＝ハン国の動向は，全盛期のムハンマド＝アリー＝ハン（r. 1822-42）の治世になされた，周辺諸地域への軍事的・経済的侵略の一端を示している [佐口 1963: 496-507]．1825年頃よりコーカンド＝ハン国は，クルグズの族長間の不和およびクルグズとカザフの抗争の機を利用し，北部クルグズ地域に進出してピシペクに堡塞を築き，1831年春にはチュー河流域やイシク＝クル湖に侵攻した [Gurevich 1979: 240, 243]．19世紀中葉には，ピシペクのコーカンド人居住者は約1,000戸に上ったという [Khasanov 1977: 27]．

　コーカンドの北方草原への拡張政策は，清への直接的な侵攻を企図したものでなかったが，清朝政権は警戒を高めた．二度の巡察失敗をうけ，道光帝は次のような上諭を下した．

---

44)　『嘉道上諭檔』35: 239, 道光10年7月9日 [1830/8/26] 条;『宣宗実録』巻171: 7a-8a．
45)　『宣宗実録』巻197: 10a-11a, 道光11年9月乙亥（26日）[1831/10/31] 条．
46)　『嘉道上諭檔』37: 483-484, 道光12年9月14日 [1832/10/7] 条;『宣宗実録』巻219: 35a-36b．

領隊大臣の官兵を管帯し，布魯特辺界を巡るに至るは，節年の成例に属するに係わる．皮斯格克地方は窵遠にして，我が兵巡辺して到らざること已に三十余年．此次浩罕の築くところの土堡を査するに係わり，所以遠行して査して吹河に至る．明年仍お須く巡辺すべくも，若し又た賊劫に遇わば，豈大いに国威を損ね，何なる事体を成さんや．著して玉麟等をして，明年の巡辺は応に査して何処に至りて止となすべきや，並びに該領隊〔大臣〕等の巡辺するを将って応に如何に意を防範に加えるべきやを妥議せしめよ[47]．

巡辺の必要性を確認しつつも，さらなる失態により国威を損ねることは回避せねばならない．道光帝は，暗に制度の見直しを迫ったのである．

以上の上諭を受けたユリンは，チュー河地方への巡察を断念し，部隊の到達地点をイシク＝クル湖までとする変更案を提出し，道光帝はこれを認可した[48]．この結果，イリからイシク＝クル湖畔を通過してナリンに到り，新旧官兵の交代をしていたカシュガル換防兵も，経路を変更せざるを得なくなった．1834年，ユリンの後任であるイリ将軍テイシュンボー Teišumboo（特依順保）の奏摺に次のようにある．

辺界を巡査するに，仍お向年の規制に照らして査すれば，特木爾図淖爾（イシク＝クル湖）に至りて断となれり．其の喀什噶爾の換防官兵は，自ら仍お那林より行走するは便ならず．亦た未だ仍お冰嶺より行走するも便ならず．著して請う所に照らして，本年伊犁の応に喀什噶爾と換えるべき一半の官兵は，即ち伊犁の西南の哈布哈克卡倫から，烏什の貢古魯克卡倫に直通する捷径より行走させん[49]．

イリ側のハブハク卡倫とウシュ側のグングルク卡倫を「直通する捷径」とは，7世紀に玄奘三蔵が越えたとされるベデル峠と考えられる．1907年にイリに到った日野強もその経路を，ウシュからイシク＝クル湖東岸のカラコルを経てイリに赴く険路として伝えている［日野 1973（1909）: 186］．また，従来ナリンで

---

47) 『嘉道上諭檔』37: 516, 道光12年9月29日［1832/10/22］条．
48) 『宣宗実録』巻224: 36a-b, 道光12年10月庚午（18日）［1832/12/19］条．
49) 『嘉道上諭檔』39: 75, 道光14年2月24日［1834/4/2］条；『宣宗実録』巻249: 32b-33b.

あった兵丁の交代地点は，イリから9站，ウシュから5站の位置にあるナンゴロ（Ma. Nan Golo, 南廓羅）[50]に定められた．同年6月のテイシュンボーの奏摺によれば，

> 前奏に照らして，イリとウシュの境界のナン＝ゴロという地に到るまで送らせ，ウシュから派出させた協辦大臣と会って相互に交換させました．〔イリに〕帰還すべき半分の官員と兵丁を，従来どおり〔イリから派出した領隊大臣〕トンドブに督率させ，テムルト＝ノールなどの地に到らせ，ブルトの辺界を巡回して戻って来ました[51]．

とあるように，新たな規定にしたがって送迎と交代をおこなった後，イシク＝クル湖畔に向かい，すでにその地の遊牧地を有していたクルグズを巡察した．コーカンド＝ハン国の外圧によって巡辺制度の対象範囲は縮小し，その目的も変化したことがわかる．以後，「卡外界内地域」からの清朝権力の後退が急速に進んでいく．

4.「卡外界内地域」からの撤退

コーカンド＝ハン国からの圧迫を受け，カザフやクルグズは卡倫線にせまった．このため，当該時期の清朝史料には越卡に関する記事が多く伝えられるようになる．このような遊牧民の動きを，ピシペクなどに駐留するコーカンド勢力はある程度察知していたようである．ニュービィも指摘［Newby 2005: 202］するように，1833年後半，コーカンド（おそらくピシペク駐留）のコシュ＝ベギからイリ将軍テイシュンボーに書信が届いた．その内容は，卡倫付近で遊牧するカザフを追い立てて，コーカンドによる馬租徴集に便ならしめるよう，清に対して求めるものであった．報告を受けた道光帝は，当然ながらその態度を強く非難し，コーカンドに諸勢力間の旧界を守るべきことを諭告したが，一方でカザフの中にコーカンドに「馬を給う」者がいても，それは清の顧みるところ

---

[50] ナン＝ゴロの正確な位置は定かでないが，ムザルト峠の北側にあり，現在は中国の国境に隣接しているクルグズ共和国のナリンコル Narynkol ではないかと想定される．

[51] 「満文録副」4140.33, 204: 528-529, 道光14年5月7日［1834/6/13］，テイシュンボーの奏摺；『新疆匯編』254: 431；『選編』2: 275-276（『史料』2: 562-563）．

ではないと述べている[52]．さらに続けて道光帝は，以後の事態の推移もみこして，カザフ宛ての勅諭と現地駐防官への指示の内容を加えている．

　　哈薩克等に諭すらく，「爾等は向に特木爾図淖爾海より泡西，吹・塔拉斯等に及ぶの処に在りて游牧す．皆な天朝の戡定の地界に係り，毎年応に租馬数十匹を交納すべきにて，仍お当に常に照らして輸納すべし．其れ霍罕(コーカンド)の爾等に向かいて馬租を索取するは，給与を願うや否やは，爾の卡外の事に係る．天朝は概ね顧問せず」と．若し哈薩克等，霍罕に欺凌せらるるに因り，卡倫附近の地方に逃避すれば，即ち当に数を尽くして截回せしめ，進卡を許す毋かれ[53]．

イシク＝クル湖からチュー・タラス河流域に到る地域が「天朝の戡定の地界」である認識は変わらない．ゆえに，カザフがその地で遊牧するには馬税の納入が必要であることを確認している．しかし卡外の問題への不干渉を原則とする清は，カザフとコーカンドの関係は関知しない，という旧態依然とした考え方である．また現地駐防官に対しては，カザフがコーカンドの圧迫により清の卡倫に近づいても，卡内への進入を拒むよう指示した．

　この状況は北方でも同様であり，同じ時期にロシアの統治から逃れて清に保護を求めたカザフに対する対応と一致する．1831年にアヤグズ管区が開設され，ロシアの南下の勢いが強まると，ロシアの統治を認めず，清朝当局に保護を求めるカザフのスルタンが現れた．しかし，清側は彼らを保護する姿勢を示さず，要求を無視したり，追い返したりする有様であった［野田 2011: 244-247］．

　清朝中央において，上述の問題に関する議論は続いた．道光帝は軍機大臣にコシュ＝ベギへの返書の内容，および今後の対応について意見を具奏させ[54]，さらにその意見を加味しつつ，あらためて清がとるべき姿勢を明らかにした．それは，卡外への不干渉と越卡の阻止を基本とする上述の見解を外れるものではないが，コーカンドに対する誇大な虚辞の利用や清朝部隊の卡外への安易な出動など，事件の誘発につながりかねない軽率な行動の回避を命じており，よ

---

52)　『嘉道上諭檔』38: 508．道光13年10月19日［1833/11/30］条；『宣宗実録』巻244: 18a.
53)　同上，『嘉道上諭檔』38: 508；『宣宗実録』巻244: 19a-b.
54)　『嘉道上諭檔』38: 530-531．道光13年10月28日［1833/12/9］条.

り慎重なものとなっている[55]. またカザフではなく, コーカンド勢力が直接卡内に侵攻することを想定し, 道光帝は次のように指示した.

> 其れ尋常の蛮触相い争うは, 天朝原より問わざる可し. 哈薩克は我が卡外の藩籬に係りて, 勢い霍罕の欺凌に任せ, 国威を損なうを致し難し. 儻し敢えて帯兵して哈薩克を駆逐するを以て名となし, 我が卡倫を犯せば, 該将軍等は当に時を審(つまび)らかにし勢いを度(はか)り, 守る可きは即ち守り, 戦う可きは即ち戦うべし. 若し竟に擅(ほしいまま)に卡内に入れば, 即ち以て兵威を示さざるを得ず. 勦戮を痛加すべし. 如し卡外に逃出すれば, 即ち窮寇は追う莫かれ[56].

道光帝の指示は極めて受動的であり, なんら予防策を講じるものではない. しかも卡外問題への不干渉, 遊牧勢力の越卡阻止のみならず, 追撃による部隊の「出卡」をも禁じている. かかる状況において, 「卡外界内地域」に関与する唯一の手段であった巡辺制度の継続は困難となり, 清朝中央からなんら支援を得られなかった現地駐防官は, 中央アジア草原に生じる問題への対応手段を失った. 彼らが唯一なし得たのは, 後述するように, 卡倫線を閉じ, 卡内への事件の波及を阻止する以外になかった.

ところで, 以上の事態に対する清の対応の中には, 関係希薄となっているカザフのスルタンの名前は一人として現れない. 道光帝がカザフに宛てたという勅諭も, その具体的な送付の対象は不明である. また清朝内部での文書処理は, もはや満文ではなく, 漢文でなされている. 確かにそこには「卡外界内地域」を「天朝の戡定の地界」とするジューンガル征服以来変わらぬ見解の踏襲がみられるが, カザフの清朝体制における位置は, 「卡外の藩籬」とあるように, あくまで卡外という地域区分が前提となっている. 一方で, かつて清が重視していた, 地域で内外に区分されない清朝皇帝と中央アジア諸勢力との間の属人的な関係, およびそれを念頭に置いた外交姿勢は, 1830年代に道光政権が取り組んだコーカンドとカザフの問題では一顧だにされていない. この時代, 清が判断基準として第一に重視していたのは, 卡倫線で分かつ地域区分であった.

---

55) 『嘉道上諭檔』38: 531, 道光13年10月29日［1833/12/10］条；『宣宗実録』巻244: 39a-41b.
56) 同上, 『嘉道上諭檔』38: 535；『宣宗実録』巻244: 40b.

そして，このような清の外交姿勢の変化が，言説上にとどまらず，同時代に進行した巡辺制度の縮小と「卡外界内地域」からの撤退，その結果としての卡倫線の重視という，辺境再編の動きと相互に関連していることは明らかである．

テイシュンボーは，1832年後半にイリ将軍職を奉命したが，着任の途上，カシュガリアに新設した屯田 [華 1995: 162-166] を視察してから，アクスよりムザルト峠を越えてイリに赴いた．この時にテイシュンボーは，経路周辺の卡倫の守備が手薄で，遊牧民の越卡を阻止できないでいる現状を目の当たりにした [厲 1994: 421]．その翌年にコーカンドとカザフの問題に関わったが，上述のように，清朝中央から具体的な支持や支援はほとんど得られなかった．ここでテイシュンボーがおこなったのが，1834年7月における「沿辺巡査会哨章程」の上奏である．それまでイリ周辺の卡倫は，ソロン，シベ，チャハル，オーロトの四営に分管させていたため，各卡倫間の連携はおろそかであり，カザフなどの侵入を許していた．これを是正するため，毎月各営から総管，副総管，佐領などの官員1名と兵丁30名を派出させ，卡倫線に沿ってパトロールさせ，侵入したカザフがいれば追放させることにした（ただし兵丁の「出卡」は禁止）[57]．すなわち，卡倫の守備強化による防衛策である．清朝中央からむやみな「出卡」が禁止されている以上，危機に直面する現地駐防官が講じ得る措置はこれ以外になかったと思われる．「沿辺巡査会哨章程」の上奏と同時に，テイシュンボーはカザフの卡内侵入と馬匹強奪を阻止できなかった卡倫駐留の官員を処罰しているが[58]，それは制度改変が急務であることを中央政府に訴えるためであろう．道光帝は章程の制定に同意し，新任の参賛大臣スチンガ Sucingga（蘇清阿）のイリ到着後，あらためて内容を斟酌するよう命じた[59]．

1835年1月，テイシュンボーとスチンガらの再上奏をもとに，清朝中央は「巡卡会哨章程」を制定した．その内容は，基本的に「沿辺巡査会哨章程」を踏襲し，新たに各卡倫間にある「瞭墩」(りょうとん)（小型の見張り台）や卡倫附属の馬廠の修理に関する項目を加えたものである[60]．防衛ラインを明確に卡倫線に定

---

57) 『嘉道上諭檔』39: 246-247，道光14年7月9日［1834/8/13］条；『宣宗実録』巻254: 14b-17a.
58) 『嘉道上諭檔』39: 247-248，道光14年7月9日［1834/8/13］条.
59) 註57，同史料，『嘉道上諭檔』39: 247；『宣宗実録』巻254: 16b-17a.

めた「巡卡会哨章程」の制定により，卡倫線のパトロールに兵丁を充当せねばならなくなり，巡辺制度はほとんどその存在意義を失った．レプシ河で合流する①イリ北路ルートと⑤タルバガタイ南路ルートの巡辺制度は，廃止されなかったものの，その規模は10分の1程度に縮小された［厲 1994: 423］．19世紀末のイリ将軍長庚の指摘によれば，嘉慶・道光年間を通じて夏季卡倫と冬季卡倫の移設は継続されるも，清の部隊は両卡倫線の空間からカザフを追い立てることはなく，その地は次第に「哈薩克常年游牧之区」（カザフが年間を通じて遊牧する区域）となり，さらにロシア人も居住するようになったという（『新疆牘匯』2: 1219）．

また，ウシュ−イリ間の隘路を通過させ，イシク=クル湖東岸域を巡察させていた換防兵の派遣方法もみなおされ，1835年以降はさらに東（内）側のムザルト峠を往来することになった[60]．1857年のイリ将軍ジャラフンタイの奏摺によれば，春季に部隊を派出して「ブルトの辺界を巡察」させているが，それはあくまで「卡倫と駅站を調査するついでに」実施されていた[62]．清の監視の目が及ばなかったこの時代，イシク=クル湖東岸域はクルグズの耕地で覆われることになった．1850年後半に当地域を訪れたワリハーノフが目にしたのは，まさにその光景であった［Valikhanov 1985, 3: 59］．

1830年代に清の西北辺境で生じた卡倫線の内側への勢力後退[63]は，事実上の支配領域の収縮とみなし得る．この現象は，当時の清朝全体の国力衰微という大きな潮流の一部であり，また同時期に北から迫りきたロシア権力の影に隠れてしまいがちである．しかし，本章で論じたように，「卡外界内地域」への関与のあり方の調整は，現地駐防官からの提起にもとづき，19世紀前半を通

---

60) 『嘉道上諭檔』39: 498-499，道光14年12月26日［1835/1/24］条；『宣宗実録』巻261: 38b-40b．
61) 『嘉道上諭檔』40: 111，道光15年3月丙戌（27日）［1835/4/24］条；『宣宗実録』巻264: 43b-44a．
62) 「伊犁奏摺」4: 23b-24b，咸豊7年閏5月18日［1857/7/9］，ジャラフンタイの奏摺．
63) パミール地方に連接するカシュガリア南西部では，卡倫が横のつながりを持たず，一つの線をなしていなかったが，やはり新疆北部との共振性を看取できる．1830年代前半にコーカンド勢力が，卡外にあったパミール国際交易の要衝サリコル（現タシクルガン）を占拠し，その地を通過する隊商から徴税を開始した．この局面で清朝中央が現地大臣に命じたのは，部隊の派遣ではなく，卡倫の防衛に意を注ぐことであった［Newby 2005: 203］．

じて繰り返されてきた．巡辺制度の強化とその挫折，さらに「巡卡会哨章程」への転換といった一連の動きは，辺境で生じる危機を肌で感じ取っていた駐防官が試みた西北辺境の再編であったといえる．そしてそこからは，曖昧な「境界圏」が消滅し，卡倫線が排他的な性格を強め，次第に清の西北領域に明確な輪郭が備わっていった過程を読み取ることが可能であろう．

　一方，ロシアの南下は，カザフの抵抗，いわゆるケネサル[64]の乱（1837-47）に遭遇して一時的に鈍るも，鎮圧後は1847年にセミレチエにコパル要塞を，1856年にはヴェールノエ要塞（現アルマトイ）を建設し，カザフ草原全域を支配下に収めた[65]．この事態に清は，やはり表面上の抗議はするものの，ほぼ傍観ともいえる姿勢をとった［野田 2011: 247-251；陳 2012: 357-365］．その背景には，ジューンガル征服以来続く長期的な辺境再編の結果，すでに清側（特に新疆駐防官）に卡外に影響力を及ぼし得る手段が残されていなかったという事情が加味されよう．最終的に，1864年の条約締結による露清国境の画定により[66]，「卡外界内地域」は名実ともに消滅するに至るのである．

64）　ロシアの統治に抵抗して反乱を起こした中ジュズのスルタン（アブライの孫）であり，1841年には廃止されていたハン位を復活させ自ら即位した．
65）　ロシアはクルグズの遊牧地にも触手を伸ばし，1867年のトルキスタン総督府開設（タシケント）にともなうセミレチエ州設置により，クルグズはロシアの統治下に組み込まれた．
66）　中央アジア方面における露清間の国境条約については，第7章註2を参照．ただし，その後もロシアのイリ占領（1871-81）などにより，民国期に至るまで国境線の変更と調整が続いた［陳 2009］．

第2部 小　　結

　第2部では，18世紀後半から19世紀前半にかけて，ジューンガル故地たる中央アジア草原で展開された清の諸政策の特徴とその変遷を論じた．
　アムルサナとの連合を解消したカザフ中ジュズのアブライは，1757年に清に対して「講和」を求め，それを清はカザフの「帰順」として受け入れた．その論理を検証したところ，オイラト語と満洲語の文書を媒介して，カザフが清朝皇帝のアルバトになるという解釈であった．すなわち，清がオイラトに対して設定した「エジェン－アルバト関係」が，清とカザフの関係にも敷衍されたのである．ただし，それと同時に乾隆帝は漢文の明発上諭を下し，カザフの「帰順」を儒教的価値観の中でとらえ，東南の「藩属」諸国と同様にカザフを「羈縻服属」させることを宣布した．このように清朝政権は，異なる価値観の中でカザフとの間に〝あるべき〟関係をそれぞれ見定め，かつ巧みに言語を使い分けることにより，それを矛盾なく説明していたのである．ここには，地域・集団にあわせて多元的な体制を構築していった清朝国家の性格，およびそれを人格化した清朝皇帝の姿がみごとに反映していよう．また清はヌサン使節をアブライのもとに派遣し，交渉にあたらせた．清の基本姿勢は，ジューンガル善後策の失敗という反省の意識もあり，極めて慎重であった．これに対して，清との関係が実効支配を意味しないことを理解したアブライは，カザフの頭目や集団構成の調査，爵位の授与，入覲使節の人員構成などの協議に積極的に臨み，多くの利益を引き出そうとした．
　カザフとの関係を樹立した後，清は中央アジアに存在した多くの勢力と接触し，いずれをも清朝皇帝のアルバトに位置づけた．実際の政治交渉の場面においては，清はこの属人的な関係を強調することで自らの言動を正当化しようとした．1760年代に発生した中央アジア諸勢力間の紛争に対し，乾隆帝が各アルバトを統轄するエジェンの立場にあることを理由に，軍事介入を検討したり，和合を促したりしたことは，その好例である．むろん中央アジアの各勢力がみな「エジェン－アルバト関係」の介在を了解していたわけではないが，カザフからの要求提示においては，カザフが清朝皇帝のアルバトであることが，その

要求を清に認めさせるための論拠に据えられることがあった。「エジェン－アルバト関係」は，18世紀後半の清とカザフの政治交渉の場では，両者が共有する対話のツールとしての機能を果たしていたのである。

ただし，清の中央アジア政策には，「エジェン－アルバト関係」に象徴される属人主義の側面だけではなく，土地の排他的掌握を目指す属地主義の側面も並存していた。そこで焦点となったのが境界問題である。清はジューンガルの勢力範囲をすべて継承したと認識しており，その範囲はカザフ草原南部のチュー・タラス河流域まで及んだ。しかし，ジューンガルの圧迫を受ける以前にその地で遊牧していたカザフやクルグズが，すでに旧遊牧地の回復の動きをみせており，清が自らの領域とみなす「辺界」に入り込んでいた。1760年代前半にその駆逐を断念した清は，「辺界」の内側（東側）に設置した各卡倫を結ぶ線を防衛ラインとし，遊牧勢力が越卡せぬよう監視する方針に転換した。この結果，清が自らの領域と認識する範囲と，実効支配を及ぼしている範囲は一致をみなくなった。そして卡倫の設置は，もう一つの矛盾を生む。清の西北領域には卡内と卡外という地域区分が登場したが，清は西征の過程で関係をもった諸集団を，実効支配を及ぼすか否かにかかわらず，すべて清朝皇帝のアルバトに位置づけていた。つまり，一律に清朝皇帝のアルバトとされる集団が，実効支配地域の内外にまたがって存在する状況が出現したのである。

清による卡倫の設置は，中央ユーラシア・中央アジアの遊牧社会に対する属地主義の導入を象徴するものとして理解されている。ただし，清が展開する中央アジア政策の中には，属人主義と属地主義の二つの側面が，上述のような矛盾を抱えながら並存していたことに注意せねばならない。例えば，清－カザフ関係の最初期（1750-60年代）においては，清朝皇帝のアルバトという立場を根拠に卡内への移住を要求するカザフが存在し，清朝政権もそれを容認していた。ジューンガル征服後，いまだ「拡大の時代」の余波の残る清の西北領域では，卡倫線の内外という属地的な区分がなお絶対的なものではなく，連続する属人的な紐帯が重視される場合があったのである。卡内に移住した内属カザフの存在は，小規模ではあったが，それを最も端的に示す存在である。

これに続く1770年代，新疆北部の政治的・社会的構図は著しく変化した。1771年におけるイリ駐防八旗の完成とトルグート部の東帰以降，清は新疆北

部の統治体制のさらなる拡充を進め，希薄であった人口は着実に増加していった．その一方で清とカザフの関係は悪化の一途をたどる．アブライのタシケント献納問題や度重なる援兵要請により，入観使節の派遣は幾度も中断した．また当時のカザフ草原南部では内外に対立構造が形成され，その影響は新疆北部にも及び，清は対応に苦慮した．かかる趨勢の中，清は卡外の諸勢力と距離を置き始め，中央アジアに対する不干渉の原則が確定していった．19世紀前半のロシアのカザフ併合に対する清の事実上の黙認は，この原則に沿ったものである．

また，清は統治体制の拡充の一環として，1777-78年に卡倫の管理体制の改革をおこなった．カザフの越卡事件の発生と相俟って卡倫の存在意義が高まるにしたがい，卡倫線で内外を分ける地域区分と，その内外に連続する属人的な「エジェン－アルバト関係」が併存する矛盾が顕著となっていった．ここにおいて清は，カザフ内附問題をめぐる議論の中で前者を重視する方向に舵を切り，1779年にカザフの内附政策を停止した．清の中央アジア政策に現れた変化，すなわち属地主義の側面を重視する方針への転換は，1781年のハルハ部西三盟界の画定とも連動していると考えられ，当時の清朝内部で進んでいた政策的・構造的変化の一端であったといえる．

卡倫の設置により形成された「卡外界内地域」において，清は馬税の納入を条件にカザフの遊牧を認め，またクルグズもイシク＝クル湖周辺に徐々に入り込んでいった．しかし清は，その後もジューンガルの勢力範囲を自らの領域とする認識を保持し続けた．属人的な集団把握と属地的な土地領有の枠組みが一致しない「卡外界内地域」は，清にとって「境界圏」として存在しており，その地を管理するための措置が，イリとタルバガタイから定期的に部隊を派遣してパトロールさせる巡辺制度であった．

1780年代以降，清と緊密な関係を築いた第一世代のカザフの支配者が相次いで世を去り，爵位継承をめぐる争いも発生し，清－カザフ間の人的紐帯は弱まっていった．カシュガリア辺外では，カシュガル＝ホージャ家のサリムサクが失地回復の動きをみせた．清の西北辺境に不安要素が現れ始める中，1797年に新疆在留の駐防官の建議により，イリからカシュガルへの換防兵派遣が巡辺制度とリンクする形で再開された．当初これにはイシク＝クル湖からナリン

河にかけての一帯の監視を強める目的があったが，その反面，チュー・タラス河流域に部隊が派遣されなくなり，巡辺制度は次第に形骸化していった．

　1820年代に入るとロシアが南進を本格化させ，カザフが清と接触することを実力で阻止し，「卡外界内地域」にも姿を現すようになった．南方では，カシュガル＝ホージャ家の後裔が清に対する聖戦を敢行し，最盛期にあったコーカンド＝ハン国はその動きに便乗するとともに，「卡外界内地域」に含まれるチュー河流域やイシク＝クル湖周辺に進出し，当地域のカザフやクルグズを支配下に置いた．統制の回復のために現地駐防官は，1830年代前半に巡辺制度の再建を試みたが，それに失敗すると，清朝中央は卡外問題への不干渉，遊牧勢力の越卡阻止を命じるのみならず，清の部隊のむやみな「出卡」を禁じた．辺境の危機が現実のものとなる中，中央から支持・支援を得られなかった現地駐防官は，卡倫線を基準とした防衛強化を提案し，「巡卡会哨章程」が制定された．巡辺制度の挫折，「巡辺」から「巡卡」への辺防策の転換は，清朝権力の「卡外界内地域」からの後退を意味するが，それは同時に，曖昧であった清の西北領域に明確な輪郭が備わっていく過程でもあった．19世紀前半，変わりゆく現地情勢を目の当たりにした駐防官が試みた辺境の再編の結果，卡倫線の排他的性格は強まり，清の西北辺境に境界線が現れてきたのである．

結　論

　清とジューンガルとの長年にわたる抗争，および最終的な清の勝利に関しては，それがユーラシア東部における勢力構図——定住民に対する遊牧民の軍事的優位——を一変させた転機であったことから，高い関心が払われてきた．すなわち，清はジューンガルとの戦いに勝ち抜いていくことによりユーラシア東部に君臨する地域的世界帝国へと成長し，18世紀後半に絶頂期を迎えた．他方，かつて大草原を疾駆し，ユーラシアを席巻するほどの大帝国を築いたモンゴル系の遊牧民は，東から順次清の支配下に組み込まれ，黄昏の時代を迎えつつあった．それを最も象徴する事件が18世紀中葉におけるジューンガルの滅亡であり，それに続くオイラト遊牧民の一掃というセンセーショナルな事件であった．

　ただし，従来の研究では，清によるジューンガルの征服を，清朝史の分野においても，ジューンガル史の分野においても，一つの到達点として描く傾向が強く，その後の中央アジア草原の様相に対する関心は概して低かった．確かに，それまでの清とジューンガルの抗争にみられるダイナミズムはそこに不在であり，清の領域の縁辺に位置する一地域でしかなくなる．ロシアの姿とて，次第に影響力を強めてくるとはいえ，当初はなお遠景でしかない．しかしながら，上述のような歴史的重要性に鑑みれば，ジューンガルから清への権力の移行にともなって中央アジア草原で生じた諸問題を分析し，トータルな歴史像の把握とその意義が問われなければならない．

　以上のような問題意識のもとで執筆した本書の概要をまとめると，以下のようになる．

　古来，中央アジア草原は遊牧民を主人公とする歴史の舞台であり，17世紀

後半から 18 世紀中葉には，オイラトのジューンガル部を中核とした新たな遊牧国家が形成された．ジューンガルは，盛んな征服活動によって勢力範囲を広げるとともに，従属下に置いた諸集団の再編（二十四オトグ，二十一アンギ），イリ盆地の開発（都市建設，農地拡大）を進めて支配体制を充実させ，露清両国の狭間で一時代を築いた．しかし，1745 年にガルダンツェリンが没すると継承争いが発生し，解体への道を歩み始める．1755 年，アムルサナらの協力を得た清軍の遠征により，当時の支配者であるダワチが捕縛され，ジューンガルは崩壊した．

ジューンガル政権は打倒されたが，その支配下にあって遊牧国家を構成していたオイラトの諸集団はなお健在であった．清にとって，外側からでない，真の意味でのジューンガル体験はここから始まる．清は遠征軍を派遣する前から強力なオイラト遊牧民に対する支配のあり方を構想し，遠征中に収集した情報をもとに修正を加え，綿密な統治プランを練り上げていった．それはいうなれば，ジューンガルが作り上げた統治システム，君主の支配権，および勢力圏（支配領域）の継承を基本とし，その上で清が有した遊牧民統治の経験を織り交ぜながら，地域・集団秩序の再鋳造を試みようとするものだった．

清はジューンガル部本体を構成したオトグを「内属」の「オイラト八旗」に編成し，トゥシメルやザルグチなどのジューンガル政権の中枢を再構成して統治機構に組み込み，最終的にオトグの統轄事務を彼らに委ねようとした．ジューンガル部以外の集団は，「四オイラト」の名にちなんでホイト，ドルベト，チョロス，ホショトの四部に分割し，各部のタイジを封爵して盟旗制を施行しようとした．この二重の支配構想は，ジューンガルの構造に対応して創出されたものである．また，清朝皇帝（乾隆帝）をジューンガルの君主の支配権の継承者，すなわちオイラトの新たなエジェンとし，オイラトをそのアルバトに位置づけた．モンゴル社会に由来する「エジェン-アルバト関係」を支配の正当性の拠り所とし，実際にその論理を盾としてオイラトから必要な人的資源（軍事力など）の供出を求めた．ジューンガルの遺産を活用あるいは再構成することで，オイラトの反発や動揺を回避し，かつ王朝がオイラト支配に消費する労力と資源を極力抑えようとする思惑があったと考えられる．

しかし，その思惑とは裏腹に，清の諸政策はジューンガル末期以来の混乱で

疲弊していたオイラト社会を揺さぶった．上記の構想が実行に移されていくと，反アムルサナ派の首長層までもが清の支配を拒絶し，オイラトの全面的な離反をまねいた．ここに至って清はオイラトの支配を断念し，彼らの一掃へと態度を転換したのである．そして天然痘の流行も相俟ってオイラト人口が激減した結果，清は「新たな領域」のメンテナンスを自ら手がけねばならなくなり，オイラトの残存勢力をも取り込んだ大量の軍隊をイリに駐屯させ，軍営都市を建設した．古くから遊牧民が拠点を置いてきたイリは，清の西北領域の統治・防衛の拠点として，また絶対的多数の民族集団が不在の多民族社会として，新たな歴史を刻むことになった．

　支配の対象であったオイラト社会そのものが壊滅したため，ジューンガル時代の統治システムを継承する必要性は失われたが，清が西征の初動において，遊牧国家という巨大な政治体を飲み込もうと一歩を踏み出したことは，その後の清の中央アジア政策の枠組みを強く規定した．オイラト支配の場で登場した「エジェン－アルバト関係」という属人的な支配論理は，西征の過程で交渉を持った中央アジアの諸集団との関係に転用され，清朝皇帝と中央アジアの各勢力との主従関係を比喩する表現としてだけではなく，皇帝と官僚との共通認識の下，政策実践の論理的根拠として機能した．

　また，清はジューンガルの勢力圏を継承したと認識し，その範囲はアヤグズ河からバルハシ湖を経て，西端はチュー・タラス河流域まで及び，イシク＝クル湖全域を含んでいた．オイラト勢力の掃討作戦を終え，兵丁の移住と軍営の建設を開始して程ない1760年代前半，清はこの「辺界」を排他的に維持すべく，旧遊牧地の回復の動きを見せていたカザフやクルグズの駆逐を試みた．しかし，それが現実的でないことを悟ると，清はカザフが界内に居住することを馬税の納入を条件に認め（のちにクルグズの居住も黙認），「辺界」の西端より内側（東側）に南北に設けた卡倫（線）を彼らが越えぬようにした．以後，卡倫線の内側では，イリ，タルバガタイ，ウルムチなどの軍営都市を拠点に清の実効支配が展開され，外側にはパトロールと馬税徴収のための部隊を毎年定期的に派遣するのみとなった．

　以上の結果，清朝政権が自領域と認識する範囲と恒常的に支配を及ぼし得る範囲が一致をみなくなると同時に，清朝皇帝のアルバトと位置づけられた人々

が卡倫線の内外に存在するという状況が生まれた．つまり，卡倫線を跨ぐ空間に対する清の関与のあり方には，当初，属人的な関係の連続性，および属地主義の意識の非絶対性が内在されていたのである．卡外諸集団の紛争に清朝皇帝がエジェンの立場から介入・調停を試みたり，アルバトの立場を主張して卡内移住を求めたカザフの要求を認可したりした事象は，その具体的な現れであったといえよう．また，カザフやクルグズが居住し，巡辺制度により維持・管理される「卡外界内地域」は，王朝の内側あるいは外側として単純に区分できない「境界圏」ともいうべき空間であり，清の西北領域の最外縁に位置づけられていた．

　ところが，ジューンガル亡き後の中央アジア草原に新たな政治・社会状況が形成されてくるにしたがい，上述のような清の方針に変化が生まれる．1770年代，カザフ草原南辺におけるカザフとクルグズの遊牧地争い，カザフのスルタン間のタシケントやトルキスタンの支配権をめぐる争いが頻発し，また東方に遊牧地を広げたカザフの越卡も発生するようになり，清とカザフの関係は混乱した．その一方，卡倫の内側の新疆北部では，イリ駐防八旗の完成とそれに続く緑営兵の駐防化，トルグート部の収容，内地からの一般農民の移住により人口が増加し，卡倫の管理体制の改革など統治体制の拡充と整備が進んだ．これら中央アジア草原における情勢の変化をうけて，清は属人的な関係の連続性より卡倫線で内外を分ける地域区分を重視する方針に転換し，卡外に位置する中央アジア諸勢力の問題には不干渉をもって原則となすようになった．

　このような変化は，19世紀前半に入り，より実体をともなった形で現れる．この時代，満洲語文書による案件処理，その中に現れる「エジェン－アルバト関係」に係わる言説，あるいはカザフのスルタンたちとの人的紐帯など，かつて乾隆朝の中央アジア政策で重視された側面は急速に後退していった．また，カシュガル＝ホージャ後裔の動きやコーカンド＝ハン国の勢力拡大に対処すべく，清は巡辺制度の立てなおしをはかったが，これに失敗すると，辺防策の力点を「巡辺」から「巡卡」に移し，カザフの越卡のみならず，清の官兵のむやみな出卡も禁止された．1830年代前半における巡辺制度の挫折により清朝権力は「卡外界内地域」から撤退し，卡倫線は排他性を強め，境界線として実体化をみたのである．ほぼ同時期に本格化をみるロシアのカザフ草原東部の併合

結論　279

に対する清の傍観ともいえる態度は，ジューンガル征服以来，中央アジア草原で新たに惹起した問題に対処する中で進んできた清朝国家の内的変容の結果であった．

　以上のように，本書では，17世紀以降の遊牧国家ジューンガルの勃興から説き起こし，18世紀中葉における清のジューンガル征服，そして19世紀前半に至るまでの中央アジア草原の動きと，それに対する清の政策対応を考察した．1778年にガルダンがボショクト＝ハンを号したことを遊牧国家の起点とすれば，本書は1755年のジューンガル滅亡を中間点として，前後それぞれ約80年にわたる中央アジア草原の歴史を眺めたことになる．むろんすべての問題を本書一冊で論じ得たわけではないが，変わりゆく中央アジア草原の様相を，それに深く関与した清朝権力との相関の中で，通時的かつ総体的にとらえるための道筋を通すことはできたと考える．以下，本書が明らかにした問題のうち，特に重要と思われる三つの点について，その意義を指摘しておきたい．

　第一に，本書では，清によるジューンガル征服の全貌を明らかにした．ジューンガル征服後，征服を記念するために清が作成した作品の数々は，乾隆政権の「帝国ヴィジョン」を描出する恰好の材料となり，「盛世」あるいは「パックス＝マンチュリカ」と称される華やかな時代を彩った．従来，ジューンガル征服を語る上で利用されてきた清側の史資料の大半は，『準略』をはじめとして，この時代に作成されたものである．これに対して本書では，主に満洲語の公文書をもとに，清が画策したオイラト支配の構想と展開，およびその破綻の要因を明らかにした．長らく清朝政権の公的な歴史見解によって封印されていた史実を浮かび上がらせたことになるが，それだけでなく，両者の相違の把握により，ジューンガルの征服と「新しい領域」の獲得の意義をいかに評価し，確定させるかが，当時の清朝政権においていかに重要な課題として認識されていたかを理解することができよう．またオイラトに対する清の支配構想は，ジューンガルが築き上げた遊牧国家の枠組みを強く意識しており，さらにそれは清の中央アジア政策や領域意識にも色濃く反映していた．本書で扱ったのは主にオイラトとカザフに関する問題であったが，清によるジューンガルの遺産の継承という視点は，今後，カシュガリアのムスリム支配の実態や他の中央アジ

ア諸勢力との関係を再考する上で有効である[1]．

　第二に，清の中央アジア草原に対する政策展開を追ったことにより，18世紀中葉から19世紀前半における清朝国家の「体質変化」を観察することができた．例えば，乾隆朝の清朝政権は，ジューンガル征服後，オイラトも含めた中央アジアの各勢力に対して，自己の行為を正当化する論理を，モンゴル社会に由来する「エジェン－アルバト関係」に求めていた．そして，アルバトに位置づけられた勢力がすべて「エジェン－アルバト関係」の介在を前提に清と関係を結んだわけではないが，清はその論理をもとに中央アジア諸勢力との関係を把握し，ジューンガル権力の衰退・消滅によって流動化していた中央アジアにおいて新たな秩序形成に取り組んだ．これは清の中央ユーラシア的な側面を示す事例の一つであろうが，清の多元的な属性がすでに周知の事実に属する以上，これをもって新たな「顔」の存在を指摘しても，それに大した意義はない．むしろ注目すべきは，清が用いた「エジェン－アルバト関係」の存在を認識した上でみえてくる，国家としての「体質変化」である．一つには，「ポスト＝ジューンガル」の空間における清の政策展開には，「エジェン－アルバト関係」に象徴される属人主義と，ジューンガル領の継承という属地主義という二つの側面が並存しており，当初の清の政策には前者に重きを置く姿勢が看取される．ところが，「拡大の時代」がもはや過去のものとなり，統治の整備・充実が図られた1770年代を通じて後者の重要性が次第に高まり，凌駕していくという逆転現象が生じた．清朝政権の具有する属人主義は，その後も存続するも，あくまで属地主義を前提として成り立つものでしかなくなったといってよい．もう一つは，アブライの「帰順」への対応が示すように，清朝政権はモンゴル起源の論理を利用して中央アジアとの関係をとらえる一方で，異なる文化的背景を持つ対象には，その対象に見合った別の価値観の中で関係を解釈しなおし，かつ巧みに言語を変えてそれを説明していた．当時の清朝政権は，常にではないにしろ，必要とあらば「顔」を使い分けられるスキルを保有していたのであ

---

1) 清がカシュガリアのハーキム＝ベグに発給した官印が，満洲語，オイラト語，テュルク語の三体合璧であることは，清がジューンガルの支配権の継承者という意識を持ってカシュガリアのムスリム支配に臨んでいた可能性を示唆する［Onuma 2010c: 195］．

り，その具体例を提示した点に本書の意義はみとめられる．さらにこの点をふまえた場合，嘉慶・道光朝に至り「エジェン‐アルバト関係」に関わる言説が次第に現れなくなる事実は，それを清が自覚的に表現し得る満洲語の運用能力を含め，複数の「顔」を維持するスキルが低下したことを意味し，ひいては清が有した多元性の希薄化を示す証左とみなし得る．そして1830年代における西北領域の収縮と境界の明確化は，まさに上記の二つの「体質変化」を背景とした事象であり，「拡大の時代」の終了後に清朝国家が自らの歩む向きを変えてきた結果として現れ出たものだったといえよう．

　第三に，中央アジア草原を事例に，「中央ユーラシアの周縁化」のプロセスにおける清の位置関係を明確にした．古くより遊牧社会では，牧地・牧民の獲得のために生じる競合が繰り返されることにより，集団の再編や勢力の交替がなされ，時にその中から強大な遊牧君主，そして遊牧国家が姿を現した．これに対して清の支配は，オイラトに対する諸政策から明らかなように，既存の政治・社会構造に配慮しつつも，水平的な移動を制限し，垂直的な構造を固定化せんとする方向性を持っていた．その究極の狙いは，新たな対抗勢力の台頭を可能にする動きを絶つことにあったといえる．ガルザンドルジが自身の所領（旗）の枠組みを越えて権力を行使することに神経を尖らせ，オアシス社会の有力者と接触した行動を「反乱」と断じたことは，地域や集団の枠を容易に越えゆく遊牧民の権力が，清にとって厳しく規制し，断ち切らねばならぬものだったことを示唆する．オイラト社会を壊滅に追い込む結果となった「オイラトの蜂起」に対する清の徹底鎮圧は，相容れない清の支配秩序と遊牧社会の秩序との摩擦が着火点だったといえよう．また，ジューンガル征服後，中央アジア草原における清の領域の境界はなお曖昧であったが，中央アジア草原から立ち現れる様々な問題に対処していく過程で，対外的不干渉の原則の確定，属地主義の意識の高揚，「卡外界内地域」からの撤退が起こり，これに応じて次第に卡倫線の排他性が強まっていった．清朝西北で生じたこの一連の辺境再編の流れは，同時に「中央ユーラシアの周縁化」のプロセスとして読み替え可能である．さらにそのプロセスの中，18世紀末には，清と交渉を持ったカザフ遊牧民の目に，卡倫線は自由な移動を制限し，血縁的なつながりを分け隔てるものとして映っていた．19世紀中葉に露清の勢力範囲が接続して国境画定がなされ，

近代的な意味での土地と民衆の一元的な国家帰属の意識が浸透していくことが，「周縁化」を決定づける事件であったことに代わりはない．しかし，より早くから現地の遊牧民の心理に，境界を前提とした属地の意識が深く植え付けられていったことは，やはり看過されるべきではないだろう．清という「帝国」の構造が変化していくにしたがい，中央アジア草原の分断は現実のものとなっていったのである．

　以上，中央アジア草原との関わりから，18-19 世紀における清朝国家のあり方を論じてきた．最後に，より大きな歴史的文脈の中で，本書で扱った問題の位置づけをあらためて述べておきたい．古来，ユーラシア大陸の中央部に広がる草原地帯から圧倒的な破壊力をともなって立ち現れてくる遊牧民の存在は，軍事力で劣る周縁世界の定住農耕民にとって大きな脅威であった．ユーラシア東部に限定した場合でも，中国本土という豊かな農耕社会に基盤を置いた諸王朝にとって，北方の遊牧民の脅威をいかに取り除くかが，最重要の懸案事項の一つであった．強大な遊牧民・遊牧国家への対抗策を練ることが不断なる技術革新を促し，それが高度な中華文明を成立・発達させた一因であったことは，膨大な人的・物的資源をつぎ込み，優れた土木技術によって北辺に築かれた万里の長城の存在が，何よりもそれを雄弁に物語っていよう．ところが，本書で論じたように，この長年にわたる歴史的構造は最終的に清によって完全にひっくり返されてしまう．18 世紀中葉の遊牧国家ジューンガルの滅亡とは，ユーラシア東部で繰り返されてきた歴史展開において，遊牧民がその主役の座から降りた瞬間であった．人類史上極めて重大なこの交代劇を，本書では実証的なレベルで描ききったことになる．

　しかしその後，清がユーラシア東部における唯一の主役として振る舞えた時間は短かった．本書で扱った時代のすぐ後，やはり遊牧民との抗争に打ち勝つことで領域を拡大してきたロシア，そしてアフロ＝ユーラシアの海域世界を手中に収めて到来した西ヨーロッパ諸国（のちに日本も加わる）と，清は対峙することになる．この問題については本書の考察の対象外にあるが，それは上述の交代劇が終演を迎えた後の，定住民が主体をなす国家間における新たな覇権争いであることを理解しておく必要がある．

史料・文献一覧表

1. 未公刊史料

「満文上諭檔」:「軍機処満文上諭檔」中国第一歴史檔案館所蔵.
「満文寄信檔」:「軍機処満文寄信檔」中国第一歴史檔案館所蔵.
「満文議覆檔」:「軍機処満文議覆檔」中国第一歴史檔案館所蔵.
「満文月摺檔」:「軍機処満文月摺檔」中国第一歴史檔案館所蔵.
「満文録副」:「軍機処満文録副奏摺」中国第一歴史檔案館所蔵(マイクロフィルム).
「哈薩克名冊」:「哈薩克名冊 乾隆年間」中国第一歴史檔案館所蔵.
「康熙満奏」:「康熙朝満文硃批奏摺」中国第一歴史檔案館所蔵(筑波大学中央図書館所蔵のマイクロフィルムを利用).
「塔爾巴哈台奏稿」:「塔爾巴哈台奏稿」6冊, 天理図書館所蔵.
「伊犂奏摺」:「伊犂奏摺」17冊, 天理図書館所蔵.
「乾隆五十三年給霍罕伯克三体勅諭」(仮称), 遼寧省博物館所蔵.

AF: *Āthār al-Futūḥ*, Institut vostokovedeniia Akademii nauk Respubliki Uzbekistan (Institute of Oriental Studies, Academy of Science, Republic of Uzbekistan), No. 753.
IN/B311: Muḥammad ʿAbd al-ʿAlīm (Shāʾir Ākhūn), *Islām nāma*, Institute of Oriental Studies, St-Petersburg, B311.
TKh/Or. 5338: Muḥammad Ṣādiq Kāshgharī, *Tadhkira-i khwājagān*, British Library, Or. 5338.
TKh/Or. 9662: *Tadhkira-i khwājagān*, British Library, Or. 9662.
TKh/Ms. Orient. 4° 3357: *Tadhkira-i khwājagān*, Orientabteilung der Staatsbibliothek zu Berlin, Ms. Orient. 4° 3357.
TKh/Ms. 3357: *Tadhkira-i khwājagān*, Institut de France, Ms. 3357.

2. 公刊史料

A. 文書史料

『察哈爾』:呉元豊等編『清代西遷新疆察哈爾蒙古満文檔案全訳』烏魯木斉:新疆人民出版社, 2004年.
『達頼喇嘛檔案』:中国第一歴史檔案館編『清宮珍蔵歴世達頼喇嘛檔案薈萃』北京:宗教文化出版社, 2002年.
『嘉道上諭檔』:中国第一歴史檔案館編『嘉慶道光両朝上諭檔』55冊, 桂林:広西師範大学出版社, 2001年.
『康熙満奏全訳』:中国第一歴史檔案館編『康熙朝満文硃批奏摺全訳』北京:中国社会科学出版社, 1996年.
『蒙古堂檔』:中国第一歴史檔案館・内蒙古大学蒙古学学院編『清内閣蒙古堂檔』(*Dayičing gürün-ü dotuyadu yamun-u mongyul bičig-ün ger-ün dangsa*) 22冊, 呼和浩特:内蒙古人民出版社, 2005年.
『年羹堯奏摺』:国立故宮博物院故宮文献編輯委員会編『年羹堯奏摺専輯』上中下巻, 台北:国立故宮博物院, 1971年.
『班禅額爾德尼檔案』:中国第一歴史檔案館編『清宮珍蔵歴世班禅額爾徳尼檔案薈萃』北京:宗教文化出版社, 2004年.
『乾隆朝上諭檔』:中国第一歴史檔案館編『乾隆朝上諭檔』18冊, 北京:檔案出版社, 1991年.

『乾隆寄信』：中国第一歴史檔案館編『乾隆朝満文寄進檔訳編』24 冊，長沙：岳麓書社，2011 年．
『史料』1-2：中国第一歴史檔案館編訳『錫伯族檔案史料』上・下冊，瀋陽：遼寧民族出版社，1989 年．
『新疆匯編』：中国辺疆史地研究中心・中国第一歴史檔案館合編『清代新疆満文檔案匯編』283 冊，桂林：広西師範大学出版社，2012 年．
『選編』1-2：中国第一歴史檔案館選編『清代錫伯族檔案史料選編』(Cing gurun i dangse ci sonjome banjibuha sibe i suduri mutun) 2 冊，烏魯木斉：新疆人民出版社，1987 年．
『雍正宮中檔』：国立故宮博物院編輯『宮中檔雍正朝奏摺』32 冊，台北：国立故宮博物院，1977-80 年．
『清哈』1-2：中国第一歴史檔案館・哈薩克斯坦東方学研究所編『清代中哈関係檔案彙編』(一) (二) 北京：中国檔案出版社，2006-07 年．
KRO : *Казахско-русские отношения в XVI-XVIII веках: сборник документов и материалов*, Алма-Ата: Издательство Академии Наук Казахской ССР, 1961.
МОТsA : *Международные отношения в Центральной Азии, XVII-XVIII вв.*, к. 1-2, Москва: "Наука" главная редакция восточной литературы, 1989.
РМО 1 : *Русско-монгольские отношения 1607-1636: сборник документов*, составители Л. М. Гатауллина, М. И. Гольман, Г. И. Слесарчук; отв. ред., И. Я. Златкин, Н. В. Устюгов., Москва: Издательство восточной литературы, 1959.
РМО 3 : *Русско-монгольские отношения, 1654-1685: сборник документов*. составитель, Г. И. Слесарчук; отв. ред., Н. Ф. Демидова., Москва: Издательская фирма "Восточна я литература" РАН, 1996.

B. 編纂・写本史料

『八旗通志』：福隆安等奉敕纂輯『欽定八旗通志』巻首 14 巻＋342 巻，嘉慶 4 年 [1799] → 〔清〕福隆安等修，李洵・趙徳貴・周毓方・薛虹主校点『欽定八旗通志』11 冊，長春：吉林文史出版社，2002 年．
『藩部要略』：祁韻士撰『皇朝藩部要略』18 巻，光緒 10 年 [1884] → 2 冊，台北：文海出版社，1965 年．
『高宗実録』：慶桂等奉勅纂輯『大清高宗純皇帝実録』1500 巻，嘉慶 12 年 [1807] → 30 冊，台北：華文書局，1964 年．
『皇朝経世文編』：賀長齢輯『皇朝経世文編』120 巻，道光 7 年 [1827] → 3 冊，台北：国風出版社，1963 年．
『回疆奏議』：容安輯『那文毅公籌劃回疆善後奏議』8 巻（巻 73-80），道光 14 年 [1834] → 2 冊，台北：文海出版社，1968 年．
嘉慶『大清会典』：托津等奉勅纂輯『欽定大清会典』80 巻，嘉慶 23 年 [1818] → 10 冊，台北：文海出版社，1991 年．
『理藩部則例』：松森等奉敕纂修『欽定理藩部則例』64 巻，光緒 34 年 [1908] →上海大学法学院・上海市政法管理幹部学院・張栄錚・金懋初・劉勇強・趙音編『欽定理藩部則例』天津：天津古籍出版社，1998 年．
『理藩院則例』：賽尚阿等奉敕纂修『欽定理藩院則例』64 巻，道光 23 年 [1843]；〔満文本〕*Hesei toktobuha tulergi golo be dasara jurgan i kooli hacin i bithe*，東洋文庫所蔵．
『仁宗実録』：曹振鏞等奉勅纂輯『大清仁宗睿皇帝実録』356 巻，道光 4 年 [1824] → 8 冊，台北：華文書局，1964 年．
『聖祖実録』：馬斉等奉勅纂輯『大清聖祖仁皇帝実録』300 巻，雍正 9 年 [1731] → 6 冊，台北：台湾華文書局，1964 年．
『聖武記』：魏源撰『聖武記』14 巻，道光 26 年 [1846] →〔清〕魏源撰，韓錫鐸・孫文良点校『聖武記』2 冊，北京：中華書局，1984 年．
『世宗実録』：鄂爾泰等奉勅纂輯『大清世宗憲皇帝実録』159 巻，乾隆 6 年 [1741] → 3 冊，台北：華

文書局，1964年．
『朔略』：温達等奉勅纂輯『御製親征平定朔漠方略』48巻，康熙47年［1708］．
　　満文本：*Beye dailame wargi amargi babe necihiyeme toktobuha bodogon i bithe*，京都大学文学部図書館所蔵．
　　漢文本→2冊，北京：中国蔵学出版社，1994年．
『四庫全書』：『景印文淵閣四庫全書』1500冊，台北：台湾商務印書館，1983-86年．
『塔爾巴哈台事宜』：永保・興肇撰『塔爾巴哈台事宜』4巻，嘉慶10年［1805］→1冊，台北：成文出版社，1969年．
『王公表伝』：祁韻士等奉勅纂輯『欽定外藩蒙古回部王公表伝』120巻，乾隆44年［1779］→『四庫全書』第454冊．
『五体清文鑑』：『五体清文鑑』36巻，乾隆55年［1790］頃→3冊，北京：民族出版社，1957年．
『西使記』：劉郁撰『西使記』1巻，中統4年［1263］→中国西北文献叢書編輯委員会編『中国西北文献叢書』第31巻，蘭州：蘭州古籍書店，2006年．
『西域地理図説』：『西域地理図説』8巻，乾隆28-29年［1763-64］→阮明道主編『西域地理図説註』延吉：延辺大学出版社，1992年．
『西域番国志』：陳誠撰『西域番国志』1巻，永楽13年［1415］→〔明〕陳誠著・周連寛校註『西域行程記・西域番国志・咸賓録』北京：中華書局，1992年．
『西域水道記』：徐松撰『西域水道記』5巻，道光3年［1823］→〔清〕徐松，朱玉麒整理『西域水道記（外二種）』北京：中華書局，2005年．
『西域図志』：傅恒等奉敕纂輯『欽定皇輿西域図志』52巻，乾隆47年［1782］→『四庫全書』第500冊．
『嘯亭雑録』：昭槤撰『嘯亭雑録』10巻，光緒6年［1880］刊本→〔清〕昭槤撰，何英芳点校『嘯亭雑録』北京：中華書局，1980年．
『新疆牘匯』：馬大正・呉豊培主編『清代新疆稀見奏牘匯（同治，光緒，宣統朝巻）』3冊，烏魯木斉：新疆人民出版社，1977年．
『新疆龍堆奏稿』：薩迎阿撰『新疆龍堆奏稿』（『薩迎阿新疆奏稿』）3巻→甘粛省古籍文献整理編訳中心編『中国西北文献叢書・二編』第16冊，北京：線装書局，2006年．
『新疆識略』：松筠等奉勅撰『欽定新疆識略』12巻，道光元年［1821］→2冊，台北：文海出版社，1965年．
『新疆郷土志稿』：中国社会科学院中国辺疆史地研究中心編『新疆郷土志稿』北京：全国図書館文献縮微複製中心出版，1990年．
『宣宗実録』：賈楨等奉敕撰『大清宣宗成皇帝実録』476巻，咸豊6年［1856］→12冊，台北：華文書局，1964年．
『一統輿図』：天龍長城文化芸術公司編『大清一統輿図』北京：全国図書館文献縮微複製中心，2003年．
『伊犂総統事略』：松筠撰『伊犂総統事略』（『西陲総統事略』）12巻，嘉慶13年［1808］→1冊，台北：文海出版社，1965年．
『語録』：松筠（Sunyun）撰『百二老人語録』（*Emu tanggū orin sakda i sarkiyan*），乾隆54年［1789］→Sunyun, *Emu tanggû orin sakda-i gisun sarkiyan*, San Fransisco & Taipei: Chinese Materials Center, 1982.
『準略』：傅恒等奉勅纂輯『平定準噶爾方略』前編54巻，正編85巻，続編32巻，乾隆37年［1772］．
　　満文本：*Jun gar i ba be necihiyeme toktobuha bodogon i bithe*，東洋文庫所蔵．
　　漢文本→4冊，北京：全国図書館文献縮微複製中心，1990年．
BN/M：間野英二『バーブル・ナーマ』京都：松香堂，1995年．
DOTT/L: X. Лувсанбалдан, *Dörbön oyiradiyin tüükei tuuji*, in *Тод үсгийн дурсгалууд*, 331-377, редактор, Ц. Дамдинсүрэн, Шинжлэх Улааны Академийн Хэвлэл, Улаанбаатар, 1976.
Kh/A: Шāх-Маҳмӯд ибн Мӣрзā Фāзил Чурāс, *Хроника*, критический текст, перевод, комментарии, исследование и указатели О. Ф. Акимушкина, Москва: Издательство "Наука" Главная Редакция

Восточной Литературы, 1976.
Ratnabhadra: *Раднабхадра, Лунный свет: история рабджам Зая-пандиты*, перевод с ойратского Г. Н. Румянцева и А. Г. Сазыкина, транслитерация текста, предисловие, комментарии, указатели ипримечания А. Г. Сазыкина: Санкт-Петербург: ПВ, 1999.
TK/A: О. Ф. Акимушкин, *Тарих-и Кашгар: Анонимная тюркская Хроника владетелей Восточной Туркестана по конец XVII века*. Санкт-Петербург: Памятники культуры Востока, 2001.

3. 参考文献
A. 日文（ABC 順）

秋山 2012：秋山徹「ロシア統治下におけるクルグズ首領層の権威について——遊牧世界とイスラーム世界の間で」『東洋史研究』71 (3): 29-57, 2012 年.
荒川 2010：荒川正晴『ユーラシアの交通・交易と唐帝国』名古屋：名古屋大学出版会, 2010 年.
安藤 1995：安藤志朗「トルコ系諸王朝の国制とイスラーム」『世界に広がるイスラーム』(講座イスラーム世界 3), 231-265, 東京：栄光教育文化研究所, 1995 年.
坂野 1973：坂野正高『近代中国政治外交史』東京：東京大学出版会, 1973 年.
陳 2009：陳維新「中国とロシアの霍爾果斯河国境交渉——中露の外交地図, 外交档案を手がかりに」, 窪田ほか（2009: 189-215）収録.
承志 2009：承志（Kicengge）『ダイチン・グルンとその時代——帝国の形成と八旗社会』名古屋：名古屋大学出版会, 2009 年.
承志 2012：承志「中央ユーラシアにおける「国境」の誕生と遊牧の実態」, 窪田・承志（2012: 60-100）収録.
チンゲル 2011：チンゲル（青格力）「四オイラド史の成立」, 吉田順一（2011: 192-217）収録.
チョローン 2012：サムピルデン・チョローン「十七世紀ユーラシアにおけるモンゴル遊牧集団——社会と環境」, 窪田・承志（2012: 116-168）収録.
デュセンアイル 2010：杜山那里（デュセンアイル・アブディラシム）「タルバガタイ参賛大臣宛文語カザフ語文書 1 種」『西南アジア研究』72: 65-78, 2010 年.
榎 1992 (1984-87)：榎一雄「新疆の建省——二十世紀の中央アジア」『榎一雄著作集 2 中央アジア史 II』113-224, 東京：汲古書院, 1992 年（[初版]『近代中国』15-19, 1984-87 年）.
藤本 2011：藤本透子『よみがえる使者儀礼——現代カザフのイスラーム復興』東京：風響社, 2011 年.
二木 1984：二木博史「ホショー内における平民の貢租・賦役負担——清代ハルハ・モンゴルの場合」『内陸アジア史研究』1: 25-40, 1984 年.
濱田 1993：濱田正美「「塩の義務」と「聖戦」との間で」『東洋史研究』52 (2): 274-300, 1993 年.
濱田 2008：濱田正美「北京第一歴史檔案館所蔵コーカンド関係文書 9 種」『西南アジア研究』78: 82-111, 2008 年.
羽田 1982：羽田明『中央アジア史研究』京都：臨川書店, 1982 年.
林俊雄 2007：林俊雄『スキタイと匈奴 遊牧の文明』(興亡の世界史 2), 東京：講談社, 2007 年.
日野 1973 (1909)：日野強『伊犂紀行』芙蓉書房, 1973 年（[復版] 東京：博文堂, 1909 年）.
堀 1978：堀直「清代回疆の交通事情——軍台と卡倫を中心として」『大手前女子論集』12: 95-107, 1978 年.
堀 1995：堀直「草原の道」, 歴史学研究会編『世界史とは何か——多元的世界の接触の転機』285-311, 東京：東京大学出版会, 1995 年.
華 2003：華立「清代甘粛・陝西回民の新疆進出——乾隆期の事例を中心に」, 塚田誠之編『民族の移動と文化の動態』, 21-67, 東京：風響社, 2003 年.
華 2009：華立「清代イリにおける民人社会の形成とその諸相」, 窪田ほか（2009: 107-139）収録.
華 2012：華立「農業大開発と移民社会の形成」, 窪田・承志（2012: 207-256）収録.

池尻 2013：池尻陽子『清朝前期のチベット仏教政策——扎薩克喇嘛制度の成立と展開』東京：汲古書院，2013年．
石橋秀雄 1992：石橋秀雄「清初のエジェン ejen——太祖・太宗朝を中心に」，神田信夫先生古稀記念論集編纂委員会編『神田信夫先生古稀記念論集 清朝と東アジア』3-16，東京：山川出版社，1992年．
石橋崇雄 1994：石橋崇雄「清初皇帝権の形成過程——特に『丙子年四月〈秘録〉登ハン大位檔』にみえる太宗ホン・タイジの皇帝即位記事を中心として」『東洋史研究』53 (1): 98-135, 1994年．
石濱 2000：石濱裕美子「チベット仏教世界の形成と展開」，小松（2000: 245-276）収録．
石濱 2001：石濱裕美子『チベット仏教世界の歴史的研究』東京：東方書店，2001年．
石濱 2011：石濱裕美子『清朝とチベット仏教——菩薩王となった乾隆帝』東京：早稲田大学出版会，2011年．
岩井 1991：岩井茂樹「乾隆期の「大蒙古包宴」——アジア政治文化の一こま」，河内良弘編『清朝治下の民族問題と国際関係』（平成2年度科学研究費補助金総合研究（A）研究成果報告書）22-29, 1991年．
片岡 1991：片岡一忠『清朝新疆統治研究』東京：雄山閣，1991年．
片岡 1998：片岡一忠「朝賀規定からみた清朝と外藩・朝貢国の関係」『駒澤史学』52: 240-263, 1998年．
加藤 1983：加藤直人「天理図書館所蔵「伊犂奏摺」について」『史叢』32: 18-40, 1983年．
川上 1980：川上晴「アブライの勢力拡大——十八世紀カザーフスタンに関する一考察」『待兼山論叢』14: 27-49, 1980年．
北山 1950：北山康夫「清代駐防八旗について」，羽田博士還暦記念会編『羽田博士頌寿記念東洋史論叢』489-503, 京都：東洋史研究会，1950年．
小松 2000：小松久男編『中央ユーラシア史』（新版世界各国史4），東京：山川出版社，2000年．
小松ほか 2005：小松久男・梅村坦・宇山智彦・帯谷知可・堀川徹編『中央ユーラシアを知る事典』東京：平凡社，2005年．
香坂 2004：香坂昌紀「清代前期のジュンガル政策とその経済効果」『東北学院大学論集 歴史学・地理学』37: 1-81, 2004年．
窪田ほか 2009：窪田順平・承志・井上充幸編『イリ河流域歴史地理論集——ユーラシア深奥部からの眺め』京都：松香堂，2009年．
窪田・承志 2012：窪田順平監修・承志編『中央ユーラシア環境史2 国境の出現』京都：臨川書店，2012年．
前田 2009：前田弘毅『イスラーム世界の奴隷軍人とその実像——17世紀サファヴィー朝イランとコーカサス』東京：明石書店，2009年．
松井 2001：松井健『遊牧という文化——移動の生活戦略』東京：吉川弘文館，2001年．
松田 2006 (1971)：松田壽男『アジアの歴史——東西交渉から見た前近代の世界史像』東京：岩波書店，2006年（[初版] 東京：日本放送出版協会，1971年）．
宮脇 1979：宮脇淳子「十七世紀清朝帰属時のハルハ・モンゴル」『東洋学報』61 (1/2): 108-138, 1979年．
宮脇 1983：宮脇淳子「モンゴル＝オイラット関係史」『アジア・アフリカ言語文化研究』25: 150-193, 1983年．
宮脇 1986：宮脇淳子「オイラットの高僧ザヤ＝パンディタの伝記」，山口瑞鳳監修『チベットの仏教と社会』603-627, 東京：春秋社，1986年．
宮脇 1991a：宮脇淳子「オイラット・ハーンの誕生」『史学雑誌』100 (1): 36-73, 1991年．
宮脇 1991b：宮脇淳子「トルグート部の発展——17～18世紀中央ユーラシアの遊牧王権」『アジア・アフリカ言語文化研究』42: 71-104, 1991年．

宮脇 1995：宮脇淳子『最後の遊牧帝国——ジューンガル部の興亡』東京：講談社，1995 年．
宮脇 2002：宮脇淳子『モンゴルの歴史——遊牧民の誕生からモンゴル国まで』東京：刀水書房，2002 年．
護 1967：護雅夫『古代トルコ民族史研究 I』東京：山川出版社，1967 年．
森川 1977：森川哲雄［新刊紹介］「著者不明 四オイラト史記 *Dörbön oyiradiyin tüükei tuuji*」『東洋学報』59 (1/2): 192-197，1977 年．
森川 1978：森川哲雄「『四オイラト史記』に見られる諸集団について」『歴史学・地理学年報』2: 37-56，1978 年．
森川 1979a：森川哲雄「チングンジャブの乱について」『歴史学・地理学年報』3: 73-103，1979 年．
森川 1979b：森川哲雄「『四オイラト史記』に見られるアムルサナーの事蹟」，森三樹三郎博士頌壽記念事業会編『森三樹三郎博士頌壽記念 東洋史論集』871-886，京都：朋友書店，1979 年．
森川 1983：森川哲雄「アムルサナをめぐる露清交渉始末」『歴史学・地理学年報』7: 75-105，1983 年．
森川 2007：森川哲雄『モンゴル年代記』東京：白帝社，2007 年．
森川 2008：森川哲雄『『蒙古源流』五種』福岡：中国書店，2008 年．
村上 2003：村上信明「乾隆朝中期以降の藩部統治における蒙古旗人官僚の任用」『史境』47: 31-50，2003 年．
村上 2009：村上信明「乾隆五二年における蒙古旗人の伊犂将軍任用の背景」『東洋文化研究』11: 55-85，2009 年．
村上 2011：村上信明「駐蔵大臣の「瞻礼」問題にみる 18 世紀後半の清朝・チベット関係」『アジア・アフリカ言語文化研究』81: 45-69，2011 年．
村上 2012a：村上信明「嘉慶朝の清朝・チベット関係に関する一考察——駐蔵大臣とダライラマの関係についての認識を中心に」『史境』64: 55-77，2012 年．
村上 2012b：村上信明［口頭発表］「清朝中期の帝国秩序をめぐる言説空間の構造とその変容——チベット仏教関連の言説を中心に」，第 49 回野尻湖クリルタイ［日本アルタイ学会］，2012 年 7 月 15 日，長野県信濃町：藤屋旅館．
中見 2000：中見立夫「中央ユーラシアの周縁化」，小松久男編『中央ユーラシア史』(新版世界各国史 4) 277-297，東京：山川出版社，2000 年．
中村 2011：中村篤志「清朝治下モンゴル社会におけるソムをめぐって——ハルハ・トシェートハン部左翼後旗を事例として」『東洋学報』93 (3): 1-25，2011 年．
野田 2005：野田仁「露清の狭間のカザフ・ハーン国——スルタンと清朝の関係を中心に」『東洋学報』87 (2): 29-59，2005 年．
野田 2007：野田仁「カザフ・ハン国とトルキスタン——遊牧民の君主埋葬と墓廟崇拝からの考察」『イスラム世界』68: 1-24，2007 年．
野田 2011：野田仁『露清帝国とカザフ＝ハン国』東京：東京大学出版会，2011 年．
野田 2012：野田仁「歴史の中のカザフの遊牧と移動」，窪田・承志（2012: 169-206）収録．
岡 1988：岡洋樹「ハルハ・モンゴルにおける清朝の盟旗制支配の成立過程——牧地の問題を中心にして」『史学雑誌』97 (2): 1-32，1988 年．
岡 1994：岡洋樹「清朝国家の性格とモンゴル王公」『史滴』16: 54-58，1994 年．
岡 2002：岡洋樹「東北アジアにおける遊牧民の地域論的位相」，岡洋樹・高倉浩樹編『東北アジア地域論の可能性 歴史学・言語学・人類学・政治経済学からの視座』(東北アジア研究シリーズ④) 19-33，仙台：東北アジア研究センター，2002 年．
岡 2003：岡洋樹「東北アジア地域史と清朝の帝国統治」『歴史評論』642: 50-59，2003 年．
岡 2007：岡洋樹『清代モンゴル盟旗制度の研究』東京：東方書店，2007 年．
岡 2011：岡洋樹「清代モンゴルの社会・行政統治構造理解をめぐる試論」，吉田順一（2011: 256-275）収録．

岡田 1968：岡田英弘「ウバシ＝ホンタイジ伝考釈」『遊牧社会史探究』32: 1-16，1968 年．
岡田 2010：岡田英弘『モンゴル帝国から大清帝国へ』東京：藤原書店，2010 年．
岡田 2013（1979）：岡田英弘『康熙帝の手紙』東京：藤原書店，2013 年（［初版］東京：中央公論社，1979 年）．
小沼 2000：小沼孝博「換防兵制の導入からみた清朝のカシュガリア支配」『社会文化史学』41: 19-36，2000 年．
小沼 2001：小沼孝博「19 世紀前半「西北辺疆」における清朝の領域とその収縮」『内陸アジア史研究』16: 61-76，2001 年．
小沼 2002：小沼孝博「在京ウイグル人の供述からみた 18 世紀中葉カシュガリア社会の政治的変動」『満族史研究』1: 46-61，2002 年．
小沼 2003a：小沼孝博「清朝のジューン＝ガル征服と二重の支配構想」『史学研究』240: 58-79，2003 年．
小沼 2003b：小沼孝博「征服前，清朝の対カシュガリア政策の推移」『史峯』9: 40-51，2003 年．
小沼 2003c：中文文献覧に掲載
小沼 2004a：小沼孝博「清朝によるオーロト各オトク支配の展開――モンゴル諸部に対する「旗」支配の導入」『東洋学報』85（4）: 1-26，2004 年．
小沼 2004b：小沼孝博「清代乾隆朝におけるジャハチンの動向――清朝によるモンゴル諸部支配の一側面」『史境』48: 79-97，2004 年．
小沼 2004c：小沼孝博「『西域地理図説』所収の中央アジア諸部に関連する満文記事について」片岡一忠編『明・清両朝の「藩」政策の比較研究』（平成 12-14 年度科学研究費補助金基盤研究（B）（2）研究成果報告書）66-81，2004 年．
小沼 2005：小沼孝博「イリ駐防八旗の設置について――清朝の新疆支配体制の構築に関する一考察」『東方学』110: 108-121，2005 年．
小沼 2006a：小沼孝博「ヤルカンド＝オアシスに残る清朝支配期の史跡」『日本中央アジア学会報』2: 31-37，2006 年．
小沼 2006b：小沼孝博「清朝とカザフ遊牧勢力との政治的関係に関する一考察――中央アジアにおける「エジェン－アルバト」関係の敷衍と展開」『アジア・アフリカ言語文化研究』72: 39-63，2006 年．
小沼 2007：小沼孝博「ベク制度の創設――清朝公文書による東トルキスタン史研究序説」『内陸アジア史研究』22: 39-59，2007 年．
小沼 2008：中文文献覧に掲載．
小沼 2009：小沼孝博「ジューンガルの支配体制に関する基礎的検討」，窪田ほか（2009: 33-63）収録．
小沼 2010：小沼孝博「1770 年代における清－カザフ関係――閉じゆく清朝の西北辺疆」『東洋史研究』69（2）: 1-34，2010 年．
小沼 2012a：小沼孝博「遊牧国家の資源利用――ジューンガルにおける農業と交易」，窪田・承志（2012: 101-113）収録．
小沼 2012b：小沼孝博［書評］「野田仁著『露清帝国とカザフ＝ハン国』」『歴史学研究』895: 51-54，2012 年．
小沼 2014：小沼孝博「ヌサン使節の派遣――1757 年の清とアブライの交渉」『アジア文化史研究』14: 1-20，2014 年．
小沼ほか 2013：小沼孝博・新免康・河原弥生「国立故宮博物院所蔵 1848 年コーカンド文書再考」『東北学院大学論集 歴史と文化』49: 1-24，2013 年．
オユンジャルガル 2006：オチル＝オユンジャルガル「乾隆朝中葉におけるドゥルベトの牧地問題について」『日本モンゴル学会紀要』36: 3-16，2006 年．
オヨーンビリグ 2009：ボルジギダイ・オヨーンビリグ「オイラト・イフ・フレーの冬営地とフレー

シャンの遊牧地考」，窪田ほか（2009: 65-82）収録．
斉 1998：斉清順「清朝"平準"戦争戦略方針的転変及其影響」『西域研究』1: 39-49，1998 年．
佐口 1942：佐口透「チャガタイ・ハンとその時代（下）――一三，一四世紀トルケスタン史序説として」『東洋学報』29 (2): 104-145，1942 年．
佐口 1963：佐口透『18-19 世紀東トルキスタン社会史研究』東京：吉川弘文館，1963 年．
佐口 1966：佐口透『ロシアとアジア草原』東京：吉川弘文館，1966 年．
佐口 1986：佐口透『新疆民族史研究』東京：吉川弘文館，1986 年．
佐口 1994：佐口透『新疆ムスリム史研究』東京：吉川弘文館，1994 年．
坂井 2001：坂井弘紀「叙事詩に見るアブライ＝ハンの系譜と生い立ち」『千葉大学ユーラシア言語文化論集』4: 121-140，2001 年．
坂井 2008：坂井弘紀「中央ユーラシア・テュルクの叙事詩に描かれる「異民族」」『北東アジア研究』別冊 1: 109-133，2008 年．
澤田 1999：澤田稔「ワリハーノフのキルギズ研究」『国立民族学博物館研究報告』別冊 20: 379-407，1999 年．
澁谷 1997：澁谷浩一「康煕五十四（1715）年のジュンガルのハミ襲撃事件と清朝」『茨城大学人文学部紀要人文学科論集』301: 59-81，1997 年．
澁谷 2007：澁谷浩一「ウンコフスキー使節団と 1720 年代前半のジューン＝ガル，ロシア，清の相互関係」『人文コミュニケーション学科論集』2: 107-128，2007 年．
澁谷 2008：澁谷浩一「1723-1726 年の清とジューン＝ガルの講和交渉について――18 世紀前半における中央ユーラシアの国際関係」『満族史研究』7: 19-50，2008 年．
澁谷 2011：澁谷浩一「1734-40 年の清とジューン＝ガルの講和交渉について――キャフタ条約締結後の中央ユーラシアの国際関係」『東洋史研究』70 (3): 1-37，2011 年．
清水 2005：清水和裕『軍事奴隷・官僚・民衆――アッバース朝解体期のイラク社会』東京：山川出版社，2005 年．
杉山清彦 2007a：杉山清彦「大清帝国支配構造試論――八旗制からみた」，桃木至朗編『近代世界システム以前の諸地域システムと広域ネットワーク』（平成 16-18 年度科学研究費補助金基盤研究 (B) 研究成果報告書）104-123，2007 年．
杉山清彦 2007b：杉山清彦「大清帝国の政治空間と支配秩序――八旗制下の政治社会・序論」『大阪市立大学東洋史論叢』（別冊特集号，文献資料学の新たな可能性③）245-270，2007 年．
杉山清彦 2008a：杉山清彦「大清帝国のマンチュリア統治と帝国統合の構造」左近幸村編『近代東北アジアの誕生――跨境史への試み』（スラブ・ユーラシア叢書 4）237-268，2008 年．
杉山清彦 2008b：杉山清彦「大清帝国の支配構造と八旗制――マンジュ王朝としての国制試論」『中国史学』18: 159-180，2008 年．
杉山正明 2006：杉山正明『モンゴルが世界史を覆す』東京：日本経済新聞社，2006 年．
杉山正明 2010：杉山正明「モンゴル西征への旅立ち――イルティシュの夏営地にて」，窪田順平編『ユーラシア中央域の歴史構図――13-15 世紀の東西』15-26，京都：総合地球環境学研究所イリプロジェクト，2010 年．
田村ほか 1966/68：田村実造，今西春秋，佐藤長『五体清文鑑訳解』上・下巻，京都：京都大学内陸アジア研究所，1966/68 年．
田山 1953：田山茂「十七，十八世紀におけるオイラート族の社会機構」『史学研究』50: 104-116，1953 年．
田山 1955：田山茂『清時代に於ける蒙古の社会制度』東京：文京書院，1955 年．
田山 1967：田山茂『蒙古法典の研究』東京：日本学術振興会，1967 年．
豊岡 2006：豊岡康史「清代中期の海賊問題と対安南政策」『史学雑誌』115 (4): 44-68，2006 年．
宇野 1993：宇野伸浩「チンギス・カン家の通婚関係の変遷」『東洋史研究』52 (3): 69-104，1993 年．

ウラヂミルツォフ 1936：ベ・ヤ・ウラヂミルツォフ，外務省調査部訳『蒙古社会制度史』（調第 54 号）東京：外務省調査部，1936 年．
宇山 1999：宇山智彦「カザフ民族史再考」『地域研究論集』2 (1): 85-116，1999 年．
若松 1964：若松寛「カラクラの生涯」『東洋史研究』22 (4): 1-35，1964 年．
若松 1965：若松寛「ツェワン・アラブタンの登場」『史林』48 (6): 50-80，1965 年．
若松 1966：若松寛「カルムックにおけるラマ教受容の歴史的側面」『東洋史研究』25 (1): 92-105，1966 年．
若松 1968：若松寛「ジュンガル汗位継承の一経緯——ツェワン・ドルジ・ナムジャルからダワチまで」，田村博士退官記念事業会編『田村博士頌寿 東洋史論叢』: 647-666，京都：田村博士退官記念事業会，1968 年．
若松 1971：若松寛「オイラート族の発展」『内陸アジア世界の展開』（岩波講座世界歴史 13）73-101，東京：岩波書店，1971 年．
若松 1983：若松寛「ジュンガル王国の形成過程」『東洋史研究』41 (4): 74-117, 1983 年．
若松 1986：若松寛「十七世紀中葉のカルマーク族と東トルキスタン」『内陸アジア史研究』3: 1-12，1986 年．
渡辺 2011：渡辺美季「鄭秉哲の唐旅・大和旅——皇帝と話した琉球人」，村井章介・三谷博編『琉球から見た世界史』91-106，東京：山川出版社，2011 年．
矢沢 1973：矢沢利彦編訳『イエズス会士中国書簡集 3 乾隆編』東京：平凡社，1973 年．
柳澤 1993a：柳澤明「新バルガ八旗の設立について——清朝の民族政策と八旗制をめぐる一考察」『史学雑誌』102 (3): 45-79，1993 年．
柳澤 1993b：柳澤明「いわゆる「ブトハ八旗」の設立について」『松村潤先生古稀記念 清代史論叢』: 95-108，東京：汲古書院，1993 年．
柳澤 1997：柳澤明「清代黒龍江における八旗制の展開と民族の再編」『歴史学研究』698: 10-21，1997 年．
柳澤 1999：柳澤明「康熙五六年の南洋海禁の背景——清朝における中国世界と非中国世界の問題に寄せて」『史観』140: 72-84，1999 年．
柳澤 2001：柳澤明「八旗再考」『歴史と地理』541: 1-10，2001 年．
柳澤 2011：柳澤明「清代の八旗制とモンゴル」，吉田順一 (2011: 276-293) 収録．
屋敷 1981：屋敷健一「バートゥル-フンタイジの登場——ジューン・ガル王国勃興史に関する一考察」『史朋』13: 1-25，1981 年．
屋敷 1985：屋敷健一「1640 年代のオイラト」『史朋』18: 1-25，1985 年．
四日市 2005：四日市康博「ジャルグチ考——モンゴル帝国の重層的国家構造および分配システムとの関わりから」『史学雑誌』114 (4): 1-30，2005 年．
吉田金一 1984：吉田金一『ロシアの東方進出とネルチンスク条約』東京：近代中国研究センター，1984 年．
吉田順一 2011：吉田順一監修，早稲田大学モンゴル研究所編『モンゴル史研究——現状と展望』東京：明石書店，2011 年．
吉田順一ほか 1998：吉田順一・賀希格陶克陶・柳澤明・石濱裕美子・井上治・永井匠・岡洋樹共訳注『『アルタン＝ハーン伝』訳注』東京：風間書房，1998 年．
吉澤 2003：吉澤誠一郎『愛国主義の創造——ナショナリズムから近代中国を見る』東京：岩波書店，2003 年．
ユック 1980 (1936)：ユック著，後藤冨男・川上芳信訳『韃靼・西蔵・支那旅行記』東京：原書房，1980 年．［初版］東京：生活社，1936 年．
張莉 2011：張莉，村松弘一訳「乾隆年間の天山北麓における土地と人々」『東洋文化研究』13: 53-92，2011 年．

B. 中文（拼音順）
阿拉騰奥其爾 1995：阿拉騰奥其爾『清代伊犂将軍論稿』北京：民族出版社，1995 年．
阿拉騰奥其爾・呉 1998：阿拉騰奥其爾・呉元豊「清廷冊封瓦里蘇勒坦為哈薩克中帳汗始末——兼述瓦里汗睦俄及其縁由」『中国辺疆史地研究』3 (1998): 52-58.
宝音朝克図 2005：宝音朝克図『清代北部辺疆卡倫研究』北京：中国人民大学出版社，2005 年．
北京故宮 2002：故宮博物院編，朱誠如主編『清史図典』12 冊，北京：紫禁城出版社，2002 年．
蔡 1982：蔡家芸「準噶爾同中原地区的貿易交換——両份準噶爾的購貨単試析」『民族研究』6 (1982): 51-57.
蔡 1985：蔡家芸「準噶爾的農業——準噶爾社会経済初探之二」『蒙古史研究』1 (1985): 53-68.
蔡 2006：蔡家芸『清代新疆社会経済史綱』北京：人民出版社，2006 年．
陳 2012：陳維新『清代対俄外交——礼儀体制及藩属帰属交渉 (1644-1861)』哈爾浜：黒龍江教育出版社，2012 年．
成 2002：成崇徳「清朝与中亜"藩属"的関係」『民族史研究』3: 318-329, 2002 年．
達力扎布 2003：達力扎布『明清蒙古史論稿』北京：民族出版社，2003 年．
定 2003：定宜庄『清代八旗駐防研究』瀋陽：遼寧民族出版社，2003 年．
杜 2008：杜家驥『八旗与清朝政治論稿』北京：人民出版社，2008 年．
杜・白 2008 (1986)：杜栄坤・白翠琴『西蒙古史研究』桂林：広西師範大学出版社，2008 年．[［初版］烏魯木斉：新疆人民出版社，1986 年］．
俄文 2005：国家清史編纂委員会編訳組・《歴史研究》編輯部合編『故宮俄文史料』北京：国家清史編纂委員会，2005 年．
馮 1990：馮錫時「準噶爾各鄂托克・昂吉・集賽牧地考」，内蒙古阿拉善盟公署・内蒙古師範大学合編『衛拉特史論文集』147-158，呼和浩特：内蒙古師範大学，1990 年．
谷 1991 (1980)：谷苞「三十一年来新疆的社会変遷」『民族研究文選』烏魯木斉：新疆人民出版社，1991 年（初出『新疆社会科学研究動態』32, 1980 年）．
賀・佟 1993：賀霊・佟克力『錫伯族史』烏魯木斉：新疆人民出版社，1993 年．
華 1995：華立『清代新疆農業開発史』海爾濱：黒龍江教育出版社，1995 年．
華 2006：華立「嘉慶四一五年哈薩克王位承襲問題与清廷的対応方針」故宮博物院・国家清史編纂委員会編『故宮博物院八十華誕曁国際清史学術研討会論文集』181-192，北京：紫禁城出版社，2006 年．
賈 2012：賈建飛『清乾嘉道時期新疆的内地移民社会』北京：社会科学文献出版社，2012 年．
李勤璞 1999：李勤璞「乾隆五十三年給霍罕伯克三体勒諭満洲文試訳」『満語研究』2: 81-90, 1999 年．
李秀梅 2007：李秀梅『清朝統一準噶爾史実研究——以高層決策為中心』北京：民族出版社，2007 年．
厲 1994：厲声「清代新疆巡辺制度研究」，馬大正等編『西域考察与研究』406-425，烏魯木斉：新疆人民出版社，1994 年．
厲 2003：厲声「清王朝西北藩属哈薩克治理政策研究」『西北民族論叢』2: 185-213，北京：中国社会科学出版社，2003 年．
林恩顕 1984：林恩顕「清代新疆馳牛羊廠之研究」『中央大学アジア史研究』8: 15-48, 1984 年．
林恩顕 1988：林恩顕『清朝在新疆的漢回隔離政策』台北：台湾商務印書館，1988 年．
林・王 1991：林永匡・王熹『清代西北民族貿易史』北京：中央民族学院出版社，1991 年．
劉 1994：劉正寅「策妄阿拉布坦対天山南路的征服与統治」『中国辺疆史地研究』2: 38-45, 1994 年．
劉・魏 1998：劉正寅・魏良弢『西域和卓家族研究』北京：中国社会科学出版社，1998 年．
馬 1994：馬大正「清代西遷新疆之察哈爾蒙古的史料与歴史」『民族研究』4: 45-53, 1994 年．
馬・馬 1991：馬汝珩・馬大正『漂落異域的民族』北京：中国社会科学出版社，1991 年．
納ほか 2004：納・巴生・李愷・劉昆黎編著『和碩特蒙古史』烏魯木斉：新疆人民出版社，1991 年．
小沼 2003c：小沼孝博「論清代唯一的哈薩克牛彔之編設及其意義」，朱誠如主編『清史論集——慶祝王

鍾翰教授九十華誕学術論文集』568-575，北京：紫禁城出版社，2003年．
小沼2008：小沼孝博「"控噶爾国"小考──18-19世紀欧亜東部奥斯曼朝認識之一端」，中央民族大学歴史系主弁『民族史研究』8: 153-163，北京：中央民族大学出版社，2008年．
帕拉斯2002：［徳］P. S. 帕拉斯著，邵建東・劉迎勝訳『内陸亜洲厄魯特歴史資料』昆明：雲南人民出版社，2002年．
潘1991：潘志平『中亜浩罕国与清代新疆』北京：中国社会科学院出版社，1991年．
潘2006：潘志平『浩罕国与西域政治』烏魯木斉：新疆人民出版社，2006年．
台北故宮2008：李天鳴主編『筆画千里──院蔵古輿図特展』台北：国立故宮博物院，2008年．
譚1987：譚其驤主編『中国歴史地図』8（清時期），北京：中国地図出版社，1987年．
佟2004：佟克力「清代伊犁駐防八旗始末」『西域研究』3: 25-32，2004年．
衛史組1992：衛拉特蒙古簡史編写組『衛拉特蒙古簡史』上冊，烏魯木斉：新疆人民出版社，1992年．
魏長洪1987：魏長洪「伊犁九城的興衰」『新疆社会科学』1: 57-60，1987年．
魏良弢1992a：魏良弢「葉爾羌汗国的衰落和覆亡（上）」『新疆大学学報』哲学社会科学版，1: 32-46，1992年．
魏良弢1992b：魏良弢「葉爾羌汗国的衰落和覆亡（下）」『新疆大学学報』哲学社会科学版，2: 27-39，1992年．
呉1994：呉元豊「清代察哈爾蒙古西遷新疆」『清史研究』1: 6-14，1994年．
呉1996：呉元豊「清代伊犁満営総述」『満族歴史与文化』: 282-300，北京：中央民族大学出版社，1996年．
呉2002：呉元豊「索倫与達斡爾西遷新疆述論」『民族史研究』3: 281-300，2002年．
呉・趙1981：呉元豊・趙志強「錫伯族西遷概述」『民族研究』2: 22-29，1981年．
烏蘭1992：M・烏蘭「札哈沁淵源考──兼非血縁関係部落的形成」『新疆大学学報』哲学社会科学版，1: 65-70，1992年．
烏蘭2012：M・烏蘭『衛拉特蒙古文献及史学──以托忒文歴史文献研究為中心』北京：社会科学文献出版社，2012年．
烏雲畢力克2010a：烏雲畢力克「17世紀衛拉特各部游牧地研究」『西域研究』1: 35-51，2010年．
烏雲畢力克2010b：烏雲畢力克「17世紀衛拉特各部游牧地研究（続）」『西域研究』2: 63-68，2010年．
肖1979：肖之興「清代的幾箇新疆」『歴史研究』8: 81-84，1979年．
新疆地名委員会ほか1981：新疆維吾爾自治区地名委員会・国家測絵総局測絵科学研究所編『新疆維吾爾自治区地名録』烏魯木斉：新疆新華印刷廠，1981年．
一史館ほか1999：中国第一歴史檔案館・中国人民大学清史研究所・中国社会科学院中国辺疆史地研究中心編『清代辺疆満文檔案目録』12巻，桂林：広西師範大学出版社，1999年．
袁1963：袁同禮校訂『中俄西北條約集』香港：新華印刷，1963年．
張体先1999：張体先『土爾扈特部落史』北京：当代中国出版社，1999年．
張永江2001：張永江『清代藩部研究──以政治変遷為中心』哈爾濱：黒龍江教育出版社，2001年．
鍾2010：鍾焓「控噶爾史料評注」，蒼銘主編『民族史研究』9: 46-91，北京：中央民族大学出版会，2010年．
荘1982（1973）：荘吉発『清高宗十全武功研究』台北：国立故宮博物院，1982年（［初出］『故宮文献』4 (2-3)，1973年）．
荘2007：荘吉発「天高皇帝運──清朝西陲的辺臣彊吏」，《法国漢学》叢書編集委員会編『辺臣与彊吏』62-85，2007年．
準史組1985：準噶爾史略編写組『準噶爾史略』北京：人民出版社，1985年．

C. 欧文（ロシア語，カザフ語などのキリル文字文献を含む）

Allsen 2006: Thomas Allsen, *The Royal Hunt in Eurasian History*, Philadelphia: University of Pennsylvania

Press, 2006.
Altan-Ochir 2007: Алтан-Очир, "Исследование даты смерти Аблй-хана," *Мировые цивилизации и Казахстан*, часть 1, Алматы: Қайнар университеті, 156-160, 2007.
Atwood 2000: Christopher Atwood, ""Worshiping Grace": the Language of Loyalty in Qing Mongolia," *Late Imperial China*, 21 (2): 86-139, 2000.
Baddeley 1964 (1919): John Baddeley, *Russia, Mongolia, China*. 2vols, Reprinted, New York: Burt Franklin, 1964. First Edition, London: Macmillan, 1919.
Baptol'd 1963: В. В. Бартольд, *Общие работы по истории Средней Азии: Работы по истории Кавказа и Восточной Европы*. т. II, ч. 1, Москва: Издательство восточной литературы, 1963.
Barfield 1989: Thomas Barfield, *The Perilous Frontier: Nomadic Empire and China, 221 BC to AD 1757*, Cambridge, Mass.: B. Blackwell, 1989.
Barthold 1956: V. V. Barthold, *Four Studies on the History of Central Asia*, translated from the Russian by V. and T. Minorsky, vol. 1, Leiden: E. J. Brill, 1956.
Bregel 2009: Yuri Bregel, "The New Uzbek States: Bukhara, Khiva and Khoqand: c. 1750-1886," in *The Cambridge History of Inner Asia: The Chinggisid Age*, eds. Nicola Di Cosmo, Allen J. Frank, and Peter. B. Golden, 392-411, Cambridge: Cambridge University Press, 2009.
Brophy 2008: David Brophy, "The Oirat in Eastern Turkistan and the Rise of Āfāq Khwāja," *Archivum Eurasiae Medii Aevi*, 16 (2008/2009): 5-28.
Brophy 2011: David Brophy, "Mongol-Turkic Language Contact in Eighteenth-century Xinjiang: Evidence from the Islāmnāma," *Turkic Languages*, 15 (1): 51-67, 2011.
Brophy 2013: David Brophy, "The Junghar Mongol Legacy and the Language of Loyalty in Qing Xinjiang," *Harvard Journal of Asiatic Studies*, 73 (2): 231-258, 2013.
Di Cosmo 2003: Nicola Di Cosmo, "Kirghiz Nomads on the Qing Frontier: Tribute, Trade, or Gift-Exchange?" in *Political Frontiers, Ethnic Boundaries and Human Geographies in Chinese History*, eds. Nicola Di Cosmo and Don J. Wyatt, 351-372, London: Routledge Curzon, 2003.
Du Halde 1736: J. B. Du Halde, *The General History of China: Containing a Geographical, Historical, Chronological, Political and Physical Description of the Empire of China, Chinese-Tartary, Corea and Thibet*, vol. 4, London: J. Watts, 1736.
Ejenkhannuli 2006: Б. Еженханұлы (құрас), *Қазақстан тарихы туралы қытайдеректемелері*, т. 3, Алматы: Дайк-пресс, 2006.
Ejenkhannuli 2009a: Б. Еженханұлы (құрас), *Қазақ хандығы мен Цин патшалығының сауда қатынастары туралы қытай мұрағат құжаттары*, т. 1, Алматы: Дайк-пресс, 2009.
Ejenkhannuli 2009b: Б. Еженханұлы (құрас), *Қазақ хандығы мен Цин патшалығының саяси-дипломатия- лық қатынастары туралы қытай мұрағат құжаттары*, т. 1, Алматы: Дайк-пресс, 2009.
Elverskog 2003: Yohan Elverskog, *The Jewel Translucent Sutra: Altan Khan and the Mongols in the Sixteenth Century*, Leiden; Boston: Brill, 2003.
Elverskog 2006: Yohan Elverskog, *Our Great Qing: The Mongols, Buddhism and the State in Late Imperial China*, Honolulu: University of Hawai'i Press, 2006.
Fletcher 1968: Joseph Fletcher, "China and Central Asia, 1368-1884," in *The Chinese World Order: Traditional China's Foreign Relations*, ed. J. K. Fairbank, 206-224 (bibliog. and n. 337-368), Cambridge, Mass.: Harvard University Press, 1968.
Fletcher 1978a: Joseph Fletcher, "Ch'ing Inner Asia c. 1800," in *The Cambridge History of China*, vol. 10, *Late Ch'ing, 1800-1911*, p. 1, eds. D. Twitchett and J. K. Fairbank, 35-106, Cambridge: Cambridge University Press, 1978.
Fletcher 1978b: Joseph Fletcher, "The Heyday of the Ch'ing Order in Mongolia, Sinkiang and Tibet," in *The*

Cambridge History of China, vol. 10, *Late Ch'ing, 1800–1911*, p. 1, eds. D. Twitchett and J. K. Fairbank, 351–408, Cambridge: Cambridge University Press, 1978.

Gurevich 1979: Б. П. Гуревич, *Международные отношения в Центральной Азии XIV-первой полвине XIX в.* Москва: Издательство «Наука» Главная редакция восточной литературы, 1979.

Hashimoto & Pürevzhav 1998: М. Хашимото, Э. Пурэвжав, "Захчины Тухай Тэмдэглэл,"（橋本勝・E. プレブジャブ「モンゴル・ザハチン族に関する覚書」）『大阪外国語大学論集』20: 255–287, 1998.

Howorth 1876/80/88/1927: Henry Howorth, *History of the Mongols*, from the 9th to the 19th Century, 5 parts, London: Longmans, Green, and Co, 1876–1927.

Huc & Gabet 1852: Évariste Régis Huc [and Joseph Gabet], *Travel in Tartary, Tibet and China, 1844–1846*, trans. by W. Hazlitt, London: Office of the National Illustrated Library, 1852（邦訳：ユック 1980（1936））.

Ibragimov 1969: С. К. Ибрагимов, Н. Н. Мингулов, К. А. Пищулина, В. П. Юдин, *Материалы по истории Казахских ханств XV-XVIII веков: извлечения из персидских и тюркских сочинений*, Алма-Ата: Наука, Казахской ССР, 1969.

Ishihama 2005: Ishihama Yumiko, "The Image of Ch'ien-lung's Kingship as Seen from the World of Tibetan Buddhism," *Acta Asiatica*, 88: 49–64, 2005.

Jarring 1964: Gunnar Jarring, *An Eastern Turki-English dialect dictionary*. Lund: C.W.K. Gleerup, 1964.

Khafizova 1995: К. Ш. Хафизова, *Китайская дипломатия в Центральной Азии: XIV-XIX вв*, Алматы: Гылым, 1995.

Khasanov 1977: А. Х. Хасанов, *Народные движения в Киргизии в период Кокандского ханства*, Москва: Издательство «Наука» Главная редакция восточной литературы, 1977.

Khodarkovsky 1992: Michael Khodarkovsky, *Where Two World Met: The Russian State and the Kalmyk Nomads, 1600–1771*, Ithaca and London: Cornell University Press, 1992.

Khodjaev 1991: А. Ходжаев, *Цинская империя и Восточный Туркестан в XIII в: из истории международных отношений в Центральной Азии*. Ташкент: Издательство "Фан" Узбекской ССР, 1991.

Krueger 1978/84: John Krueger, *Materials for an Oirat-Mongolian to English Citation Dictionary*, 3 vols, Bloomington: Indiana University, 1978/84.

Mancall 1968: Mark Mancall, "The Ch'ing Tribute System: an Interpretive Essay." Fairbank J. K. Ed. *The Chinese World Order: Traditional China's Foreign Relations*. 63–89 (n. 337–368), Cambridge, Mass.: Harvard University Press, 1968.

Millward 1992: James Millward, "Qing Silk-Horse Trade with the Qazaqs in Yili and Tarbaghatai, 1758–1853," *Central and Inner Asian Studies*, 7 (1992): 1–42.

Millward 1998: James Millward, *Beyond the Pass, Economy, Ethnicity, and Empire in Qing Central Asia, 1759–1864*, Stanford: Stanford University Press, 1998.

Millward 2004: James Millward, "Qing Inner Asian Empire and the Return of the Torghuts," in Millward *et al.*, 2004: 91–105.

Millward 2009: James Millward, "Positioning Xinjiang in Eurasian and Chinese History: Differing visions of the 'Silk Road'," in *China, Xinjiang and Central Asia: History, Transition and Crossborder Interaction into the 21st Century*, eds. Colin Mackerras and Michael Clarke, 55–74, London and New York: Routledge, 2009.

Millward *et al*. 2004: James A. Millward, Ruth W. Dunnell, Mark C. Elliott, and Philippe Forêt (eds.), *New Qing Imperial History: The Making of Inner Asian Empire at Qing Chengde*, London: Routledge Curzon, 2004.

Millward *et al*. 2010: James A. Millward, Shinmen Yasushi, and Sugawara Jun (eds.), *Studies on Xinjiang Historical Sources in 17-20th Centuries* (*Toyo Bunko Research Library*, 12), Tokyo: The Toyo Bunko, 2010.

Miyawaki 1997: Miyawaki Junko, "The Birth of the Oyirad Khanship," *Central Asiatic Journal*, 41 (1): 38-75, 1997.

Miyawaki 1999a: Miyawaki Junko, "The Legitimacy of Khanship among the Oyirad (Kalmyk) Tribes in Relation to the Chinggisid Principle," in *The Mongol Empire and Its Legacy*, eds. Reuven Amitai-Preiss and David O. Morgan, 319-331, Leiden; Boston; Koln: Brill, 1999.

Miyawaki 1999b: Miyawaki Junko, "Was Galdan Boshoqtu Khan's mother a Khoshuud or a Torguud?" *Journal de la Société Finno-Ougrienne*, 88: 103-112, 1999.

Miyawaki 2003: Miyawaki Junko, "The Location of a Mobile Monastery and the Chiefs' Camps in the 17th Century Central Asia: In the Biography of Zaya Pandida," in *Proceedings of the 46th Meeting of the Permanent International Altaistic Conference*, 301-308, Ankara, 2003.

Moiseev 1991: В. А. Моисеев, *Джунгарское ханство и казахи XVII-XVIII вв.*, Алма-ата: Гылым, 1991.

Mosca 2010: Matthew Mosca, "Empire and the Circulation of Frontier Intelligence: Qing Conceptions of the Ottomans," *Harvard Journal of Asiatic Studies*, 70 (1): 147-207, 2010.

Mosca 2013: Matthew Mosca, *From Frontier Policy to Foreign Policy: The Question of India and the Transformation of Geopolitics*, Stanford, California: Stanford University Press, 2013.

Newby 2005: Laura Newby, *The Empire and the Khanate: A Political History of Qing Relations with Khoqand C 1760-1860*, Leiden; Boston: Brill, 2005.

Newby 2007: Laura Newby, "'Us and Them' in Eighteenth and Nineteenth Century Xinjiang," in *Situating The Uyghurs between China and Central Asia*, eds. Ildikó Bellér-Hann, Cristina Cesàro, Rachel Harris, Joanne Smith Finley, 15-29, London: Ashgate, 2007.

Noda 2010: Noda Jin, "An Essay on the Title of Kazakh Sultans in the Qing Archival Document," in Noda & Onuma 2010: 126-151.

Noda 2012: Noda Jin, "Russo-Chinese trade through Central Asia: regulations and reality," in Uyama 2012: 153-173, 2012.

Noda & Onuma 2010: Noda Jin and Onuma Takahiro, *A Collection of Documents from the Kazakh Sultans to the Qing Dynasty* (*Central Eurasian Research Series*, Special Issue 1), Tokyo: Department of Islamic Area Studies, Center for Evolving Humanities, Graduate School of Humanities and Sociology, the University of Tokyo, 2010.

Oka 1998: Oka Hiroki, "The Mongols and the Qing Dynasty: The North Asian Feature of Qing Rule over Mongolia," in *Facets of Transformation of the Northeast Asian Countries*, eds. Yoshida Tadashi and Oka Hiroki, 129-151, Center of Northeast Asian Studies: Tohoku University, 1998.

Okada 1979: Okada Hidehiro, "Galdan's Death: When and How." *Memoirs of the Research Department of the Toyo Bunko*, 37: 91-97, 1979.

Onuma 2010a: Onuma Takahiro, "Political Relations between the Qing Dynasty and Kazakh Nomads in the Mid-18th Century: Promotion of the '*ejen-albatu* relationship' in Central Asia," in Noda & Onuma 2010: 86-125.

Onuma 2010b: Onuma Takahiro, "Kazakh Missions to the Qing Court," in Noda & Onuma 2010: 151-159.

Onuma 2010c: Onuma Takahiro, "A Set of Chaghatay and Manchu Documents drafted by a Kashgar Hakim Beg in 1801: Basic Study of 'Chaghatay-Turkic Administrative Document'," in Millward *et al.*, 2010: 185-217.

Onuma 2011: Onuma Takahiro, "The Development of the Junghars and the Role of Bukharan Merchants," *Journal of Central Eurasian Studies*, 2: 83-100, Seoul: Center for Central Eurasian Studies, Seoul National University, 2011.

Onuma 2012: Onuma Takahiro, "Promoting Power: The Rise of Emin Khwaja on the Eve of the Qing Conquest of Kashgaria,"『遊牧世界と農耕世界の接点──アジア史研究の新たな史料と視点』(『学習院大学

東洋文化研究所調査研究報告書』57号）31-60，東京：学習院大学東洋文化研究所，2012年．
Onuma 2014 (forthcoming): Onuma Takahiro, "The Qing Dynasty and its Central Asian Neighbors," *Saksaha*, 13, 2014.
Onuma *et al.* 2014 (forthcoming): Onuma Takahiro, Kawahara Yayoi, and Shioya Akifumi, "Encounter between the Qing and the Khoqand in 1759-60: Central Asia in the Middle 18th Century," *Frontiers of History in China*, 2014.
Pallas 1980 (1776/81): Peter Simon Pallas, *Sammlungen historischer Nachrichten über die mongolischen Völkerschaften*, 2 vols, Graz: Akademischer Druck-u. Verlagsanstalt, 1980 (First Edition, St. Petersburg; Frankfurt; Leipzig, 1776/81).
Pelliot 1948: Paul Pelliot, "Le Ḫōja et le Sayyid ḥusain de l'histoire des Ming," *T'oung Pao*, 38 (2-5): 81-292, 1948.
Perdue 2005: Peter Perdue, *China Marches West: the Qing Conquest of Central Eurasia*, Cambridge, Mass., London: the Belknap Press of Harvard University Press, 2005.
Prior 2013: Daniel Prior, *The Šabdan Baatur Codex: Epic and the Writing of Northern Kirghiz History*, Leiden; Boston: Brill, 2013.
Saguchi 1965: "The Eastern Trade of Khoqand Khanate," *Memoirs of the Research Department of the Toyo Bunko*, 24: 47-114, 1965.
Shaw 1880: Robert Shaw "A Sketch of Turki Language as Spoken in Eastern-Turkistan (Kàshghar and Yarkand), p. II, Vocabulary, Turki-English," *The Journal of the Asiatic Society of Bengal*, 1-226, 1880.
Shaw & Elias 1897: Robert Shaw, "The History of the Khōjas of Eastern-Turkistan Summarized from the Tazkira-i-Khwājagān of Muhammad Sadiq Kāshgharī," edited with Introduction and Notes by N. Elias, *Supplement to the Journal of the Asiatic Society of Bengal*, 66 (1), 1897.
Slesarchuk 1973: Г. И. Слесарчук, "Новые даные о городках Джунгарского ханста," *Олон Улсын Монголч Эрдэмтний II их хурал*, боть 2, 113-116, Улаанбаатар, 1973.
Suleimenov & Moiseev 2001: Р. Б. Сулейменов, В. А. Моисеев, *Аблай-хан: внешняя и внутренняя политика*, Алматы: "Жазушы," 2001.
Sultangalieva 2012: Gulmila Sultangalieva, "The Russian Empire and the intermediary role of Tatars in Kazakhstan," in Uyama 2012: 52-79.
Uyama 2012: Uyama Tomohiko (ed.), 2012, *Asiatic Russia: Imperial power in regional and international contexts*, London and New York: Routledge.
Valikhanov 1984/85: Ч. Ч. Валиханов, *Собрание сочинений: в пяти томах*, т. 1-5, Алма-Ата: Главная редакция Казахской советской энциклопедии, 1984/85.
Veselovskii 1887: Н. И. Веселовский, Посольство к зюнгарскому хунтайчжи Цэван Рабтану капитана от артиллерии Ивана Унковского и Путевой журнал за 1722-1724 годы, *Записки, Императорского Русского географического общества по отделению этнографии*, т. X, в. 2, Санкт-Петербург, 1887.
Vladimirtsov 1934: Б. Я. Владимирцов, *Общественный строй монголов: монгольской кочевой феодализм*, Ленинград: Издательство Академии Наук СССР, 1934 (邦訳：ウラヂミルツォフ 1941).
Vladimirtsov 2002: Б. Я. Владимирцов, *Работы по истории и этнографии монгольских народов*, Москва: Восточная Литература, 2002.
Waley-Cohen 2004: Joanna Waley-Cohen, "The New Qing History," *Radical History Review*, 88 (2004): 193-206.
Waley-Cohen 2006: Joanna Waley-Cohen, *The Culture of War in China: Empire and the Military under the Qing Dynasty*, London and New York: L. B. Tauris, 2006.
Zlatkin 1964: И. Я. Златкин, *История Джунгарского ханства (1635-1758)*, Москва: Академия наук СССР, 1964.

初出一覧

序　論　書き下ろし
第 1 部
　導　論　書き下ろし
　第 1 章　小沼 2009 ＋ Onuma 2011 の一部
　第 2 章　小沼 2003a
　第 3 章　小沼 2004a
　第 4 章　書き下ろし
　第 5 章　小沼 2005 ＋小沼 2012a の一部
　補論　書き下ろし
　第 1 部　小結
第 2 部
　導　論　書き下ろし
　第 6 章　小沼 2006b の 1-2 章＋小沼 2014 の 3 章
　第 7 章　小沼 2006b の 3-5 章
　第 8 章　小沼 2010
　第 9 章　小沼 2001
　第 2 部　小結
結論　書き下ろし

※ 既発表論文の内容については，本書に組み入れるにあたって，加筆修正を施している．

あとがき

　1998 年 7 月，小さなリュックに健康サンダルという出で立ちで，初めて新疆ウイグル自治区を一人訪れた．ほとんど言葉がわからない状況であったが，砂塵舞うバーザールの喧噪に足を踏み入れ，すし詰め状態のバスで天山山脈を越え，緑広がる草原で馬上のカザフの少年を仰いだ．以後，その魅力に取りつかれたというべきか，この地域の歴史や民族に強い関心を持つようになり，卒業論文でも清代新疆の軍制をテーマに選んだ．

　大学院進学の当初，新疆南部のオアシス地域の歴史研究を志していた私は，公開されて間もない中国第一歴史檔案館所蔵の満洲語文書の調査を兼ねて，2001 年に北京の中央民族大学に留学した．清朝征服期におけるムスリム有力者の動向に関する文書を中心に調査を進めていく中，ある日奇妙なことに気づいた．本書でも言及したが，1756 年後半にカシュガリアへ派遣されたアミンダオからの報告に，満洲文字で jaisang と綴られる単語が繰り返し現れ，またアミンダオの統率下にある数千のオイラト兵の存在が記されていたのである．この jaisang がジューンガルのオトグを率いるザイサンを指すことがわかると，さらなる疑問がわいた．なぜ前年に滅ぼされたはずのジューンガルの人々が清の遠征部隊を構成しているのだろうか．この疑問は，かつてジューンガルが本拠を置いたイリ盆地の伊寧（グルジャ）市にある伊犂師範学院に，留学期間中の夏休み 2 ヵ月を利用して滞在したことで，ますます大きなものとなった．結果，帰国後に大学院で最初に取り組むテーマを，清のジューンガル征服過程の再検討に変更することにした．思い返せば，これが本書の出発点である．

　本書の執筆に至るまで，実に多くの方々にご指導いただき，そしてお世話になった．本書の内容の過半は，2009（平成 21）年度に筑波大学に提出した博士論文をもとにしているが，学部・大学院時代を通じてご指導を受け，私が漠然

と抱いていた関心をアカデミックな探求心へと導いていただいた筑波大学の先生方，東洋史コースの院生室でともに切磋琢磨した先輩・後輩の諸氏に，なによりもまず感謝を申し上げたい．特に専門が異るにもかかわらず，博士論文の主査を務めていただいた丸山宏先生には，あらためて御礼を申し述べたい．

　学会や研究会でお会いする先生方からは，いつもご助言や励ましのお言葉を頂戴した．とりわけ中央アジア・新疆の歴史をご専門とされている諸先生からは，しばしば貴重な史料や文献を拝借させていただき，また研究成果を発表する機会を与えていただいた．なかでも御礼を申し述べねばならないのが，堀直先生である．本書のタイトルは，かつて学部時代に手に取り，大きな感銘を受けた故・佐口透先生の著書『ロシアとアジア草原』（吉川弘文館，1966 年）をモチーフにしているが，大学院に進学した 2000 年に，当時なおご存命であられた佐口先生を金沢のご自宅に訪問する機会に恵まれたのは，堀先生を介してであった．その後も，所属大学が異なっているにも関わらず，現地調査に誘っていただいたり，史料読解の手ほどきを受けたりと，まさに無償の支援を賜った．

　小松久男先生には，2006 年度から 2 年間，学術振興会特別研究員の受入先となっていただいた．本書で利用したカザフから清に送付されたテュルク語書簡には，その時に参加させていただいた先生のゼミで講読テキストとして取り上げたものを含んでいる．そして今回，ぶしつけなお願いにもかかわらず，先生は本書執筆の構想に耳を傾けてくださり，東京大学出版会の山本徹氏をご紹介くださった．本書の刊行は小松先生と山本氏のお力添えあってのことであり，感謝の念に堪えない．

　留学時代を含め，調査のため何度も足を運んだ北京や新疆では，清朝史や民族史を専門とする中国の研究者，そして「老朋友」たちのご厚情を幾度となく賜った．特に中国第一歴史檔案館の研究員や職員の方々からは，史料調査において多大なる便宜をはかっていただいた．その協力なくしては，研究の遂行は叶わなかったであろう．

　かつての勤務先である学習院大学，そして現在の勤務先である東北学院大学からは，様々な形で研究の遂行に対する配慮をいただいた．また，これまで関わらせていただいた研究プロジェクトで得た多くの知見と啓発は，私の狭い視野を押し広げてくれた．国内外を問わず，それらプロジェクトや学会・研究会，

および史料調査などを通じて知り合った同世代の若き研究者の存在は，私の身近な目標となり，その語らいから多くの刺激を受けた．その一人である David Brophy 氏には，本書の英文目次の校閲をお願いした．その他，お世話になった方々のお名前をすべて挙げることはできないが，ここに深甚の謝意を表する次第である．

　最後に，私事にて恐縮だが，他人とは違う道を歩むことを許してくれた両親，幼き頃より陰に陽に応援してくれた亡き祖父母，そして毎日笑顔を絶やさず，怠惰な私に活力を注いでくれる妻の環に，心から感謝したい．

　　2014 年 5 月

小 沼 孝 博

索　引

人名索引

1) 漢語は原則として日本語読みで配列した．地名索引・事項索引もこれに倣う．
2) 原語の綴りが不明で，満州語表記のみ明らかである人名は，満洲語のカタカナ読みで掲載した．

あ 行

アバライ　Abalai　25
アビリス　Abilis　164, 187, 207
アブドゥッラー＝ハン　Abdullā Khān　26
アブドゥラティーフ　Abd al-Laṭīf　27
アフマド＝シャー　Aḥmad Shāh　204, 206
アブライ　Abulay　11, 14, 18, 46, 48, 49, 79, 101, 124, 155, 157, 159-171, 173, 175-184, 188, 196, 204, 206-210, 214-222, 225-227, 233-237, 240-242, 270, 272, 280
アブルフェイズ　Abulfeyz (Abū al-Fayḍ)　155, 164, 166, 184, 188, 196, 208, 221-223, 225-227, 231, 234, 235, 239-243
アブルマンベト　Abulmambet (Abū al-Muḥammad)　160, 188, 196, 207, 221, 223-227
アミンダオ　Amindao (阿敏道)　90-92, 99
アムルサナ　Amursana　14-16, 18, 34, 44-46, 48-51, 56, 58-61, 64-67, 72, 78, 79, 84, 92, 96, 97, 101-103, 105-107, 109, 115, 147-149, 160-164, 176, 178, 184, 276, 277
アユキ（＝ハン）　Ayuki Qaγan　28, 35
イジュ　Iju (伊柱)　247, 248
イスマーイール　Ismāʿīl　27, 29
イルダナ（＝ビィ）　Irdana Bī　190, 191, 204, 205, 207-210, 215, 216
イルデン＝アラブタン　Ildeng Arabdan　142, 143
イレトゥ　Iletu (伊勒図)　215-219, 221, 222, 224-227, 229, 231-235, 240
ウダイ　Udai (伍岱)　231, 232
ウバイドゥッラー　ʿUbaydullā　110
ウマル　ʿUmar　200, 217
ウメヘイ　Ömekei　142, 143
ウルンガ　Ulungga (武隆阿)　256, 260
ウンコフスキー　Ivan Unkovskii　28, 30, 41-43, 120, 121, 123, 159

エシム＝ハン　Eshim Khān　166, 167, 173, 224
エミン＝ホージャ　Amīn Khwāja　51, 91, 110-112, 205
エルケシャラ　Erkešara　160, 175, 180, 182, 184
エンケボロト　Engke Bolot　74, 79, 85
オチルト（＝タイジ／ハン）　Očirtu Tayiji (Qaγan)　25-28
オブラサン（Ma. Obulasan < ʿAbd al-Ḥasan?）　254-256
オヨンゴ　Oyonggo（鄂容安）　52, 78
オラーンバヤル　Ulaγanbayar　45, 46, 48, 101
オルキムジ　Orkimji　74, 107, 108
オルジェイ　Öljei　44, 74, 75, 79, 82, 89, 96
オルジュイ　Oljui　230, 231

か 行

嘉慶帝　242, 243, 244
ガダーイ＝ムハンマド　Gadāy Muḥammad　91
ガルザンドルジ　Ɣaldzandorji　34, 56, 60, 64-66, 72, 96, 101, 102, 105-113, 281
ガルダン　Ɣaldan　3, 14, 17, 22, 27, 28, 29, 32, 35, 38, 40, 41, 44, 45, 60, 106, 119, 122, 123, 128, 142, 143, 146, 161, 175, 279
ガルダンツェリン　Ɣaldan Čering　14, 30-32, 35, 37, 38, 40, 44, 45, 56, 119, 146, 161, 175, 194
魏源　15, 124, 259
キタト　Kitat (祁他特)　40
龔自珍　252, 259
キングイ　Kinggui (慶桂)　218, 221, 230, 232-234, 237
クイリン　Kuilin (奎林)　240
グーシ＝ハン　Güüši Qaγan　25, 94, 141
クトゥシ（Ma. Kutusi)　230, 231
グバイドゥッラー　Ghubaydullā　258
グンブ　Gümbü　44, 66
乾隆帝　4, 5, 14-18, 49, 50, 59-62, 65, 67-69, 72, 78, 79, 84, 94, 96, 97, 101, 106-108, 111, 113,

114, 126, 127, 149, 157, 158, 162, 166, 170-174,
177, 178, 189, 195-198, 205-207, 210, 211, 215-
219, 221, 225, 231, 233-235, 248, 270, 276
康熙帝　　3, 4, 17, 40, 142-144
ゴンチュクジャブ Ġongčuγjab(貢楚克札布)
242, 244

さ 行

サインベレク　Sayin Beleg　　34, 44, 46
サラル　Saral　　18, 51, 53, 59, 78, 103
サラン　Saran　　231, 232
サリムサク(サムサク) Sarimsaq(Samsaq)
254-256, 259, 272
シクシルゲ　Siksirge　　74, 82, 83, 86, 87, 91, 92,
113
シャクドゥル=マンジ　Šaγdur Manǰi　　34, 56,
65, 66, 72, 101, 109
ジャナガルブ　Janaγarbu　　105, 113
シャニヤズ　Shaniyaz　　230, 231
シャー=ニヤーズ　Shāh Niyāz　　90
シャー=フシャメット(Ma. Ša Hušamet < Shāh
Khūsh Muḥammad?)　191, 205
ジャハーンギール　Jahāngīr　　259, 260
ジャラフンガ　Jalafungga(扎拉豊阿)　　18, 52,
78, 79
ジャラフンタイ　Jalafungtai(扎拉芬泰)　　190,
268
ジャルンガ　Jalungga(札隆阿)　　261
ジャンホジャ　Jan Khoja(Jān Khwāja)　　241-244
シュヘデ　Šuhede(舒赫德)　　136
シュンデネ　Šundene(順徳訥)　　163, 180, 181
ジョチ　Jöchi　　222-226, 239, 241-243
ショトン　Šotong(碩通)　　127, 128
シンジュ　Sinju(新柱)　　191, 205, 206
ズィアー=アッディーン=アホン　Ziyā al-Dīn
Ākhun　256
スチンガ　Sucingga(蘇清阿)　　267
スユク　Süyük　　231
スルターン=シャー　Sulṭān Shāh　　191, 205,
206
スルターン=ジャラール=アッディーン　Sulṭān
Jalāl al-Dīn　192
スンユン　Sungyun(松筠)　　252, 253, 256
セデク　Sedek　　219, 220
センゲ　Sengge　　25-27, 29
ソノムツェリン　Sonomčering(索諾木策凌)
216, 217

た 行

ダイル　Dair　　219, 220, 241, 243
タウケ=ハン　Tawke Khān　　159, 224
ダウラト=ケレイ　Dawlat Kerei　　171, 206-210
ダクタナ　Daktana(達克塔納)　　190
ダシダワ　Daši Dawa　　34, 46, 47, 99, 134-136
ダーニヤール　Dāniyāl　　30, 43
ダライラマ　Dalai Lama　　25, 27-29, 144, 174
ダリク　Dalikū(達里庫)　　164, 168
ダルダンガ　Daldangga(達爾党阿)　　18, 79, 84,
87, 89
ダワチ　Dawači　　14-16, 34, 44-49, 54, 65, 69,
70, 72, 75, 99, 106, 161, 168
チェリクチ　Cherikchi　　247, 248
チャガタイ　Čayatai(Chaghatay)　　9, 21, 119, 120
チャンリン　Canglin(長麟)　　257
チンギス=カン　Činggis Qan　　14, 21, 23, 58,
90, 169, 171
チングンジャブ　Činggünǰab　　83, 84, 101, 164
ツェブデンジャブ　Čebdengǰab　　18, 113
ツェリン　Čering　　34, 48-50, 56, 58-61, 64, 65,
72, 109, 146
ツェレン　Ts'ereng(策楞)　　18, 78, 79, 96
ツェレンドンドク　Čereng Donduq　　44
ツェワンダシ　Čewang Daši　　45, 46
ツェワンドルジ=ナムジャル　Čewangdorǰi Namǰal
44-46
ツェワンラブタン　Čewang Rabdan(Čewang
Arabdan)　14, 29, 30, 35-38, 43, 103, 121,
122
ツェングンジャブ　Čenggünǰab(成袞扎布)　　18,
51, 83, 113, 171, 175, 201
ティエジュ　Tiyeju(鉄柱)　　247, 248
テイシュンボー　Teišumboo(特依順保)　　263,
264, 267
デインガ　Deingga(徳英阿)　　260
道光帝　260-267
トゥントゥブ　Tuntub　　74, 79, 82, 101, 106
トブチ=ザイサン　Tobči ǰayisang　　35, 36
トロンタイ　Torontai(托倫泰)　　89-91

な 行

ナガチャ　Nayača　　59, 162
ナーディル=シャー　Nādir Shāh　　159
ナヤンチェン　Nayanceng(那彦成)　　260, 261
ナルブタ=ビィ　Narbuta Bī　　144, 215

ニマ　Nima　　75, 79, 82, 87, 101, 106, 110, 111, 113
ヌサン　Nusan（努三）　　168, 175, 176, 178-84, 194, 195, 270
ヌルハチ　Nurhaci（努爾哈斉）　　2, 140, 141
ネメク　Nemek［ドルベト部タイジ］　　56
ネメク　Nemek［ザイサン］　　83, 86
ネメク゠ジルガル　Nemek Jiryal　　34, 45, 46, 48

は行

バートル゠ホンタイジ　Bayatur Qon Tayiji　　24-26, 46
ハサク゠シラ　Qasay Šira　　74-76, 82, 84, 96, 101, 106, 110, 111
バサン　Basang　　74, 83, 92
ハダハ　Hadaha（哈達哈）　　18, 78, 79, 83, 164
バヤル　Bayar　　34, 65-67, 72, 76, 107-111
バラク　Baraq　　219, 221, 230, 241, 243
ハラフラ　Qar-a Qula　　24
バンジュル　Banjur　　34, 48, 52, 59-61, 64, 65, 72, 109, 162
バンディ　Bandi（班第）　　18, 37, 41, 51, 54, 59, 68, 69, 78, 89, 96, 102, 127, 162, 163
ハンババ　Khan Baba（Khān Bābā）　　196, 218
ハンホジャ　Khan Khoja（Khān Khwāja）　　170, 221, 242-244
プサボー　Pusaboo（菩薩保）　　252
フジン　Fujing（富景）　　241
フデ　Fude（富徳）　　164, 178, 187
フヘン　Fuheng（傅恒）　　133
ブランバイ　Burambay　　190
ブルハーン゠アッディーン　Burhān al-Dīn　　89, 90, 190, 205, 206, 253
ヘンジガル　(Ma. Henjigar)　　166, 168, 171, 174, 175
ホージャ゠ジャハーン　Khāwja Jahān　　90, 190, 205
ホージャ゠ユースフ　Khwāja Yūsuf　　161
ボーニン　Booning（保寧）　　243, 244, 255, 256
ホキ　Hoki（和起）　　107, 110
ボブ　Bopu　　221, 222, 233, 237-239
ボラト　Bolat　　227
ボラト゠ハン　Bolat Khān　　224
ホンタイジ　Hongtaiji（皇太極）　　140, 141

ま行

マムート　Mamut　　51, 68, 69
マンリク　Mänlik　　109-113
ミンシュイ　Mingšui（明瑞）　　132, 133, 135, 198
ムセブ　Museb　　234, 235
ムハンマド゠アリー゠ハン　Muḥammad 'Alī Khān　　262
ムハンマド゠クリ　Muḥammad Quli　　190, 250

や行

ヤルハシャン　Yarhašan（雅爾哈善）　　18, 110, 117, 188
ヤンギル（ジャンギル）゠ハン　Yanggir Khān　　167, 173, 224
ユースフ　Yūsuf［ジャハーンギールの兄］　　259, 261
ユリン　Ioilin（玉麟）　　261-263
ユングイ　Yunggui（永貴）　　82
ユンボー　Yungboo（永保）　　237
雍正帝　　4, 144
ヨスト　Yosutu　　44, 74-76
ヨルバルス　Yolbars　　26, 27
ヨルバルス　Yolbars［カザフ］　　171
ヨンチャン　Yongcang（永常）　　18, 51, 78

ら行

ラスルン　Lasrung　　47, 48, 75
ラマダルジャ　Lama Daljа　　45-47, 161

わ行

ワリー　Walī　　220, 241
ワリハーノフ　Chokan Valikhanov　　160, 204, 268

地名索引

1) 「イリ（地方，盆地）」「ジュンガリア」「中央アジア」などの頻出語は掲載していない．

あ 行

アクス　　27, 91, 126, 255, 267
アクバシ（アトバシ）　　195, 247, 248
アフガニスタン　　15, 159, 192, 204
アヤグズ（河）　　154, 165, 193, 195, 223, 277
アルタン＝エミル山　　197, 249
アルマトイ　　26, 249, 269
アルマリク　　119, 120
アンディジャン　　29, 191, 196, 215
イシク＝クル湖　　30, 117, 121, 154, 160, 193, 195, 247, 249-251, 262-265, 268
イリ河　　26, 28, 29, 119, 121, 137, 249
イルティシュ（河）　　24, 25, 27, 56, 57, 125, 184, 195, 249
ヴェトナム　　5, 153, 157, 240
ヴォルガ河　　20, 31, 100
ウシュ　　91, 92, 254, 263, 268
ウリヤスタイ　　51, 104, 171, 185, 198
ウルムチ　　52, 56, 57, 104, 107, 122, 125, 126, 229, 253, 277
エリン＝ハビルガ（ン）　　69, 96
オシ　　205, 207
オムスク　　258
オレンブルク　　124, 160, 169

か 行

回疆／回部　　5, 52, 71, 253, 255, 260
カザフスタン　　1, 26, 152, 198
カザフ草原　　1, 14, 46, 83, 117, 164, 176, 185, 207, 213, 220, 269, 271, 272, 278
カシュガリア　　4, 18, 19, 26, 29, 30, 89-92, 98, 103, 117, 120, 122-125, 128, 129, 161, 162, 186, 188-191, 195, 253-256, 259, 268, 279
カシュガル　　90, 117, 185, 246, 253-257, 259-261
カラタル　　249, 252, 258
金川　　5, 229
グルカ　　5, 240
グルジャ　　26, 29, 80, 85, 89, 138

恵遠城　　117, 131, 135, 137
恵寧城　　117, 134, 136, 137
コーカンド［都市］　　160, 190, 191, 261-267, 278
黒龍江　　129, 131

さ 行

ザイサン＝ノール　　193, 198, 201
サイラム　　29, 159
ザウカ峠　　247
サンタシ　　195, 247
シグナン　　192
シャラベル　　248, 249
承徳　　50, 60, 65, 171, 174, 210
シル河　　1, 180, 195
新疆　　1, 2, 4, 5, 10, 117, 118, 125, 129, 134, 139, 148, 154, 167, 197-199, 204, 207, 229, 235, 237, 240, 245, 252, 259, 268, 271, 272, 278
新疆ウイグル自治区　　1, 24
西安　　118, 136
セミレチエ　　15, 154, 186, 195, 269

た 行

タシケント　　29, 30, 159, 160, 180, 207-210, 215, 216, 218, 219, 226, 269, 272, 278
タラス（河）　　154, 185, 189, 193, 195, 248, 249, 257, 262, 265, 271, 273, 277
タルバガタイ　　25, 56, 57, 101, 125, 134, 137, 164, 170, 185, 196-202, 218, 221, 230-237, 241, 242, 245, 246, 249, 253, 259, 272, 277
チトラル　　206
チベット　　1, 2, 4, 10, 27-29, 123, 141, 143, 174, 193, 244
チュー（河）　　154, 185, 193, 195, 248, 249, 257, 262, 265, 271, 273, 277
中央アジア草原　　1, 2, 5-7, 11, 118, 152, 154, 155, 184-186, 199, 214, 239, 246, 266, 275, 278-282
中央ユーラシア　　1, 6, 7, 14, 17, 52, 58, 101, 152, 153, 186, 211, 238, 239, 271, 280, 281
中国本土　　2, 3, 282

地名索引

天山（山脈） 1, 4, 14, 19, 21, 23, 26-30, 69, 92, 107, 120-124, 138, 146, 157, 162, 186, 188, 189, 201, 229, 255
トルキスタン［都市］ 160, 195, 207, 221-227, 269, 278
トルファン 29, 109-112

な 行

内陸アジア 6, 154, 158, 240
ナリン（河） 189, 190, 195, 247, 248, 250, 257, 260-264, 272
西トルキスタン 30, 120
熱河 60, 99, 134, 174

は 行

ハイヌク 29, 119
バダフシャン 31, 191, 192, 204-206, 256
ハミ 29, 35, 52, 110, 111
パミール 188, 189, 191, 192, 259, 268
バヤナウル 164
バルスコーン 247, 249, 250
バルハシ湖 25, 154, 193, 195, 277
バルルク（山） 201, 202, 228, 234, 237
東トルキスタン 2, 5, 52, 110, 120, 186
ピシペク 262-264
フェルガナ盆地 29, 31, 189, 190

ブハラ 159, 204
北京 14, 54, 82, 123, 126-128, 158, 174, 216-219, 253, 254, 259
ベデル峠 263
ホイ＝マイラフ卡倫 198, 249
ホヴド 20, 30, 52, 99, 121, 125, 185, 198, 201, 245, 249, 250, 259
ホジャンド 254
ホボクサル 24-26, 119
ボロル 191, 192, 204-206

ま 行

ムザルト峠 92, 117, 255, 256, 267, 268
木蘭（ムラン） 174, 210
モンゴル高原 1, 23

や 行

ヤール 134, 198, 199, 201, 249
ヤルカンド 29, 30, 90, 91, 117, 190-192, 199, 205
ユルドゥス 27, 69, 82, 83, 91, 201

ら 行

琉球 153, 157, 172
ルクチュン 52, 110
レプシ（河） 249, 252, 268

事項索引

1) 「オイラト」「カザフ」「ジューンガル(部)」「清(朝)」などの頻出語は掲載していない.

あ 行

アイマグ Ayimaγ　　34, 36, 38
アーファーク統(白山党)　　30, 89, 90, 190
アクナイマン　　200, 201, 235-237
アハラクチ Aqalaqchi　　236
アムルサナの乱　　14, 46, 49, 50, 57, 86, 88, 101, 102, 115, 147
アヤグズ管区　　258, 265
アルバ alba　　41, 56, 61, 93, 95, 98, 201, 209, 211, 215, 228, 234, 235, 238, 270, 271, 276, 280
アルバチ albači　　41, 42, 75
アルバト albatu　　56, 61, 70, 83, 93-99, 127, 148, 165, 167, 168, 171, 173, 187-189, 191, 192, 196, 199, 200, 201, 206, 208-211, 220-222, 234, 235, 236, 242, 247, 276-278, 280
アンギ anngi　　32, 33, 38-40, 73, 132-136
イスハーク統(黒山党)　　30, 89, 90, 161
イスラーム　　7, 46, 47, 193, 217
イブ＝フレー　　25, 28
伊犁九城　　138, 229
イリ将軍　　19, 131, 133, 136, 198, 206-208, 215, 221, 225, 231, 240, 252, 255, 260, 263, 267, 268
ウイグル　　4, 120
ヴェトナム　　5, 153, 157, 240
ウズベク　　21, 119, 120, 159, 207
ウラ　　96, 104
ウリヤンハイ　　52, 71
エジェン ejen(Ma. ejen)　　55, 56, 82, 83, 93, 94, 97-99, 126, 140, 144, 148, 165, 167, 171, 187-191, 200, 208-211, 220-225, 242-244, 276
エジェン－アルバト関係　　93, 94, 95, 97-99, 148, 165, 167-169, 173, 187-189, 192, 203, 206, 209, 211, 216, 238, 270-272, 276, 277, 280, 281
越卡　　155, 198, 202, 233, 234
越界　　155, 185, 194, 197-199, 246
沿辺巡査会哨章程　　267
オイラト営　　20, 118, 124, 255
オイラト語　　9, 10, 44, 154, 165-168, 173, 187, 270, 280,
オイラトの蜂起　　11, 101, 102, 106, 113-115, 148
オイラト八旗　　72, 73, 76, 77, 85, 88, 92, 114, 276
オトグ otoγ　　32, 35-42, 44, 45, 47, 48, 55-57, 68-79, 81, 82, 85-89, 91-93, 96, 98, 103, 104, 108, 114, 122, 147, 148, 165, 181, 182, 276
二十四オトグ　　32-35, 37, 38, 56, 146, 276

か 行

卡外界内地域　　199, 245, 246, 249-252, 256-259, 265-269, 272, 273, 278, 281
外藩　　58, 60, 62, 71, 76, 98, 99, 104, 108, 141, 147, 158, 183, 242
夏季卡倫　　201, 202, 232, 268
カザフ＝ニル　　71, 203, 229, 237
カシュガル＝ホージャ家　　29, 30, 46, 82, 89, 204, 259, 272, 278
卡倫(カルン)(線)　　130, 137, 185, 186, 198, 199, 201-203, 224, 228-233, 237, 238, 246, 249, 262-269, 271-273, 277, 278
換防兵(制)　　125, 131, 253-257, 261, 263, 268
旗人　　19, 84, 134, 215
グルジャ廟(金頂寺)　　81,119
クルグズ　　1, 6, 29, 30, 38, 126, 152, 158, 159, 161, 162, 188-192, 194-197, 199, 204, 205, 207, 215-218, 220-224, 234, 246-248, 250-254, 256, 259-262, 264, 268, 271-273, 277, 278
軍機処　　9, 10, 172
軍機大臣　　52-54, 62, 63, 162, 265
公中　　55-57, 69, 71, 72, 88, 147
コーカンド(＝ハン国)　　144, 152, 154, 155, 158, 160, 170, 187, 190-192, 204-211, 215, 246, 250, 254, 259, 261-268, 278
コシュ＝ベギ Qosh-begi　　262, 265

さ 行

ザイサン jayisang(Oy. žayisang)　　32-45, 47, 48, 55-57, 68-71, 74-76, 79, 81-83, 85-89, 98, 101, 104, 106-108, 125, 126, 146, 147, 165

事項索引　309

サヤク　　189, 190, 195, 250
佐領　　56, 70, 88, 124, 127, 128, 130, 133, 203, 267
ザルガ žaryа　42-45, 146
ザルグチ ĵaryuči(Oy. žaryuči)　41-43, 45, 73, 75, 80, 82, 83, 85-88, 91-93, 146, 147, 276
サルバグシ　　189, 190, 250
ジシャー jisiy-a　32, 33, 70, 74, 85, 86
シベ(営, 兵)　19, 117, 131, 132, 134-136, 149, 229, 253, 254, 258, 267
爵位　14, 58-63, 65-68, 76, 108, 143, 176-179, 182-184, 189, 241, 244, 270, 272
ジャサク(旗) jasaɣ　53-56, 60-64, 71, 88, 98, 108, 110, 229
十全武功／十全老人　5, 16, 17
十六大オトグ　37, 38, 40
シュレンゲ šülengge　39, 69, 70, 82, 88, 147
巡卡会哨章程　267, 268, 273
巡辺制度　199, 246, 249-253, 256, 257, 264, 266-268, 272, 273, 278
ジラト jirad　80, 83, 85, 86
小ジュズ　159, 160, 180, 181, 187, 188, 195
商人　122, 123, 218, 259
職務ザイサン　76, 85-88, 147
属人主義　186, 199, 214, 238, 271, 280
属地主義　186, 193, 214, 238, 239, 271, 272, 280
ソロン(営, 兵)　19, 79, 91, 92, 117, 125, 129, 131-137, 149, 229, 253, 267

た 行

第一次遠征　18, 49, 50, 60-62, 64, 65, 68, 72, 78, 96, 97, 107, 109, 110, 123, 147, 162
第三次遠征　18, 50, 75, 101, 113, 114, 117, 123, 179, 188
タイジ tayiji　14, 28, 33, 34, 38-40, 44, 46, 48-72, 87, 88, 98, 99, 101, 104, 125, 126, 146, 147, 276
大ジュズ　159, 180, 181, 187, 188, 207, 250
第二次遠征　18, 49, 67, 75, 77, 78, 84, 89, 105, 107, 147, 163
第四次遠征　18, 117, 188
タランチ Taranchi　19, 121, 125
ダルハン＝ベグ　110-112
チベット仏教　4, 6, 8, 25, 81, 85, 119, 121, 138, 174, 193
チャハル(営, 兵)　19, 71, 79, 91, 92, 104, 117, 125, 129-136, 141, 149, 229, 253, 267

チャハル八旗　71, 72, 88, 92, 98, 99, 128, 129
中俄勘分西北界約記　185, 245
中華人民共和国　1, 4, 137, 245
中ジュズ　14, 46, 79, 159, 164, 178, 180, 181, 187, 188, 225, 258
駐防(官, 八旗, 兵)　3, 19, 20, 71, 81, 84-86, 99, 117, 118, 124, 125, 128-134, 136-138, 149, 154, 197, 201, 220, 229, 253, 260, 265-269, 271-273
頂子　189, 190, 261
チョロス(部)　24, 31, 34, 46, 56, 57, 60, 64-67, 99, 101, 104-108, 110, 146, 276
デムチ　39, 47, 69, 70, 75, 82, 88, 113, 147
テュルク(系, 語)　4, 7, 9, 10, 43, 144, 153, 154, 158, 167, 168, 170, 188, 221, 222, 236, 242
冬季卡倫　201, 202, 230, 232, 268
トゥシメル tüsimel　41-45, 47, 73, 75, 76, 79-82, 84-89, 101, 105, 110, 146, 147, 276
トルグート(部)　19, 20, 28, 31, 34-37, 43, 47, 66, 67, 136, 137, 186, 214, 220, 228, 229, 233, 234, 278
ドルベト(部)　14, 24, 28, 31, 34, 36-38, 47-51, 56-59, 61, 65-67, 92, 109, 121, 125, 146, 276
屯田　19, 125, 81, 137, 139, 267

な 行

内属　71-73, 88, 98, 99, 103, 104, 108, 147, 276
内属カザフ　202, 228, 234, 237, 238, 271
二十一アンギ　33-35, 38-40, 47, 71-73, 80, 104, 108, 146, 276
二十四オトグ　32, -35, 37, 38, 56, 146, 276
入観　10, 78, 158, 171, 184, 187, 189, 196, 200, 206, 207, 210, 214-220, 224, 241, 253, 254, 270, 272
ノヤン noyan　33, 34, 83, 98

は 行

ハーキム(＝ベグ) ḥākim(beg)　30, 206, 280
馬税　232, 250-253, 265, 272, 277
八旗(制, 兵)　7, 11, 19, 32, 50, 52, 71, 89, 92, 117, 125, 129, 131, 134, 140, 175, 203, 253
ハルハ(部)　3, 23, 24, 29, 30, 38, 40, 51, 52, 58, 61, 62, 83, 95, 96, 99, 103, 122, 141-144, 146, 177, 179, 182, 239, 272
ハン(号)　8, 14, 25, 27-29, 32, 43, 44, 47, 49, 50, 58, 59, 65, 93, 94, 109, 140-144, 159, 160, 162, 164, 167, 169, 177, 178, 180-183, 187, 188,

207, 211, 215, 222-225, 227, 236, 241-243, 258, 269
汗(爵)　14, 32, 49-70, 72, 73, 101, 106-110, 140, 141, 143, 147, 162, 177, 178, 182, 183, 216, 220, 227, 235, 241, 242, 258
東トルキスタン　2, 5, 52, 110, 120, 186
フェルガナ盆地　29, 31, 189, 190
ブグゥ　190, 247, 250
ブハーラ人　30, 38, 120-123
ブルト　30, 38, 125, 126, 135, 188-190, 196, 208, 215, 221, 255, 256, 260, 268
平定準噶爾善後事宜　52, 53, 62
ホイト(部)　14, 27, 31, 34, 36-38, 44, 46, 49, 57-59, 61, 65-67, 101, 107, 110, 146, 276
ボショクト゠ハン　28, 32, 142, 279
ホシオト(部)　23-28, 31, 34, 36, 37, 47, 48, 56, 57, 59, 61, 65-67, 94, 101, 141, 146, 276
ホルチン(部)　23, 51, 132, 141
ホンタイジ(号)　27-29, 32

ま行

満営　117, 131, 134-137, 149
満洲(兵, 人)　2, 4, 6, 8, 19, 51, 52, 71, 84, 91, 117, 118, 120, 125, 128, 129, 131, 134-136, 140, 197, 215-217, 253, 254, 256
満洲語／満文　9, 10, 18, 22, 36, 39, 53, 76, 94, 97, 111, 133, 140, 141, 143-145, 154, 165, 172, 173, 176, 185, 188, 191, 216, 266, 278-281
民人　19, 95, 118, 125, 138, 229
ムスリム　4, 19, 29, 30, 43, 51, 90, 91, 98, 110, 112, 117, 120, 125, 139, 152, 187, 189, 190, 193, 203, 204, 217, 254, 279
盟旗制　54-57, 60-63, 65, 69, 72, 73, 108, 147, 229, 276
盟長　54, 55, 60-65, 73, 229
メデチ　medeči　83, 85, 86, 93, 147
モグール(人)　21, 121
モンゴル(語, 人, 帝国)　1-4, 7-10, 14, 23, 33, 36, 39, 50-52, 56, 58, 60-63, 80, 84, 85, 90, 93-98, 118, 129, 140, 144, 148, 158, 170, 177, 193, 199, 217, 275, 276, 280

や行・ら行

ヤルカンド゠ハン国　26, 27, 29
理藩院　10, 142, 153, 258
緑営(兵)　19, 51, 52, 81, 125, 129, 137, 138, 229, 253, 278
ロシア　3, 7-9, 15, 25, 28, 47, 106, 120, 123, 124, 159-161, 163, 164, 167, 171, 181, 208, 213, 227, 239, 244-246, 258, 259, 265, 268, 269, 272, 273, 278, 282

Table of Contents

The Qing and the Central Asian Steppe:
From the Nomads Arena to the Imperial Frontier

Introduction —————————————————————————— 1

Part I: Reconsidering the Qing Conquest of the Junghars

Chapter 1: The Formation and Structure of the Junghar Nomad
Empire ——————————————————————————— 21

Chapter 2: The Qing Conquest of the Junghars and the Administrative
Strategy toward them ———————————————————— 49

Chapter 3: The Development of Qing Rule over the Oyirads ———— 77

Chapter 4: The Failure of the Qing Administrative Strategy toward
the Oyirads ————————————————————————— 101

Chapter 5: The Formation of the Ili Garrison Banners ——————— 117

Appendix: Manchu Words indicating the "Qing Emperor" ————— 140

Summary of Part I ———————————————————————— 146

Part II: Qing Policy toward Central Asia and the Western Territory

Chapter 6: The Encounter between the Qing and the Kazakhs ——— 157

Chapter 7: The Fundamentals of Qing Policy toward Central Asia — 185

Chapter 8: The Shift in Qing-Kazakh relations: The Qing Western
Territory in the 1770s ————————————————————— 213

Chapter 9: The Reformation of the Western Frontier Line of the Qing
in the Early Nineteenth Century ————————————————— 245

Summary of Part II ———————————————————————— 270

Conclusion ——————————————————————————— 275

Bibliography —————————————————————————— 283
Afterword ——————————————————————————— 299
Index ————————————————————————————— 303

著者略歴
1977年　茨城県に生まれる
2000年　筑波大学第一学群人文学類卒業
2006年　筑波大学一貫制博士課程人文社会研究科単位取得退学
　　　　日本学術振興会特別研究員（PD）
2008年　学習院大学東洋文化研究所助教
現　在　東北学院大学文学部准教授，博士（文学）

主要著書・論文
「ベク制度の創設――清朝公文書による東トルキスタン史研究序説」『内陸アジア史研究』22: 39-59，2007年.
250 Years History of Turkic-Muslim Camp in Beijing（*Central Eurasian Research Series*, 2），Tokyo: Department of Islamic Area Studies, Center for Evolving Humanities, Graduate School of Humanities and Sociology, the University of Tokyo, 2009.

清と中央アジア草原
遊牧民の世界から帝国の辺境へ

2014年7月18日　初　版

［検印廃止］

著　者　小沼孝博（おぬまたかひろ）

発行所　一般財団法人　東京大学出版会
　　　　代表者　渡辺　浩
　　　　153-0041　東京都目黒区駒場4-5-29
　　　　http://www.utp.or.jp/
　　　　電話　03-6407-1069　Fax 03-6407-1991
　　　　振替　00160-6-59964

組　版　有限会社プログレス
印刷所　株式会社ヒライ
製本所　誠製本株式会社

©2014 Takahiro Onuma
ISBN 978-4-13-026149-4　Printed in Japan

JCOPY　〈(社)出版者著作権管理機構　委託出版物〉
本書の無断複写は著作権法上での例外を除き禁じられています．複写される場合は，そのつど事前に，(社)出版者著作権管理機構（電話 03-3513-6969，FAX 03-3513-6979, e-mail: info@jcopy.or.jp）の許諾を得てください．

野田　仁 著	露清帝国とカザフ＝ハン国	A5	7000 円
濱本真実 著	「聖なるロシア」のイスラーム	A5	7200 円
ティムール・ダダバエフ 著	マハッラの実像	A5	8500 円
ティムール・ダダバエフ 著	中央アジアの国際関係	A5	5000 円
樋渡雅人 著	慣習経済と市場・開発	A5	6400 円
佐藤次高ほか 編	イスラーム地域研究叢書［全8巻］	A5	各 4800 円
塩川伸明　小松久男　沼野充義 編	ユーラシア世界［全5巻］	A5	各 4500 円

ここに表示された価格は本体価格です．御購入の際には消費税が加算されますので御了承下さい．